以培养应用型专业人才为目标；
以强化知识产权法学理论服务于知识产权实务为指导思想；
结构合理、逻辑严密、特色鲜明。

Theory and Practice of Intellectual Property

知识产权理论与实务

王洪友　主编

知识产权出版社

全国百佳图书出版单位

图书在版编目（CIP）数据

知识产权理论与实务 / 王洪友主编. -- 北京：知识产权出版社，2016.5
ISBN 978-7-5130-4175-1

Ⅰ.①知… Ⅱ.①王… Ⅲ.①知识产权法－研究－中国 Ⅳ.①D923.404

中国版本图书馆CIP数据核字（2016）第095346号

内容提要

全书共分五编，分别是知识产权理论与实务概述、著作权法理论与实务、专利法理论与实务、商标法理论与实务和其他知识产权法律理论与实务。第一编阐述了知识产权基础理论和知识产权实务的内涵与外延，为后面的学习打下理论基础；第二编以著作权法律关系为中心，分别阐述了著作权法律关系的要素、著作权许可与权利移转、邻接权、著作权的限制、著作权侵权的法律救济与抗辩实务；第三编以专利权的获取—利用—救济为主线，阐述了专利权法律关系的要素、专利申请与检索实务、专利许可与权利移转、专利侵权救济与抗辩实务等内容；第四编结合我国2013年新修订的商标法，阐述了商标注册、商标异议与无效宣告、商标许可使用与移转、商标侵权救济与抗辩实务等内容；第五编简要介绍了实践中常见的其他知识产权如集成电路布图设计权、植物新品种权、商业秘密权、商号权以及相关的法律保护制度。全书章节安排以严密的知识产权法学理论体系为主线，具体内容以学生为中心设计，遵循学习认知规律，力图体现易学、易记、易用三原则。

责任编辑：李石华

知识产权理论与实务
ZHISHI CHANQUAN LILUN YU SHIWU
王洪友　主编

出版发行：	知识产权出版社 有限责任公司	网　　址：	http://www.ipph.cn
电　　话：	010－82004826		http://www.laichushu.com
社　　址：	北京市海淀区西外太平庄55号	邮　　编：	100081
责编电话：	010－82000860转8072	责编邮箱：	303220466@qq.com
发行电话：	010－82000860转8101 / 8029	发行传真：	010－82000893 / 82003279
印　　刷：	北京嘉恒彩色印刷有限责任公司	经　　销：	各大网上书店、新华书店及相关专业书店
开　　本：	720mm×1000mm　1/16	印　　张：	27.5
版　　次：	2016年5月第1版	印　　次：	2016年5月第1次印刷
字　　数：	400千字	定　　价：	56.00元

ISBN 978－7－5130－4175－1

前　言

在国内知识产权法学教材林立的情况下，要再编写一本知识产权法学教材，是需要勇气的。但在长期的教学过程中，我们感觉已有知识产权法学教材在理论与实务的结合方面，在体现"以学生为中心"的教学理念方面还有进一步提升的空间，因此我们仍然鼓足勇气，决定尝试编写一本更适合应用型人才培养目标的知识产权法学教材。本书完全以培养应用型专业人才为目标，以强化知识产权法学理论服务于知识产权实务为指导思想而撰写，全书篇章结构合理、逻辑严密、特色鲜明。本书的特色如下：

首先，本书以学习者为中心，以辅教导学为目标，内容安排遵循学习认知规律，以"导学—主体—引申"为主线，由浅入深，层次分明。每章的导学部分指明了章节内容和理论知识的应用方法，主体部分按照法学理论内在逻辑进行安排，一改多数教材以法律规定结构为主线安排的传统，逻辑更加严密，结构更加简洁；章节结束的思考与讨论、延伸阅读等进一步拓展了学习空间，延伸学习环节。

其次，注重理论与实务有机结合，理论阐释简洁明了，实务探讨全面准确。理论知识结合法律法规、司法解释与相关案例进行抽象总结，强化其运用功能，避免空洞无用；实务探讨精选经典案例，案情概括全面精炼，可为学习范例，点评客观准确，示范应用技巧。

最后，内容新颖，与时俱进。在保留知识产权法学教材基本内容的同时，注意吸收学术领域最新理论研究成果、最新司法制度改革成果和法律法规、司法解释等最新修订变化情况，确保内容与时俱进。

教材编写既要体现特色,更要继承传统,吸收已有成果的优秀成分,因此本书仍不免借鉴目前发行的相关文献,在不影响教材体例的情况下,我们都尽力注明出处,若有疏漏未注明者,敬请谅解,并对被借鉴文献作者表示衷心感谢!

本教材的编写得到西南科技大学教材建设立项项目资助和四川省知识产权教育培训西南科技大学基地的专项资助,也得到西南科技大学法学院领导和同事的关心支持,在此一并致谢!

由于编者学识所限,书中不当之处在所难免,希望专家学者、前辈同行和广大读者朋友批评指正。

本书作者有:

主编王洪友,男,1974年出生,法学博士,西南科技大学法学院副教授,硕士生导师。2015年博士毕业于西南政法大学知识产权法学专业。撰写第一章第一、二节,第二、三、四章,附录整理及全书统稿。

副主编廖勇,男,1968年出生,法学硕士,西南科技大学法学院副教授,硕士生导师。2005年硕士毕业于西南科技大学经济法学专业。中国(四川)知识产权维权援助中心专利侵权判定咨询专家、四川省法学会会员、绵阳市劳动仲裁委兼职仲裁员、绵阳仲裁委员会仲裁员、知识产权司法鉴定人。公开发表文章20余篇,参编《知识产权管理》等教材2部,合作出版专著《知识产权及其刑法保护研究》、副主编著作《公司法专题比较研究》。主持和参加省市级科研项目10项,荣获绵阳市哲学社会科学优秀科研成果一等奖1项、二等奖2项。撰写第十七章至第二十一章,承担部分统稿工作。

副主编王鑫,男,1983年出生,法律硕士,西南科技大学法学院讲师。2008年硕士毕业于北京大学法律硕士专业(知识产权方向),2014年进入中国科学技术大学攻读博士学位。公开发表论文近20篇,主持及参研各级各类科研项目10余项。获中国科学技术法学会优秀论文二等奖1次,绵阳市哲学社会科学成果优秀奖2次。撰写第六、七、八章,承担部分统稿工作。

参编(按参编章节先后):

周跃雪,女,1981年出生,法学博士,西南科技大学法学院讲师。2015

年博士毕业于西南政法大学国际经济法专业。加州大学圣地亚哥分校访问学者。公开发表论文10余篇，参编教材2部，参研国家社科基金项目1项、省级科研项目1项，主持厅级科研课题1项。撰写第一章第三节。

贾小龙，男，1979年出生，法学博士，兰州理工大学法学院副教授，硕士生导师。2015年博士毕业于西南政法大学知识产权法学专业。公开发表学术论文近30篇，主持和参加国家、省级科研项目7项，出版专著1部。撰写第五章。

孟祥娟，女，1964年出生，法学博士，华南理工大学法学院（知识产权学院）教授，硕士生导师。2000年博士毕业于中国社会科学院研究生院民商法专业。出版专著《版权侵权认定》《俄罗斯著作权法》等两部，发表专业论文30余篇，主持及参加省部级项目多项。撰写第九章第一、二节。

唐咏章，女，1984年出生，法律硕士，西南科技大学法学院讲师。2009年硕士毕业于北京大学法律硕士专业（知识产权方向）。拥有法律职业资格证书及专利代理人资格证书。曾就职于北京北翔知识产权代理有限公司，从事专利申请及专利无效等方面的专利代理业务。撰写第十至十五章。

詹永斌，男，1971年出生，工学学士，成都九鼎天元知识产权代理有限公司负责人，西南科技大学产业教授，专利代理人、高级工程师。1994年本科毕业于华中理工大学。全国专利信息领军人才、四川省知识产权示范企业评审专家、国家知识产权局《专利文献研究》编委会委员。撰写第十六章。

李晓兰，女，1980年出生，法学硕士，西南科技大学法学院讲师。2007年硕士毕业于西南科技大学经济法学专业。参研各级科研项目多项，公开发表学术论文多篇。撰写第二十二章至第二十六章。

王洪友

2016年4月

Contents
『目 录』

第一编　知识产权理论与实务概述 ……………………………………001

第一章　知识产权理论概述 …………………………………………002

第一节　知识产权的含义 …………………………………………002

第二节　知识产权的性质与分类 …………………………………010

第三节　知识产权的国际保护 ……………………………………014

第二章　知识产权实务概述 …………………………………………028

第一节　知识产权实务的含义 ……………………………………028

第二节　知识产权实务的法律依据 ………………………………031

第二编　著作权法理论与实务 ………………………………………034

第三章　著作权的对象 ………………………………………………035

第一节　作品概述 …………………………………………………035

第二节　作品的种类 ………………………………………………038

第三节　不受著作权法保护的表达 ………………………………047

第四章　著作权的内容 ………………………………………………052

第一节　著作人身权 ………………………………………………052

第二节　著作财产权 ………………………………………………060

第五章　著作权的主体 ………………………………………………079

第一节　著作权主体概述 …………………………………………079

第二节　著作权的原始归属 ………………………………………082

第六章　邻接权 ……………………………………………………… 101

第一节　邻接权概述 ……………………………………………… 101

第二节　表演者权 ………………………………………………… 103

第三节　录音录像制作者权 ……………………………………… 105

第四节　广播组织者权 …………………………………………… 107

第五节　出版者版式设计权 ……………………………………… 108

第七章　著作权的取得、利用与转移 …………………………… 113

第一节　权利取得 ………………………………………………… 113

第二节　许可使用 ………………………………………………… 115

第三节　转让与继承 ……………………………………………… 119

第四节　其他利用 ………………………………………………… 121

第八章　著作权的限制 …………………………………………… 126

第一节　法定期限 ………………………………………………… 126

第二节　合理使用 ………………………………………………… 128

第三节　法定许可 ………………………………………………… 134

第四节　强制许可 ………………………………………………… 136

第九章　著作权的法律保护 ……………………………………… 141

第一节　著作权侵权 ……………………………………………… 141

第二节　侵犯信息网络传播权 …………………………………… 149

第三节　侵犯著作权的法律责任 ………………………………… 156

第四节　著作权侵权纠纷处理实务 ……………………………… 169

第三编　专利法理论与实务 ……………………………………… 181

第十章　专利权概述 ……………………………………………… 182

第一节　专利制度的特征 ………………………………………… 182

第二节　我国专利制度的发展 …………………………………… 184

第十一章　专利权的客体 ………………………………………… 187

第一节　发明 ……………………………………………………… 187

第二节　实用新型 ………………………………………………… 189

第三节　外观设计 ………………………………………………… 191

　　第四节　不授予专利权的发明创造 ………………………………192

　第十二章　专利权的主体 …………………………………………197

　　第一节　发明人、申请人与专利权人 ……………………………197

　　第二节　职务发明创造 …………………………………………199

　　第三节　其他情况下的专利权归属 ………………………………201

　第十三章　授予专利权的实质条件 ………………………………206

　　第一节　新颖性 …………………………………………………206

　　第二节　创造性 …………………………………………………210

　　第三节　实用性 …………………………………………………213

　　第四节　外观设计获得专利权的实质性条件 ……………………214

　第十四章　专利申请实务 …………………………………………220

　　第一节　专利申请程序 …………………………………………220

　　第二节　专利申请文件 …………………………………………227

　　第三节　复审无效程序 …………………………………………236

　第十五章　专利权及其许可实务 …………………………………247

　　第一节　专利权 …………………………………………………247

　　第二节　专利权的许可 …………………………………………250

　第十六章　专利保护实务 …………………………………………256

　　第一节　专利侵权的判定 ………………………………………256

　　第二节　专利侵权诉讼 …………………………………………259

　　第三节　专利纠纷的其他解决方式 ………………………………264

第四编　商标法理论与实务 …………………………………………271

　第十七章　商标权的对象 …………………………………………272

　　第一节　商标的概念和特征 ……………………………………272

　　第二节　商标的种类 ……………………………………………274

　　第三节　商标注册对象的限制 …………………………………278

　第十八章　商标权利人 ……………………………………………291

　　第一节　商标权的归属 …………………………………………291

　　第二节　商标权主体 ……………………………………………295

　　第三节　商标权及其限制 ·························· 297

　　第四节　商标权人的基本义务 ·················· 300

　　第五节　未注册商标使用人的相关权利 ·········· 303

第十九章　商标权的取得与维持 ·················· 309

　　第一节　商标权的取得方式 ···················· 309

　　第二节　商标注册的原则 ······················ 313

　　第三节　商标注册申请的审查和核准 ············ 316

　　第四节　注册商标的期限、续展和终止 ·········· 324

　　第五节　注册商标的无效 ······················ 328

第二十章　商标的利用 ·························· 340

　　第一节　商标的使用 ·························· 340

　　第二节　商标使用许可 ························ 342

　　第三节　商标的转让和移转 ···················· 346

　　第四节　商标权的质押 ························ 349

第二十一章　商标权的法律保护 ·················· 358

　　第一节　侵害商标权的行为 ···················· 358

　　第二节　驰名商标的法律保护 ·················· 364

　　第三节　侵犯商标权的法律责任 ················ 370

　　第四节　侵权纠纷的解决及诉讼实务 ············ 374

第五编　其他知识产权理论与实务 ················ 382

第二十二章　集成电路布图设计权 ················ 383

　　第一节　集成电路布图设计概述 ················ 383

　　第二节　集成电路布图设计权的法律保护 ········ 385

第二十三章　植物新品种权 ······················ 393

　　第一节　植物新品种概述 ······················ 393

　　第二节　植物新品种权的法律保护 ·············· 395

第二十四章　商业秘密权 ························ 402

　　第一节　商业秘密与商业秘密权概述 ············ 402

　　第二节　商业秘密权的法律保护 ··············· 406

第二十五章　商号权 ……………………………………………412

　　第一节　商号与商号权概述 ………………………………412

　　第二节　商号权的法律保护 ………………………………414

第二十六章　地理标志权 ………………………………………419

　　第一节　地理标志与地理标志权概述 ……………………419

　　第二节　地理标志的法律保护 ……………………………422

附录:相关法律法规、司法解释与国际公约 ………………426

第一编　知识产权理论与实务概述

　　知识产权本质上是一种民事权利,但知识产权与人身权、物权、债权等其他民事权利相比存在鲜明的特征。因为权利对象、权利内容、权利限制与法律保护手段等诸多特殊性,知识产权逐渐成为独立研究的对象。以知识产权为研究对象的学科就是知识产权法学,知识产权法学有相对独立的理论基础,也有丰富的社会实践作观察对象。知识产权理论与知识产权实务是相辅相成的关系,实务抽象形成理论,理论运用构成实务,只有深刻理解了二者的这种关系,才能正确处理好理论学习与实务工作间的关系。

第一章　知识产权理论概述

　　知识产权理论是以知识产权为对象进行研究形成的体系化知识，是处理知识产权实务工作的基础，也是知识产权实务工作的总结、抽象与升华。作为舶来品的"知识产权"这一概念，国际国内存在多种定义，以知识产权对象为核心的客观定义方法，是比较可取的。知识产权具有鲜明的特征，把握这些特征是准确理解和应用知识产权法律制度的基础。知识产权的特征决定知识产权保护不仅是一国内部的事，也是关系全球各国利益的事，大量与知识产权相关的国际公约或者条约，约束并指引各成员国的国内立法，了解这些国际公约或者条约，有助于更好地理解相关理论问题。本章的理论知识如知识产权的特征、知识产权法定原则、利益平衡理念等均可以用于解决法律适用中的规范解释问题。

第一节　知识产权的含义

一、知识产权的概念

　　"知识产权"这个概念并非源于我国，而是译自外文。在英语中，通常用"Intellectual Property"（简称"IP"）或者"Intellectual Property Right"（简称"IPR"）表示我们所指称的知识产权。从词义上讲，"IP"更多地在财产这种意义上使用，可以称为"知识财产"，而 IPR 则更多地在权利这种意义上使用。但在国内外文献中，除极其严谨的场合和特别必要，一般没有严格区分二者，通常将"IP"和"知识产权"互译。我国学术界在学术研究过程中也曾使用过"智力成果权"这个概念，但在1986年颁布的《民法通则》中正式使用了"知识产权"的概念。

在英文文献里，"Intellectual Property"被理解为"来自于工业、科学、文学与艺术领域的智力活动产生的法律权利"。❶在国内，对知识产权概念的界定也多种多样，并且都给出了各自定义的理由。例如有的学者认为知识产权是指"智力成果的创造人或者工商业标记的所有人依法享有的权利的统称"；❷另有学者认为知识产权是"民事主体依法享有的，支配特定的蕴涵人的创造力并具有一定价值的信息，享受其利益并排斥他人干涉的权利"；❸还有学者认为知识产权是"民事主体基于创造性智力劳动成果（含工商业标记、商誉）依法享有的民事权利的总称"。❹

上述对知识产权的界定方式，分为两种，一种是以世界知识产权组织（World Intellectual Property Organization，简称WIPO）相关文件为代表的"对象定义法"，即以对象为中心界定权利，认为知识产权是存在于某种对象上的权利；一种是国内诸多学者采用的"主体定义法"，即采用民事主体为中心界定权利，认为知识产权是民事主体享有的某种权利。两种定义方法虽然角度不同，但也有共同点，即都会指明知识产权依附的对象，差别在于对象范围、抽象程度不同。我们认为，定义应当体现准确性，即准确概括权利对象、权利性质、权利内容等要素，权利主体只是享有权利的人，与其他权利主体并无不同，没有必要将权利主体纳入权利定义之中，因此对象定义法相对更可取。采用对象定义法，首先需要对知识产权对象作必要的列举和抽象。

WIPO在1967年签订的《成立世界知识产权组织公约》第2条第八款规定，知识产权包括以下有关项目的权利：①文学、艺术和科学作品；②表演

---

❶ WIPO: WIPO Intellectual Property Handbook: Policy, Law and Use, WIPO Puplication, 2004, P3.

❷ 刘春田主编：《知识产权法》，高等教育出版社，北京大学出版社2007年第三版，第3页。

❸ 张玉敏主编：《知识产权法学》，法律出版社2011年第二版，第12页。

❹ 韩松主编：《知识产权法》，中国人民大学出版社2006年第二版，第5页。

艺术家的演出、录音制品和广播节目;③在人类一切领域的发明;④科学发现;⑤工业品外观设计;⑥商标、服务标记、商号名称和标记;⑦禁止不正当竞争;⑧在工业、科学、文学或艺术领域内的其他一切来自智力活动的权利。世界贸易组织(WTO)关于规范知识产权贸易的重要文件《与贸易有关的知识产权协议》(Agreement on Trade-Related Aspects of Intellectual Property,简称 TRIPS)规定知识产权包括:①著作权;②商标权;③地理标志权;④工业品外观设计权;⑤专利权;⑥集成电路布图设计权;⑦未公开信息权;⑧对许可合同中限制竞争行为的控制权。我国《民法通则》和相关法律确定的知识产权基本与《成立世界知识产权组织公约》规定的相同,有:①著作权与相关权;②专利权;③商标权;④发现权;⑤发明权;⑥其他科技成果权。

上述国际条约与我国法律规定的知识产权对象,可以概括为三种类型:一是智力成果,即基于人的智力活动产生的事物,例如作品、专利、集成电路布图设计等;二是商业化标记,即在商业过程中用于识别某些事物的符号,如商标、服务标记、商号、地理标志等;三就是其他信息如商品化信息等。随着社会发展,知识产权对象的表现形态也将越来越多。与物权的对象即物相比,知识产权的对象表现出明显的非物质性,即不具有任何物理特性,虽可为人所感知但不能借助物理维度进行描述与界定。但与人身权的对象相比,有些人身权的对象例如名誉、荣誉、隐私等等也具有非物质性,也不具有任何物理特性,为何后者是人身权的对象而通常不作为知识产权的对象呢?这是法律规定的原因。法律将某些与人身密切相关的信息规定为人身权的对象,而将某些其他信息则规定为知识产权的对象,这就是知识产权的法定性。

综上所述,我们认为,知识产权是指基于创造性智力成果和商业化标记及其他信息依法产生的权利的统称。这一定义体现了以下几个特点:

第一,知识产权是一类权利的统称而非指单个权利。知识产权包括著作权、专利权、商标权等许多权利,是这些权利的上位概念,而不能等同于著作权甚至更下位的权利如署名权等具体权利。第二,知识产权是"依法产生"的权利。此点强调知识产权是一种法定权利而非"天赋"即自然取得的权利,哪些对象受法律保护,是一种政策的选择。第三,知识产权的对象本质上是一种信息,其典型表现有智力成果和商业化标记。对信息的具体说明见下文。

二、知识产权的法律特征

知识产权具有如下特征:

(一)知识产权的对象是信息

权利的对象就是权利所依托的事物。我们知道,物权的对象是物,物是存在于人身之外,占有一定空间,能够为人力所支配并且能满足人类某种需要,具有稀缺性物质实体;[1]人身权的对象是人身利益,而债权的对象是在特定主体的给付。在学术界,关于知识产权对象的本质,存在诸多学说,主要有精神产物或精神创造物说,[2]脑力劳动的创造性成果或智力成果说,[3]知识产品说,[4]知识说,[5]信息说[6],等等。以上学说,都是从不同的理论(学科)角度对知识产权的对象进行的认识。很难简单判断各种学说的对错。本书采用信息说,因为这是从自然科学的角度来解释社会科学,使作为社会科学领域内的知识产权具有了自然机理基础,相关理论建构也就会更牢固。

从信息学的角度讲,信息是指适于通信、存贮或处理的形式表示的情报或知识。[7]从控制论的角度讲,信息不仅仅是信号所承载的一种不变结构(同型结构),还是具有特定意义的不变结构。作为知识产权对象的信

---

❶ 王利明:《民法》,中国人民大学出版社2005年版,第140页。

❷ 史尚宽:《民法总论》,中国政法大学出版社2000年版,第23页;王泽鉴:《民法总则》,中国政法大学出版社2001年版,第204页;梁慧星:《民法总论》,法律出版社2011年第四版,第60页。

❸ 王家福:"关于知识产权的几个问题",《法学研究》1991年第1期;魏振瀛:《民法学》,高等教育出版社2000年版第129页;杨立新:《民法总论》,高等教育出版社2007年版,第136页。

❹ 吴汉东主编:《知识产权产权法》,中国政法大学出版社2004年第三版,第12页。

❺ 刘春田主编:《知识产权法》,中国人民大学出版社2009年第四版,第8页。

❻ 郑胜利、袁泳:"从知识产权到信息产权－知识产权经济时代财产性信息的保护",《知识产权》1999年第4期;郑成思、朱谢群:"信息与知识产权的基本概念",《科技与法律》2004年第2期。

❼ 郑成思、朱谢群:"信息与知识产权的基本概念",《科技与法律》2004年第2期。

息,不可能仅是一种客观存在的频率、符号等,而必须还有这些频率、符号在特定环境中对特定主体而言的意义,因此是控制论意义上的信息,即具有"同型结构 + 意义"的双重结构存在。❶例如李白的诗中写到"床前明月光,疑是地上霜",同型结构就是这一句诗的十个字(符号),任何人看到的都是这十个字,然而,对于不认识汉字的人而言,它就是一串符号,而对于认识汉字且理解每个字的意义的人而言,它会是一个场景:月光如白霜洒进窗户照在床前。符号意义使这十个字成了文字作品。然而,如果是某书法家将这十个字用具有美感的特殊字体(例如狂草)写出来,这十个字就成了特定字体的十个字(同型结构),而其意义在于通过字体体现了这十个字的美,对于不认识这种字体的人而言,也不再产生前述的场景联想,他/她获得的是对字体美的享受(也可能有相反的感觉)。这时,这十个字就成了美术作品,这就是信息变化的结果。

综观目前法律实务界和理论界基本认可的知识产权对象,我们可以认为它们本质上符合信息的特征,因此都是一种信息。信息具有以下几个方面的特征:

(1)非物质性。信息不同于物质本身,它是物质属性的反映与表征,因此没有物理实体存在,不具有任何物理特性(颜色、气味、状态、融化、凝固、升华、挥发、熔点、沸点、硬度、导电性、导热性、延展性等),也不具有任何化学特征(酸性、碱性、氧化性、还原性、热稳定性、放射与衰变等)或者生物特征(繁殖、遗传与进化等)。正如美国控制论学家维纳所称:"信息就是信息,不是物质,也不是能量"。❷与物具有的物质性相对应,我们把这种特性称为非物质性。以文字作品为例,我们所称的文字作品,既不是载有特定文字的纸张或其他载体如竹简、羊皮等,也不是这些文字本身,而是这些文字借由其意义所体现的同型结构。

(2)独立性。就信息和载体(承载信息的物质)的关系而言,虽然信息需要依托载体得以存贮和表现,但信息是独立于其载体的存在。存贮有某

---

❶ 张玉敏主编:《知识产权法学》,法律出版社2011年第二版,第8−9页。

❷ [美]维纳:《控制论》,郝季仁译,科学出版社1962年版,第133页。

种信息的载体(例如光盘),可以仅仅作为一个物而存在,而脱离了某种载体的信息,也可以其他形式存在于其他载体上。信息可能与载体完全无关(例如文字作品与纸张),也可能是对载体的描述(例如专利方案与专利产品),但绝不是载体本身。

(3)可复制性。复制就是信息的再现。信息可以被固定在多种载体上,尽管载体不同,但信息却相同,存在于第一个载体上的信息我们可以称为原信息,而存在于此外载体上的信息则为复制的信息。例如《清明上河图》这幅画,当它被首次画于纸上时,人们看到以线条、颜色为基本表达手段,由许多建筑、人物、动物、植物图案组成的街景;当它被现代技术扫描进入电脑后,人们看到的还是那些线条、颜色描绘的由建筑、人物、动物、植物图案组成街景,也就是说,《清明上河图》的信息再现了。信息只有在其组成要素损耗的情况下才会发生损耗,一般的复制不会导致信息损耗。

(4)可传递性。传递就是信息从信源(信息发出者)传达到信宿(信息接收者)的过程。只要条件适合,信息可以从一个信源出发,同时被多个信宿接收。甚至可以在信宿接收以后,自己作为信源再次向别的信宿发出信息。信息传递的基础是信息的可复制性,经过传递,在信宿那里产生了信源信息的复制信息。同样以《清明上河图》为例,当该画被扫描进入电脑以后,即产生了该画的复制件,而该复制件完全可以通过网络或其他设备传到其他存贮设备上。

(5)可共享性。信息可以被多个主体同时以完全相同的方式利用而不会相互影响,这就是信息的可共享性。信息的可共享性是其与物的显著区别。一个物不可能被多个主体同时以完全相同的方式利用而相互不影响,一个物在特定时间段被一个主体以某种方式利用,其他主体就不可以这种方式利用,除非他们对物的不同部分进行利用。但作为知识产权对象的信息可以在同一时间段被多个主体以完全相同的方式利用。例如专利方案,某甲在A地依照专利方案制造某件产品,而乙完全可以同时在B地依照专利方案制造相同的产品。但若是某丙的机械设备正被丙用于某地收割水稻,某丁就不可能同时利用某丙的那台机械设备于异地收割水稻。

(二)法定专有性

法定专有性是指知识产权人依法享有对知识产权对象的控制、利用、收益和处分权能,"非经知识产权人许可或者法律特别规定,他人不得实施受知识产权专有权利控制的行为"。[1]

知识产权的法定专有性有两层含义。第一,知识产权具有专有性,即知识产权人对知识产权的对象享有排他性支配权。尽管信息可以由多个主体同时支配,但那只是"事实"层面的共享,而在"权利"层面,只有知识产权人才是"有权"支配,其他人都是"无权"支配。有学者认为所有民事权利都有专有性,因此专有性不应该作为知识产权的法律特征,[2]这种说法值得商榷。首先,在传统民法理论里,几乎没有使用"专有性"描述民事权利特征的,即使对于支配权也是用"排他性"描述其性质,因此说所有民事权利都有"专有性"似乎不能成立。其次,在民法理论中,权利的排他性是指"禁止他人妨碍其支配"权利对象。[3]在传统民法里,因为基于同一对象上的支配权不可共存与共享,才要强调权利的排他性,而在知识产权法中,知识产权人之外的人对信息的支配并不妨碍知识产权人对同一信息的支配,因此,知识产权法的任务并不是要解决排他问题,而是要解决专有问题,即谁才是信息的合法支配人的问题,用"专有性"概括知识产权人对对象的专属控制,比用"排他性"更为准确。与所有权的排他性相比,知识产权的专有性也有所不同。所有权的支配之"权"与支配之"实"是相符合的,排他权利是对支配事实的法律确认,知识产权则是在多个"支配事实"中确定一个为合法而其他为非法,专有权利是对支配事实的法律配置。第二,知识产权的专有性是法律规定的。知识产权的专有性使得未经许可情况下社会公众对信息的支配成为非法,若是社会公众在法律没有规定的情况下轻易成为侵权人,显然是不合理的。因此,法律按权利对象不同分门别类详细规定了知识产权的对象、取得、内容及期限等,从而使社会公众明确自己行为

---

[1] 王迁:《知识产权法教程》,中国人民大学出版社2011年第三版,第7页。

[2] 张玉敏主编:《知识产权法学》,法律出版社2011年第二版,第16页。

[3] 魏振瀛主编:《民法学》,高等教育出版社2000年版,第38页。

的边界。

因为信息具有可共享性,故权利人不可能如物权人那样通过对对象进行排他性控制来达到独享对象法益的目的,而只能由法律在权利配置上赋予权利人对信息法益的垄断性支配来保护权利人的利益。

(三)可共享性

知识产权的可共享性是指知识产权的同一权项可以同时被多个主体行使。例如著作权中的复制权,可同时授予给无数主体行使即就完全相同的作品复制完全相同的份数。所有权则不同,不能就同一权能同时被多个主体行使,只能就不同权能同时被多个主体行使。例如占有权能,如果甲占有了某物,乙则不能同时占有某物,即使存在甲乙共同占有某物,也是二者在量上作了分割以后分别行使不同部分的占有,或者甲乙分时段占有某物。

(四)异域共存性

知识产权的异域共存性是指基于同一对象可以同时在不同的法域存在相同的知识产权,受到不同的法律独立调整。[1] 因为信息具有可传递性和可共享性,因此知识产权的对象可以同时存在于不同的国家或地区,但不同的国家或地区的法律政策不同,对同一信息是否保护以及保护程度都会各异。"异域共存性"观点不同于传统的"地域性"观点,后者认为知识产权"只能依一定国家的法律产生,又只在其依法产生的地域内有效"。[2] 地域性观点强调知识产权保护的国别差异性,这点其实在其他民事权利如物权中也存在,并非知识产权所独有。[3] 例如关于哪些物可以成为物权的对象,在各国都是不尽相同的。如在许多国家土地可以成为个人所有的对象,而在目前中国土地只能成为国家所有和集体所有的对象,不能成为个人所有的对象。知识产权区别于物权的重要之处不在于它是否"只在其依法产生的地域内有效",而在于它是否可以同时在不同法域有效。例如专利方案,

---

[1] 法域指由同一法律规范调整的地域,该地域可能是一个国家也可能是一个地区如欧盟等。

[2] 郑成思:《知识产权法》,法律出版社1997年版,第19页。

[3] 张玉敏主编:《知识产权法学》,法律出版社2011年第二版,第17页。

可依中国法取得专利，也可依美国法取得专利，在特定时间内，二者完全并存而互不冲突。但若某对象为物例如不动产，位于中国境内依据中国法享有所有权，却绝不可同时依据美国法在美国享有所有权。

第二节　知识产权的性质与分类

一、知识产权的性质

探讨知识产权的性质，有两个层面的含义：第一，是说知识产权为公权还是私权；第二，是说知识产权是人身权还是财产权还是既有人身权也有财产权性质。

首先，关于知识产权是公权还是私权。根据学者观点，以政府生活之利益为内容者，为公权；以社会生活之利益为内容者，为私权。❶知识产权是基于特定信息依法产生的权利的统称。这种权利的内容，是关于信息的支配及相关利益如何在平等主体间进行配置，不是关于政治权力的配置、国家机构的设计、国防事务的处理以及外交、国际关系等政府生活内容，因此知识产权是一种私权而非公权。我国《民法通则》将知识产权与物权、债权、人身权等规定在一章，确认了知识产权的民事权利性质；TRIPS协议在前言中也声明各成员国达成共识的一点是知识产权为私权（Private right）。

认识到知识产权的私权（民事权利）性质，有利于我们借鉴民法理论研究和分析知识产权，并在司法实践中运用上位法与下位法、普通法与特别法的关系处理相关问题。例如在我国，《民法通则》是上位法、普通法，知识产权法是下位法、特别法，就侵权纠纷处理而言，《侵权责任法》是普通法、知识产权法是特别法。

其次，关于知识产权是财产权、人身权还是兼有财产权和人身权双重性质。有人认为，并非所有知识产权都有人身权的内容。知识产权的普遍

---

❶ 史尚宽：《民法总论》，中国政法大学出版社2000年版，第19页。

属性就是一种财产权。❶有的学者认为,智力成果是一种精神财产,作为人类脑力劳动的产物,也体现一般劳动者的个性,从而包括人身权的内容。知识产权大多具有人身权和财产权的双重性质。❷没有学者认为知识产权是一种纯粹的人身权或其普遍属性是一种人身权。

在学界,因为对财产权的范围界定不同,知识产权的性质界定就会不同。例如依照史尚宽先生的观点,财产权为身份权和人格权以外之权利,而知识产权似乎既不是身份权也不是人格权,因此应为财产权,可谓无体财产权。❸而依照另一民法学者王利明的观点,财产权仅包括物权与债权两大类,那么知识产权既不是物权也不是财产权,就属于独立的第三类民事权利。❹

从我国《民法通则》的规定来看,民事法律关系只有两类,一类是人身关系,一类是财产关系。从民法学理论关于人身权和财产权划分的标准来看,基本采取权利所体现的利益性质来划分权利的性质,如果这种利益是人身利益则权利为人身权,如果是财产利益则权利为财产权。这种权利性质划分,与我国《民法通则》关于民事法律关系的划分是一致的。本书认为,应当以权利对象是人身还是人身之外的事物将民事权利分为人身权和财产权,权利对象为人身者,为人身权;权利对象为人身之外且有经济价值的事物者,则为财产权。知识产权的对象为特定信息,这些信息如作品、专利、商标等,并不包含直接与人身相关的信息例如个人姓名、隐私、名誉、荣誉等,因此不属于人身的范畴,而属于财产的范畴。因此,知识产权在性质上应属于财产权。

要理解知识产权是一种财产权,最难在于如何理解著作权中的署名权、发表权、保护作品完整权这些通常被称为"精神权利"(moral rights)的权利也是一种财产权。我们以表面上看人身性最为强烈的署名权为例来说明。学界通常认为姓名权是一种人身权,是因为姓名以识别民事主体本人

---

❶ 王春燕:"也论知识产权的属性",《中国法学》1996年第3期。

❷ 刘春茂主编:《中国民法学·知识产权》,中国人民公安大学出版社1997年版,第7页。

❸ 史尚宽:《民法总论》,中国政法大学出版社2000年版,第23—25页。

❹ 王利明:《民法》,中国人民大学出版社2005年版,第125—126页。

来区分不同的主体为功能,就是民事主体的指代,因此其与民事主体人身直接相关。但署名的功能不同,署名的功能在于识别作者身份,也就是宣示作品的创作者是谁,其本质意义仍然是一种识别作品的符号,而不是识别作者(本人)的符号。姓名使人与某个民事主体相联系,而署名使人与某部作品的创作者相联系。署名仅与作品相关,是作品这种财产的一个识别要素。因此署名权本质还是一种财产权。也许有人会说,署名权的内容是作者决定是否署名以及以何种方式署名的"意志自由",因此是一种人身权。这种说法将"意志自由"等同于"人身",是错误的,因为许可也是一种意志自由,难道我们说知识产权中的许可权也是人身权? 至于发表权和保护作品完整权,如果从发表和保护作品完整的实质的角度来理解,也容易理解为这是作者控制作品的两种方式,是知识产权控制权能的体现,其直接支配对象仍然是作品这种财产而非人身。因此发表权和保护作品完整权本质上也是财产权。正如某些学者所言:虽然我们把某些权利称为"著作人身权",但它与传统民事权利中的人身权利,实际上有本质区别。❶本书认为,这种本质区别,就是人身权和财产权的区别。

二、知识产权的分类

对知识产权的分类进行探讨,有助于我们更好地认识知识产权。依据不同的标准,知识产权有不同的分类。

(一)工业产权和著作权

将知识产权划分为工业产权和著作权,是比较传统的划分方式,例如1883年制定的国际公约《保护工业产权巴黎公约》就将专利权、商标权、服务标记权、厂商名称权、货源标记权、原产地名称权以及制止不正当竞争的权利统称为工业产权,而1886年制定的国际公约《保护文学艺术作品伯尔尼公约》仅保护著作权和与著作权相关的权利。有学者认为,将知识产权划分为工业产权和著作权,是以知识产权对象的功能为标准的,工业产权

---

❶ 刘春田主编:《知识产权法》,中国人民大学出版社2009年第四版,第70页。

对象的功能主要在于满足人类生产生活,满足物质消费,其功能为实用功能,如专利权、商标权等绝大多数知识产权都属于工业产权。著作权的对象即作品以满足人类审美需求为功能,为非实用功能。[1]我们认为,以知识产权的对象功能是否为实用功能划分知识产权的种类,标准并非十分严谨。例如实用艺术品虽具有实用功能,却是著作权的对象;而外观设计专利主要功能是为人们提供一种视觉上的美感,应该也是精神性质的而非实用功能的,但外观设计却是专利权(工业产权)的对象。所以,虽然早期的国际公约将作品以及作品之外的对象进行分别规定,但这只说明较早的知识产权理论不够成熟,随着知识产权理论的发展,工业产权与著作权的二分法应被摒弃。

(二)创造性智力成果权、识别性标记权、其他信息产权

根据知识产权对象的价值来源,可以将知识产权划分为创造性智力成果权、识别性标记权和其他信息产权。

将知识产权分为创造性智力成果权和识别性标记权的理论,大约在20世纪60年代就存在了。这种理论内部也存在多种划分标准。有一种标准叫价值来源标准,即知识产权对象的价值是直接来源于人的创造成果本身还是来源于创造成果识别的事物。如果知识产权对象的价值是直接来源于创造成果,就叫创造性智力成果权;如果知识产权的价值不是来源于创造成果本身,而是来源于创造成果所识别的事物,就是识别性标记权,[2]或称为"工商业标记权"。[3]按照这种划分方法,著作权、专利权、集成电路布图设计权、植物新品种权等等都属于创造性智力成果权;商标权、地理标志权、商号权等则属于工商业标记权。

我们认为,将知识产权划分为创造性智力成果权和识别性标记权,在外延上表明知识产权的对象只有两类:创造性智力成果和识别性标记。这虽然能够涵盖知识产权的绝大多数对象,却不能完全涵盖知识产权的对象

[1] 刘春田主编:《知识产权法》,中国人民大学出版社2009年第四版,第18页。

[2] 郑成思:《知识产权论》,法律出版社2003年版,第58页。

[3] 刘春田主编:《知识产权法》,中国人民大学出版社2009年第四版,第19页。

范围。随着社会经济生活的发展,知识产权的对象范围越来越大,有些会超越这两类范围,例如商品化权中的个人经历,就是一种纯粹的个人信息,既不是某个人创造的结果,也不是识别性标记;另如商业秘密中的经营秘密,就只是在经营过程中不愿为他人知悉的信息,这些信息既不是创造性智力活动的产物,也不是识别性标记。我们把这类信息称为其他信息。由此,知识产权就可以划分为创造性智力成果权、识别性标记权和其他信息产权。

第三节　知识产权的国际保护

从1883年第一部知识产权国际公约——《保护工业产权巴黎公约》问世以来,知识产权的保护从国内范围进入国际领域,知识产权国际保护制度开始得到长足的发展。而1994年签署的《与贸易有关的知识产权协议》将知识产权保护链接到了世界贸易体制中。以下将围绕保护知识产权的国际公约展开对知识产权国际保护制度的讨论。

知识产权国际保护是现代知识产权制度的重要内容。知识产权的国际保护制度兴起于19世纪80年代,目前已经成为国际经济、文化、科技、贸易领域中的一项法律秩序。以世界知识产权组织、世界贸易组织等相关国际组织为协调机构,对各国知识产权制度进行协调,进而在知识产权领域形成了国际性的法律规则与秩序。

一、《保护工业产权巴黎公约》

《保护工业产权巴黎公约》(简称《巴黎公约》)于1883年在法国巴黎订立,以后历经修改。现行文本是1967年的斯德哥尔摩文本。中国于1985年3月19日加入该公约。《巴黎公约》是知识产权领域第一个世界性多边公约,对于工业产权的国际保护具有深刻的影响。截至2013年7月,《巴黎公约》共有成员国175个。

《巴黎公约》所指的"工业"，并不限于一般意义上与农业相对应的工业，而是包括农业、采掘业和其他所有人工或天然产品的制作。《巴黎公约》确立了保护工业产权的几项基本原则：

（一）国民待遇原则

根据公约第2条第一款和第3条的规定，成员国的国民或在成员国有住所或有真实和有效的工商业营业场所的非成员国国民在保护公约产权方面，在公约所有其他成员国内应享有各该国法律规范授予或今后可能授予其本国国民的利益；一切都不应损害本公约特别规定的权利。因此，他们应和各该国国民享有同样的保护，对侵犯他们的权利享有同样的法律上的救济手段，但是以他们遵守对各该国国民规定的条件和手续为前提。

上述规定表明了三层含义：第一，一成员国国民在任何其他一成员国所取得的工业产权的保护方面应享受国民待遇；第二，各成员国对工业产权的保护不能低于本公约特别规定所设定的最低要求；第三，一成员国国民在其他成员国取得工业产权，须遵守该国工业产权法所规定的实质条件和有关程序。前两层含义涉及已取得的工业产权后的保护问题，后一含义则是针对工业产权的取得，而且是以但书的形式体现出来的。

此外，《巴黎公约》第1条第三款还规定，在涉及工业产权保护事宜时，成员国法律中关于司法和行政程序、管辖权，以及制定送达地址或制定代理人的规定，均可以明确地予以保留。

（二）优先权原则

《巴黎公约》第4条所规定的关于专利、实用新型、外观设计申请的优先权对专利权的取得具有实质性影响。依该条规定，已经在一个成员国正式提出专利、实用新型注册、外观设计注册的任何人，在一定的期限内（自第一次申请日起计算，专利和实用新型为12个月，外观设计和商标为6个月）享有在其他成员国优先申请的权利；在这段时间内，他在任何其他成员国就同一发明或设计所提出的申请，不应由于在这期间完成的任何行为，特别是他人申请的提出、发明的公布或利用、外观设计复制品的出售或使用商标而成为无效。优先权的确立,对于申请人在进行跨国申请时,防止他人抢先申请,防止因第一次申请时的公布而使得以后的申请丧失新颖性,是十分有效和必要的。

(三)专利、商标独立保护原则

根据《巴黎公约》的规定,专利或商标的国际保护并非指在成员国内一国注册,所有成员国均予以保护,或者所有成员国对同一专利或商标要给予相同的保护,而是规定在符合公约最低保护标准的情况下,各国有权规定自己的保护标准,包括注册条件和司法救济等都是各自独立的,这就是公约所确立的专利、商标独立保护原则。专利的独立性原则体现在《巴黎公约》第4条之二,指成员国国民欲在各成员国申请专利权与其在其他成员国为同一发明而取得的专利权相互独立、互不干涉。特别是在优先权期限内申请的各项专利,在专利权的无效原因、被撤销原因以及有效期限等方面是没有任何关系的。

商标权独立性和专利的独立性类似,指关于外国人的商标申请和注册,应由各成员国的法律做出规定。对成员国国民在任何成员国中提出的商标注册申请,不能以未在本国申请、注册或续展为理由而加以拒绝或使其注册失效。

商标独立性原则于专利独立性原则有一个不同之处:如果一项商标在其本国获得了合法注册,那么在一般情况下,它在其他成员国的申请就不应当被拒绝。而专利权人在其本国获得专利,并不会在其他成员国获得专利。

(四)对国际展览的临时性保护原则

《巴黎公约》第11条规定,成员国应按其本国法律对在任何成员国领土内举办的官方的或经官方承认的国际展览会上展出的商品中可以取得专利的发明、实用新型、外观设计和商标给予临时保护。公约这一规定仍是旨在防止因展览而使发明、实用新型等丧失新颖性或被他人抢先申请。公约并未对临时保护的期限做出规定,各国知识产权法的规定不一,有的为

12个月,有的为6个月。公约还对临时保护与优先权期限的关系作了规定：临时保护不应延展优先权期限,如果以后要求优先权,任何国家的主管机关可以规定其期间应自该商品在展览会上展出之日起算。

二、《保护文学和艺术作品伯尔尼公约》

《保护文学和艺术作品伯尔尼公约》(简称《伯尔尼公约》)于1886年9月9日由英国、法国、瑞士、比利时、意大利、德国、西班牙、利比里亚、海地和突尼斯10个国家发起,在瑞士首都伯尔尼正式签订,后经多次修订增补,目前广泛适用的最新文本是1971年的巴黎文本。截至2014年12月2日,《伯尔尼公约》共有成员国168个。我国于1992年10月15日正式加入《伯尔尼公约》；根据中国政府的声明,自1997年7月1日起,该文本也适用于中华人民共和国香港特别行政区。《伯尔尼公约》规定了三项基本原则。

（一）国民待遇原则

《伯尔尼公约》规定下列作者的作品均可以获得成员国版权法赋予本国国民的待遇,从而得到与成员国国民相同的保护：

（1）成员国国民,或非成员国国民但在成员国有惯常住所,其作品无论是否出版；

（2）非成员国国民,但其作品首先在某个成员国出版的,或同时在某个成员国和非成员国同时发表；

（3）电影作品的作者,如果符合上述条件之一,或不符合上述条件但电影制片人总部或惯常住所在成员国境内；建筑作品的作者,如果符合上述条件之一,或不符合上述条件但如果建筑物位于成员国境内。

上述作品即视为受公约保护。这里的出版,指对作品的复制,因此,戏剧、电影作品的表演、音乐作品的演奏、文字作品的朗诵或广播、美术作品的展览和建筑作品的建造不构成出版。一个作品在首次出版后30天内在两个或两个以上国家出版,视为同时出版。

(二)自动保护原则

《伯尔尼公约》第5条第二款规定:享有及行使依国民待遇所提供的有关权利时,不需要履行任何手续。按照这一原则,公约成员国国民及在成员国有惯常居所的其他人,在作品创作完成时即自动享有著作权;非成员国国民又在成员国无惯常居所者,其作品首先在成员国出版时即享有著作权。

受公约保护的作品,在所有非起源成员国获得的保护,不需要履行任何手续,也不论作品起源国是否存在保护。因此,可以获得公约保护的作品,一旦完成或首次出版或影片一旦发行、建筑一旦建成,就自动获得保护。

(三)版权独立保护原则

依据《伯尔尼公约》第5条第二款规定,享有国民待遇的人在公约任何成员国所得到的著作权保护,不依赖其作品在来源国受到的保护。在符合公约最低要求的前提下,该作者的权利受到保护的程度以及为保护作者权利而向其提供的司法救济方式等,均完全适用提供保护的那个成员国的法律。这就是《伯尔尼公约》确立的版权独立保护原则。版权独立性原则清楚地表明,《伯尔尼公约》并没有取消版权的地域性特征。

版权独立性原则在实践中主要体现为如下三种情形:①公约成员国中,有些国家的版权法要求其国民的作品要履行一定的手续才能获得保护,那么有关作者在其他成员国要求版权保护时,其他国家不能因其本国要求履行手续而专门要求他们也履行手续;②对一位作者居住地和作品首次出版地都在某一成员国的作品,在该国规定以某种方式利用不构成侵权,但在另一成员国以相同的方式利用却构成侵权,那么后一国不能因这种利用方式在作品来源国不视为侵权而拒绝受理有关的侵权诉讼;③不能因为作品来源国的保护水平低,其他成员国就降低对有关作品的保护水平。

三、TRIPS协议

TRIPS协议是世界贸易组织的前身关贸总协定(GATT)在服务与贸易协议谈判过程中经发达国家提议新增的知识产权协议谈判的结果。1986

年9月GATT的部长级会议在乌拉圭的埃斯特角结束,会议决定将知识产权列入谈判议程。经过长达七年的谈判,1993年12月,谈判国同意达成TRIPS协议,1994年4月15日在摩洛哥的马拉喀什最终签署。TRIPS协议成为20世纪形成的的知识产权国际保护最重要的多边协定。由于加入WTO同时也要加入TRIPS协议,因此TRIPS协议对此后来加入WTO的国家特别是发展中国家的知识产权制度建设产生了重要的影响。中国于2001年12月11日起成为WTO的成员,同时也成为TRIPS协议的成员。截至2014年6月26日,TRIPS协议成员共有160个。

TRIPS协议除引言外共七大部分。第一部分是总则与基本原则;第二部分是有关知识产权的效力、范围及利用的标准;第三部分是有关知识产权执法的规定;第四部分涉及有关知识产权的获得与维持及有关当事人之间的关系;第五部分是争端的防止与解决;第六部分是过渡安排,主要包括过渡的时间、对最不发达国家成员的照顾及技术合作等;第七部分是机构安排与最后条款。

(一)协议的基本原则

TRIPS协议第一部分对基本原则的主要规定如下:

(1)维护公共利益原则。尽管TRIPS协议以知识产权为核心,但作为私权的知识产权保护要受到公共利益的影响以及限制,公共利益作为一项原则体现在TRIPS协议的具体条文及其发展过程中。

(2)禁止权利滥用原则。禁止权利滥用是一项可以追溯至罗马法的古老民法原则,知识产权滥用是权利滥用的一种形式。禁止权利滥用是权利制度的组成部分,是权利中的问题,而非权利外的问题,它和权利保护制度共同确定着权利的边界。TRIPS协议明确规定,各成员可采取适当措施防止权利持有人滥用知识产权、采用不合理限制贸易或者对于国际技术转移具有消极影响的行为,只要该措施与本协议的规定一致。

(3)国民待遇原则。作为《关贸总协定》第3条国民待遇原则的延伸,TRIPS协议也将国民待遇原则作为其基本原则,除《巴黎公约》《伯尔尼公约》《罗马公约》及《集成电路知识产权条约》已规定的外,各成员在知识产权保护上,对其他成员国民提供的待遇,不低于其授予自己国民的待遇。就表演者、录音制品制作者及广播组织而言,该义务仅适用于本协议所提供的权利。

(4)最惠国待遇原则。按照联合国国际法委员会的《最惠国条款草案》,所谓最惠国待遇即是给惠国给予受惠国或者与受惠国有确定关系的人或物的优惠,不低于该给惠国给予第三国或者与第三国有同样关系的人或物的待遇。最惠国待遇原则是包括TRIPS协议在内的WTO多边贸易协定的共同基本原则,旨在保证贸易的公平竞争,从而构成整个国际贸易体制的基石。在传统的知识产权公约中,一般不涉及国际贸易中的最惠国待遇问题。TRIPS协议将最惠国待遇原则适用于知识产权保护,这不仅改变了传统的知识产权的国际保护制度,而且使该原则的使用超出了一般的国际贸易范围。

(二)协议的最低保护标准

TRIPS协议第二部分规定了WTO各成员对七类知识产权应予提供的最低保护标准。这七类知识产权分别是版权和相关权利、商标、地理标志、工业设计、专利、集成电路布图设计、未披露信息(或称商业秘密),以下分别予以阐述。

1. 版权及相关权利

TRIPS协议第二部分第一节共6个条款(第9~14条)对版权及相关权利的最低保护标准作出了规定。相关权利就是我国著作权法中的表演者权、录音录像制作者权和广播权,或统称邻接权。

(1)WTO各成员应遵守《伯尔尼公约》中的相关义务。WTO各成员应遵守《伯尔尼公约》及其附件中规定的义务,即《伯尔尼公约》的主要内容都已经纳入TRIPS协议之中。但是,WTO各成员没有义务保护《伯尔尼公约》第6条之二授予的权利,也就是在TRIPS协议的范围中排除所谓的"精神权利"。

(2)版权保护的客体。版权保护应及于表达,而不是思想、程序、操作方法或数学概念本身。这就表明,版权保护的是具有原创性的对某种思想的表达方式,而不是思想本身。当然,表达某种思想的载体就是文字或艺术作品等。TRIPS协议要求各成员对计算机程序和数据汇编提供版权保护。计算机程序,不论是源代码还是目标代码,均应作为《伯尔尼公约》项下的文字作品加以保护。这就意味着,计算机程序一旦完成,就自动获得保护,无须以登记也无需以销售为前提。数据或其他资料汇编,无论是机器可读还是其他形式,只要由于对其内容的选取或编排而构成智力创作,即应获得保护。这类保护不应延伸至数据或资料本身,也不应损及这些数据或资料本身已有的任何版权。

（3）出租权。在计算机程序和电影作品方面,TRIPS协议第一次规定了作者及其继承人的出租权。第11条规定,至少就计算机程序和电影作品而言,各成员应准予作者及其继承人有权允许或禁止对其版权作品的原件或复制件的商业出租。

（4）保护期限。摄影或实用艺术作品之外的作品,保护期为不少于作品授权出版之年以后50年,自出版之年年底开始计算;如果没有授权出版,则保护期为不少于作品完成之年以后50年,自完成之年年底开始计算。由于TRIPS协议已将《伯尔尼公约》的主要条款(第1～21条)并入,《伯尔尼公约》第7条所规定的保护期也对WTO各成员适用。根据该条规定,自然人创作的作品,保护期为作者有生之年加作者死后50年,这也适用WTO成员。

（5）限制和例外。各成员对专有权的任何限制或例外应限于某些特殊情况,且不得与作品的正常利用相冲突,也不得不合理地损害权利持有人的正当利益。

TRIPS协议并没有并入保护邻接权的《保护表演者、音像制品制作者和广播组织罗马公约》(简称《罗马公约》),而是对邻接权作出了自己的规定。包括:

（1）表演者权。对于将表演者的表演固定于录音制品,表演者有权禁止下列未经他们许可的行为:固定尚未固定的表演、复制已经固定的录音制品。表演者还有权制止未经许可以无线电方式向公众广播或直播其现场表演。表演者权的保护期自表演完成的日历年年底起算,不少于50年。

(2)录音制品制作者权。录音制品制作者权享有授权或禁止直接或间接复制、出租其录音制品的权利,保护期自制作完成的日历年年底起算,不少于50年。

(3)广播组织权。广播组织有权禁止未经许可的下列行为:对其广播内容以无线电方式重播、将其广播内容固定;将已经固定的内容复制、以同样或其他方式将其电视广播向公众广播。广播组织权的保护期自广播播出的日历年年底起算,不少于20年。如果成员未授予广播组织以上述权利,则应给予广播的客体的版权所有人阻止上述行为的可能性。

(4)对邻接权的限制。对于表演者权、录音制品制作者权和广播组织权,各成员可在《罗马公约》允许的范围内规定条件、限制、例外和保留。

(5)对现有客体的保护。《罗马公约》仅要求对公约生效后的表演、录制和广播生效,但TRIPS协议要求,协议生效前的表演、录制,如果自协议生效时在来源国仍然受保护,则其他成员也应依照TRIPS协议对表演、录制进行保护。

2. 商标权的最低保护标准

(1)商标的概念及目的。商标是区别一工商企业的产品或服务不同于其他企业的标记。这类标记是由一个或多个特殊的单词、字母、名称、数码、数字符号和颜色混合而成的。某一商标标记也可能是上述几个因素联合组成。

(2)商标保护的注册条件、要求及义务。商标注册的识别性与视觉感知要求:协议对商标的获得提出了"注册条件"要求。即世贸组织成员对其成员的商标提供保护必须以其成员国或地区的国民对其商品或服务提出"注册申请"为获得商标的前提条件,没有采取一些国家所采取的"使用在先"原则(即以是否"使用"某一标记作为获得商标的条件)。鉴于仍有少量的国家并没有实行以申请注册为获得商标权的制度,TRIPS协议规定不能以实行注册条件获得商标权为理由,阻止成员依其他理由拒绝为某些商标注册,但这些理由要符合《巴黎公约》1967年文本中的规定。

（3）授予商标所有权人的权利范围和限制。TRIPS 协议规定了商标所有权人"应当享有独占权，以防止第三方未经其授权在相同或相似的商品或服务的交易过程中使用相同或相似的已获商标注册的标记并使公众造成混淆"。从此规定中可以看出，世贸组织突出强调了商标所有权人有权制止他人使用与其注册商标相同或近似的标记以避免造成混淆。这突出了世贸组织成员国之间因商品和服务交换扩大而带来的商标保护问题。世贸组织对注册商标所有权人的上述权利作了相应的限制，即商标所有权人在行使上述权利时不应损害任何已有的在先权，也不应影响各成员在使用的基础上获得权利的可能性。协议没有规定"在先权"包括哪些权利，一般认为至少应包括以下几个方面的权利：已获保护的商号权；已获保护的工业品外观设计专有权；版权；已获保护的原产地地理标志名称权；姓名权；肖像权等。

（4）对驰名商标的保护。驰名商标的保护是商标保护国内法律及国际和地区性公约保护的重要组成部分。世贸组织要求各成员的国内立法，都必须禁止使用与成员国中的任何驰名商标相同或近似的标记，并拒绝这种标记的商标注册申请。如果已获得注册，则应当予以撤销。对应特别保护的驰名商标，不论是已注册的，还是未注册的，都应加以保护。

（5）商标权的例外规定。TRIPS 协议规定了世贸组织成员可以对授予商标权规定有限的例外，只要这种规定考虑了商标所有权人与第三方的合法利益即可。

（6）商标保护期限及续展。TRIPS 协议规定，注册商标保护期应不少于7年，而续展次数应为无限，即商标所有权人有权无条件地续展。这样在事实上使商标权的保护期与版权、专利权极不相同。版权与专利权的保护期是法定的有效限期，一般在有限的时间期满后便不再享受保护，即便进入公共领域，任何人均可免费使用而不构成侵权。

（7）关于使用的要求。TRIPS 协议规定如果以使用维持商标注册，只有在连续3年的期限内没有使用，才可以取消该项注册。但是，如果商标所有权人有正当理由说明其不使用是合理的，则不能取消其注册。此处"正当理由"主要指"出现不为商标所有权人意愿所控制的情况而构成对商标使用的障碍"。一般认为应包括：①不可抗力；②政府禁令；③政府性的其他要求等。

（8）商标的许可与转让、共同使用。TRIPS 协议规定对商标的许可与转让作出了与版权不相同的处理。考虑到版权转让许可方式的多样性及各国法律的差异太大，在协议中没有对版权的许可与转让作出具体规定。但是，商标的许可与转让在经贸实践中极为普遍，也是权利人获得利益的最重要的手段。针对一些国家在商标转让中要求连同企业的业务一起转让的规定，协议对商标的许可使用与转让加以规范：①各成员可以对商标许可使用与转让合同依国内立法自行确定条件；②不能采用商标强制许可制度；③在商标转让中商标所有人有权连同或不连同商标所属的企业的业务同时转移，即商标所有权人有权选择将注册商标所属的商品或服务的一部分业务或全部业务转让给他人使用。

此外，在协议第20条中还提到了商标在贸易中的使用，特殊要求不能够对商标的使用构成不合理的阻碍。并指出这种"特殊要求"主要指：①与其他商标共同使用；②以特殊形式使用；③以不利于该商标将一企业的商品或服务与其他企业的商品或服务相区别的方式使用。

3. 地理标志的保护

（1）地理标志的定义及与原产地名称的区别。TRIPS 协议没有使用地理名称，而是使用"地理标志"一词。地理标志指标明一商品来源于一成员的领土，或该领土的一个区域，或一个地方的标志，而该商品的一种特定质量、声誉或其他的特性本质上可以归于这一地理来源。

（2）对地理标志的侵权及侵权形式。由于地理标志与产品的质量、信誉和其他性能有本质上的联系，因此，滥用或者利用足以使人产生误解的手法就形成对"地理标志"的侵权。首先表现为对原产地名称的侵权方面。例如：非"中国制造"却滥用"Made in China"便形成这一侵权行为。同时，由于地理标志具有3个来源，不是某一地域而乱用、不是某一地方来源而滥用的行为同样属于此种侵权行为。

（3）对地理标志侵权行为的救济。救济手段中，可以分为两种方式。一种方式是依照一利益方的请求，对具有地理标志侵权行为的商标拒绝注册申请或撤销已进行了的注册；另一种方式是一成员可以主动依照职权，只要国内法律允许，对具有地理标志侵权行为的商标进行处理。对地理标志侵权行为的商标施加处理的机关既可以是法院，又可以是行政机关。另外，行政机关可以主动依照职权对上述行为加以处理，也就是说，在利益方没有提出诉讼的情形下，行政机关一样可以对地理标志的侵权行为加以处理，行政机关的主动介入在知识产权保护中是必要的。当然，必须排斥其介入对保护知识产权的削弱行为。

（4）加强对酒类地理标志的保护。协议规定了葡萄酒或烈性酒使用并非真实产地地理标志属侵权行为，应受到处罚，权利人可提请保护。除上述规定外，协议还提出要加强国际合作以保护地理标志。

4. 工业品外观设计保护

（1）获得工业品外观设计保护的条件。TRIPS协议第25条第一款规定，世贸组织成员必须对工业品外观设计提供保护，并规定了要想获得工业品外观设计保护，该工业品外观设计需要满足两个条件：①独立创造，具有新颖性；②独立创造，具有原创性。

（2）重在保护"外观设计"而非功能本身。各国对工业品外观设计保护立法的中心都在于其"外观设计"而非"产品"的功能及技术方面的保护。产品的功能及技术因素对产品质量及给消费者带来的消费满足固然重要，但却不是工业品外观设计保护重点解决的问题，它们可以通过《专利法》或其他工业产权法加以保护。因此，TRIPS协议第25条规定各成员"必须"保护工业品外观设计，这是强制性的规定，是必须履行的义务要求。然而，对于外观设计的保护，各成员没有义务将保护延伸至主要由技术因素或功能因素构成的设计。

（3）对纺织品外观设计保护问题的处理。TRIPS协议规定各成员应确保其对纺织品外观设计提供保护的规定，特别是在成本、审查或公开方面的规定，不得无理地损害寻求和获得该保护的机会。

（4）工业品外观设计权利人的权利。TRIPS 协议赋予了工业品外观设计的所有权人生产制造权、销售权及进口权。其中生产制造权、销售权是工业产权中权利人应享有权利的基本内容。

（5）工业品外观设计的保护期。TRIPS 协议规定工业品外观设计的保护期不少于 10 年。这是对工业品外观设计的最短时间，是最起码的保护要求。

5．对其他知识产权对象的保护

（1）未公开信息。TRIPS 协议有关未公开信息的条款是第一次用国际公法的形式明确要求未公开的信息如商业秘密和诀窍受保护。保护适用于秘密信息，因为秘密的信息具有商业价值，应采取合理措施维护其秘密。TRIPS 协议并未要求未公开的信息应作为一种财产形式来处理，但它确实规定，合法支配这一信息的人必须拥有在没有征得其同意时阻止他人违背诚实商业做法而要求公开、获得或使用该信息的可能性。而且协议还对有关政府要求提议未公开信息的检验数据和其他数据并以此作为医药或产品销售条件的问题作了规定。成员方政府必须保护这类数据以防不公正的商业应用。

（2）集成电路布图设计。除非另有其他规定，TRIPS 协议要求成员按照《集成电路知识产权华盛顿条约》的有关条款对集成电路的布图设计提供保护。协议这方面的其他条款规定，在没有获得正当权利人授权时，进口或销售含有受保护的集成电路是违法行为。但那些不明含有非法集成电路的人对某一产品的获得并不构成违法行为。"无辜侵权人"在得知所用布图设计属非法以后仍可销售或处理其库存产品，但应向正当权利人支付一定使用费。协议另一条款规定，禁止对受保护的权利实施强制许可，除非是出于公共的非商业目的或由司法或行政当局判定为制止反竞争行为的补救措施。

（3）有关生物技术发明的专利保护。TRIPS 协议第 27 条第一款对可获专利的对象范围明显的定义规定中也包括生物技术发明。然而，在动植物专利，尤其是人体 DNA 排序专利方面，存在许多反对的声音。发展中国家

担忧,外国公司将通过申请专利把当地居民关于植物有效成分方面的传统
知识占为己有。

思考与讨论

1. 知识产权的对象本质上是什么?

2. 如何理解知识产权的特征?

3.《伯尔尼公约》的基本原则有哪些?

4.《巴黎公约》的基本原则有哪些?

5. TRIPS 协议的基本原则有哪些?

延伸阅读

1. 张玉敏主编:《知识产权法学》,人民大学出版社2011年第二版。

2. 刘春田主编:《知识产权法》,高等教育出版社2010年第四版。

3. 吴汉东主编:《知识产权法》,中国政法大学出版社2009年第四版。

4. [澳]彼得·德霍斯:《知识财产法哲学》,周林译,商务印书馆2008
年版。

5. 冯晓青:《知识产权法哲学》,中国人民公安大学出版社2003年版。

6. 齐爱民:"论信息财产的法律保护与大陆法系财产权体系之建立——
兼论物权法、知识产权法与信息财产法之关系",《学术论坛》2009年第
2期。

第二章　知识产权实务概述

知识产权实务,是指与知识产权的取得、行使、保护等相关的实际工作和过程,其范围包括知识产权行政管理实务、知识产权司法实务、知识产权法律服务实务和企业知识产权管理实务等诸多方面。知识产权实务是对知识产权理论的运用和实践。知识产权实务能力只能随着实务工作经验的增长而增长。处理知识产权实务工作必须依法进行,我国的知识产权法律渊源是由法律、行政法规与规章以及相关司法解释构成的完整体系,掌握这些法律渊源是熟练处理知识产权实务工作的基础。

第一节　知识产权实务的含义

一、知识产权实务的概念

知识产权实务,是指与知识产权的取得、行使、保护等相关的实际工作和过程。实务是与理论相对的一个概念,理论是指人们关于事物知识的理解和系统论述,通常是由若干人经过研究,在长时期内形成的具有一定专业知识的智力成果;实务则通常指在实际生活中进行操作的程序、技巧等。从法律的角度讲,实务是指运用法律解决实际问题的工作和过程。

二、知识产权实务的范围

(一)知识产权法律实务

知识产权法律实务,是指以知识产权法律服务为主要内容的实务。包括知识产权行政管理实务、知识产权司法实务和知识产权法律服务实务。

知识产权行政管理实务是指知识产权行政管理部门依法从事与知识产权相关的行政管理工作,包括登记工作和处罚侵权行为等。根据法律法规的规定,知识产权行政执法实务主要包括:

第一,登记。即对知识产权取得、变更、消灭等进行相应的注册受理、异议处理、注册登记、撤销登记、注销登记等工作,包括对作品著作权备案登记、作品质押登记、专利授权登记、专利转让登记、商标取得登记、商标许可备案登记、植物新品种权取得登记等等。行政机关的登记,有些是登记方生效的,例如专利权的取得、商标权的取得等;有些只是登记备案,不登记并不影响相应的行为效力,在此种情况下,登记有时作为享有权利的首要证据,有时只是对抗第三人的条件,即在有备案登记的情况下,第三人不能以不知道权利状态为由进行抗辩,而在没有备案登记的情况下,第三人除非明知,否则以不知道权利状态已经发生改变进行抗辩,可以成功对抗在先的知识产权受让人或被许可人。例如作品著作权备案登记,就实行自愿登记原则,不登记不影响著作权取得。专利转让和商标转让也实行备案登记制度,不登记不能对抗善意第三人。

第二,责令停止侵权。即向侵害知识产权并且同时损害公共利益、破坏国家正常经济秩序的侵权人发出行政执法通知,要求侵权人立即停止实施其侵害知识产权人权利的行为。

第三,没收。没收指国家行政机关将侵权人的违法所得或侵权物品无偿收归国有。没收包括两个方面,一是没收非法所得,即将其从侵权行为中获得的非法利益(利润),全部收归国家财政;二是没收侵权物品或主要生产设备,即没收侵权复制品、侵权产品,或者没收主要用于制作或制造生产侵权物品的材料、工具、设备等。"主要用于制作或者制造生产侵权物品"

是指某些材料、工具、设备,除用于制作或制造生产侵权物品以外,几乎没有别的用途。对于这类物品,如果不予收缴,侵权人有可能会继续实施侵权行为。没收应当依法出具相关手续,遵守行政执法的各项原则和具体规定。对于没收的侵权物品或者主要生产设备,根据情况可予以变卖或销毁。

第三,罚款。即对侵权人发出罚款通知,要求侵权人在指定的时间到相关部门缴付一定数额的货币。行政罚款有助于加大对知识产权侵权行为的惩罚力度,进一步遏制知识产权侵权行为,更好地保护知识产权人的合法权益,维护市场秩序和社会公共利益。

知识产权司法实务是指与知识产权相关的审判、检察等工作,主要包括人民法院审理知识产权纠纷案件,人民检察院公诉、监督、抗诉知识产权犯罪案件等。

知识产权法律服务实务指向当事人提供与知识产权相关的专业法律服务工作,主要包括知识产权法律咨询(如知识产权风险评估咨询等)、知识产权法律文书(如许可或转让合同)的撰写和知识产权业务代理(如专利代理、商标代理或诉讼代理、仲裁代理等)。

(二)企业知识产权管理实务

知识产权管理,是指以法律规定为依据,以知识产权为对象,综合运用法律、技术、经济等方法所实施的有计划的规划、组织、协调和利用活动。❶知识产权管理具有合法性、市场性、动态性、文化性和国际性等几个方面的特征。❷广义的知识产权管理实务包括企业知识产权管理实务和知识产权行政管理实务。由于知识产权行政管理实务也可归于知识产权法律实务范围,因此不再纳入知识产权管理的范围。

企业知识产权管理是对企业所拥有的知识产权进行的综合性管理和系统化谋划的活动。企业知识产权管理包括企业对知识产权获取、应用、规划、维护等方面的管理工作。在知识经济时代,知识产权是重要的财富资

---

❶ 宋伟主编:《知识产权管理》,中国科学技术出版社2010年版,第85页。

❷ 安雪梅主编:《知识产权管理》,法律出版社2015年版,第12—14页。

源,企业知识产权管理将成为提升企业效益的重要内容。

　　企业知识产权管理实务既有管理工作方面的特征,也有法律工作方面的特征,本质上还是对知识产权法律法规的应用,因此本书不将企业知识产权管理作为专门学习内容,而将重点放在知识产权法律实务方面。

第二节　知识产权实务的法律依据

一、知识产权法的法律地位

　　处理知识产权实务需要依据民法、刑法、行政法、诉讼法、知识产权法等诸多法律,知识产权法专指调整知识产权法律关系的法律规范的总称。知识产权法不是一部法律的称谓,而是调整知识产权法律关系的所有法律规范的总称,目前世界上也极少有国家以《知识产权法》或者《知识产权法典》为名称单独立法,多数国家包括我国都是采用单行立法各自调整的立法模式。

　　知识产权法的法律地位是指知识产权法在整个法律体系中所处的位置。从知识产权法的调整对象来看,知识产权法律关系是平等主体间关于信息的支配与控制及相关利益分配而产生的财产关系,故属于民事法律关系的一种。虽然知识产权法中往往也规定知识产权的法定取得程序等本属公法性质的制度,其中涉及国家行政机关与行政相对人的关系,但这不是知识产权制度的主体,故不影响知识产权法的私法性质。知识产权法与人身权法、物权法、债法、亲属法、继承法等一样,同属民法的下位法。

二、我国现行知识产权法律体系

　　我国现行的知识产权法规主要有三大基本法,即《著作权法》(2010)、《专利法》(2008)和《商标法》(2013);另外还有许多行政法规或规章作为补充,如上述基本法的《实施条例》或《实施细则》,以及《计算机软件保护条例》《植物新品种保护条例》《集成电路布图设计保护条例》《音像制品管理条例》《知识产权海关保护条例》《奥林匹克标志保护条例》《著作权集体管理条例》《信息网络传播权保护条例》等;此外我国还加入了许多保护知识产权的国际公约如《巴黎公约》、TRIPS协议等,这些公约在处理关于知识产权的国际争议时也可发挥调整作用。

三、知识产权法的制度功能

知识产权法的制度功能是指知识产权法律对社会能够产生的作用。对此,从不同的角度有不同的认识。本书认为,知识产权法正如其他法律制度一样,应该是公平正义的分配机制,是社会利益的平衡器。知识产权制度功能具体体现在以下三点:

（一）保障信息权利人的合法权益,调动社会个体的创造积极性

创造力是人类特有的能力,创新也是社会前进的动力。创造性信息是知识产权的主要对象,保护这些创造性信息既有助于给创造者提供持续创造的物质保障,也有助于鼓励其他人积极进行创新。

（二）规范信息的运用,促进信息产出经济效益和社会效益

社会是一张复杂的信息网,如何更好的发挥信息的最大功能,促进信息的正常交流与利用,是知识产权法的重要使命。知识产权法律制度能够鼓励信息及时公开,并被社会公众有序利用,从而促进信息产出经济效益和社会效益。

（三）协调信息权利人和社会之间的利益冲突

信息权利人对信息享有专有权,并希望从信息的利用者那里获得物质回报,而社会又需要从信息中廉价甚至免费分享利益,这二者间存在矛盾。知识产权制度基于利益平衡思想,在赋予信息权利人专有权的同时,通过权利限制、时间性规定等制度设计,能够较好地协调二者之间的矛盾。

思考与讨论

1. 知识产权实务的范围有哪些?

2. 知识产权法的制度功能理论对指导知识产权实务工作有何意义?

延伸阅读

1. 安雪梅主编:《知识产权管理》,法律出版社2015年版。

2. 温旭:《知识产权业务律师基础实务(上下册)》,中国人民大学出版社2014年版。

3. 冯晓青:《企业知识产权管理》,中国政法大学出版社2012年版。

4. 宋伟:《中美中小企业知识产权管理比较》,中国科学技术大学出版社2011年版。

5. 马东晓、李德成:《知识产权律师实务与法律服务技能》,法律出版社2011年版。

6. 朱雪忠主编:《知识产权管理》,法律出版社2010年版。

第二编　著作权法理论与实务

　　著作权是指基于文学、艺术和科学作品依法产生的权利。[1]我国现行著作权法将著作权又称作"版权"，认为二者所指为同一类权利，从而在立法上结束了理论界关于"著作权"与"版权"的称谓之争。通说认为我国的"著作权"与"版权"称谓均来自日本。[2]著作权在英美法系国家称为"copyright"，其原意仅指"复制权"，最初就是指出版商从国家那里获得的对作品特许垄断的印刷权。现在的"copyright"也就指代了以作品为依托，以作者权利为源头的现代著作权。自我国清末(1910年)制定著作权法(《大清著作权律》)以来，"著作权"的称谓应该已经被人们广泛接受。著作权法是调整著作权法律关系的法律规范的总称。著作权法调整的法律关系包括作品的认定、著作权的内容、归属、利用、管理、限制与法律保护等关系。

---

[1] 刘春田主编:《知识产权法》，中国人民大学出版社2009年版，第41页。
[2] 刘春田:"'著作权'与'版权'辨析"，《版权参考资料》，1990年第2期。

第三章　著作权的对象

著作权保护的对象称为"作品"，指文学、艺术和科学领域内具有独创性并能以某种有形形式复制的智力成果。作品受著作权法保护的条件，可归纳为应当是思想或感情的表现，应当具有独创性或原创性和表现形式，应当符合法律的规定。我国著作权法列举了文字作品、口述作品、音乐作品等八类作品，并附设开放性条款，同时规定了著作权法不予保护的对象。作品是权利之源，本章的理论知识是解决著作权纠纷的前提，也是著作权侵权纠纷中被控侵权方抗辩时首先需要考虑的问题。

第一节　作品概述

著作权的对象即是作品。《著作权法实施条例》第2条规定作品是"指文学、艺术和科学领域内具有独创性并能以某种有形形式复制的智力成果"。可见我国法律要求作品具有独创性、固定性和存在领域的特定性、智力成果性，其本质是具有独创性的人类思想或情感的表达。有著述将受《著作权法》保护的作品特点归纳：独创性、固定性和可复制性三项。认为这三项既是作品的特征，也是作品的构成要件，并把它们称为作品的"可版权性"，即构成作品、享有著作权保护所需要满足的条件[1]。本书认为，作品受著作权法保护的条件，可归纳为应当是思想或感情的表现，应当具有独创性或原创性和作品的表现形式应当符合法律的规定，亦可简称为表达

---

[1] 刘银良主编：《知识产权法》，高等教育出版社2010年版，第246页。

性、独创性与合法性。

一、是思想或感情的表现—表达性

作品应当是思想或情感的表现而不是思想或情感本身,这一原则被称为"思想—表达二分法"。"思想—表达二分法"原则为各国立法、实践及国际公约普遍接受,已成为现代著作权制度的基本原理之一。并且关于"思想"的范围须作较为宽泛的理解,包括但不限于:思路、观念、构思、创意、概念、工艺、原则、客观事实、发现等等。例如 TRIPS 协议第 9 条规定,版权保护只包括表达,而不延及思想、工艺、操作方法或数学概念。一般认为,"思想—表达二分法"原则来源于美国联邦最高法院对 Baker v.Selden(1879)案的判决。Selden 在其著作权中介绍了一种新的簿记方法,Baker 利用该簿记方法,设计出一种账簿。法院认为,版权保护不应延及它所描述的技术或产品,这就像数学、医药或技术作品的作者,虽然他们可享有版权,禁止他人复制其作品,但他们作品中所描述的系统、思想、方法等"有用的技术"却是全人类的共同财产,不应由版权人垄断❶。"思想—表达二分法"原则的理论依据在于,在美学原理上,作品的价值不在于"传达什么",而在于"如何传达"❷。题材相同的作品不胜枚举,但不会令人生厌。在法学原理上,创意和思想属于主观范畴,范围无法确定,而权利对象不确定的事物法律不可保护,因此难点在于制度的设计与司法实践的进行。

二、应当具有独创性或原创性—独创性

作品的独创性,又称作品的原创性,是指作品由作者独立创作,且创作出来的作品具有最低限度的创造性。这意味着作品体现了作者的精神劳动和智力判断,而非简单的摹写或材料的汇集,更不能是抄袭所得。独创性是作品获得著作权保护的必要条件,只有具有独创性的作品才能获得著作权法的保护。需要注意的是,作品的独创性,实际上是指作者的表述是

❶ See Baker v. Selden,101 U.S.99(1879).

❷ 李琛:《知识产权法关键词》,法律出版社2006年版,第24页。

新的或原创的,而非被表述的思想观念必须是新的或原创的。即使是那些公共领域的已有思想观念,只要作者能以新颖独特的表述予以表达、阐述、论证,均可得到著作权的保护。当然,如果作者具有某种新的思想观念或情感主题,必然有助于他创作出新颖独特的表述❶。同时,对作品独创性的要求,也包括作品应该具有最小限度的创造性。即一方面,不要求作品具备新颖性,也不要求作品是唯一的;另一方面,也不能没有任何创造性,或仅有微不足道的创造性。强调受著作权法保护的作品需要具有独创性的理由在于:从创作的过程考虑,一部作品的完成不可能完全脱离现实的基础和人类的公共信息资源,不可能不借鉴、参考或使用他人的作品,因此受著作权保护的门槛不应过高。从创作的价值考虑,如果一部作品仅是抄袭之作也就未对人类贡献有用信息,反而可能增加社会成本,因此不予保护。

三、作品的表现形式应当符合法律的规定—合法性

并不是所有的作品都受到著作权法的保护,哪些作品属于著作权的保护范围需要法律进行明确规定,法律禁止的某些表达,即使符合上述两个实质要件,也不受著作权法的保护。一国受保护的作品范围往往受该国经济社会发展水平所影响,原先不受保护的作品也可能因为研究的深入和内外因的作用在法律修订后予以保护,反之亦然。至于哪些是法律禁止的表达,则是一种很强的政策选择,有时代发展的推动,也有历史因素的保留,有基于国情的考虑,也有国际条约的要求。譬如,与许多国家不保护态度相反,我国将如果没有以记录、录音和录像等方式被固定下来则难以对其进行保护的口述作品纳入受著作权法保护的范围。再如2001年《著作权法》第4条第一款规定:"依法禁止出版、传播的作品,不受本法保护。"这一规定的初衷可能是为了确保作品要能够产生积极的文学、艺术或科学价值,而非产生不良社会影响,并防止非法作品的作者取得受法律保护的权利。尽管实际上这一条款并无必要,因为即使没有该条款的规定,暴力作品、淫秽小说等内容根本违法的作品也不能合法地出版、传播。同时,此条

---

❶ 李明德,许超:《著作权法》,法律出版社2003年版,第31页。

款也受到其它国家的质疑。2010 年 2 月，全国人大常委会按照《伯尔尼公约》和 TRIPS 协议有关规定对"依法禁止出版、传播的作品，不受本法保护"的规定进行了修订，代以权利不得滥用原则。也就是说，对于即使是依照出版管理法规禁止出版、传播的作品，也给予著作权法保护，作者仍可取得著作权，但作者如果要出版则会受到出版审查，内容违法的不会给予出版，如果不经出版而擅自复制传播，则可能构成非法出版，要依法承担相关行政责任甚至刑事责任。

第二节　作品的种类

作品的种类，是指作品的具体表现形式。国际公约和世界各国关于作品种类的规定各不相同。一般地，国际公约的成员要对国际公约规定的作品种类全部保护，同时也可根据本国特色扩大范围。例如《伯尔尼公约》规定"文学和艺术作品"种类包括：书籍、小册子和其他著作；讲课、讲演、布道和其他具有同类性质的作品；戏剧或戏剧音乐作品；舞蹈作品和哑剧作品；带词或不带词的音乐作品；电影作品；图画、油画、建筑、雕塑、雕刻和版画作品；摄影作品；实用艺术作品；与地理、地形、建筑或科学有关的示意图、地图、设计图、草图和三维作品。另如《美国版权法》列举了 8 类受保护的作品：文字作品；带词或者不带词的音乐作品；配曲或者不配曲的戏剧作品；表意动作和舞蹈作品；绘画、图形和雕刻作品；电影和其它视听作品；录音制品；建筑作品。其范围不包括口述作品。再如《法国知识产权法》规定了 14 类受保护的作品：文学、艺术及可续书籍、小册子及其它文字作品；报告、讲演、布道词、辩护词及其它同类作品；戏剧或戏剧音乐作品；以书面或者其它方式固定其表演的舞蹈、马戏、哑剧；配词或不配词的音乐作品；有声或无声的电影作品及其它由连续画面组成的作品（统称视听作品）；绘画、油画、建筑、雕塑、雕刻、拓印作品；装帧及办事作品；摄影作品及借助与摄影相类似的技术而完成的作品；实用艺术作品；插图、地图；与地图、地形、建筑及科学有关的设计图、草图及立体作品；软件，包括软件开发设计过程中的有关文档；季节性服饰工业制品。法国知识产权法在世界上属于作品范围较广的一类国家。

在借鉴《伯尔尼公约》《世界版权公约》和其他国家版权基础上，结合我国文化特色和国情，我国《著作权法》及实施条例规定了八类作品，并附设开放性条款；同时，著作权法对"民间文学艺术作品"的保护进行了指引。

一、文字作品

文字作品，指以语言文字的符号含义表达信息的作品，例如小说、诗词、散文、论文、剧本、文书、日记、科学专著等。文字作品不同于文学作品，二者存在交叉。但文字作品一定是通过文字符号产生视觉效果作为表达的基本手段。文字的范围可以是汉语文字、少数民族文字、盲文，也可以是外国文字。计算机程序是一种以特殊语言表现的作品，属于文字作品，但中国已单列为一种作品进行保护。另需要注意，一些作品虽具有文字形式，但划入其他作品行列：如剧本可属于戏剧作品，与乐曲结合的歌词属于音乐作品。

二、口述作品

口述作品，指即兴的演说、授课、法庭辩论等以口头语言形式表现的作品，包括即兴的演讲、教师的课堂教学、律师的法庭辩论、牧师的布道、节目主持人的即兴发挥，相声演员的即兴表演等等。口述作品最大的特点是未经任何物质媒介固定。口述作品主要体现为听觉的、时间的、流动的艺术，它以语言为表现手段，以声音为物质载体，有感而发、临机创作、即兴完成、瞬间即逝，并以口述为原始表现形式。口述作品在我国受保护而在许多国家（如美国等）不受著作权法保护，《伯尔尼公约》将选择权授予各国。口述作品如经记录或录像则可能转为其他类型作品如文字作品、视听作品等。

三、表演艺术类作品

这类作品以表演为基本的表达手段。包括音乐、戏剧、曲艺、舞蹈、杂技艺术作品：

（一）音乐作品

《著作权法实施条例》规定该种作品指"歌曲、交响乐等能够演唱或者演奏的带词或不带词的作品"。音乐作品的独创性表现在对各种声音、节奏等元素的组合和运用上，具体表现形式可以乐谱形式出现，也可不以乐谱形式出现，配词与不配词均可，但应该能够被演唱或者演奏。音乐作品还应该是人工的创作，而非自然界的声音，但却可以在自然声音基础上加工。音乐和语言结合产生歌曲；和戏剧结合可以产生歌剧、戏曲；和舞蹈相结合产生舞剧；和电影艺术相结合可以形成电影音乐等。

从字面上理解，"能够"指的是"可以"。故此处的音乐作品是指可以通过"演唱或者演奏"表现的作品，而非"演唱"或"演奏"本身（"演唱"或"演奏"在著作权法上是"表演"）。而"乐谱"正是"能够"演唱或演奏的作品，而非通过其符号含义表达某种思想或情感，所以"音乐作品"包括"乐谱"。当然，从艺术理论的角度讲，音乐是"声音"的艺术而非"符号"的艺术，故没有乐谱而直接通过演奏或演唱的声音表现曲调要素组合的，也应为"音乐作品"。此处的"音乐作品"仍然是其"演奏或演唱"表现出的曲调要素的组合，而非"演奏或演唱"本身。

（二）戏剧作品

根据我国《著作权法实施条例》规定，戏剧作品是指"话剧、歌剧、地方戏等供舞台演出的作品。"戏剧作品不仅包括我国的京剧或其它地方戏作品，如豫剧、评剧、越剧、黄梅戏、川剧、秦腔等，还包括西方的歌剧等。但是对于何谓著作权法上的戏剧作品，存在不同观点。一种观点认为，戏剧作品指的是由对话、旁白、音乐、配词等构成的剧本，而不是以舞台表现形式出现的戏剧。❶相反的观点认为，戏剧是时间和空间的综合艺术，它融合了

---

❶ 郑成思：《版权法》，中国人民大学出版社1997年版，第93-97页。

文学、音乐、绘画、雕塑、建筑以及舞蹈、灯光等多种艺术表现手段,是一种表演的艺术形式。❶

本书认为,法律规定戏剧作品是"供"舞台演出的作品而未规定"通过"舞台"演出"体现的作品,其本义显然非指"舞台演出"本身而指的是舞台演出的"蓝本"。这个"蓝本",可谓"演出要素"的安排。"剧本"是这样一种安排,是"供"舞台演出的安排。故"戏剧作品"应当包括"剧本"。然而,从艺术理论上讲,戏剧是以表演为中心的综合艺术。戏剧可以是有剧本的,也可以是没有剧本的。没有剧本的戏剧,其安排是通过"舞台演出"表现出的要素组合。因此,归根结底,戏剧作品就是"通过演出"而表达的全部信息(展现的舞台布置、故事情节、人物关系、人物表情、人物对白、背景音乐等等)。演出只是表达这些信息的一种形式,是戏剧作品的表演,而不是戏剧作品本身。没有演出的剧本,仅仅是文字作品,记录演出的剧本,可以认为是戏剧作品的一部分。

日常生活中所谓"听音乐",当然不是指的听"乐谱",看"戏剧"不是指的看"剧本",但此并不能否认"乐谱"是音乐作品,"剧本"是戏剧作品,应理解为听的是"乐谱"的声音表达,而看的是剧本的"演出表达"。

(三)曲艺作品

曲艺作品,即说唱艺术,是以带有表演动作的说唱来叙述故事,塑造人物,反应社会生活,表达思想感情的一种艺术形式。比如:相声、快书、大鼓、评书等以说唱为主要形式表演的作品。为保护和发展传统文化表现形式,著作权法特别规定了对此类作品的保护。就曲艺作品而言,有的已有文字脚本,实际上形成了文字作品;有的无文字脚本,是由表演者代代相传,则是曲艺作品与口述作品的重合。无论哪种形式的曲艺作品,在我国都受到著作权法的保护。❷

(四)舞蹈作品

指"通过连续的动作、姿势、表情等表现思想情感的作品"。换言之,舞

---

❶ 刘春田主编:《知识产权法》,中国人民大学出版社2009年版,第56页。

❷ 张玉敏主编:《知识产权法学》,法律出版社2011年版,第89页。

蹈作品是以形体而非语言为表达要素所创作的作品。舞蹈包括舞蹈表情、舞蹈节奏和舞蹈构图三个要素,它们统一于独特的艺术形态中。对于舞蹈作品的理解,理论界同样存在着争议,一种看法认为,舞蹈作品是创作者对舞蹈动作的设计。另一种看法认为舞蹈作品与戏剧作品一样,属于表演的艺术❶。至于舞蹈作品是否要以舞谱或者录像等形式固定作为保护条件,各国著作权法规定不尽相同。我国著作权法没有要求以有形载体固定作为受保护的条件,从保护作者权益的立法宗旨来看,应解释为无论是否固定,均受到著作权法的保护。法律规定用"通过"而非"能够"或"供"等词来界定"舞蹈作品",可见"舞蹈作品"不同于"舞谱"。"舞谱"只能是舞蹈作品的简要记录。

(五)杂技艺术作品

杂技艺术作品,指杂技、魔术、马戏等通过形体动作和技巧表现的具有一定艺术成份的作品。具体而言,杂技包括手技、蹬技、踩技、车技、武术、爬杆、走索以及各种民间杂耍等,是表演艺术的一种。为促进我国民间艺术繁荣和发展,2001年著作权法第一次修订增加其为保护对象。

杂技艺术作品的保护范围并不是整个杂技表演,而是指通过杂技表演体现的艺术成份,不包括杂技表演必需的技术成份。例如用头顶一摞碗,如果没有什么手势、身体等超过技术展示之外的表演,那么是不受著作权法保护的。另如马戏中黑熊踩球的"表演",也不算"人的表演",任何人都可以通过训练黑熊"表演"踩球这一技术活。不能因为某人第一个训练出了黑熊踩球,第二个人就不能再次通过训练而"表演"黑熊踩球这一节目。

四、静态艺术类作品

这类作品以静态形式表现同时具有审美意义为主要特征。包括以下两种:

(一)美术作品

即是指绘画、书法、雕塑等以线条、色彩或者其他方式构成的有审美意

---

❶ 刘春田主编:《知识产权法》,中国人民大学出版社2009年版,第57页。

义的平面或者立体的造型艺术作品。著作权法上的美术作品属于纯欣赏性作品,与具有实用性的工艺美术,均属于视觉艺术作品。工艺美术又称为实用艺术品,指人们日常生活中主要在身边使用的道具及其他物品,它们通过其材料、技巧或者制作过程的关联表现美的效果,兼具实用功能与审美功能。《伯尔尼公约》对纯美术作品和实用艺术品分别进行规定,这就避免了可能发生的争议。但在我国,有观点认为应当对美术作品作扩张解释,将实用艺术品包含在内,也有观点认为应该严格限定美术作品的范围,不应包括实用艺术品,理由在于:其一,著作权制度假想的保护对象不具有实用性;其二,实用艺术品可能同时符合外观设计专利的特征,受到双重保护 。1992年我国《实施著作权国际条约的规定》第6条第1款对外国实用艺术作品提供25年的保护期。在一定意义上说明我国立法机关有意于将二者进行区分。问题是对中国公民的实用艺术品是否给予保护,如作为美术作品,给予保护可能违反国民待遇原则,而不予保护则会出现超国民待遇原则。

（二）建筑作品

是指以建筑物或者构筑物形式表现的有审美意义的作品。其表现形式包括建筑物或者构筑物,并且必须要有审美意义,而不包括仅具实用功能却没有审美意义的建筑物或构筑物。建筑作品包括建筑组群规划、建筑形体组合、平面布局、立面处理、内外空间组织及装修、材料、色彩、绿化等要素。世界知识产权组织和联合国教科文组织认为:建筑作品应当包括两项内容:(1)建筑物本身(仅仅指外观、装饰或设计上含有独创性成分的建筑物);(2)建筑设计图与模型。我国著作权法规定与之并不完全一致。在我国,建筑作品仅指建筑物本身,而其工程设计图与建筑模型作为单独对象给予保护。

五、摄影作品

指借助器械在感光材料或者其他介质上记录客观物体形象的艺术作

品。摄影作品虽然也以静态形式表现,但其创作的技术及是否需要作品具有审美意义与静态艺术类作品不同。如风景照、人物照、动植物照片等。世界知识产权的组织认为,摄影作品包括"一切摄影作品和以摄影方式表现的其它作品。"摄影作品在较大程度上取决于摄影器械、感光材料的性质和质量,但仍需要有一定的独创性因素,如取景、视角、光影比例、曝光度等。❶为此,我国要求其应有一定的艺术性。但这并非要求摄影作品需要较高的艺术水准,它只需要有必要的艺术创作成分即可。电影作品中的单独镜头或静止图像可作为摄影作品受到保护。

六、电影和以类似摄制电影的方法创作的作品

一般简称为"电影等视听作品",指摄制在一定物质上,由一系列有伴音或者无伴音的画面组成,并且借助适当装置放映或者其他方式传播的作品。包括故事片、科教片、美术片等。它以连续的画面作为表达的形式。它是一种综合的艺术,也是一种动态的艺术。此类作品包括电影、录像、通过计算机软件生成的动画(Flash)等等。电影是一种特殊作品,它是由众多作者创作的综合性艺术作品,如由小说作者、将小说改编成剧本的作者(编剧)、将剧本改编成"分镜头剧本"的作者(导演)、拍摄影片的摄影作者、配曲配词的词曲作者、美工设计的作者等共同完成的。❷2001年修订《著作权法》时,将原来规定的"电视、录像作品"修改为"以类似摄制电影的方法创作的作品",这是因为二者有相似的制作过程。而复制性的录制他人报告、讲学等制作的电视片、录像篇等不属于作品,属于录像制品。英、美版权法已对电影作品进行广泛扩充,还将录像制品纳入其中。❸

七、图形作品和模型作品

这类作品以静态平面或立体载体表达和功能性为主要特征。

---

❶ 刘银良主编:《知识产权法》,高等教育出版社2010年版,第258页。

❷ 张玉敏主编:《知识产权法学》,法律出版社2011年版,第91页。

❸ See UK Copyright Act, Section 5B (1).

图形作品,指为施工、生产绘制的工程设计图、产品设计图,以及反映地理现象、说明事物原理或者结构的地图、示意图等作品。包括:

(1)工程设计图,是指为拟建工程的实施在技术上和经济上所进行的全面安排提供依据的设计图纸及其说明。它包括制定的一整套工程项目技术文件,如各项技术经济依据、计算书、图纸、模型、预算、说明书及其他资料。

(2)产品设计图,是指工业产品的设计图。产品设计从明确产品设计任务起到确定产品的具体结构为止的一系列技术工作的总称,通常包括设计任务书、初步设计、技术设计和工作图设计及其说明。

关于著作权法对工程设计图、产品设计图的保护,一种看法认为,著作权法保护的工程设计图、产品设计图及其说明,仅指以印刷、复印、翻拍等复制形式使用图纸及其说明,不包括按照工程设计图、产品设计图及其说明进行施工、生产工业品,后者的使用适用其它有关法律的规定❶,即认为著作权对其的保护仅限于"从平面到平面的复制"。相反的看法认为,工业设计的使用价值不在于制作工程或者产品的模型,而在于完成工程建设和批量生产工业产品。❷支持著作权对工程设计图、产品设计图及其说明的保护延及"从平面到立体的复制"。司法实践中,倾向于前一种观点。❸

(3)地图,是指运用制图原理来表示地面自然现象和社会现象的图形如地理图、地形图、政区图、旅游导航图等。在地图作品中,可包含的科学和艺术成分包括对表现事物的选择、图片使用和色彩设置等。由于地图绘制过程复杂、技术要求高,并可能涉及国家安全和广泛的利益等,因此还出台了《地图编制出版管理条例》予以专门规定。

(4)示意图,是指借助于简单的点、线、几何图形和注记等符号来说明内容较为复杂的事物及其原理,或为显示事物的具体形状或轮廓而绘制的略图或草图。包括电路图、工艺流程图、机器设备图、工程项目图、统计图、解剖图等。

---

❶ 姚红编:《中华人民共和国著作权法解释》,群众出版社2001年版,第60页。
❷ 刘春田主编:《知识产权法》,中国人民大学出版社2009年版,第62页。
❸ 参见上海市第二中级人民法院民事判决书(2002)沪二中民五(知)初字第132号。

模型作品,是指为展示、试验或者观测等用途,根据物体的形状和结构,按照一定比例制成的立体作品。模型作品与图形作品的区别在于前者为立体的表达而后者为平面的表达,如人体模型、建筑模型等。

八、计算机软件

计算机软件,指为了得到某种结果而由计算机等具有信息处理能力的装置执行的代码化指令序列,或可被自动转换成代码化指令序列的符号化指令序列或者符号化语句序列。计算机软件包括程序和文档。计算机程序包括源程序(源代码)和目标程序。同一程序的源程序和目标程序应当视为同一作品。文档,指用自然语言或者形式化语言所编写的文字资料和图表,用来描述程序的内容、组成、设计、功能规格、开发情况、测试结果及使用方法,如程序设计说明书、流程图、用户手册等。在我国由《计算机软件保护条例》予以专门规定。需要注意的是,计算机软件作品仅指能够完成某种功能的程序或文档的集合体,而不包括其功能的表达结果如利用图形软件制作的图形作品等。

九、民间文学艺术作品

按照联合国教科文组织1989年通过的《保护传统的民间文化的建议案》,"传统的民间文化是指来自某一文化社区的全部创作,这些创作以传统为依据、由某一群体或一些个体所表达并被认为是符合社区期望的作为其文化和社会特性的表达形式;它的准则和价值通过模仿或其他方式口头相传。它的形式包括:语言、文学、音乐、舞蹈、游戏、神论、礼仪、习惯、手工艺、建筑术及其它艺术。"[1] 在尽可能广泛的法律意义上认为,民间文学艺术包括大多由身份不明但被推定为某特定国家国民的作者创作,从该国种族群体的传统特有形式演变而来的所有文学和艺术作品。[2]《伯尔尼公约》规定,民间文学艺术作品受著作权法保护。1976年联合国教科文组织和世界

---

[1] [西]德利娅·利普希克:《著作权和邻接权》,中国对外翻译出版公司2000年版,第65页。

[2] 刘春田主编:《知识产权法》,中国人民大学出版社2009年版,第64页。

知识产权组织制定的《突尼斯示范版权法》,1982年《保护民间文学表达形式、防止不正当利用及其它行为的国内法示范条款》均将其列为保护对象。我国《著作权法》将民间文学艺术作品的保护授权国务院另行出台办法规定❶。

民间文学艺术具有以下特点:①创作主体不易确定;②内容反映该民族地区的社会群体所特有的传统文化艺术遗产,并且世代传颂、不断变化,没有固定形式;③创作完成时间无法确定。因此著作权法保护民间文学艺术的难点在于:①著作权的保护对象主要针对具体的作者,而民间文学艺术创作主体不易确定;②著作权适用于已经固定于物质载体上的作品,而民间文学艺术无固定形式;③民间文学艺术的保护期无法确定始点;④民间文学艺术的创作者没有把自己的创作当成私有物品的观念❷。

十、法律、行政法规规定的其他作品

这是一个开放式条款。现代社会理论认为,立法者的理性能力均为有限,立法时难以预料到以后因科技、社会发展或者其他原因而产生的新情况。因此,设置此条款以起兜底之作用。这也是作品法定原则的体现。作品法定即作品种类需要由法律或者行政法规规定,不能由司法或者民事主体自行创设,坚持著作权对象法定原则有利于防止著作对象无限扩张。

第三节　不受著作权法保护的表达

一、需要尽快传播的作品

我国著作权法第5条第1款规定,法律、法规,国家机关的决议、决定、命令和其它具有立法、行政、司法性质的文件,及其官方正式译文不受著作

---

❶ 2014年9月,国家版权局就《民间文学艺术作品著作权保护条例(征求意见稿)》公开征求意见。

❷ 李明德,许超:《著作权法》,法律出版社2003年版,第51页。

权法保护。不保护此类作品是《伯尔尼公约》第2条确认的原则,也是国际通例。不受著作权保护的原因主要是出于公共利益等政策考虑,因为这类作品一般都具有社会规范的性质,为保证其能迅速而广泛地传播,尽量为越多的人知晓越好,故不予保护。

二、保障信息自由的作品

时事新闻指通过报纸等媒体报道的单纯事实消息。这些消息仅具有新闻的基本要素,通常指全部由对事实的报道(或称"硬件",包括时间、地点、人物、事件等客观现象或事实)组成的新闻,不包括对某些新闻事件的深度报道或分析,没有表达协作人的主观思想或情感。著作权法不保护时事新闻主要是出于对公众知情权保护的考虑。时事新闻可能涉及国家、社会乃至国际和全人类的经济、政治、文化生活等,一旦获得垄断权将不利于保障社会信息自由,故予以排除。

三、表达形式单一的作品

历法、通用数表、通用表格和公式等也不受著作权法的保护。主要原因是这类对象表达有限,涉及到思想观念与表述的合并,且其中的绝大多数信息已经处于公有领域之中,故不受保护。所谓思想与表达合并,基本含义是,当思想与表达密不可分时,或者说当某种思想只有一种或者有限几种表现形式时,著作权法不仅不保护思想,而且也不保护表达。此外,过于简单的表达要素如线条、词语、日常用语等也可归于此类。

【案例1】朱某诉耐克公司、耐克(苏州)体育用品公司等著作权侵权案

【案情】2003年10月,耐克公司在其新产品的推广广告中大量使用了"黑棍小人"形象,且"黑棍小人"形象近似于网络动画《小小特警》等作品的作者朱某设计的"火柴棍小人"形象。

2004年1月,朱某以耐克公司、耐克(苏州)体育用品有限公司(以下简称

苏州耐克公司)在产品推广广告中擅自使用其设计的"火柴棍小人"形象侵犯了其著作权为由将两公司告上法庭,要求对方赔偿其经济损失并赔礼道歉。

法院认定朱某的"火柴棍小人"形象具有独创性,符合作品的构成条件,应受著作权法保护。但法院同时认为,"线条小人"形象已经进入公有领域,任何人均可以以此为基础创作小人形象。另一方面,"火柴棍小人"形象的独创性程度并不高。因此,对"火柴棍小人"形象不能给予过高的保护,同时应将公有领域的部分在保护范围之内排除。

将"火柴棍小人"形象和"黑棍小人"形象进行对比,二者有相同之处,但相同部分主要存在于已进入公有领域、不应得到著作权法保护的部分,其差异部分恰恰体现了各自创作者的独立创作。因此,不能认定"黑棍小人"形象使用了"火柴棍小人"形象的独创性劳动。"黑棍小人"形象未侵犯朱某"火柴棍小人"形象的著作权,耐克公司不应承担侵权责任。❶

【评析】本案反应出对作品独创性程度及法律保护的要求还应该进行更充分的理解。对作品原创性的要求是仅要求作品有最小限度的创造性。一方面,不要求作品具备新颖性,也不要求作品是唯一的;另一方面,也不能没有任何创造性,或仅有微不足道的创造性。公有领域的信息知识产权法律不予保护。而创造性的高低也导致受知识产权法律保护水平的高低。

【案例2】英特宜家系统有限公司诉
台州市中天塑业有限公司著作权纠纷案

【案情】英特宜家公司诉称:原告创立于1943年,是世界上最大的家具零售公司,在31个国家和地区设立了190多家专营店。玛莫特(Mammut)系列儿童家具是在原告的指导下,由设计师莫滕·谢尔斯特鲁普(Morten Kjelstrup)和服装设计师阿伦·厄斯特(Allan Ostgaard)代表原告设计完成,原告是玛莫特系列作品的著作权人。玛莫特系列商品多年前就在商品目录和多本书籍中刊载,1994年,玛莫特童椅还获得瑞典"年度家具"的大奖。被告中天公司未经原告允许擅自抄袭玛莫特系列作品的设计,生产和销售了多种型号的儿童椅和儿童凳,并在其公司网站上展示侵权商品。自2004年起,原告就委托律师多次

---

❶ 参见北京市高级人民法院民事判决书(2005)高民终字第538号。

致函被告要求其停止侵权行为,被告对此置之不理,还将侵权设计申请了外观设计专利,后专利被国家知识产权局专利复审委员会宣告无效。玛莫特系列儿童椅和儿童凳,属于家具,具有实用性,同时具有较高的艺术性,属于受中国法律保护的实用艺术作品。被告生产、销售侵权作品及网络宣传行为侵犯了原告的著作权,给原告造成了极大的经济损失。

法院认为:"玛莫特儿童椅和儿童凳从表达形式来讲,设计要点主要体现在造型线条上,简单、流畅的线条力图体现朴实而略带童趣的作品思想,但这样的设计思想并不能与其他普通儿童用品设计思想完全区别开来;从表达的独创性来讲,玛莫特儿童椅和儿童凳除了在细节方面立椎体以及纺锤状棒体的凳腿与普通的儿童椅和儿童凳有所区别外,整体外形上与绝大多数普通的儿童椅和儿童凳区别不大。总体而言,玛莫特儿童椅和儿童凳属于造型设计较为简单的儿童椅和儿童凳,不具备美术作品应当具备的艺术高度。因此,尽管被告中天公司生产的涉案儿童凳、儿童椅产品与原告英特宜家公司的玛莫特儿童椅和儿童凳从整体上看构成相似或者基本相同,也不构成对原告著作权的侵犯。"❶

【评析】根据我国参加的国际公约和相关法律规定,对实用艺术作品的著作权保护,是从实用艺术作品的实用性和艺术性角度分别予以考虑,对于实用性部分不适用著作权保护,对于艺术性部分可以归入著作权法规定的"美术作品"予以依法保护。外国实用艺术作品的权利人申请著作权保护时,应当首先从审美意义方面予以审查,如果涉案实用艺术作品不具备美术作品应当具备的艺术高度,即使被控侵权产品与涉案作品构成相似或者基本相同,也不能作为实用艺术作品获得著作权保护。对于本案中的儿童椅凳通过申请外观设计专利的方式保护实际更为合适。

思考与讨论

1. 作品受著作权法保护的条件是什么?
2. 如何理解音乐作品与乐谱间的关系?
3. 如何理解戏剧作品与剧本间的关系?

---

❶ 上海市第二中级人民法院民事判决书(2008)沪二中民五(知)初字第187号。

4. 杂技艺术作品的保护范围是什么？

延伸阅读

1. 卢海君：《版权客体论》，知识产权出版社2011年版。

2. 张伟君："实用艺术作品著作权法保护与外观设计专利法保护的协调"，《知识产权》2013年第9期。

3. 张平、程艳："计算机字体及字库的法律保护"，《电子知识产权》2013年第5期。

4. 刘瑛："再论建筑作品的著作权保护——从'盛放鸟巢'烟花侵权纠纷案谈起"，《知识产权》2012年第2期。

5. 张玉敏、曹博："论作品的独创性－以滑稽模仿和后现代为视角"，《法学杂志》2011年第4期。

6. 曲三强："论影视作品的法律关系"，《知识产权》2010年第3期。

第四章　著作权的内容

著作权的内容是指著作权人享有的是实体权利,是著作权制度的核心,也是侵权判断的前提。我国著作权法明确规定权利人可以享有十六种著作权,并规定"应当由著作权人享有的其他权利"也属于著作权,从而为著作权的扩张留下了空间,为司法实践处理原告主张对不属于法律明确规定的"著作权利益"进行保护的纠纷提供裁判依据。依据我国著作权法规定,著作权包括"著作人身权和著作财产权"两大类。著作人身权包括发表权、署名权和保护作品完整权,著作财产权包括复制权、传播权、演绎权和获得报酬权四大类十几种。

第一节　著作人身权

一、著作人身权概述

(一)著作人身权的概念

著作人身权,是指作者基于作品依法享有的以在作品上体现的精神利益为内容的权利。根据我国现行著作权法的规定,著作人身权的外延为"署名权、发表权、修改权和保护作品完整权"四种。

目前关于对外延为"署名权、发表权、修改权和保护作品完整权"等著作权的类名称,各国立法不同,学术界众说纷纭。依我国《著作权法》,这些权利叫做"著作人身权";依大陆法系国家和地区如法国、德国、日本等的一些立法,这些权利叫做"作者人格权";❶而依一些国际公约和英美法系国家立法和理论,这些权利则叫做"精神权利(moral rights)"。❷

(二)著作人身权的本质

我国现行的著作权法所采用的"著作人身权"称谓引起的争议十分激烈,使学术界关于这一权利本质的认识难达一致。由于我国《民法通则》将权利分为人身权与财产权两类,民法学界关于权利的分类从此固化,一种权利要么是人身权,要么是财产权。表面上看,"署名权、发表权、修改权和保护作品完整权"等权利并不涉及直接的财产利益,也就是这些权利不会给作者带来直接的财产收益,而是保护财产利益之外的利益的,因此不是财产权,依非此即彼的逻辑,只可能是人身权。但是,由于划分人身权与财产权的标准不一,上述权利究竟是不是人身权尚有疑问;❸此外,依据民法理论,人身权通常包括人格权与身份权两种,因此对上述权利的本质在学界就有三种观点,即人格权说、身份权说、人格权与身份权兼具说。❹

我们认为,就作品的本质而言,它是一种外在于人身的财产,因此如果从对象的本质角度而言,著作权本质上不是一种人身权。但就依附在这一财产上的权利而言,有些是为维护作者的精神利益的,有些是为维护作者的物质利益的,前者就是精神权利,后者就是财产权利。

如上所述,在英美著作权法及国际公约的概念体系中,是用"moral rights"来称谓上述权利的。根据《布莱克法律词典》对"moral right"的解释,"moral right"是指基于自然法原则产生的作者享有的独立于其他著作权人或财产权人享有的财产权的保护其创造完整性的权利,其范围包括:①署名权,即确认作品系由己著或者声称系由己著,以及在作品被改变的情况下否认作品系由己著的权利;②保护作品完整权,即保护作品未经艺术工作者同意进行改动的权利;③发表权,即创作者认可的情况下公开作品的权利;④收回权,即放弃作品或者从出卖或放映中收回作品的权利。

❶ [德]M. 雷炳德:《著作权法》,张恩民译,法律出版社2005年版,第266页。
❷ 《伯尔尼公约》第六条之二。
❸ 李琛:"质疑知识产权之'人格财产一体性'",《中国社会科学》2004年第2期。
❹ 杨延超:《作品精神权利论》,法律出版社2007年版,第114-116页。

"moral right"保护的是作者的非金钱（non-pecuniary）或者非经济利益（non-economic interests）。[1] "moral"一词在英文中有"道德的、伦理的、道义上的、精神的"等含义，[2]但却无"人身的"这一含义，"人身的"这一含义用的"personal"来表示的，[3]在法律术语中，也是用"personal right"而不用"moral right"指"人身权"或"人格权"。[4]因此将"moral right"译作著作精神权利比较妥当。

综观著作人身权的外延，这些权利本质上都是以维护作者精神利益为目的的权利。按照大陆法系民法学相关理论，精神利益属于人身利益的范畴，人格利益和身份利益中均存在精神利益，因此将作品中所体现的精神利益统称为人身利益，将这些权利统称为著作人身权，可以避免将这些权利划入范围更为狭窄的人格权领域或者在大陆法系权利体系中并不存在的"精神权利"领域，是更具包容性的立法技术处理。在现行法律未作修改的情况下，我国的学术界和司法界，应当与立法创造的概念体系保持一致，以防出现在同一法域自说自话、概念混乱，造成交流困惑。

需要说明的是，著作人身权并不是民法学中所谓的人身权（以下简称"人身权"），二者存在较大差别：

首先，著作人身权与人身权的载体不同。人身权是指以人身利益为对象的权利，人身利益的直接载体是人身，而著作人身权的对象是作品所体现的非财产利益，其直接载体是作品。

其次，著作人身权与人身权的性质不同。人身权包括人格权和身份权，人格权具有绝对性和对世性，而身份权则可能具有相对性和对人性。著作人身权并不是基于特定身份关系而产生的，因此不会在特定主体之间存在请求配合实现权利的关系，故著作人身权具有绝对性和对世性，就这点而言，著作人身权更接近于人格权。

最后，著作人身权与人身权产生的基础不同。著作人身权产生的基础

---

[1] Bryan A. Garner: Black's Law Dictionary (eighth edition), Thomson Reuters, 2009. P3195.

[2] 《牛津高阶英汉双解词典》，商务印书馆1997年版，第956页。

[3] 《牛津高阶英汉双解词典》，商务印书馆1997年版，第1096页。

[4] 《英汉法律词典》，法律出版社1999年版，第589页。

是作品的产生,作者基于创作行为,在作品创作完成后即可原始取得著作人身权。人身权产生的基础是人身的存在或者身份关系的存在,民事主体基于人身或者特定身份即可原始取得人身权。

综上所述,著作人身权与传统民法中的人身权存在诸多差异,故既不能说它们是人格权,也不能说是身份权,更不能说是人格权与身份权兼具。[1]理解著作人身权,需要将其理解为是依附于作品之上并且体现作者的精神利益的权利,它不是人身权的下位概念,不能简单地运用民法理论中关于人身权的相关学说来理解著作人身权,也不能将著作权法关于著作人身权的相关规定理解为民法关于人身权相关规定的特别规定,从而认为在著作权法无明确规定时适用民法有关人身权的一般规定对著作人身权进行保护。

二、著作人身权的具体内容

(一)发表权

发表权指作者决定作品是否以及以何种方式公之于众的权利。除非作品是在社会公众面前公开创作,作品创作完成后往往不是立即处于被公众可以获知的"秘密"状态。处于"秘密"状态的作品,是作者思想、观念、情感、理想、主张、价值观的反映,[2]一旦公之于众,其后果轻者涉及个人创作才能评价,重者涉及个人隐私、商业秘密和国家机密泄露甚至带来牢狱之灾,因此是否将作品公之于众,在什么范围以何种方式公之于众,应由作者自由决定。发表作品,仅涉及作品从秘密状态向公开状态转化,不会直接给作者带来经济利益,因此发表权属于著作人身权而非著作财产权。

发表权是控制作品传播的首要权利,无发表则无传播和演绎,也就无著作财产权侵权之可能,因此发表权对于防止著作权侵权具有重要的意义。"发表"之意在于"公之于众",也就是使作品处于公众可以获知的状态,

---

[1] 杨延超:《作品精神权利论》,法律出版社2007年版,第116-140页。
[2] 刘春田主编:《知识产权法》,高等教育出版社、北京大学出版社2007年第三版,第65页。

而不论社会公众是否事实上已经知晓。❶学界一般认为，公之于众的"众"，是指作者之外与作者没有特定亲近关系的不特定人，只有超越家庭或社交的正常范围的展示和表演才构成发表，❷如果作者把作品提供给亲属、亲友、同事等特定的人，或者向某些专家请教等并不构成发表。❸

发表权的行使方式，可以是以下几种：①由作者明确表示是否发表作品。②由作者的行为推定其行使了发表权。例如作者将作品投稿到杂志社，希望通过杂志发表作品，则无须作者特别授权发表，即可推定杂志社有权发表该作品，另如作者将美术作品转让给他人，因美术作品原件的展览权依法转让给受让人，则可推定该作品的发表权也已许可受让人行使，否则展览权便无意义。依据日本著作权法的规定，如无相反约定，权利人不得对著作权受让人或者被许可人行使发表权。③在特殊情况下，由法律规定的特殊主体代为行使。例如在作者身份不明时，发表权由作者原件合法持有人行使；作者生前未发表的作品（遗作），如果作者未明确表示不发表，作者死亡后50年内，其发表权可由继承人或者受遗赠人行使；没有继承人又无人受遗赠的，由作品原件的所有人行使。在作者死亡以后，如果未经书信作者继承人同意，书信保存人（收信人）擅自公开书信内容，会构成对书信撰写人发表权的侵害。

发表权的重要特点是仅控制作品首次从秘密状态转化为公开状态这一环节，作品如果经作者或其授权的人以合法方式公之于众，即构成发表，作者自此不再享有发表权。这种特点被称为"发表权一次用尽"。同一作品不存在多次或者反复发表的问题。对于未经著作权人同意擅自发表作品者，仅首次发表构成对发表权的侵害，此后若是对已经发表之作品进行复制、发行、转载等，应不构成对发表权的侵害。

（二）署名权

署名权指作者在作品上表明其作者身份的权利。署名是指代作者的符

---

❶ 参见《最高人民法院关于审理著作权民事纠纷案件适用法律若干问题的解释》（2002年）第9条。

❷ 张俊浩主编：《民法学原理》，中国政法大学出版社2000年版，第563页。

❸ 吴汉东主编：《知识产权法》，中国政法大学出版社2004年第三版，第63页；张玉敏主编：《知识产权法学》，法律出版社2011年第二版，第101页。

号,该符号因此具有识别功能,通过这个符号,使社会公众能够判断该某部作品是源于此人而不是彼人。同一思想众多表达,表达方式和表达内容不同,其中体现的创作才能相异,社会大众对作者创作才能的评价,也凝聚在署名这个符号上。因此,署名不仅对于作者具有重要意义,对于社会公众也具有重要意义。署名权是著作权的起点,如果不能证明作者身份,试图获得著作权法上的保护将十分困难。

署名权的内容包括:

(1)作者有权要求确认其作者身份。在某些情况下,作品上没有作者署名,或被错误署名等,这时,作者有权向法院请求确认其创作了作品的事实。如果作者能够举证证明其创作作品的过程,例如选题、资料收集与整理、创作原始稿件(草稿草图)、照片底片、合作创作者的证言等等,可以确认其作者身份。

(2)作者有权决定署名方式。署名的方式包括署真名、署假名,甚至不署名。通说认为,有多名作者的,作者的署名顺序也是署名权的内容。如果作者之间对署名顺序有约定的,应当按照约定确定署名顺序,如果没有约定的,可以按照创作作品付出的劳动、作品排列、作者姓氏笔画等确定署名顺序。[1]

(3)作者有权维护其署名。即在作品被他人使用时,如果有可能,使用人应当在作品的复制件上标明作者署名,否则,作者有权要求其标注。例如作者有权要求他人在翻译、汇编等演绎时按原作署名指明其作者身份,在引用其作品时按被引作品署名方式指明其作者身份等等。

(4)作者有权禁止非作者在作品上署名。没有创作作品的人不是作者,不应当在他人作品上署名,对强行署名的,作者有权拒绝,如果已经署名,作者有权从作品上去除其署名。

(三)修改权

修改权指作者对作品进行更正、删节或补充等非实质性改动的权利。

---

[1] 参见《最高人民法院关于审理著作权民事纠纷案件适用法律若干问题的解释》(2002年)第11条。

修改权专属作者，未经授权不得对他人作品作出修改。一般地，报刊社、杂志社、出版社或其他媒体在无须征得作者同意的情况下有权对作品中存在的诸如语法错误、标点符号错误、序号混乱、公式使用明显错误等进行技术性修改。

对作品进行修改，应当仅涉及对作品信息作出非实质性改动，即不会导致作品的主要构成要素例如文学作品的主题思想、人物关系、故事情节、结局等的变动；建筑艺术作品的造型、风格等的变动，如果达到这种程度的改动，则构成篡改等。修改不同于演绎，如果对作品的改动达到创作的程度，形成新的作品，则构成演绎。

（四）保护作品完整权

保护作品完整权指保护作品表达的完整性，使作品不受歪曲、篡改的权利。作品是作者创作完成的集内容与形式于一体的具有独创性的表达。对作品进行改动或者使用达到这样一种程度即使得原作品希望表达的思想或情感被曲解、割裂、丑化或者美化，这是破坏了作者的独创性，也就是破坏了作品的完整性。

保护作品完整权具有以下两个方面的内容：①保护作品不受足以歪曲、篡改的改动。例如对文学作品掐头去尾、断章取义进行改编、丑化人物形象等；对美术作品进行切割，使其意境、人物形象、图案美感不能得到完整体现等等。②保护作品不被用于不符合作者创作作品的使用意图、有损于作者声誉的使用。❶传统的保护作品完整权仅强调作品本身信息的完整性的保持，不注重对作品的正当使用进行保护。某些作品被使用于特定场合时，会造成社会对其作品的评价降低，如果不给予作者保护，作者就无权获得救济。因此，虽然未对作品进行修改，但对于可能有损作者声誉的使用，也应为保护作品完整权的内容。例如在"张敏耀诉长江日报社等侵犯著作权纠纷案"中，法院认定，被告长江日报社等违背原告本意，将原告创作的本拟用作公益广告的宣传画《让世界充满爱》标上房地产开发商名称及联系方式进行发布，从而变成商业广告的行为侵犯了原告的保护作品完

---

❶ 李雨峰："保护作品完整权的重构"，《法学论坛》2003年第1期。

整权。❶

　　修改权和保护作品完整权都涉及到对作品的改动,因此司法实践中很难准确地区分二者。我们可以尝试从以下几个方面理解二者的关系。

　　首先,修改权与保护作品完整权互有交叉。修改本意上指对作品的改动,即对作品表达要素的改动,而歪曲与篡改往往也涉及对作品表达要素的改动,这本质上还是修改,只是对作品表达要素的改动达到歪曲与篡改的程度。同时,何种改动可以达到歪曲与篡改的程度,并没有统一的认定标准,这就为实践中究竟某种对作品的改动行为是侵犯"修改权"还是侵犯"保护作品完整权"的认定增加了困难。例如有判决认为修改权保护的是作品的外在表现形式,保护作品完整权保护的是作品的内在表达。仅对作品的标题作出修改(将原文标题"在拐弯处的回头",改为"父爱,在拐弯处")而未对文章内容作出修改,就不构成对保护作品完整权的侵犯。❷正是由于修改权与保护作品完整权的这种交叉关系,连专业人士也很难区分,著作权人在诉讼时往往同时请求保护"修改权"和"保护作品完整权"。

　　其次,保护作品完整权比修改权更具有涵盖能力。"修改"是对作品完整性的一种破坏方式,一般指未达歪曲与篡改程度的改动,但对作品进行有损作者声誉的其他一些行为却不是修改可以涵盖的。对作品进行未达歪曲与篡改程度的修改是可以的,如对文字作品作个别字句的修改等,但作品表达要素的选择,是作者自由意志的结果,也是作者人格的体现。❸保护作品完整权的实质,是要保持作品创作完成时的信息,是要尊重作者的这种自由意志或人格,任何人未经作者许可对作品的改动,事实上是对作者人格的一种破坏,因此也属于对作品完整性的破坏,制止对作品作出即使是未达歪曲与篡改程度的修改也属于保护作品完整权的应有之义。

---

❶ 参见"张敏耀诉长江日报社等侵犯著作纠纷案",湖北省武汉市中级人民法院民事判决书(1999)武知初字第7号,湖北省高级人民法院民事判决书(1999)鄂民终字第183号。

❷ 参见"陈果诉人民教育出版社侵犯著作权纠纷案",北京市海淀区人民法院民事判决书(2008)海民初字第11715号。

❸ 李雨峰:"精神权利研究——以署名权和保护作品完整权为主轴",《现代法学》2003年第2期。

在其他国家立法和国际公约中，一般也不将修改权和保护作品完整权分别规定，而统一规定为"保护作品完整权"。例如在德国，保护作品完整权的保护范围，也包括对作品的更改行为，含负面的更改行为和正面的更改行为，因为"法律所保护的不单是作者本人的利益，还要让社会公众知道是谁为本部作品赋予了独创性。"❶在国际公约中，反对对作品进行有害于作者声誉的任何歪曲、割裂、修改或其他贬损行为的权利均被称为保护作品完整权，没有单独的修改权，并且国际组织也认为保护作品完整权可以禁止未经授权的修改以及在贬低的意义上使用作品。❷可见修改只是保护作品完整权的内容之一。

综上所述，破坏作品完整性的行为包括对作品进行不同程度的改动，但对这种改动程度的判断往往异常困难，没有必要将这种改动分别纳入两种权利的内容，以免造成法律适用上的困惑。保护作品完整权可以涵盖修改权的内容，将修改权与保护作品完整权进行合并，统一为"保护作品完整权"，是可行的立法选择。

第二节 著作财产权

著作财产权指基于对作品的利用而可能给著作权人带来财产收益的权利。著作权人通过自己行使或者许可他人行使著作财产权，可以获得报酬。《著作权法》明确规定的著作财产权多达十几种。根据对作品的使用方式，著作财产权可以分为复制权、传播权和演绎权三类。复制权是指使作品在不同的载体上再现的权利；传播权是将作品从一处传播到他处，并能使公众接触到作品的权利，包括发行权、表演权、出租权、展览权、放映权、广播权、信息网络传播权等；演绎权是指以原作品为基础创作出新的作品的权利，包括摄制权、改编权、翻译权、汇编权等。

---

❶ [德]M. 雷炳德：《著作权法》，张恩民译，法律出版社2005年版，第277页。

❷ 联合国教科文组织：《版权法导论》，张雨泽译，知识产权出版社2009年版，第56-58页。

一、复制权

(一)复制权的概念

复制权指将作品制作成一份或多份的权利。作品是信息,信息具有可复制性,即可以在不同的载体上再现。当作品被固定在不同的载体上时,作品就被复制了。首次固定作品的载体叫原件,经过复制后固定作品的载体叫复制件。口述作品的原件应该是人的大脑,当口述作品被录音或者记录下来以后,便产生了录音制品或者其他形式的复制件。其他形式的作品原件和复制件都是有体物。作品被复制,本质上是复制件保留了作品原件的实质信息。从主体的角度看就是一般人从作品原件所获得的主要信息与通过复制件获得的主要信息相同。主要信息,是指确定作品区别于同类作品的那些信息。例如绘画作品,无论它是彩色的还是黑白的,其图案构造将是主要信息。我们通过原件看到一幅彩色的"黄果树瀑布"图,而通过复制件可能看到的是黑白的"黄果树瀑布"图,但我们看到的瀑布及其周围的景色图案却使我们获得了这样的信息:除了着色差异,二者是相同的。当然,复制件也可能保留与原件完全相同的信息。例如文字作品和书法作品,如果通过复印的方式制作复制件,由于是通过文字含义或字体表达思想或情感,在文字保留和字体不变的情况下,二者的信息可以完全一致。但总体而言,复制一般仅能保持或减少作品信息量,不会增加作品信息量。

(二)复制的方式

复制有广义与狭义之分。广义的复制既包括以与原件相同或相近的形式制作一份或多份的行为(通常称为"同形复制"),也包括以与原件完全不同的形式再现作品的行为(通常称为"异形复制")。同形复制包括从平面载体到平面载体的复制,如抄写、复印、临摹、拓印、录音、录像、翻录、翻拍、扫描、通过信息网络上载、通过信息网络下载等,也包括从立体载体到立体载体的复制,例如依照建筑作品建造同样大小的建筑物,以及依照建筑作品按比例放大或缩小建造建筑物或制作模型等。异形复制既包括按照平面设计图去建筑或者生产受著作权法保护的建筑作品和三维艺术品,或者按照工程设计等平面图形作品制作成立体的工程模型或建造成工程这种从平面到立体的复制,也包括采用临摹、拍摄等方式将雕塑、雕刻等美术作品和建筑作品体现在平面媒介上这种从立体到平面的复制。❶狭义的复制仅指"同形复制"。

本书认为,异形复制不是真正意义上的复制。因为复制本质上在于作品信息量的保持,即复制件保留了作品原件的实质信息。在平面设计图或者施工图本身为作品的情况下,按照平面设计图或施工图建造建筑物或施工,是在利用设计图或施工图中的设计方案或者施工方案,其结果是产生一个工程。按照平面设计图或施工图建造的工程也许有美感,从而成为建筑作品,也许因为缺乏美感而不成其为作品,但无论该建造结果是否为作品,该结果与平面设计图或者施工图都没有相同的实质信息,因而不是原设计图或者施工图的复制件。尤其是当建筑物本身不是作品时,说建造行为是复制行为的不妥之处甚为明显。即便当建筑物本身是作品,那也不是设计图或者施工图的复制件,因为设计图或者施工图的实质信息是"图",其表达要素为各种线条、数据等,其功能在于指明建筑物各部分间的关系以及施工的流程等"用",而建筑物的实质信息为"物",其表达要素为建造物的外观如形状、颜色等,其功能在于通过建筑物的外观体现建筑物的"美"。一般人看建筑设计图或者施工图与看依照该图建造而成的建筑物所获得的信息大相径庭,甚至连二者的联系都很难建立起来,如何能说建造行为是复制呢?对所谓"从立体到平面的复制",可作类似的分析。建筑作品、雕塑作品等立体作品,是通过作品的形状、结构、颜色等体现"实物美",而以立体作品为对象进行临摹、绘画、拍照等产生的平面作品,是临摹人、绘画人、拍照人在特定的时间、特定的自然条件和特定的角度等综合因素选择的基础上,借助临摹人、绘画人、拍照人的技术,通过线条、颜色等体现的"画面美"。二者的实质信息并不相同,即不会使人获得这样的信息:这张照片就是那个雕塑。但二者的确存在这样的联系,即绘画或照片是以某个雕塑为对象临摹或拍照形成的,这可以理解为绘画或拍照是一种演绎

---

❶ 曲三强主编:《现代著作权法》,北京大学出版社2011年版,第128-129页。

行为。

在复制中,有一种特殊情形即临时复制需要特别讨论。

临时复制(Temporary Copy)是指信息从计算机外部首先进入该计算机随机储存器(RAM),并停留于此供用户使用的过程。因为存贮在 RAM 上的信息最终会因为后续信息挤兑、计算机关机、重启等原因消失,不会给用户留下永久的复制信息,被称为临时复制。

随机存储器又称内存,是计算机的重要部件之一,它是与中央处理器(即 CPU)进行沟通的桥梁,其作用是暂时存放 CPU 中的运算数据以及与硬盘等外部存储器交换的数据。只要计算机在运行中,CPU 就会把需要运算的数据调到内存中进行运算,当运算完成后 CPU 再将结果传送出来。在计算机技术发展起来以后,当作品通过计算机供人们使用时,是否在计算机内存中产生了作品复制件?对于这个问题,在立法实践和理论界存在较大争议。例如美国有案例认为,当一个计算机程序从某个永久存储器调入计算机内存中时,就发生了版权法意义上的"复制";❶也有人认为,传统意义上的复制同时伴随了载体的"再现",而当信息在计算机中"暂存"时不会产生载体的"再生",关机后该信息不会"再现",因此不是一种复制。❷

本书认为,计算机的永久存储设备构成作品的载体,如果将信息永久存储在硬盘或其他存储设备中,即使关机后该信息不会"再现"也构成复制。但是内存只是在人们需要使用永久存储设备上的信息时暂存该信息的必不可少的中间环节,并未将信息永久固定于内存上。虽然在使用作品期间,在内存这种物理介质上临时存在了作品信息,理论上讲只要不关闭计算机,该信息将会一直存在,因此构成"物理意义上的复制"。然而,著作权法要禁止的是对于著作权人而言存在侵权可能的复制行为。对于著作权人而言,禁止未经许可之复制,是为防止产生永久复制件并进一步传播这些复制件。如果未经许可通过内存复制、传播或演绎作品,只须禁止复制、传播或者演绎即可,而无须禁止人们将信息调入内存;如果不通过复

❶ [美]约纳森·罗森诺著:《网络法—关于因特网的法律》,张皋彤等译,中国政法大学出版社2003年版,第33页。

❷ 吴汉东主编:《知识产权法》,中国政法大学出版社2004年第三版,第67页。

制、传播或演绎作品，而仅通过内存显示作品，也无禁止的必要，因为通过内存显示的作品并不是内存中的作品，而是存储设备上的作品。禁止通过计算机显示数字化作品，无异于禁止社会公众接触作品，传统著作权中并无禁止社会公众翻阅、欣赏已经发表的作品的权利。例如我国台湾地区"著作权法"曾规定"随机存取记忆体上的复制"属于复制之一种，但后来在2003年修订时特别明确，除计算机程序作品以外，当专为网络合法中继性传输，包括浏览、快速存取或其他为达成传输功能之电脑或机械本身不可避免的现象，或合法使用作品，属技术操作过程中必要的过渡性、附带性而不具有独立经济意义的暂时性重制，不适用复制权。此外，《巴西著作权法》也有类似规定。根据《巴西著作权法》的规定，如果复制是临时的，且复制的唯一目的是使作品、录音制品或表演可以通过电子媒介的方式被感知，或者复制是短暂的或偶然的，且复制是在获得著作权人的适当授权后使用作品的过程中所为，不应适用复制专用权。❶

综上所述，临时复制只是显示、复制、传播和演绎作品的中间环节，对于显示、复制、传播和演绎作品仅具有技术上的价值，不具有著作权法上的规范价值，不是"著作权法意义上的复制"，不应纳入复制权的范围。

二、传播权

（一）发行权

发行权即向公众提供作品原件或复制件的权利。发行行为包括作品复制件的出售、散发、赠与等等。通说认为，发行应该伴随作品载体的转移，而不包括单纯的信息流动如网络传播等方式。❷复制与发行通常称为"出版"。

发行权控制的是作品创作完成或者被制作成复制件后，首次提供给社会公众的环节。在作品原件或者复制件被著作权人提供给公众以后，作品原件或者复制件再次转手，便不再受发行权的控制。这在理论上被称为

---

❶ 万勇译：《巴西著作权法》，载《十二国著作权法》，清华大学出版社2011年版，第12页。

❷ 刘春田主编：《知识产权法》，高等教育出版社、北京大学出版社2007年第三版，第71页。

"发行权穷尽原则"或"首次销售原则"。

（二）出租权

出租权即许可他人临时有偿使用作品的权利。这是我国《著作权法》2001年修改时增加的一种权利。该权利行使的特点在于临时有偿提供作品原件或复制件，与发行需要转移作品载体所有权不同。在出租作品时，出租人（著作权人或经其许可的人）将作品原件或者复制件提供给承租人，承租人按照约定的方式使用作品，在租赁期限结束时将作品原件或者复制件交还给出租人并且支付租金。出租作品通常表现为租赁业务经营者向承租人提供作品的复制件，而承租人向租赁业务经营者支付租金。在此种情形下，不可认为出租权的权利人是租赁业务经营者。事实上，租赁业务经营者不过是经著作权人许可后行使出租权的受托人，不是真正的出租权人。在租赁业务经营者未获得著作权人许可向承租人提供作品原件或者复制件时，租赁业务经营者构成对著作权人出租权的侵害。

对于出租权，需要注意以下两点：第一，出租权仅特定作品著作权人享有，非所有作品的著作权人均享有。在我国，出租权的对象目前仅限于电影作品等视听作品及计算机软件作品，其他作品的著作权人均不享有出租权。例如，生活中广泛存在的出租书籍、音乐CD等行为，并不是出租权规范的对象。第二，计算机软件如果不是出租的主要标的的，不受出租权控制。例如，承租人租赁电脑或汽车时，电脑或汽车中有集成软件，由于对电脑或汽车的使用主要是对硬件的使用，该软件不是出租的主要标的，对附带在电脑或汽车中的软件的提供，不需要特别征得著作权人许可。当然，对于安装特定软件且仅依靠该软件完成特定功能的电脑的出租，电脑只是软件的载体，软件构成出租的主要标的，该出租行为应受出租权的规范。

（三）展览权

展览权即将作品原件或其复制件向公众陈列或展示的权利。对于某些作品例如美术作品和摄影作品，展览是作品的通常使用方式和著作权人获得经济收入的主要渠道，因此有必要特别规定。

对于展览权,需要注意以下两点:第一,展览权仅特定种类作品著作权人享有,非所有作品的著作权人均享有。根据我国著作权法规定,展览权的对象仅限于美术作品和摄影作品。对于文字作品的手稿,当其构成书法作品时,可以作为美术作品进行展览,受展览权规范;当其不构成书法作品,仅向人们展示文字作品创作时的状态,而仍是通过文字含义展示作品时,不受展览权规范。第二,美术作品原件展览权随美术作品原件所有权的转移而转移。即当美术作品原件所有权通过转让、赠与等方式转移给他人时,受让人与受赠与人虽不取得该作品的其他著作权,但取得了该作品的展览权,有权展览该作品而无须原出让人或赠与人特别许可。依据我中著作权法的规定,仅美术作品原件的展览权随美术作品原件转移而转移,摄影作品原件或者美术作品复制件的展览权并不随其物权转移而转移。第三,展览权行使时要尊重美术作品或者摄影作品中可能存在的人身权。例如,如果展览的作品涉及他人肖像或隐私,展览时需要征得肖像权人或隐私权人的同意。

(四)表演权

表演权即公开表演作品的权利。表演是指通过演奏、演唱、朗诵等形式表现作品的行为。

表演包括现场表演和机械表演。现场表演又称"活表演",指表演者直接的表演,即表演者通过语言、声音、动作、表情或者各种仪器设备将作品表现出来的过程。对于音乐作品,表演一般为利用乐器演奏或者通过嗓音演唱;对于文字作品,表演一般为朗诵和背诵;对于舞蹈作品,表演一般为通过肢体动作、表情等表现作品的舞蹈过程。机械表演指"用各种手段公开播送作品的表演",即通过播放设备向公众传播事前利用录音录像设备固定下来的现场表演的行为。使用播放设备公开播送录有表演的唱片、录音带、录像带,如宾馆、饭店、商店、歌舞厅为顾客播放音乐、歌舞表演等就属于机械表演。

对于表演权,需要注意以下两点:第一,不是所有的"表演"都是对作品的表演,例如服装表演,就仅仅是通过演员向人们展示服装的过程,不是对某部事先创作的作品的表演,不是表演权的对象。第二,表演权是著作权人控制作品被公开表演的权利,不是作品表演者对其表演进行控制的权利,后者属于邻接权中表演者权的内容。

（五）放映权

放映是将固定在载体上的作品通过放映设备呈现在屏幕等反射装置上,使人们阅读、欣赏作品的过程。放映权即通过放映机、幻灯机、投影仪等技术设备公开再现作品的权利。

放映权最初是针对电影等视听作品设计的,因为放映视听作品是再现这些作品并使著作权人获得报酬的主要渠道。随着技术的发展,美术作品、摄影作品也可以通过放映机等放映设备再现,因此也被纳入放映权的对象。在计算机技术发展起来以后,文字作品也可以通过投影仪等技术设备公开再现,文字作品是否属于放映权的对象呢? 对此,我国著作权法没有明确列举。本书认为,我国著作权法关于放映权的对象采取的是开放式规定,没有规定放映权仅适用于美术作品、摄影作品和视听作品三种,因此只要适于通过放映方式再现的作品,包括文字作品,都是放映权的对象。

放映权仅规范作品从存储介质借助放映设备再现这个环节,其目的是使放映现场观众能够观看到作品,不包含通过更为复杂的技术转换以后呈现的环节。例如卡拉OK厅未经许可在点歌机中放映音乐电视作品就属于侵犯著作权人的放映权,❶而电视台通过无线传送电视节目,宾馆通过接收设备接收电视节目并通过有线在各房间播放,就不构成放映,而是广播。

（六）广播权

广播权是指以无线方式公开广播或者传播作品,以有线传播或者转播的方式向公众传播广播的作品,以及通过扩音器或者其他传送符号、声音、图像等类似工具向公众传播广播的作品的权利。广播最早本指通过无线电波或导线传送声音信息的传播方式,通过无线电波传送声音信息的称无线广播,通过导线传送声音信息的称有线广播。随着技术的发展,广播的

---

❶ 参见"中国音像著作权集体管理协会诉北京金福娱乐有限公司等侵犯著作财产权纠纷案",北京市西城区人民法院民事判决书(2009)西民初字第2509号。

形式不仅包括传送声音信息的传播方式,例如电台广播,还包括传播符号信息和图像信息的传播方式例如电视台广播。

广播的形式包括:①无线广播。即以电磁波方式向公众传播作品,公众通过特定的接收装置可以欣赏到作品。这是最基本最主要的广播形式。②有线转播。即在接收无线广播以后,通过导线和播放设备向公众再次传播广播的作品。这种形式的广播在我国农村地区普遍存在,另外,饭店、商场、公众娱乐场所、某些交通工具上也有这种形式的广播。③公开播放广播。即通过扩音器或其他传送符号、声音、图像的类似工具向公众转播正在广播的作品。与有线转播不同,这种广播方式只是将接收到的无线广播声音通过扩音器放大,或者通过类似传送工具对接受到的广播信息作出技术处理,使公众可以更加清晰地收听或者收看。例如在收音机前安放一部扩音器,便构成这种意义上的广播,但不构成无线广播也不构成有线转播。这是关于广播方式的"口袋"型规定,以备科技发展出现新的广播手段而致法律不敷适用。上述三种传播方式,第一种方式可以称为"直播",第二、三种方式可以称为"转播"。

广播的特点在于信息传播的单向性和公众的被动性。信息传播的单向性是指在广播中,只存在公众接收信息的单向流动关系,不存在广播者与公众互动信息的关系;公众的被动性是指广播者在广播信息内容的选择、播出时间的安排、广播范围的确定等方面都是主动的,而公众只能被动选择接收还是不接收,没有其他选择权。广播的实质是以能传送符号、声音、图像的工具向公众传播适于广播的作品。究竟是使用无线方式还是有线方式,这只是技术问题,不是实质问题。

我国著作权法关于广播权的规定,直接来自于《伯尔尼公约》第11条之规定。《伯尔尼公约》的最晚版本也是1979年的版本,必然与当时的技术背景相适应。我国著作权法历经多次修改,在有线技术和网络技术十分发达的21世纪,却仍直接沿用几十年前技术背景下国际公约中的规定,对技术进步视而不见,缺乏适应性。例如对于直接通过有线方式传播作品(有线电视),不是转播来自于无线广播的作品,根据权利法定的原则,就不能归于上述三种方式中的任何一种,也就不是广播权的规范对象。但这种传播方式,与通过无线方式广播作品,使公众通过接收设备收听声音或收看视频,并无本质差别,因此这种有线广播行为仍然应当受到著作权人的控制。❶有人认为,在广播权无法包含直接通过有线方式(包括通过网络)定时单向传播作品这种有线广播行为时,可以由法律规定的"其他著作权"来调整。❷

(七)信息网络传播权

信息网络传播权即以有线或无线方式向公众提供作品使公众可以其个人选定的时间和地点获得作品的权利。此种权利是顺应网络时代的来临而特别规定,虽然其内容与复制权、广播权等存在交叉但由于可以实现交互式使用作品,故单独规定也无不可。❸

信息网络传播与广播有相同之处也有不同之处。相同之处在于二者均可使公众接收到来自于传播者提供的信息。不同之处在于,信息网络传播具有交互性和公众主动性特点。信息网络传播的交互性是指在信息网络传播中,信息的传播者与接收者可以是双向互动关系,信息网络传播者只需要将信息置于特定的存储空间,信息接收者向信息传播者发出要求获得某条信息的指令以后,该条信息才会提供给信息接收者;公众的主动性是指对于网络信息内容公众可以在自己选择的时间和地点接收,而不再被动地按信息传播者的既定安排接收。当然,公众主动选择信息具有相对性,即不能说必须是公众在全天候全世界任何时间和任何地点都能获得作品才是信息网络传播,而是强调在选择信息这个问题上,在信息可以获得的情况下,在特定的时间段和特定的空间范围内,公众可以根据自己的意愿选择是否接收信息,并且在这些信息传播过程中,随时可以终止信息的传播。例如在一个局域网内,将作品置于服务器上,供该局域网上任何一个终端的使用者点播欣赏,也应属于信息网络传播。图书馆在自行划定的地

---

❶ 王迁:《知识产权法教程》,中国人民大学出版社2011年第三版,第143页。

❷ 胡康生主编:《中华人民共和国著作权法释义》,法律出版社2002年版,第63-64页。

❸ 王洪友:"信息网络传播权与相关权利之比较",《科技与法律》2004年第2期。

域范围（馆舍之内）和时间范围（上班时间）内，以交互式手段提供作品，使公众得以在上述地域和时间范围内，自行选择时间和地点获得作品，仍然构成"信息网络传播行为"。❶

对于信息网络传播中使公众"获得作品"，应当理解为使公众可以接触到作品，而不能理解为必须使公众获得作品的复制件。例如在网络上仅提供在线欣赏或浏览，不提供在线下载或离线下载，也构成信息网络传播，若未经著作权人许可，构成对著作权人信息网络传播权的侵犯。❷

三、演绎权

（一）摄制权

摄制权指以摄制电影或类似方法将作品固定在一定的载体上的权利。摄制权是演绎权的一种，因为摄制产生的视听作品与据以摄制的原作存在诸多相同的信息，例如主题思想、故事情节、人物关系、故事结局、画面等，不同的是原作可能是以文字或其他要素表达这些信息，而视听作品则以连续画面、人物对白、背景音乐等要素表达这些信息。摄制权主要存在于以下情形：以原创剧本为基础拍摄电影或电视剧，剧本的著作权人享有摄制权；❸以小说改编成剧本后再拍摄电影或电视剧，小说和剧本的著作权人都享有摄制权；❹美术作品、曲艺作品、杂技艺术作品、建筑艺术作品被拍摄进入视听作品时，美术作品等作品的著作权人享有摄制权；音乐作品用作视听作品的主题曲、插曲、片尾曲、背景音乐等时，音乐作品的著作权人享有摄制权。

---

❶ 王迁：《知识产权法教程》，中国人民大学出版社2011年第三版，第143页。

❷ 参见"郑成思诉书生数字技术有限公司侵犯著作权纠纷案"，北京市海淀区人民法院民事判决书(2004)海民初字第12509号，北京市第一中级人民法院民事判决书(2005)一中民终字第3463号。

❸ 参见"于学军等诉崔法光等摄制权纠纷案"，北京市海淀区人民法院民事调解书(2006)海民初字第24253号。

❹ 参见"手塚桃子(TEZUKA MOMOKO)与北京乐韬世纪文化传媒有限公司、第三人四川省文采文化传播有限公司侵害著作权纠纷案"，北京市第二中级人民法院民事判决书(2011)二中民初字第16049号。

（二）改编权

改编权即改变作品，创作出具有独创性的新作品的权利。改编权是演绎权的一种。在改编中，被改编的作品称为"原作"，改编后的作品称为"改编作品"，原作与改编作品之间存在实质要素的相同，但也存在明显的差别，此种差别是改编作品独创性的体现。如果对原作仅作出未达独创性的改动，那就是修改而非改编。常见的改编有：将长篇小说缩写为中篇或者短篇小说；将中篇或者短篇小说扩写成长篇小说；将小说改成剧本；将诗歌改成小说；将电影改写成小说；为视听作品配以不同于原作的人物对白；将此种风格的音乐作品改成彼种风格的音乐作品等等。从本质上讲，将非视听作品改成视听作品，也是对作品的改编，但我国著作权法单独规定了摄制权，此种改动便不再纳入改编权的范围，而纳入摄制权的范围。

（三）翻译权

翻译权即将作品从一种语言文字转换成另一种语言文字的权利。语言是人类所特有的用来表达意思、交流思想的工具，是一种特殊的社会现象，由语音、词汇和语法构成一定的系统。"语言"一般包括书面形式，但在与"文字"并用时，"语言"仅指口语。"文字"是记录语言的符号或者语言的书面形式。翻译不仅仅是文字间的转换，也包括口语间的转换。口述作品的翻译即是口语间的转换。

翻译是在他人以语言文字创作的作品基础上，将其转换为以另一种语言文字表现的作品，这个过程涉及不同语言构成要素的选择、取舍、组合，并不是一一对应的转换，因此是一个创造的过程。如果语言文字的转换仅是一一对应的机械的转换过程，那么不构成翻译，例如将普通文字作品转换成盲文作品，或者将非手语作品转换成手语（哑语）作品，就不构成翻译。就原作与译作间的关系而言，原作确定了作品的实质信息，译作也保留了这些实质信息，同时，译作在新的语言表达方面，融入了翻译者的独创性因素，构成新作品，译者可以对译作享有独立的著作权。[1]离开原作，译

---

[1] 参见"郅溥浩诉中央编译出版社等侵犯著作权纠纷案"，北京市西城区人民法院民事判决书（2008）西民初字第13265号。

作不可能产生,因此可以说译作是原作作者与译者共同创造的结果,在将译作再次翻译成第三种语言文字表达的作品时,需要取得原作、译作著作权人的许可。

(四)汇编权

汇编权即将作品或者作品的片段通过选择或者编排,汇集成新作品的权利。在汇编过程中,被汇编的作品或作品片段称为原作,汇编后形成的作品称为汇编作品。汇编不同于改编,改编会改动作品的表达,而汇编不会改动作品的表达,仅会将作品或者作品片段按照一定的逻辑进行编排从而形成新的作品。报纸、期刊杂志、作品集等是典型的汇编作品。

对于汇编,需要注意的问题是,只有汇编者对原作的选择、编排体现了创造性,才有可能形成汇编作品。如果汇编者对原作的选择和编排仅是按照常见的方式例如时间顺序、作品名称首字母的排列顺序、作者姓名排列顺序等进行排列,则不会形成汇编作品。对于作品未经许可被他人进行编排但没有形成汇编作品时,著作权人不能主张汇编权被侵犯,而只能主张复制权、发行权被侵犯。

四、其他著作财产权

依据我国著作权法的规定,除了法律明确规定的上述著作财产权以外,著作权人还可以享有"应当由著作权人享有的其他权利"。但依什么理论或者标准确定哪些权利是著作权人"应当"享有的呢?这个问题立法没有明确,而交由法院依据公平原则自由裁量。例如在"安乐影片有限公司诉北京时越网络技术有限公司侵犯《霍元甲》电影作品著作权纠纷案"中,法院认为被告通过网络定时播放电影既不属于信息网络传播权的内容,也不属于广播权等其他著作财产权的内容,而是"应当由著作权人享有的其他权利"的内容,并据此判定被告未经原告许可通过网络定时播放原告享

有著作权的电影侵犯了原告的著作权。❶

关于著作财产权的种类,几乎每个国家和地区都有不同规定。例如在巴西、法国、德国等国就规定有一种被称为"追续权"的著作财产权。所谓追续权,是指特定作品在其原件被作者转让以后,当该作品原件再次被转让且增值时,作者对每一次转售增值中的一定比例依法有分享的权利。特定作品,特别是美术作品,在创作之初,其艺术价值一般很难被人们认可,但随着时间的推移,其价值可能会不断增加。作品的增值,有市场的因素,但更主要的是随着作者艺术才能被认可,其作品艺术价值增加的结果。当作品已被作者转让给了他人后增值时,如果没有追续权,那么作品增值部分将全部由转售人获得,作者不能获得由于作品艺术价值增加而应获得的增值分享,对作者是不公平的。因此规定追续权是为了更好地保障作者的利益。理论上讲,追续权也是可以转让的,因此,如果追续权被作者转让给了作品原件的受让人,那么作品增值部分仍将由转售人获得,这会使追续权制度的目的落空。为了防止追续权形同虚设,规定有追续权的国家一般都禁止追续权转让和放弃。我国目前没有规定追续权,也没有判例确定追续权为"其他著作财产权"。但我国在进行《著作权法》第三次修订时,曾在修订稿中将追续权增加为新的著作财产权。本书认为这是符合著作权保护的国际趋势的。

【案例1】腾讯科技(深圳)有限公司与上海虹连网络科技有限公司、上海我要网络发展有限公司侵害计算机软件著作权纠纷上诉案

【案情】腾讯科技(深圳)有限公司(简称腾讯科技公司)开发了QQ即时通讯软件,并将QQ软件及其各升级版本授权深圳市腾讯计算机系统有限公司(简称腾讯计算机公司)在腾讯网进行运营。2008年初,上海虹连网络科技有限公司(简称虹连公司)针对腾讯QQ软件开发了彩虹显IP软件,并在其开办的网站提供该软件的官方免费下载。上海我要网络发展有限公司(简称我要网

---

❶ 参见"安乐影片有限公司诉北京时越网络技术有限公司侵犯《霍元甲》电影作品著作权纠纷案",北京市第二中级人民法院民事判决书(2008)二中民初字第10396号,北京市高级人民法院民事判决书(2009)高民终字第3034号。

络)参与了彩虹显IP软件的后期开发和运营,并为该软件的官方网站提供服务器等物质支持。彩虹显软件无法独立运行,必须"依附"于腾讯QQ软件运行,其主要通过修改QQ软件的19处目标程序指令,实现改变腾讯QQ软件用户上线时具有的隐身功能和显示在线好友的IP地址及地理位置的功能。腾讯科技公司、腾讯计算机公司一审将虹连公司和我要网络起诉至武汉市江岸区人民法院。该院认为虹连公司和我要网络侵犯了腾讯科技公司的著作权之修改权。许子华构成对腾讯科技公司著作权的共同侵权。并均应立即停止侵权行为,公开道歉。虹连公司、我要网络提起上诉。湖北省武汉市中级人民法院认为:计算机软件的功能必须通过计算机程序的运行实现,功能的改变是计算机程序改变的外在表现形式。彩虹显IP软件改变了QQ软件目标程序中必备的相关代码、指令及其顺序,导致QQ软件的部分功能缺失或发生变化。此行为侵犯了腾讯科技公司对其软件作品的修改权,遂驳回上诉,维持原判。❶

【评析】本案是关于计算机软件著作权保护的案例,曾入选2012年中国十大知识产权司法保护创新案例。计算机程序也是作品。根据《软件保护条例》的规定,著作权人对计算机软件享有修改权,即对软件进行增补、删节,或者改变指令、语句顺序的权利;一般地,这种修改表现为对计算机源程序和目标程序静态的改动,而本案被告的行为不表现为直接在原告的程序基础上进行程序改动,而是通过另外的程序与原程序同时运行,使原告程序的部分功能不能得到实现。这种操作方法,虽然不是直接修改原告的程序,但类似于在原告的程序运行时附加了一段程序,本质上仍然是对计算机程序进行指令或代码的改动。随着技术的发展,侵害软件修改权的表现形式也呈现多样化、复杂化趋势,司法认定不应仅局限于对计算机程序或有关文档的静态比对,还应综合考虑修改的具体行为、手段与修改后的技术效果、功能等因素。在法律适用上,本案未将《计算机软件保护条例》第8条中关于"修改权"的定义仅理解为对源程序或目标程序静态的修改,而是对本案中的行为进行了综合考虑,将其纳入软件著作权人修改权的调整范围,具有创新适用法律的意义。

---

❶ 根据湖北省武汉市中级人民法院民事判决书(2011)武知终字第6号改编。

【案例2】手塚桃子与北京乐韬世纪文化传媒有限公司、第三人四川省文采文化传播有限公司侵害著作权纠纷案

【案情】2007年10月,中国华侨出版社出版发行了由原告手塚桃子(以下简称"桃子")创作完成的悬疑推理小说《皇粮胡同十九号》(以下称涉案小说)。涉案小说中对主人公紫姨的描写如下:她是位有学问有教养的妇人;她的皮肤白皙、细腻,保养得很好;她通常的穿戴不但讲究、得体,甚至有时还表现出了几分对时尚和摩登的追求;她终年坐在一张特制的胶轱辘外国造的轮椅里。

被告乐韬公司成立于2009年,经营范围为制作、发行动画片、电视综艺、专题片等,并于2010年6月取得了广播电视节目制作经营许可证。

第三人文采公司成立于2005年,经营范围为商业服务业及商品批发与零售,不具备广播电视节目制作经营资质。

2008年1月,文采公司与桃子案外人崔卓力签署了《关于长篇小说的电视剧版权转让合同书》(以下称合同一)。该合同约定:桃子将涉案小说华语电视剧的改编使用权转让给文采公司;自签约日起至《皇粮胡同十九号》剧开拍,文采公司拥有两个半自然年的著作改编权。如超出合同的有效期而文采公司未能投入拍摄,其电视剧改编版自动回归桃子;桃子同意由文采公司自行选择、确定改编者;桃子拥有在完成片上的原著署名权;成品片名继续沿用原著名,并在每集片头注明:"根据桃子同名长小说改编"字样;若此剧在发行中遇到电视台要求更改片名,双方可协商解决;完成片的著作权包括音乐、造型、动作、服饰、对白、剧照等的使用权均归文采公司。

2008年10月,文采公司与朱昭宾签署《委托创作合同书》(以下称合同二),约定由朱昭宾以涉案小说作为改编基础,创作剧本,该剧本的版权属于文采公司,朱昭宾享有署名权。朱昭宾根据涉案小说创作出了电视剧剧本《生死底牌》。该剧本中对主人公紫姨的描写如下:右足有疾,总是挂着一根精致的手杖……她身世神秘,气质高贵,见多识广,生活充满情趣和智慧。

2010年3月,文采公司与乐韬公司签署了《电视剧改编权及电视剧本转让合同书》(以下简称合同三),文采公司将《皇粮胡同十九号》小说的改编权和电视剧本《生死底牌》除署名权以外的全部著作权转让给乐韬公司;拍摄完成的

电视剧应为原著作者"桃子"署名,并在每集片头注明"根据桃子同名长篇小说改编";乐韬公司有权另行聘任编剧修改剧本直至符合拍摄要求。

2010年3月,文采公司与朱昭宾签署《补充协议》(以下称合同二之补充协议)并约定:朱昭宾已知晓并同意文采公司将《皇粮胡同十九号》电视剧剧本转让与乐韬公司,并同意文采公司与乐韬公司的相应合同条款约定,同意由电视剧本的新受让方自行改编或修改剧本。2010年10月,朱昭宾签署《编剧授权书》,记载:《生死底牌》剧本系文采公司委托其根据桃子小说《皇粮胡同十九号》改编创作,该剧本影视拍摄权属文采公司所有。

2010年9月10日,乐韬公司获北京市广播电影电视局颁发的《电视剧制作许可证》,同日《皇粮胡同十九号》电视剧在浙江横店影视城开机拍摄。乐韬公司为了拍摄需要,对《生死底牌》剧本进行了修改,形成《皇粮胡同十九号》剧本。该剧本中主人公紫姨的形象沿用了《生死底牌》剧本的描述。

桃子主张,第一,根据关于双方约定转让的权利内容,文采公司支付对价仅涉及剧本的改编权,不包括摄制权。乐韬公司及文采公司均主张该合同约定转让的权利种类应为小说的改编权及摄制权。第二,涉案小说创造的灵魂人物紫姨的形象已完全被歪曲、篡改,被告乐韬公司侵害了其保护作品完整权。乐韬公司主张文采公司的改编作品拔高了小说主题,明显提高了小说的声誉与社会评价,不属于歪曲、篡改,未侵害桃子的保护作品完整权。

法院判决认为被告未侵犯原告的摄制权和保护作品完整权。❶

【评析】本案是一个较为典型的案例,涉及到改编权、摄制权、保护作品完整权等著作权利,同时还涉及到权利行使中的转让、权利主体中的委托作品等。

本案的争议焦点为:第一,桃子与文采公司的合同是否转让了涉案小说的摄制权?第二,被告乐韬公司是否依其与文采公司签订的合同取得涉案小说的改编权和改编后的作品《生死底牌》的著作权?第三,《生死底牌》以及据此拍摄而成的电影剧就紫姨这个人物形象是否侵害了涉案小说的保护

---

❶ 参见"手塚桃子(TEZUKA MOMOKO)与北京乐韬世纪文化传媒有限公司、第三人四川省文采文化传播有限公司侵害著作权纠纷案",北京市第二中级人民法院民事判决书(2011)二中民初字第16049号。

作品完整权？

关于第一个争议焦点，原告主张因为双方转让合同中未明确约定转让摄制权，故文采公司未取得涉案小说的摄制权。被告与第三人主张其已经取得摄制权。从原告与第三人签定的合同内容看，的确未出现"摄制权"这个词，但从合同中相关条款术语，例如"开拍"、"投入拍摄"、"完成片"、"成品片"、"每集片头"等来看，双方事实上对于文采公司在改编涉案小说以后将用于拍摄电视剧是有充分认识的，转让改编权为名，同时转让改编权和摄制权为实，只是双方将摄制电视剧也理解为"改编"之一部分，这种理解虽有误，不应影响其合同实质内容。文采公司应当依约取得涉案小说的摄制权。

关于第二个争议焦点，涉及文采公司对涉案小说的改编权转让是否有效的问题。由于文采公司已经依约受让涉案小说的改编权，不是获得许可，因此其将涉案小说的改编权再次转让给被告乐韬公司有效。文采公司依与《生死底牌》的作者的约定取得《生死底牌》除署名权以外的著作权，将这些著作权转让给乐韬公司也属有效。

关于第三个争议焦点，涉及对保护作品完整权的适用。被告乐韬公司摄制用的《皇粮胡同十九号剧本》系经对《生死底牌》剧本修改而成，《生死底牌》剧本系涉案小说的改编作品，必然要与原著在人物形象、故事情节、环境描写等方面有一定区别，才能成为具有独创性的新作品。小说以文字表达信息，追求人物形象的丰满度、人物关系和情节的完整性等为目的，需要借助读者的想象进行重构，而电视剧以画面、人物对白等表达信息，可以直接向观众传递作品内容，必须要对原著进行适当改动才能使电视剧获得更好的收视效果。只要未达到损害作品和作者声誉、降低公众对作品和作者评价的程度，就不应认定侵害了作者的保护作品完整权。《皇粮胡同十九号剧本》与涉案小说中人物紫姨，虽然在姓名、年龄、职业、形象上均有较大的差别，但前者延续了涉案小说中紫姨穿戴讲究、皮肤白皙，高贵、端丽、成熟、智慧等特征；涉案小说中紫姨身有残疾，终年坐在轮椅中，而改编后也是身有残疾，只是没有那么严重。乐韬公司主观上并无歪曲、篡改、割裂或贬低作者声誉的故意，客观上亦未造成歪曲、篡改、割裂或有损于作者声誉的后果。故被告乐韬公司未侵害原告的保护作品完整权。

思考与讨论

1. 著作人身权有哪几种?

2. 如何理解广播权与信息网络传播权的关系?

3. 关于著作权内容应选择开放式立法模式还是封闭式立法模式?

4. 张某系物理学教授李某的学生,李某翻译完成了《电路设计原理》一书手稿,共计100万字,李某将已完成的手稿交给张某,表示希望该书能够出版。半年后,张某将书稿删去10万字,署上自己和李某的名字,交付出版社出版。李某欲向人民法院提起诉讼,诉张某侵犯了其版权,但有些问题尚不清楚。请思考:

(1)张某的行为是否侵犯李某的发表权?

(2)张某的行为是否侵犯李某的署名权?

(3)张某的行为是否侵犯李某的修改权?

(4)张某的行为是否侵犯李某的保护作品完整权?

5. 周某创作了一部长篇小说《铜人阵》。某出版社欲在全国范围内出版该小说。吴某将该小说翻译成英文。郑某发表了一篇对该小说的评论。美国的麦克想依据吴某的英文版将该小说改编成电视剧本并拍成电视剧,某网站想在网站上播放并供消费者点播该电视剧。

请思考:根据著作权法及相关规定,哪些人的行为需要征得他人哪些著作财产权的许可?

延伸阅读

1. 杨延超:《作品精神权利论》,法律出版社2007年版。

2. 梅术文:《著作权法上的传播权研究》,法律出版社2012年版。

3. 王洪友:"信息网络传播权与相关权利之比较研究",《科技与法律》2004年第2期。

4. 李莉:"论作者精神权利的双重性",《中国法学》,2006年第3期。

5. 张今、郭斯伦:"著作财产权体系的反思与重构",《法商研究》2012年第4期。

第五章　著作权的主体

　　著作权的主体，又称著作权人，是指依照著作权法享有著作权的自然人、法人或其他组织。根据著作权的取得方式不同，可将著作权主体分为原始著作权人和继受著作权人，通常，继受著作权人只能取得著作权财产权，而原始著作权人则可享有完整的著作权；从著作权人的国籍角度看，又可将其分为内国著作权人和外国著作权人，不具有中国国籍的人只有在满足了著作权法规定的条件时，方能得到中国著作权法保护。我国著作权法未对著作权主体进行集中、系统规定，而是散见于不同章节的条文之中。本章知识是解决著作权纠纷的重要前提，其中作者认定、法人作品的认定、外国人和无国籍人创作的作品权利归属、职务作品的认定、合作作品的权利行使规则等常被用于解决相关纠纷。

第一节　著作权主体概述

一、著作权主体的概念

　　权利主体一语，通常包含两种含义，一是指特定权利的归属者，二是指能够成为权利人的资格。在前一含义中，往往对应特定权利的存在或是以具体的权利为前提，如某具体物为某人所有或应为某人所有；而在后一含义中，则通常对应于概括意义上的权利，如自然人、法人或其他单位可以成为所有权的主体。权利主体的这一一般原理,同样适用于著作权。本节将从概括意义上对著作权的主体进行阐述;而对于特定作品著作权的归属,将在下一节进行叙述。据此,所谓著作权的主体,又称著作权人,是指依照著作权法享有著作权的自然人、法人或其他组织。同时,国家在特定情形下也可以成为著作人,如法人或者其他组织享有的著作权,在法人或其他组织因终止等事由而导致没有承受权利义务的主体时,其著作财产权由国家享有,在此情形下,作品的使用,由国务院著作权行政管理部门管理。

二、著作权主体的分类

对著作权的主体进行分类学习和研究,既是全面、系统把握与著作权主体有关的法律规定的需要,同时,也能够为学习著作权的行使和保护制度奠定必要的基础。为此,本部分将从不同角度对著作权的主体进行分类叙述和分析。

(一)原始著作权人和继受著作权人

根据著作权取得方式的不同,可将著作权的主体分为原始著作权人和继受著作权人。民法理论中,民事权利的取得方式包括原始取得和继受取得,前者是指依法最初取得民事权利,后者是指通过某种法律行为从原权利人那里取得民事权利。著作权也是民事权利的一种形式,因而,民事权利取得方式的分类,对于著作权来说也是适用的。相应的,所谓原始著作权人和继受著作权人的分类,便是与著作权的原始取得和继受取得相对应的。

当然,著作权的取得也有其自身的特性,主要表现在,著作权的原始取得只与符合著作权法保护条件的作品是否创作完成这一事实有关,而无须履行任何法律手续。据此,原始著作权人是指依照法律规定随作品的创作完成而享有著作权的人。在我国著作权法上,原始著作权人包括:创作作品的自然人,依照合同约定取得作品著作权的自然人、法人或其他组织,如依照约定取得委托作品著作权的委托人等,以及依法被"视为"作者的法人或者其他组织。继受著作权人是指通过继承、遗赠和受让而获得和享有著作权的人。根据我国著作权法,著作权人可以通过与他人订立书面合同而转让著作财产权的一部分或全部;在著作权的保护期内,著作权属于自然人的,在其死亡后,其所享有的著作财产权部分应当依照继承法的规定转移,在法人或其他组织变更、终止后,没有承受其权利义务的法人或其他组织的,其著作财产权由国家享有。

此分类的意义在于,著作权的取得依据不同,主体所享有的权利内容范围也存在一定不同。通常,原始著作权人会享有完整的著作权,即其取得和享有的著作权既包括了人身权的内容,如署名权、修改权等,也包括了财产权的内容,如复制权、发行权等。而由于著作人身权与作者的人身密切相关,具有不可转让性,因而,作为继受著作权人,其可能取得和享有的主要是法律规定的著作财产权。需要指出的是,我国著作权法上规定的发表权,一般认为也是与作者人身紧密相关的,但若某一作品发表权未曾行使、作者也未明确反对作品发表的,则他人可通过继承或接受遗赠而取得该作品的发表权。这种立法规定的理由在于,发表权从性质上来说,不单纯与作者人身相关,事实上,也与财产权紧密相关;同时,在作者未明确反对其作品发表的前提下,允许继受著作权人行使发表权,也符合著作权立法鼓励作品传播,促进文化和科学事业发展与繁荣的立法宗旨。

(二)内国著作权人和外国著作权人

根据著作权人的国籍不同,可将著作权人分为内国著作权人和外国著作权人。依据我国著作权法及我国参加的有关国际公约规定,自然人、法人和其他组织,无论是否拥有中国国籍,也无论是依据中国法律还是依据外国法律成立,都可能在我国取得著作权或得到我国著作权法保护。当然,在内国人和外国人获得或享有著作权保护的条件上,各国立法均给予了不同的规定。依据我国著作权法,就该法保护的作品而言,中国人在作品创作完成后即可享有著作权。对于外国人,则需要根据其作品是否在中国境内首先出版或其所属国或者经常居住地国是否同中国签订相关协议或者共同参加相关国际条约来决定能否享有著作权或获得我国著作权法的保护。具体而言,若外国人的作品首先在中国境内出版,则可依法享有著作权,其著作权自作品首次出版之日起受保护,其中,作品在中国境外首先出版后30日内在中国境内出版的,视为该作品同时在中国境内出版;若外国人的作品并非首先在中国境内出版,则根据其作者所属国或者经常居住地国同中国签订的协议或者共同参加的国际条约享有的著作权,受我国著作权法保护;未与中国签订协议或者共同参加国际条约的国家的作者以及无国籍人的作品首次在中国参加的国际条约的成员国出版的,或者在成员国和非成员国同时出版的,也受我国著作权法保护。

第二节　著作权的原始归属

在概括的意义上,自然人、法人或其他组织都可能取得著作权或享有我国著作权法的保护。但这并没有回答就特定作品而言,其著作权应当归属于何人的问题。对此,本节将主要根据我国著作权法的规定,从两个方面进行阐述,即首先阐明作品原始著作权归属的一般规则,然后,叙述著作权法对于著作权归属的特别规定。

一、著作权原始归属的一般原则:创作人原则

创作人原则是确定著作权归属的基本原则或缺省原则,是指除非著作权法另有规定,作品的原始著作权应当归属于创作作品的人。我国著作权法规定,作品原始著作权在通常情况下归属于创作作品的公民或者"视为作者"的法人或其他组织。

作品原始著作权归属的创作人原则,也是与著作权保护的正当性解读相一致的。学说对著作权保护的正当性解读,主要有劳动财产权理论、人格理论、激励论等。在劳动财产权学说看来,正是创作人所付出的劳动,才是产生或保护著作权的原因,由此,该权利最初自然应当归属于创作人。同样,在人格理论中,作品被视为作者人格的延伸,因而,作品之上权利原

始地归属于作者——创作人，是该权利享有和保护的逻辑起点。激励论的基本要旨是，认可或赋予作品著作权的目的是激励更多优秀作品的创作和传播，由此也不难看出，作品著作权原始的归属于创作人也是其应有之意。

尽管我国著作权法未直接规定或明确采用创作人原则的措辞，但从该法关于著作权归属的一般规定和特别规定中，均可以看出该法事实上确立了创作人原则。如《著作权法》明确规定：著作权属于作者，而创作作品的公民是作者；对于受委托创作的作品，则在当事人之间未就著作权归属进行明确约定的情况下归属于受托人，也即委托作品的创作人；合作创作的作品，著作权由合作作者共同享有；演绎作品的著作权由演绎作品的作者享有，汇编作品的著作权由汇编人享有等等。不难看出，我国著作权法对创作人原则的体现，是通过作者这一中心概念来反映的，《著作权法》不仅给作者下了明确的定义，还规定了"视为作者"的情形，同时，在著作权原始归属的特别规定中，作者也居于重要地位，为此，下文将对作者的著作权法内涵及其确认进行明确。

（一）作者

根据著作权法规定，作者是创作作品的公民。其中，创作是指直接产生文学、艺术和科学作品的智力活动。据此，可从如下方面把握作者的概念。首先，一切自然人均可能成为作者。而且，从文义上来看，作者也只能是自然人。创作的智力活动本质表明，它是一个思维过程，是将大脑中形成的思想、情感、认识等精神状态通过文字、色彩、线条等人工符号加以表达和客观化的过程。因而，能够从事创作的只能是具有思维能力的自然人，而不能是不具有思维能力的动物或植物。同时，尽管现代民法上普遍认可了法人的民事主体地位，并认可了法人机关的意思表示能力，但不论从创作的智力活动本质上看，还是从现行著作权法的规定来看，法人、包括其他社会组织，均不是严格意义上的作者。其次，自然人成为作者不以具有民事行为能力为必要。在民法理论上，民事行为能力是自然人可以独立进行民事活动的能力或资格。❶ 而根据著作权法的规定，创作是产生作品

---

❶ 王利明：《民法总论》，中国人民大学出版社2009年版，第140页。

的智力活动,它是一种事实行为,只关乎人类的思维能力;换言之,创作并非是设定、变更、终止一定权利义务关系的法律行为,与意思能力无关。因而,限制民事行为能力人、无民事行为能力人,都可能成为作者。第三,作者以从事创作为必要。自然人均可能成为作者,但并非所有自然人均为作者。根据著作权法规定,唯有创作作品的自然人才是作者。可以说,创作是自然人成为作者的基本途径。因而,不但未从事直接产生文学、艺术和科学作品的智力活动的自然人不是作者,而且,即便参与到了文学、艺术和科学作品的产生过程之中,并为之付出了劳动,但若此种劳动并非直接产生相应作品的智力活动,如为他人创作进行组织工作,提供咨询意见、物质条件,或者进行其他辅助工作的自然人,也不是作者。

(二)"视为"作者的法人或其他组织

著作权法在规定作者的同时,还规定法人或者其他组织在一定条件下可"视为"作者,即由法人或者其他组织主持,代表法人或者其他组织意志创作,并由法人或者其他组织承担责任的作品,法人或者其他组织"视为"作者。其中,法人是指具有民事权利能力和民事行为能力,依法独立享有民事权利和承担民事义务的组织。如在"新疆天农畜牧科技发展有限责任公司诉卞红山侵犯著作财产权纠纷"案中,木垒县人民政府成立编辑委员会主持编辑出版了《今日木垒》画册,新疆维吾尔自治区高级人民法院认定,该画册体现的是木垒县人民政府成立50周年来所取得的建设成就,反映的是木垒县人民政府的创作意图,因此认定《今日木垒》画册为法人作品,其著作权人为木垒县人民政府。❶其他组织可以理解为是介于自然人和法人之间的一些组织,包括组成法人的相对独立的部门、依法核准或登记成立的社会团体、为完成某一事项而组建的各种临时性组织等。

法人或其他组织"视为"作者的规定虽然没有明确、直接回答法人或其他组织能否成为作者的问题,但也没有在作者是创作作品的自然人这一基本界定之外"另起炉灶",而是间接表明,作者只能是有生命的自然人。"视

---

❶ 参见"新疆天农畜牧科技发展有限责任公司诉卞红山侵犯著作财产权纠纷案",新疆维吾尔自治区高级人民法院民事判决书(2009)新民三终字第13号。

为"作者的立法用语表明,法人或其他组织不是作者,而是在特定条件下,基于权利义务相一致的考虑,将它们当作作者来对待。换言之,尽管作品只能由自然人创作完成,但若自然人只是在法人或其他组织的主持下,将法人或其他组织的意志通过自己的思维活动加以表达,同时,与该表达有关的一切法律责任均由法人或其他组织承担,则该法人或其他组织,而非具体从事创作的自然人,就具有了与作者相当的法律地位,即能够原始取得相应作品的著作权。事实上,著作权法关于法人或其他组织"视为"作者的规定,和民法上的代理制度具有一定的相似性。我们可以将二者进行简要对照,以理解著作权法的这一规定。代理是代理人以被代理人的名义实施的,其法律效果直接归属于被代理人的行为。❶不难看出,正是由于代理人在代理权限内以被代理人的名义从事法律行为,因而,由此形成的权利义务均应当由本人承受。同样,法人或其他组织"视为"作者的条件表明,具体从事创作的自然人事实上类同于以法人或其他组织的名义从事创作。此外,正如代理人独立进行意思表示也是为了本人的利益,具体从事创作的自然人所进行的智力创作也是反映了法人或其他组织的意志。因而,在此种情形下视法人或其他组织为作品的作者,也是合理的。

此外,法人或其他组织"视为"作者并享有相应作品著作权的情形下,也可能存在参与创作的作者就其创作的部分可单独享有著作权的可能。如在"新疆天农畜牧科技发展有限责任公司诉卜红山侵犯著作财产权纠纷"案中,新疆自治区高级人民法院认定编入法人作品《今日木垒》画册中的《绒山羊》《毛纺厂车间》两幅摄影作品属于可以单独使用的作品,且单独使用时,并不能够直观的反映出其创作目的是体现木垒县人民政府成立50周年来所取得的建设成就。《绒山羊》《毛纺厂车间》两幅摄影作品的著作权人有权单独行使著作权。❷

---

❶ 王利明:《民法总论》,中国人民大学出版社2009年版,第265页。

❷ 参见"新疆天农畜牧科技发展有限责任公司诉卜红山侵犯著作财产权纠纷案",新疆维吾尔自治区高级人民法院民事判决书(2009)新民三终字第13号。

(三)作者的确定

著作权法规定,创作作品的公民是作者。因而,除了法人或其他组织"视为"作者的情形外,创作的事实与作者的确定是一一对应的。据此,在理论上,只要确定了创作事实,就确定了作者。但创作毕竟只是事实行为,实践中,若每一个作品作者的确认都需要借助于对创作事实的证明,则势必会耗费巨大的资源。为此,著作权法规定了一项作者确定的推定规则,即如无相反证明,在作品上署名的公民、法人或者其他组织为作者。如在"马宁诉四川广播电视台著作权权属、侵权纠纷"案中,四川省高级人民法院适用此推定规则,裁决了当事人之间就涉案作品著作权的权属争议。[1]

需要注意,作品上的署名者是作者,并不具有终局意义,换言之,对于这项推定,允许他人举证推翻。司法实务中认为,当事人提供的涉及著作权的底稿、原件、合法出版物、著作权登记证书、认证机构出具的证明、取得权利的合同等,都可以作为相反证据。在"广东省广告股份有限公司北京分公司诉纽海信息技术(上海)有限公司著作权权属、侵权纠纷"案中,法院认定原告提供的此类证据符合法律规定的真实性、合法性和关联性,并在考虑被告的相关证据形式的基础上,否认了在该案系争作品上署名者主张相应作品著作权的主张。[2]当然,如果仅仅主张作品的署名者并非实际创作作品的人,而不能提供证据加以证明的,则仍然只能认定署名者是作者。著作权法关于作者确定的该项推定规则在有效降低作者确认成本的同时,也不会给人们带来明显的负担和不便。事实上,自人类进入文明时期以来,人们在科学、艺术、文化创作或表达之上署名是惯常的做法,而不署名者只是极少数例外情形。此外,该推定规则还具有规范人们行为的潜在作用,即能够引导创作者在作品之上署名。

---

[1] 参见"马宁诉四川广播电视台著作权权属、侵权纠纷案",四川省高级人民法院民事判决书(2013)川民终字第658号。

[2] 参见"广东省广告股份有限公司北京分公司诉纽海信息技术(上海)有限公司著作权权属、侵权纠纷案",上海市第一中级人民法院民事判决书(2014)沪一中民五(知)终字第38号。

二、著作权原始归属的特别规定

著作权法所规定的作品著作权原始归属的一般原则，尽管在理论上可以适用于所有类型的作品：不论是单个人创作的作品，还是多个人一起创作的作品；也不论是全新的作品，还是以已有作品为基础所进行的新的创作。但在作品并非单个人独立基于自己意志所进行的全新创作、或者作品作者身份不明等情况下，著作权的归属或行使往往还会涉及其他人的利益。为便利著作权的行使和作品的使用，促进作品表达形式的繁荣，以更好地实现著作权法的立法目的，著作权法还对一些特殊作品的著作权归属和行使进行了另外列举。

（一）演绎作品著作权的归属

演绎作品指改编、翻译、注释、整理已有作品而产生的作品。其中，改编是指通过对原作品进行增删、重新编写等，以不同的表达形式对原作品加以再现，如将长篇小说改写为短篇小说、或者将小说改编为影视作品剧本等。翻译是指将原作品运用不同的人类语言形式加以表达，如将中文作品通过英文、德文等语言文字表达。需要注意的是，翻译不能改变原作品的内容，强调忠实于原作，因而，只是通过不同语言文字形式对原作品的再现。注释是指对原作品中的语句、内容等进行解读和说明，如对原作品的语句进行断句、对其中所引用语句的出处、原意、读音、寓意等进行考证或解释等。整理是指对原作品进行体系化编排加工。实践中，整理多是对零散的、散见于不同出处的作品或作品片段进行重新编排，使其在表达形式、思想内容上更加完整、更富条理。如将某人散见于不同讲话或发言中针对同一问题的表达重新编排在一部作品之中，以更加完整、系统地表达其思想内容。

以上可知，演绎作品是由原作品派生而来的，是以原作品为基础进行的再创作。如果演绎者对于演艺作品的产生付出了创造性智力劳动，从而使得演绎作品达到了著作权法所保护的作品的要求，则其同原作品一样，也应当受到著作权法的保护。相反，如果演绎者对原作品所进行的演绎仅限于个别文字、标点、语句的改变,并没有形成相对独立的作品,则不应产生新的著作权。当然,在演绎作品享有著作权保护的标准上,各国立法规定存在一定差异。我国著作权法没有为演绎作品享有著作权规定额外的条件,据此,应当准用著作权法关于作品受到保护的一般规定,即具有独创性并能以某种有形形式复制。而在《德国著作权法》在"改作"一条中规定,只有当改作作品"能反映改作人的个人智力创作的",才当作独立著作予以保护;同时,"对不受保护的音乐著作的非实质性改作,不当作独创著作保护。"[1]在认定演绎作品时,还要注意将其与利用了已有作品的原创作品进行区别,只有利用了已有作品的基本表达的作品才可能是演绎作品,相反,若仅仅是利用了已有作品的思想,而没有利用原作品的基本表达者,则不宜认定为演绎作品。对此,北京市第二中级人民法院在"电广传媒影业(北京)有限公司诉北京劳雷影业有限公司著作权权属、侵权纠纷"案中进行了较好的诠释。法院指出,演绎作品是利用已有作品创作的作品,但并非所有利用已有作品创作的作品都是演绎作品。对于文学、影视作品,在判断作品是否利用了已有作品的基本表达时,主要应当考虑该作品的表现形式、主题、语言风格、人物特征、人物关系以及新作品中保留已有作品情节的数量、结构及其在作品中发挥的作用,并在此基础上整体认定、综合判断。[2]

由创作人原则可知,演绎作品的著作权应当归属于演绎者享有,即改编人、翻译人、注释人、整理人等,演绎者所取得的著作权是独立的、完整的。同时,因为演绎作品是在原作品基础上所进行的再创作,因而,我国著作权法规定,演绎者在进行改编、翻译、注释、整理已有作品时,不得侵犯原作品的著作权。其他国家著作权法也有类似规定。如《日本著作权法》规定,该法对于二次作品(即通过翻译、编曲、改变形式、改编成剧本、拍摄成电影或其他改编方法创作的作品)的保护,不得影响原作品作者的著作

---

[1]《十二国著作权法》翻译组译:《十二国著作权法》,清华大学出版社2011年版,第147页。

[2] 参见"电广传媒影业(北京)有限公司诉北京劳雷影业有限公司著作权权属、侵权纠纷案",北京市第二中级人民法院民事判决书(2014)二中民终字第01669号。

权。❶具体来说,由于原作品的著作权人身权并无保护期限的限制,因而,任何时候对原作品进行的演绎,都不得侵犯原作的著作人身权。而对于著作财产权而言,法律为其规定了保护期限,一旦期限届满,则不再受到法律保护。据此,如果原作品的著作权尚在法律保护期限以内,则依照我国著作权法的规定,演绎者在进行改编、翻译之前,应当取得原作品著作权人的许可并支付报酬。反之,如果原作品著作权保护期限已经届满,则在不侵犯原作著作人身权的前提下可以进行自由演绎。相应的,第三人针对演绎作品的使用,需要依法同时取得原作品和演绎作品的著作权人的许可。

（二）合作作品著作权的归属

我国理论界普遍认为,合作作品有广义和狭义之分。广义的合作作品,是指合作者分别创作的部分可以分割使用的合作作品,如对于词作者与曲作者不同的音乐作品而言,词、曲一般均可以从整体中分割出来独立使用。狭义的合作作品,是指各合作作者所创作的部分不能分割使用的合作作品,如二人以上共同拟定提纲、共同撰写的一篇论文。在立法上,各国对于合作作品的规定也不尽相同。我国著作权法规定,合作作品是指两人以上合作创作的作品。合作作品可以分割使用的,作者对各自创作的部分可以单独享有著作权,但行使著作权时不得侵犯合作作品整体的著作权。可见,我国著作权法上的合作作品,采用了广义的合作作品概念。而在境外许多立法中,则采用了狭义的概念。如《日本著作权法》规定的合作作品是指两人以上合作创作、并且每个人创作的部分无法分开单独使用的作品。❷ 按照《德国著作权法》给共同著作人下的定义可知,德国立法上的合作作品是指数人共同创作并不可能单独使用各自的创作部分的著作。❸《英国版权法》规定的合作作品是指由两个或以上的作者合作完成的,且各个作者对作品的贡献不易区分。

我国著作权法没有明确规定合作作品的构成条件,理论上一般以著作

---

❶ 参见《十二国著作权法》翻译组译:《十二国著作权法》,清华大学出版社2011年版,第369页。

❷ 参见《十二国著作权法》翻译组译:《十二国著作权法》,清华大学出版社2011年版,第363页。

❸ 参见《十二国著作权法》翻译组译:《十二国著作权法》,清华大学出版社2011年版,第148页。

权法关于合作作品的著作权归属及权利行使方式为前提,认为构成著作权法上的合作作品,需要具备如下条件:首先,从主体上来看,作品的作者应是二人以上。需要注意的是,两个或两个以上的自然人合作创作完成合作作品,是实践中最为常见的,也是没有争议的。但问题是,法人或其他组织能否成为合作作者?理论上尚无一致说法,许多著作并未涉及该问题,少数著作则持肯定态度。❶本书认为,对该问题的回答,不能离开《著作权法》的规定。从现行《著作权法》规定来看,法人或其他组织不能成为合作作者。理由是,该法规定:"两人以上合作创作的作品,著作权由合作作者共同享有。没有参加创作的人,不能成为合作作者。"从该规定后段的措辞来看,"创作的人"只能是自然人,法人或其他组织尽管可能被"视为"作者,但无法成为参加创作的人。同时,《著作权法》在规定法人或其他组织"视为"作者的情形时,明确规定相应作品是法人或其他组织之外的人代表法人或其他组织意志创作,这也表明,创作作品的人只能是自然人。其次,从主观上来看,二人以上必须具有合作创作的合意。也就是说,参加创作的人认识到自己与他人合作创作的事实,并就合作创作作品达成了一致。由于我国著作权法所规定的合作作品是广义的,因而,对于合意达成的时间和形式,没有明确限定。换言之,合意可以是创作开始之前达成,也可以是创作开始之后达成。当然,尽管也有主张认为可以是"事后达成",但本书认为,不宜认可事后达成合意,因为所谓事后,一般是相对于合作作品的完成而言的,而从学者对所谓事后达成合意的解释来看,此时合作作品尚未完成,因而,将其表述为事中达成合意更为妥当。另外,对于合意的形式,常见的是共同的意思表示,当然,二人以上只要进行了沟通并达成了合作创作的意思一致即可,至于此合意通过何种方式表现出来,都不影响合作创作合意的存在。若无合作创作合意,则尽管可能存在作品的结合或合成,仍不能称作合作作品。实践中发生争议时,当事人需要就存在共同创作合意承担举证责任,同时,若仅仅是对他人的创作提出过建议,无论所提建议是否

---

❶ 参见熊英:《知识产权法原理与实践》,知识产权出版社2010年版,第59页。

被采纳,一般都不宜认定为是存在合作创作关系。❶最后,从客观上来看,二人以上必须有共同的创作行为和创作成果。作品——创作成果——的存在是著作权产生的必要前提。同时,如果仅有合作创作的合意,作品的创作实际上是由一人完成的,则不能认为是合作作品。

我国《著作权法》区别合作作品是否可以分割使用,规定了不同的著作权归属和行使规则。总的来看,无论合作作品是否可以分割使用,合作作品之上均存在著作权,该著作权依法由合作作者共同享有。相应的,若合作作品不可以分割使用,则合作作者只能就合作作品共同享有著作权,并通过合作作者协商一致行使;不能协商一致,又无正当理由的,任何一方不得阻止他方行使除转让以外的其他权利,但是所得收益应当合理分配给所有合作作者。一般情况下,这里所指的"正当理由"主要涉及著作权的行使会侵犯国家或第三人的正当权益等,如在作品的内容涉及了国家秘密、商业秘密、个人隐私等时,合作作品在一定时期可能不宜发表或向公众传播。若合作作品可以分割使用,则各合作作者对各自创作的部分可以单独享有著作权,但行使著作权时不得侵犯合作作品整体的著作权。需要注意的是,在此情形下,合作作品整体著作权的行使原则上也应通过各合作作者协商一致来进行。

(三)汇编作品著作权的归属

根据我国《著作权法》规定,汇编作品是指汇编若干作品、作品的片段或者不构成作品的数据或者其他材料,对其内容的选择或者编排体现独创性的作品。由此,汇编作品可分为两类:一是对作品或作品片段进行汇编而形成的新作品,如各种选集、期刊等;二是对不构成作品的数据或者其他材料进行汇编而形成的作品,如电话号码集、节目表等。

不论是上述哪一类,只有当汇编者在汇编内容的选择或编排上体现了独创性,才能成为著作权法保护的对象,其著作权由汇编人享有。当然,在对受到著作权法保护的作品或作品的片段进行汇编时,应当依法取得著作

---

❶ 参见"刘国础诉叶毓山侵犯著作权纠纷案",原四川省重庆市中级人民法院民事判决书(1987)民字第1049号,四川省高级人民法院民事判决书(1990)川法民上字第7号。

权人的许并支付报酬。同时,汇编人行使汇编作品著作权时,也不得侵犯原作品的著作权。他人使用这类汇编作品,应当同时取得汇编作品著作权人和原作品著作权人的许可。而对于不构成作品的材料、不受著作权法保护的对象进行汇编的,汇编人可以自由进行。

需要强调的是,我国《著作权法》对汇编作品的定义,包含了数据汇编。尽管该法未将机器可读的数据汇编加以列举,但从解释上来看,无论是机器可读的还是其他形式的数据汇编,只要对其内容的选择或编排上体现独创性,都按照汇编作品予以保护。这种解释既未超越文义,也是和其他国家立法或国际公约的规定相一致的。如 TRIPS 协议第 10 条之 2 规定:"数据汇编或其他资料,无论机器可读还是其他形式,只要由于对其内容的选取或编排而构成智力创作,即应作为智力创作加以保护。"[1]《日本著作权法》在编辑(汇编)作品之外单独规定了数据库作品。[2]《德国著作权法》在规定数据汇编的同时,给数据库著作进行了单独界定,即其是借助电子媒体或其他方式可系统地或按照一定方式访问其成分的汇编著作。同时,该法还特别将为创作数据库著作或可能访问其成分而使用的计算机程序排除在了数据库著作的组成部分之外。[3]应当说,这一规定是十分科学的,因为计算机程序只是机器可读的数据库得以实现的通用工具,它可在符合条件的情况下单独享有著作权,但却并非特定数据库作品的组成部分。

(四)视听作品著作权的归属

视听作品,是指电影作品或以摄制电影的方法创作的作品。一般认为,电影作品是指摄制于一定的介质之上、由一系列画面组成,并通过适当装置播放的有伴音或无伴音作品。[4]电影作品的制作,通常需要经过剧本创作或改编、摄影、配音、剪辑等环节,因而,所谓类似于摄制电影的方法创

---

[1] 中国人民大学知识产权教学与研究中心、中国人民大学知识产权学院编:《知识产权国际条约集成》,清华大学出版社2011年版,第373页。

[2] 参见《日本著作权法》第十二条、第十二条之二。

[3] 参见《德国著作权法》第四条。

[4] 吴汉东主编:《知识产权法》,中国政法大学出版社2012年版,第68页。

作的作品,则可以理解为经由或大致经过以上创作阶段而产生的、由活动画面组成的伴音或无伴音作品。视听作品具有演绎作品和合作作品的双重属性。从视听作品来源于文字作品或剧本来说,它符合演绎作品的构成;而从视听作品通常由导演、演员、服装、美工、词曲作者等多人合作创作完成而言,它符合合作作品的构成。同时,视听作品的创作完成,往往需要许多人耗费较大的时间、投入较多的资金来完成。这些因素都使得视听作品的著作权归属和行使问题变得较为复杂。

尽管《伯尔尼公约》对视听作品著作权归属并未做出强制规定,而是留给了缔约国自己来处理,但从有关条文整体来看,该公约似乎赞同视听作品的著作权应归属于作者。[1]不同国家的规定也不尽相同。《英国版权法》规定,电影作品版权的原始所有人是制片者与总导演。[2]按照《美国版权法》,电影作品的版权归制片人享有。法国则秉承了其对作者及作者精神权利的尊重传统,规定电影作品的原始著作权只能属于参加创作的每一个人。在《德国著作权法》中,为电影作品的制作付出创造性劳动的人是电影作品版权的原始所有人,当然,制片人可以合同约定的途径从作者那里取得授权。[3]《日本著作权法》虽然规定了电影作品的作者是对电影作品的整体制作作出了独创性贡献的人,[4]但其实际上却将电影作品的著作权赋予了电影作品制作者(制片人)。[5]不难看出,尽管制片人很难在理论上成为严格意义上的作者,但是多数国家的立法都基于视听作品创作的特殊性,对制片人的利益给予了立法保障。

我国也不例外,《著作权法》规定视听作品的著作权由制片者享有,但编剧、导演、摄影、作词、作曲等作者享有署名权,并有权按照与制片者签订的合同获得报酬。同时,视听作品中的剧本、音乐等可以单独使用的作品的作者有权单独行使其著作权。

---

❶ 参见《伯尔尼公约》第十四条之二。

❷ 参见《英国版权法》第九条、十条、十一条。

❸ [德]M·雷炳德:《著作权法》,张恩民译,法律出版社2005年版,第198—201页。

❹ 参见《日本著作权法》第十六条。

❺ 参见《日本著作权法》第二十九条第一款。

(五)职务作品著作权的归属

职务作品,又称雇佣作品,是指公民为完成法人或其他组织工作任务所创作的作品。如记者在履行所在单位指派的采访任务时撰写的作品等。职务作品区别于其他作品的特殊性在于,该作品的创作是作者履行或完成工作任务的结果。由此不难看出,自然人与所在单位之间存在劳动关系或雇佣关系是职务作品产生的前提。当然,并非只要自然人具有雇员身份,其所创作完成的作品都是职务作品。职务作品的产生,还与创作人所承担的工作任务具有不可分割的关联。按照我国著作权法规定,此工作任务是指公民在所在单位中应当履行的职责。因而,既可以是所在岗位或所从事工种的常规岗位要求,如建筑设计师完成建筑设计任务而创作的作品;也可以法人或其他组织临时交付的工作任务的要求,如承担计算机教学任务的教师在教学工作之外,为完成学校交付的开发教学辅助软件任务所编制的计算机程序。

职务作品与雇员身份和工作任务的关联使得其著作权的归属和行使相比较其他作品来说也具有一定的复杂性。一方面,职务作品系由自然人所创作,因而在著作权归属方面考虑作者的利益是当然的,另一方面,因为创作职务作品本身就是完成工作职责,而且单位又向作者支付了薪金,因此,在职务作品著作权归属上不考虑单位利益也是不公正的。事实上,在绝大多数国家立法上,职务作品著作权的归属都同时考虑了作者和作者所在单位的利益。如《日本著作权法》规定,按照法人或其他使用者的提议,从事法人或其他使用者所属业务的人在职务上创作的计算机软件程序作品,其著作权在没有例外约定的情形下属于法人或其他使用者。❶《德国著作权法》也只是规定,对于雇员在履行职务中创作的计算机程序,如无其他约定,则只有雇主有权行使计算机程序的一切著作财产权。❷而对于其他职务作品,著作权归属于创作人。与此不同,《英国版权法》规定,"除非雇佣合同另有规定,当文字、戏剧、音乐、艺术作品,或电影是雇员在雇佣过程中

---

❶ 参见《日本著作权法》第十五条第二款。
❷ 参见《德国著作权法》第六十九条b。

完成的,其雇主是该作品版权的原始所有人。"❶《美国版权法》第201条(b)也有类似规定。

我国《著作权法》关于职务作品著作权归属的规定,既不同于德国、日本,也不同于英国和美国。依据《著作权法》,对于以下职务作品,作者享有署名权,著作权的其他权利由法人或者其他组织享有,法人或者其他组织可以给予作者奖励:第一,主要是利用法人或者其他组织的物质技术条件创作,并由法人或者其他组织承担责任的工程设计图、产品设计图、地图、计算机软件等职务作品。其中,物质技术条件是指该法人或者该组织为公民完成创作专门提供的资金、设备或者资料。第二,法律、行政法规规定或者合同约定著作权由法人或者其他组织享有的职务作品。如果职务作品不属于上述情形,则其著作权由作者享有。据此,实践中,可依照如下顺序确定职务作品著作权的归属:一是看职务作品是否主要是利用法人或者其他组织的物质技术条件创作,并由法人或者其他组织承担责任的工程设计图、产品设计图、地图、计算机软件;二是看法律、行政法规对特定职务作品的著作权归属有无特别规定;三是看单位与作者之间是否存在有关协议。如果不存在以上情形,则该职务作品的著作权归属于作者。

在我国著作权法上,当职务作品著作权依据法律、行政法规规定或合同约定归属于单位时,单位只能享有除署名权之外的其他著作权权项。当职务作品的著作权归属于作者时,作者享有完整的著作权,但其行使受到一定限制:法人或者其他组织有权在其业务范围内优先使用;作品完成两年内,未经单位同意,作者不得许可第三人以与单位使用的相同方式使用该作品,经过单位同意许可第三人使用作品所获得报酬,由作者与单位按约定的比例分配。其中,作品完成两年的期限,自作者向单位交付作品之日起计算。实践中,要注意"法人或其他组织业务在其业务范围内优先使用"的认定。综合现行法律规定,此优先使用应是相对于第三人对职务作品的使用而言的,不应包含作者本人的使用;同时,法人或其他组织的优先使用权应当限定在其业务范围。司法实践中认为,"优先使用权的范围不

---

❶ 参见《英国版权法》第十一条(2)。

应当局限于本单位自行使用,还应当包括单位有权许可第三人使用。"❶

(六)委托作品著作权的归属

委托作品是指接受他人委托创作完成的作品。委托作品与职务作品具有一定的类似性,因而欧美国家一般都把委托作品归入职务作品或将其视为职务作品的一种特殊情形。❷当然,委托作品与职务作品也存在明显不同,如创作义务的来源不尽相同,当事人之间法律关系的性质也不尽相同。因而,我国《著作权法》在规定委托作品著作权的归属时,一方面顾及了创作人原则,另一方面也对其他当事人的利益给予了必要的考虑。依据《著作权法》,委托作品的著作权归属由委托人和受托人通过合同约定。合同未作明确约定或者没有订立合同的,著作权属于受托人。为了解决著作权归属于受托人时可能发生的委托人无法使用作品的问题,最高人民法院在《关于审理著作权民事纠纷案件适用法律若干问题的解释》以下简称"著作权案件解释"中规定,对于著作权属于受托人的委托作品,委托人在约定的使用范围内享有使用作品的权利;双方没有约定使用作品范围的,委托人可以在委托创作的特定目的范围内免费使用该作品。

(七)美术作品著作权的归属

美术作品,是指绘画、书法、雕塑等以线条、色彩或者其他方式构成的有审美意义的平面或者立体的造型艺术作品。与以上所阐述的一些作品的著作权归属的特殊性不同,美术作品的著作权归属的特殊性不在于作品创作中多涉及两个或两个以上的人之间的利益平衡,而是基于美术作品表达形式的特殊性,美术作品的著作权与美术作品原件所有权在行使上容易产生冲突。实践中,尽管美术作品也是容易复制的,但与文字作品的复制件与原件一般在价值上不会存在多少差别不同,美术作品的价值恰恰在于原件的唯一性。因而,当美术作品原件转移时,如果原件持有人无法行使展览权,则原件持有人基于所有权所享有的使用、收益,甚至是处分美术作

---

❶ 参见"陈光全诉都江堰市青城山——都江堰旅游景区(风景名胜区)管理局著作权权属、侵权纠纷案",四川省高级人民法院民事判决书(2013)川民终字第688号。

❷ 李明德:《知识产权法》,法律出版社2008年版,第65-66页。

品的权利就无法实现。为了解决这一矛盾,《著作权法》规定,美术等作品原件所有权的转移,不视为作品著作权的转移,但美术作品原件的展览权由原件所有人享有。

(八)匿名作品著作权的归属

匿名作品是指作者身份不明的作品。匿名作品著作权归属的特殊性来源于以下原因:一是作品作者确定的推定规则和著作权归属的创作人原则,即创作人是作者,著作权一般情况下属于作者,同时,如无相反证明,在作品上署名的公民、法人或者其他组织为作者。二是署名的任意性。根据《著作权法》规定,著作权人享有在作品上署名的权利。既然是一种权利,权利人可以在不违背民法基本原则的情形下自由行使,即可具名也可不具名或不具真实姓名。因而,当出现不具名或不具真实姓名的作品时,该作品的著作权归属就难以适用一般规则确定了。为了便利该类作品的使用,我国著作权法规定,作者身份不明的作品,由作品原件的所有人行使除署名权以外的著作权。作者身份确定后,由作者或者其继承人行使著作权。

【案例】某广公司诉劳某公司等四公司著作权权属、侵权纠纷案

【案情】2011年8月,南某出版公司出版署名作者为蔡某的小说《某某似水年华》(以下简称涉案小说)。根据2011年11月某广公司与蔡某签订的涉案小说《著作权使用许可合同》,某广公司独占地、排他性地享有该作品电影剧本改编权、投资权、摄制权等专有使用权。原告某广公司诉称,2011年至2012年间,被告劳某公司等四公司未经某广公司许可,大量采用涉案小说核心独创情节进行电影剧本改编,共同摄制、播放电影《某某曝光》(以下简称涉案电影)的行为侵犯了某广公司享有的涉案小说电影改编权、摄制权,对某广公司继续使用涉案小说的核心独创情节进行电影改编及投资摄制造成了根本性妨碍,给某广公司的影片前期开发造成了高额的投资损失,并对某广公司的可期待利益造成了损失。请求法院判令劳某公司等四公司:停止对涉案电影的复制、发行行为,包括影院公映、电视播映、信息网络传播等;在新浪网显著位置发表消除影响的声明;连带赔偿某广公司经济损失300万元;连带赔偿某广公司为维护

其合法权益支出的律师费10万元;共同承担本案诉讼费用。

被告劳某公司分别从双方事人的诉讼主体资格、涉案电影与涉案小说在作品类型、作品体裁、主题、表达方式以及原告诉称之作品情节的独创性等方面进行了针对性答辩,要求驳回某广公司的全部诉讼请求,其他三被告未发表答辩意见。

2013年11月6日,一审法院作出判决,驳回原告某广公司全部诉讼请求。某广公司不服,提起上诉,2014年5月20日,二审法院判决驳回上诉,维持原判。❶

【评析】尽管本案涉及许多法律问题,但从法院查明的事实和原被告双方提交的证据来看,争议的焦点主要是涉案电影《某某曝光》是否侵犯了某广公司对涉案小说《某某似水年华》的改编权。换言之,涉案电影是否系涉案小说的演绎作品。因为,我国著作权法在规定经改编、翻译、注释、整理已有作品而产生的演绎作品著作权应由改编、翻译、注释、整理人享有的同时,规定演绎作品著作权的行使不得侵犯原作品的著作权;同时,已有作品著作权人还享有改编权、翻译权等著作财产权。因而,改编原作时应当依法得到原作著作权人许可并支付报酬等。这样,如果涉案电影是改编涉案小说而来的演绎作品,则从本案被告涉案电影的创作、制作全过程来看,其行为违背了著作权法关于演绎作品著作权行使、作品改编权行使和保护的相关规定,构成侵权,应当承担相应的法律责任;而若涉案电影并不是由涉案小说改编而来,则其便和涉案小说一样是原创作品,自然不存在侵犯他作改编权的问题,其权利人享有的著作权的行使也不会受到他人权利的限制,简言之,不存在侵权,无须承担法律责任。

不难看出,从本案涉及的演绎行为——改编的角度来看,问题的核心是在什么情况下一件作品应被视为是对另一作品的改编?也就是说,该从何处去判断?逻辑上讲,应当从著作权法关于改编的界定入手。然而,现行著作权法对此并未进行明确揭示,立法对于改编、翻译、注释、整理等演绎行为的笼统规定无法为判定一件作品是否为改编作品提供直接、明确的裁判标准。因而,对该问题的回答,需要从理论上回到著作权对于作品的保护深度——思想/表达二分法——上面,即著作权对于作品的保护仅及于作品的表达,而不及于作品的思想、操作、方法、原理。尽管我国现行立法没有明确规定思想/表达二分法,

---

❶ 本案改编自北京市第二中级人民法院民事判决书(2014)二中民终字第01669号。

但理论和实务中一致认为,起源于域外判例法上的思想/表达二分法对于确定我国著作权的保护深度同样是适用的。显然,演绎作品必须与已有作品存在关联,也就是说,演绎作品的创作必须是利用了已有作品。对已有作品的利用,自然既包含了对已有作品思想、方法、情节等的利用,也可能会涉及对已有作品表达的利用。结合思想/表达二分法不难推断,所谓演绎作品对已有作品的利用,则只涉及对已有作品表达的利用,而如果仅仅是利用了已有作品的思想创作的作品,则不能称作演绎作品。一言以蔽之,并非利用已有作品创作的作品都是演绎作品。正如本案两审法院在该案裁判中所分别指出的:"改编应主要是利用了原作品的基本内容。其中,所谓基本内容必须是受著作权法保护的具有独创性的表达。""演绎作品应当是利用了已有作品的基本表达,而非利用已有作品的思想、创意、观点、情感等思想要素。"当然,对于采用不同表达形式的作品而言,与其相对应的演绎作品的认定中所考虑的因素也会有所差异。正如该案判决所言,本案涉及的作品形式是文学和影视作品,在判断时,主要应当考虑作品的表现形式、主题、语言风格、人物特征、体裁等要素,并在考虑新作品中保留已有作品的情节、结构及其在作品中发挥的作用的基础上,进行整体认定、综合判断。

在本案中,法院全面地使用了这一整体认定、综合判断标准。在此过程中,法院考虑了涉案的两部作品题材的不同;两部作品的主题不同;原告所主张的相同情节在两部作品中的具体表达上的差异;系争情节本身在表达上的独创性以及这些情节在各自作品中的地位等。最终得出了尽管涉案电影创作过程中可能会存在借鉴涉案小说部分创意的可能,但就最终作品而言,涉案电影并未使用涉案小说的基本表达,因而不属于演绎作品的结论。如此,涉案电影制作方面不存在侵犯涉案小说著作权持有人的权利的问题。

综上,本案裁判对于明确著作权所保护作品的范围提供了很好的借鉴,特别是在我国著作权法对于演绎作品与原作品之间的具体关系未作出直接规定的情形下,对于在理论和实务上明确演绎作品的判定标准提供了很好的借鉴。同时,本案裁判的意义还在于,有利于在基于已有作品使用角度上合理界定著作权法保护作品的范围,推动在已有作品基础之上丰富作品表达,从而促进文化繁荣。

思考与讨论

1. 外国人享有我国著作权法保护的条件是什么?

2. 我国著作权法对作者是怎样规定的?

3. 如何认定演绎作品?

4. 职务作品的著作权归属规则是什么?

5. 电影等视听作品的著作权归属规则是什么?

延伸阅读

1. 王迁:"论汇编作品的著作权保护",《法学》2015年第2期。

2. 管育鹰:"欧美孤儿作品问题解决方案的反思与比较——兼论我国《著作权法》相关条款的修改",《河北法学》2013年第5期。

3. 周园、邓宏光:"论视听作品作者的利益分享权——以《中华人民共和国著作权法》第三次修订为中心",《法商研究》2013年第3期。

4. 曹新明:"合作作品法律规定的完善",《中国法学》2012年第6期。

5. 黄汇:"非法演绎作品保护模式论考",《法学论坛》2008年第1期。

6. 杨述兴:"职务作品和法人作品",《电子知识产权》2005年第5期。

第六章　邻接权

> 邻接权指与著作权有关的权利,是作品传播者所享有的专有权利。广义的著作权包括狭义的著作权和邻接权,邻接权的保护主要出于对传播者劳动与付出的认可。邻接权和著作权既有联系又有区别。我国的著作权法规定了表演者权、录音录像制作者、广播组织者权和出版者版式设计权等四项邻接权。

第一节　邻接权概述

邻接权(Neighboring Right),指与著作权有关的权利,是作品传播者所享有的专有权利。邻接权在 TRIPS 协议也被称为"相关权"(Related-rights)。一般认为,其权利来源不是作品而是对作品的传播。因为作品传播者的行为对作品传播有着重要的影响,对于著作权人获得经济回报起着重要的作用,并且作品传播者在作品传播过程中往往也要付出投资和劳动,所以给作品传播者以法律保护是有必要的。但是这样一些有价值的非物质劳动成果由于难以达到狭义著作权"作品"要求的"独创性"标准而难以得到恰当的保护。不仅是大陆法系国家的传统著作权法理论不能认可"那些建立在普通人能力基础上"而非"带有独一无二天资与能力的个人智慧体现在创作活动中并把它的光辉展示出来"❶的成果应该受到著作权的保护,即使是整体上对"独创性"要求较低的英美法系国家,也认为表演和机械录音录像等不能构成作品,无法受到版权法的保护。

---

❶ [德]M·雷炳德:《著作权法》,张恩民译,法律出版社2004年版,第112-117页。

随着录音、录像等技术的发展,对于这类非物质劳动成果的保护愈加紧迫,为防止导致不公平的结果,一些国家开始对表演者和录音制品制作者进行保护。德国著作权法早在1910年就开始保护表演者的权利。英国在1925年颁布了《戏剧、音乐表演者保护法》。1936年奥地利和意大利进一步扩大为保护录音制作者。1961年在联合国劳工组织、联合国教科文组织和世界知识产权组织的共同主持下,缔结了《保护表演者、音像制品制作者和广播组织罗马公约》(简称《罗马公约》)。1996年,各国就网络环境下的相关权利保护达成《世界知识产权组织表演与录音制品条约》(简称WPPT)。2012年6月,在中国举行的世界知识产权组织"保护音像表演外交会议"会议上达成了《视听表演北京条约》,首次将对表演者的保护延伸至"视听录制品"中的表演。

我国《著作权法》称邻接权为"与著作权有关的权益",包括表演者对其表演享有的权利,录音录像制作者对其制作的录音录像制品享有的权利,广播电台、电视台对其播放的广播、电视节目享有的权利和出版者对其出版的图书和期刊的版式设计享有的权利。

一般认为,邻接权属于广义的著作权,同狭义的著作权联系紧密。邻接权和狭义的著作权的相同之处在于:①二者都与作品关联。著作权是直接基于作品而产生的,邻接权主要还是基于对作品的传播而产生的。②都具有某些相同的特征,如地域性等。③有关著作权的一些规定也适用于邻接权,如合理使用、权利质押等。区别之处主要在于:①权利产生的原因不同。著作权的产生是基于作品的创作;邻接权则是基于其传播活动中投入的一定资金和劳动。当然,这并不排除在某些情况下,表演者对作品赋予一定程度的再创作。②权利主体的种类不同。著作权的主体主要是自然人;邻接权的主体除表演者外一般为社会组织。③权利的对象不同。著作权的对象是作品,要求具有独创性;邻接权的对象是传播作品所产生的劳动成果,如表演活动、录音录像制品、广播电视。④权利的内容不同。著作权的内容包括财产权利和人身权利;而邻接权中除表演者外不包括人身权利。且著作权的权利也比邻接权丰富得多。❶

---

❶ 吴汉东主编:《知识产权法》,北京大学出版社2011年版,第69页。

第二节 表演者权

表演者权是指表演者对其表演享有的权利。表演者指演员、歌唱者、舞蹈者、演讲者、朗诵者、演奏者或者以其他方式表演文学艺术作品或指挥这种表演的人。表演者严格而言只能是自然人,我国《著作权法实施条例》规定表演者包括演出单位,这是为经济生活方便而规定的,可以称为"拟制表演者"。表演者权不同于表演权,后者是一种著作权,表演者如果表演的是他人的作品,则受他人的表演权限制,但合法的表演本身可以产生表演者权。同时需要注意,如果被"表演"的不是著作权法意义下的作品,则进行"表演"活动的主体,不是著作权法层面上的"表演者",自然不享有表演者权。尽管《罗马公约》允许缔约国对"表演者"的含义作广义界定,世界上一些国家也对非作品的表演人纳入到表演者的范畴给予邻接权的保护,如法国、日本等,但我国对于表演者权的主体严格限定在表演文学艺术作品的人。

表演者权的客体是表演活动,指表演者通过自己对作品的理解和阐释,以声音、动作、表情等将作品的内容传达出来,或者借助一定的工具如乐器、道具等将作品的内容传达出来。表演者对其每一次的表演活动享有表演者权,而不论这种表演活动是否是对于同一作品的表演,也不论这种表演活动是否属于公有领域的作品。

一、表演者权的内容

根据《著作权法》第37条规定,表演者对其表演享有下列权利:

(一)表演者的人身权利

(1)表明表演者身份的权利。即表演者对其表演有权向公众表明自己作为表演者的身份,主要指向公众表明自己的姓名,它类似于作者所享有的署名权,只是因表演形式的多样,表明身份的方式也不相同。

(2)保护表演形象不受歪曲的权利。表演形象不同于表演者的形象,前者属于著作邻接权的范畴,后者则属于表演者个人的肖像权,虽同属民事权利,但前者主要由著作权法加以保护,后者则是民法上的人格权,主要是肖像权的保护范围。

(二)表演者的财产权利

(1)现场直播权。许可他人从现场直播和公开传送其现场表演,并获得报酬。现场直播是指通过无线电广播或者电视系统等传播手段把现场表演直接送给用户。现场直播是一次性的。须注意的是,不包括那些将该现场表演录制下来再通过广播、录音机、录像机等其他方式对外传播的行为,也即是说,表演者不享有机械表演权。

(2)首次固定权。许可他人录音录像,并获得报酬。表演者表演一部作品,会受到时间、地点、身体状况等因素的影响,产生不同的表演效果。如果表演者不想让公众知悉,有权禁止他人通过录音录像将其固定。

(3)复制、发行权。许可他人复制、发行录有其表演的录音录像制品,并获得报酬。录制品的发行将大大减少表演者的表演机会,为弥补表演者损失,多数国家的著作权法建立了表演者二次收费制度,即对现场表演录制后,再通过技术设备向公众再现其表演也应当取得表演者的许可并支付报酬。我国著作权法未赋予表演者机械表演权,因此并没有"二次收费制度"。

(4)信息网络传播权。许可他人通过信息网络向公众传播其表演,并获得报酬。为解决国际互联网环境下应用数字技术而产生的邻接权侵权问题,WPPT第15条规定了网络环境下的传播权。我国于2001年修订后的著作权法予以增加。

二、表演者的义务

表演者在使用他人拥有著作权的作品进行表演时,也要履行一定的义务。具体为:其一,使用他人作品表演的,应当取得著作权人的许可,并支付报酬。演出组织者组织演出,由该组织者取得著作权人许可,并支付报酬。其二,使用演绎作品进行表演的,应当取得演绎作品著作权人和原作著作权人的许可并支付报酬。其三,尊重被表演作品的其他权利,如不得侵犯被表演作品著作权人的署名权、修改权和保护作品完整权等。

三、表演者权的期限

根据《著作权法》规定：因具有人身属性，表明表演者身份及保护表演形象不受歪曲的权利没有保护期限制；其余财产性权利保护期为50年，截止于该表演发生后第50年的12月31日。

四、涉外保护

我国《著作权法实施条例》还规定了对外国表演者的保护。外国人、无国籍人在中国境内的表演，受著作权法保护。外国人、无国籍人根据中国参加的国际条约对其表演享有的权利，受著作权法保护。

第三节 录音录像制作者权

录音录像制作者权，一般简称为"音像制作者权"，是指录音制作者和录像制作者对其制作的录音制品和录像制品享有的权利。根据我国《著作权法实施条例》定义，录音制品，是指任何对表演的声音和其他声音的录制品。录音制作者，是指录音制品的首次制作人。录像制品，是指电影作品和以类似摄制电影的方法创作的作品以外的任何有伴音或者无伴音的连续相关形象、图像的录制品。录像制作者，是指录像制品的首次制作人。作为音像制作者权客体的录音、录像制品，一般均可分为对表演者表演活动的录制和表演活动之外其它事件的录制，所谓的表演活动之外其他事件又可进一步区分为对人类生活中声音和画面的录制与对纯粹自然界声音和画面的录制。

一、音像制作者的权利

音像制作者享有的权利：①复制、发行权；②出租权；③信息网络传播权；④录像制品的广播权。前三类权利见于《著作权法》第41条规定，录音录像制作者对其制作的录音录像制品,享有许可他人复制、发行、出租、通过信息网络向公众传播并获得报酬的权利。对于广播权,著作权法是从广播组织的义务角度规定的,见于著作权法第45条,并且需要注意的是,著作权法并没有赋予录音制品的广播权。我国已加入WPPT,而该公约规定,录音制作者对其录音制品直接用于商业性广播时,享有获得报酬的权利,我国应当进行相应修改。

二、音像制作者的义务

①使用他人作品制作录音录像制品,应当取得著作权人许可,并支付报酬。②使用改编、翻译、注释、整理已有作品而产生的作品,应当取得改编、翻译、注释、整理作品的著作权人和原作品著作权人许可,并支付报酬。③使用他人已经合法录制为录音制品的音乐作品制作录音制品,可以不经著作权人许可,但应当按照规定支付报酬;著作权人声明不许使用的不得使用。需要注意的是,音像制品在许可使用时,被许可人复制、发行、通过信息网络向公众传播录音录像制品,还应当取得著作权人、表演者许可,并支付报酬。

三、音像制作者权利的期限

音像制作者权享有的都是财产权利,保护期为50年,截止于该制品首次制作完成后第50年的12月31日。

四、涉外保护

我国《著作权法实施条例》还规定了对外录音制作者的保护,但不包括录像制作者。外国人、无国籍人在中国境内制作、发行的录音制品,受著作权法保护。外国人、无国籍人根据中国参加的国际条约对其表演享有的权利,受著作权法保护。

第四节　广播组织者权

广播组织者权是指广播组织者对其播放的节目享有的权利。《著作权法》中的广播组织者仅指广播电台、电视台。尽管我国《著作权法》及相关法规和司法解释未对"广播电台、电视台"进行定义,但结合《广播电视管理条例》规定"本条例所称广播电台、电视台是指采编、制作并通过有线或者无线的方式播放广播电视节目的机构",可以认为我国享有广播组织权的机构主要为"无线广播组织"和"有线广播组织",而不包括通过互联网进行播放的所谓"网播组织"。需要注意的是,广播组织权的客体是广播组织播放的节目信号,而不能等同于广播电台、电视台制作的广播电台、电视节目。

一、广播组织者的权利

广播组织者权主要是一种禁止权。《著作权法》第44条规定,广播电台、电视台有权禁止未经其许可的下列行为:

(1)转播。即广播组织者有权禁止他人对其播放的广播、电视信号进行转播的权利。转播是指一个广播组织者的节目被另一个广播组织者同时广播。转播强调"同时",而将节目录制下来再播放属于重播而不是转播。目前,我国《著作权法》中广播组织的"转播权"可以控制以有线和无线方式进行的转播,尚不能控制通过互联网的转播。但已大于 TRIPS 协议和《罗马公约》赋予广播组织的只能控制以无线方式转播的"转播权"。

(2)录制与复制。我国著作权法规定广播组织者有权禁止他人未经许可将其播放的广播、电视录制在音像载体上以及复制音像载体。录制指将播出的节目固定到有形的物质载体上,形成节目的有形复制件。复制指将该复制件再次制作成一份或多份。

二、广播组织者的义务

我国著作权法规定,广播组织者需承担以下义务,包括:①播放他人未发表的作品,应当取得著作权人许可,并支付报酬。②播放他人已发表的作品,可以不经著作权人许可,但应当支付报酬。③播放已经出版的录音制品,可以不经著作权人许可,但应当支付报酬。当事人另有约定的除外。④电视台播放他人的电影作品和以类似摄制电影的方法创作的作品、录像制品,应当取得制片者或者录像制作者许可,并支付报酬;播放他人的录像制品,还应当取得著作权人许可,并支付报酬。

三、广播组织者权的期限

根据我国《著作权法》规定,广播组织者权的保护期为50年,截止于该广播、电视(节目)首次播放后第50年的12月31日。

第五节　出版者版式设计权

出版者一般包括图书、报纸、期刊等类出版单位。我国《著作权法》规定邻接权的章节,涉及了出版、表演、录音录像和广播。然而,在规定图书报刊出版的七个条文中,前六个都是与图书报刊的出版合同相关,只有最后一个条文的规定属于邻接权的范畴,即出版者的版式设计权。这当然是立法技术的原因所致,对于我国《著作权法》的这种编排是否合适本书不作探讨,只是在本节中同出版者的版式设计权,一并进行介绍说明。

一、出版者的权利

(1)对于出版的作品,出版者拥有专有出版权和修改权。我国著作权法规定,图书出版者对著作权人交付出版的作品,按照合同约定享有的专有出版权受法律保护,他人不得出版该作品。需要注意的是,此专有出版权为出版者与作者约定的权利而非法定的权利。所谓修改权是指,图书出版者经作者许可,可以对作品修改、删节。但报社、期刊社可以对作品作文字性修改、删节。对内容的修改,应当经作者许可。

（2）对作品的载体，出版者拥有专有使用权，也称为版式设计权。我国《著作权法》规定："出版者有权许可或禁止他人使用其出版的图书、期刊的版式设计"。据此，出版者对其出版的图书、期刊的版式设计享有专有权利。出版者一般包括图书、报纸、期刊等类出版单位。出版者所出版的报纸、图书、期刊的版式设计（不包括装帧）。版式设计，指印刷品的版面格式的设计，包括对版心、排式、用字、行距、标题、引文、标点等版面因素的安排。❶出版者所享有的邻接权仅限于出版者的版式设计权。

二、出版者的义务

出版者的义务包括：①图书出版者出版图书应当和著作权人订立出版合同，并支付报酬。②图书出版者应当按照合同约定的出版质量、期限出版图书。图书出版者重印、再版作品的，应当通知著作权人，并支付报酬。图书脱销后，图书出版者拒绝重印、再版的，著作权人有权终止合同。③关于"一稿多投"问题。著作权人向报社、期刊社投稿的，自稿件发出之日起15日内未收到报社通知决定刊登的，或者自稿件发出之日起30日内未收到期刊社通知决定刊登的，可以将同一作品向其他报社、期刊社投稿。约定的除外。作品刊登后，除著作权人声明不得转载、摘编的外，其他报刊可以转载或者作为文摘、资料刊登，但应当按照规定向著作权人支付报酬。（4）演绎作品的出版，应当取得改编、翻译、注释、整理、汇编作品的著作权人和原作品的著作权人许可，并支付报酬。

三、出版者版式设计权的期限

出版者版式设计权的保护期截止于使用该版式设计的图书、期刊首次出版后的第10年的12月31日。

【案例1】何某、高某诉辽宁电视台等四单位侵犯著作权纠纷案

【案情】原告何某、高某诉称，《四喜临门》等12部小品是何某及高某合作

---

❶ 胡康生：《中华人民共和国著作权法释义》，法律出版社2002年版，第148页。

编写的,原告依法对其享有著作权。辽宁电视台在未经原告许可的情况下擅自将上述12部小品制作成VCD盘——《高某小品专辑》(二)、(三)、(四),并由辽宁广播电视音像出版社出版发行,由鸿翔公司负责总经销,由王府井书店进行分销。上述四被告的行为严重侵犯了原告的著作权,给原告造成了重大经济损失。因此,请求法院判令四被告立即停止侵权行为、在《法制日报》公开道歉、赔偿经济损失、承担本案诉讼费用。

法院审理查明:辽宁电视台是在原告许可的情况下录制的《四喜临门》等涉案9部小品,并已向原告支付了报酬,但其权利范围仅包括对上述小品进行现场直播和重播等。2002年9月28日,辽宁电视台与辽宁广播电视音像出版社签订合同,约定辽宁电视台授权辽宁广播电视音像出版社将涉案小品制成音像制品出版发行。辽宁电视台负责提供母版,并负责版权,辽宁广播电视音像出版社向辽宁电视台支付八万元版费。涉案其余5部小品辽宁广播电视音像出版社是基于1996年10月22日与辽宁电视台签订的另外一份合同从辽宁电视台处取得的。辽宁广播电视音像出版社委托佛山金声电子有限公司复制录像作品并出具了《录音录像制品复制委托书》。辽宁广播电视音像出版社于2002年7月28日与鸿翔公司签订了一份《销售分帐协议书》,该协议书约定,辽宁广播电视音像出版社授权鸿翔公司独家经销其制作的涉案VCD盘,销售分账形式为扣除必要成本,利润按7:3分成。辽宁广播电视音像出版社拥有其出版发行的小品的合法版权,若因版权引起的法律纠纷和经济赔偿概由辽宁广播电视音像出版社负责。最终法院认定:辽宁电视台、辽宁广播电视音像出版社等的行为侵犯了何某、高某享有的《高某小品专辑》相关VCD盘的著作权。❶

【评析】我国著作权法规定,表演者拥有表演者权。本案原告被侵犯的著作权具体而言即是其享有的表演者权。表演者权属于表演者,是邻接权中的一种,也归于广义的著作权范畴。案件中,辽宁电视台是在原告许可的情况下录制的涉案小品,并已向原告支付了报酬,但其权利范围仅包括对上述小品进行现场直播和重播等。辽宁电视台未经表演者许可,将涉案小品母版交由辽宁广播电视音像出版社出版发行,构成对原告表演者权的侵犯。辽宁广播电视音像出版社虽取得辽宁电视台授权,但亦未征得原告许可,也侵犯了原告的

---

❶ 参见北京市第二中级人民法院民事判决书(2003)二中民初字第1746号。

表演者权。广州鸿翔公司作为总经销商,北京王府井书店作为销售商均应承担相应法律责任。

【案例2】外语教学与研究出版社诉
外文出版社侵犯版式设计及不正当竞争纠纷案

【案情】原告外语教学与研究出版社(简称外研社)于2002年2月出版发行《牛津英汉双解小词典(新版)》(简称《牛津英汉小词典》),于2003年12月出版发行《牛津现代英汉双解词典(新版)》(简称《牛津现代词典》),并于2004年9月出版发行《牛津英汉汉英小词典(新版)》(简称《牛津英汉汉英小词典》)。上述三本词典,外研社采用了基本相同的封面、书脊设计,具备自己独特的风格,因词典广受欢迎及大量销售,其封面也为读者所熟识。外文出版社于2005年出版发行的《现代新英汉双解词典》(简称《新英汉词典》),使用了与外研社上述三本词典极为近似的封面,只是个别颜色略有变化。外文社的上述行为构成对外研社版式设计的侵犯。

法院审理后认为:出版者对其出版的图书、期刊的版式设计享有专有使用权。版式设计是对印刷品的版面格式的设计,包括版心、排式、用字、行距、标点等版面布局因素的安排。但书的封面、书脊等属于印刷物的装帧设计,并非版式设计,不属于我国著作权法所保护的版式设计范畴。因此,外研社主张其对《牛津英汉小词典》《牛津英汉汉英小词典》《牛津现代词典》等三本词典的封面和书脊享有版式设计专有使用权,不能成立。最后,法院认定外文出版社应当知道《新英汉词典》的封面及书脊装潢与《牛津英汉小词典》《牛津英汉汉英小词典》《牛津现代词典》相近似,但其仍然使用该封面及书脊装潢,故外文出版社主观上存在过错,其出版发行《新英汉词典》的行为构成不正当竞争。❶

【评析】本案涉及装帧设计和版式设计的区别保护问题。装帧设计指对出版物外观的装饰设计,如封面的色彩、图形等。1991年我国《著作权法实施条例》第38条曾规定"出版者对其出版的图书、报纸、杂志的版式、装帧设计,享有专有使用权"。但由于许多装帧设计还可以作为知名商品特有的装潢受到保护,如果出版物因销量较大而变得知名,其装潢设计还可以作为知名商品特有

---

❶ 参见北京市第一中级人民法院民事判决书(2006)一中民初字第6648号。

的装潢受到《反不正当竞争法》的保护,并无专设一项邻接权加以保护的必要。因此2001年《著作权法》修订时,只规定了出版者对版式设计的专有权,而没有规定对装帧设计的专有权。❶

思考与讨论

1. 邻接权和著作权有何联系与区别?

2. 表演者权的内容有哪些?

3. 音像制品制作者的权利和义务有哪些?

4. 广播组织者的权利和义务各有哪些?

延伸阅读

1. 孙雷:《邻接权研究》,中国民主法制出版社2009年版。

2. 姚泓冰:"录音制品"二次使用"与录音制作者权的完善",《福建法学》2013年第3期。

3. 胡开忠:"完善我国广播组织权制度的原则",《政法论丛》2011年第10期。

4. 李小侠:"邻接权和著作权的衔接与协调发展——以独创性为视角",《科技与法律》2010年第6期。

5. 李菊丹:"表演者权保护研究",《知识产权》2010年第3期。

6. 董皓:"论邻接权制度的正当性基础",《科技与法律》2007年第6期。

7. 李顺德:"版权、出版权和出版者权",《科技与出版》2006年第1期。

---

❶ 王迁:《知识产权法教程》(第三版),中国人民大学出版社2011年版,第202页。

第七章　著作权的取得、利用与转移

　　著作权的原始取得包括自动取得、登记取得和加注版权标记取得三种方式，我国及世界上绝大多数国家采用自动取得原则。著作权的期限是对著作权的一种限制，我国著作权法规定，著作权的保护期限，因权利类型、作者性质、作品类别不同而有所区别。著作权的利用与转移实际上是著作权财产权的利用与转移，主要包括：许可使用、转让、债的担保、强制执行、破产财产、信托等方式。其中许可使用又有：独占许可、排他许可和普通许可三种类别。本章中许可合同的种类及内容设计、转让合同的内容设计、著作权的质押等理论知识在实务中应用广泛，通常可应用于为他人撰写相关合同或者修改相关合同或者用于质押融资。

第一节　权利取得

　　著作权的取得指的是作品创作完成后，是否需要附加其他条件或者履行法律规定的程序才能获得著作权。本节的讨论限于著作权的原始取得，著作权的继受取得在后面章节中论述。

　　法律对作品的要求或者说著作权取得的实质条件，即法律以作品的产生为取得著作权的唯一法律事实，有的国家要求用载体以固定。著作权取得的实质条件，指作品完成后是否附加条件而享有著作权。大体上有自动取得、登记取得和加注版权标记取得三种情况：

一、自动取得原则

又称为无手续原则,按照此种原则,作品自创作完成便自动获得著作权,无须履行任何手续。这种方式下,作品创作的完成是一个关键的时间点,包括全部完成和部分完成,只要一件作品能够表达作者一定的思想和感情,具有最小的独创性,不违反法律的禁止性规定,就可以认定为完成。自动取得原则,简单方便,保护水平高,作品一旦完成,不会因为任何客观因素而丧失著作权,能够很好地保护著作权人利益。自1908年《伯尔尼公约》确定以来,为世界大多数国家所采用。我国实行的是自动取得主义,即不需要登记,也不需要加注版权标记,而自作品创作完成之日起产生。

二、登记取得原则

这一原则要求作品创作完成后,还必须到著作权管理部门进行登记方能取得著作权。我国历史上《大清著作权律》以及后来的《中华民国著作权法》和我国台湾地区"著作权法"都曾采用过登记制。在我国,也有著作权登记事务,国家也鼓励著作权登记,但并不以登记作为获得著作权的条件,而是作为著作权确权的证明手段。对于比较重要且预计会产生较好的经济效益或容易发生侵权的作品如计算机软件作品等,登记是比较好的作品权属证明。《计算机软件保护条例》规定,软件著作权人可以向国务院著作权行政管理部门认定的的软件登记机构办理登记。发放的登记文件是登记事项的初步证明。

三、加注版权标记取得原则

此种原则实际上是一种有条件的自动保护方式,做法是加注版权标记取得。美国版权法采用此原则,《世界版权公约》也予以认可,按其规定著作权标记包括三项内容:①"不许复制"、"著作权保留"、"著作权所有"等声明,或将这种声明的英文缩写字母C(Copyright的缩写)外面即一个正圆,音像制品则在加英文缩写字母P(Phonogram的缩写)外面即一个正圆,即以C

宣示普通作品以 P 宣示音像制品的著作权;②著作权人的姓名或名称及其缩写;③作品的出版发行日期。由于加注著作权标记简单易行,又是取得著作权的初步证据,因此,即使在采取自动保护原则的国家,人们也广泛采用此方式。

第二节　许可使用

著作权许可使用,是指著作权人将其作品许可他人在一定的地域和期限内以一定方式使用的法律行为。著作权人称许可人,被许可使用作品的人称被许可人。这是著作权人实现著作权财产权价值的主要方式。

一、著作权许可的种类

(一)独占许可使用

又称为专有许可使用,指著作权人将该作品仅许可给一个被许可方使用,排斥包括著作权人在内的一切人以该方式在约定的期限和地域范围内使用该作品。独占许可使用有以下特点:①要式性。除报社或期刊社对作品的刊登外,应采取书面方式。②禁止分许可。原则上被许可人不得再向第三人发放许可证,理由在于本质上著作财产权的许可以信赖关系为基础,不涉及第三人。③被许可人权利受到侵害时,可以自己名义独立提起诉讼,无须著作权人协助。④可以向著作权行政管理部门备案,以作为发生纠纷时的证据使用。⑤较之其它许可方式被许可方须支付更高额的费用。

(二)排他许可使用

又称为独家许可使用,是指著作权人不能再许可任何第三方在约定的期限和地域范围内使用该作品,著作权人自己仍有权使用该作品。排他许可使用的特点包括:①要式法律行为,应当签订许可合同。②在发生侵权行为时,被许可人可与著作权人共同提起诉讼;在著作权人不提起诉讼时,被许可人可以以自己的名义独立提起诉讼。③被许可方须支付的费用少于独占许可,高于普通许可。

（三）普通许可使用

普通许可使用,指著作权人自己有权使用,也可以再许可第三人使用许可给被许可人在约定的期限和地域范围内使用该作品。一般理解,普通许可方式具有以下特点:①非要式法律行为。无论书面或者口头方式,明示或者默示,均发生法律效力,当然单纯的沉默不构成默示许可。②在当事人的诉讼地位上,除经著作权人明确授权外,被许可人原则上不能提起诉讼。③由于被许可方拥有的权利最小,因此相比前两种许可方式须支付的费用也最少。

二、著作权许可合同的内容

著作权许可使用一般通过合同进行。常见的著作权许可使用合同包括图书出版合同、报刊刊登作品合同、表演许可合同、翻译许可合同、汇编许可合同、展览许可合同等等。合同的成立与生效要件适用《合同法》的相关规定。根据《著作权法》的规定,许可使用合同包括以下主要内容:

（一）许可使用的权利种类

这是指许可使用作品的方式,如许可复制、发行、翻译、改编、整理、汇编等,可以许可一种使用方式,也可许可多种使用方式。

（二）许可使用的权利是专有使用权或者非专有使用权

专有使用权指被许可人获得的是对作品的独占性的使用权,在许可期限与地域内包括许可人在内的任何人不得以与许可相同的方式使用作品,即独占许可。非专有使用权,指被许可人获得了作品的许可使用权,但不是独占性的,同时在许可期限与地域内许可人和其他被许可人都可以相同方式使用作品,一般指普通许可。依据《著作权法实施条例》第23条,专有使用权许可合同应当采取书面形式订立（报社、期刊社刊登作品除外）,而

非专有使用权许可则不必。❶

（三）许可使用的地域范围、期间

这是被许可人行使权利的空间限制与时间限制。如作品的发行范围、可以表演的范围、可以播放的范围等等。

（四）付酬标准和办法

《著作权法》规定，使用作品的付酬标准可以由当事人约定，也可以按照国务院著作权行政管理部门会同有关部门制定的付酬标准支付报酬。当事人约定不明确的，按照国务院著作权行政管理部门会同有关部门制定的付酬标准支付报酬。付酬方法一般包括一次支付、分期支付、"版税"式支付即按作品制作量或发行量提成等。

（五）违约责任

这是约束双方遵守合同的条款，可按《合同法》约定违约金等责任。

（六）双方认为需要约定的其他内容

起到一个兜底性的作用，如争议解决方式、作品交付方法、期满相关事务处理等均可。

三、著作权许可的特殊形式：集体管理

著作权具有排他性，使用者要使用著作权人的作品，行使专属于著作权人的权利，除非法律规定的合理使用或法定许可等特殊情形，必须事先征得著作权人的许可。但很多情况下，著作权人很难与使用人进行直接交易。一方面，使用者常常难以联系到著作权人或者由于著作权人众多单独联系的成本较高；另一方面，著作权人也很难控制自己的权利未经许可被他人使用。为提高著作权许可与使用的效率，双赢的办法是建立一个专门的、能够代表著作权人的组织中介来统一发放许可和收取许可使用费。经过实践探索，人们创设了集体管理组织，在著作权人的授权下，集中行使著

---

❶ 李明德，许超：《著作权法》，法律出版社2003年版，第164页。

作权、收取许可费并进行相关维权活动,从而使集体管理成为著作权许可的特殊形式。

著作权集体管理,是指著作权集体管理组织经权利人授权,集中行使权利人的有关权利并以自己的名义进行相关活动。经授权进行著作权集体管理的组织被称为著作权集体管理组织。

1777年,在法国戏剧作家加隆·德·博马舍的组织下,戏剧家们组成了法国历史上第一个戏剧家协会,但它还不是全国性组织。世界上第一个全国性集体管理组织是1851年由法国作曲家厄内斯特·布尔热和两位剧作家共同发起成立的音乐集体管理组织❶。此后,集体管理组织便如雨后春笋般在世界各地成立起来。1871年德国成立了戏剧作者与作曲者协会,1882年意大利成立了表演权协会,1897年奥地利成立了表演权协会,1901年西班牙成立了表演权协会,1903年德国成立了音乐作者与作曲者表演协会,1909年德国成立了机械表演权协会,1914年英国成立了表演权协会,美国成立了作曲者、作词者及音乐出版商协会。到20世纪30年代,欧洲大陆各国基本都建立起类似的集体管理组织。同一时期,甚至产生了国际集体管理组织。例如在1928年,由18个国家的音乐作品集体管理组织联合组成了国际作者与作曲者协会联合会(the International Confederation of Societies of Authors and Composers,简称CISAC);1933年在意大利成立了国际唱片业协会(International Federation of the PHonograpHic Industry,简称IFPI)。

与著作权制度建设进程相适应,我国的集体管理组织在世界上成立较晚。1992年由国家版权局和中国音乐家协会联合发起成立了我国(除非特别说明,均指我国大陆地区)第一个集体管理组织–中国音乐著作权协会(MCSC);2005年,设立了中国音像著作权集体管理协会(CAVCA)和中国电影著作权保护协会(2009年10月更名为中国电影著作权协会,英文简称CFCAC);2008年,设立了中国文字著作权协会(CWWCS)和中国摄影著作权协会(ICSC)。这五个集体管理组织,分别将音乐作品、非电影视听作品

---

❶ Makeen Fouad Makeen:Copyright in a Global Information Society: the Scope of Copyright Protection Under International, US, UK and French, Kluwer Law International, 2000, P20.

（电影和电视剧之外的录音、录像制品和其他视听作品）、电影（含电视剧）作品、文字作品和摄影作品纳入集体管理的范畴。

为了规范著作权集体管理组织的行为，我国于2004年颁布了《著作权集体管理条例》。根据该条例规定，著作权集体管理组织从事的相关活动包括：①与使用者订立著作权或者与著作权有关的权利许可使用合同；②向使用者收取使用费；③向权利人转付使用费；④进行涉及著作权或者著作权有关的权利的诉讼、仲裁等。著作权集体管理组织与著作权人之间的关系属于信托关系。在著作权集体管理组织的权利范围上，著作权法规定的表演权、放映权、广播权、出租权、信息网络传播权、复制权等权利人自己难以有效行使的权利，可以由著作权集体管理组织进行集体管理。

第三节　转让与继承

一、著作权转让的特点

著作权转让是著作权人（出让人）将作品著作财产权有偿转移给他人（受让人）的法律行为。著作权转让也是著作权人利用著作权创造价值的重要方式。著作权转让具有以下特点：①要式性，著作权转让合同应当以书面形式订立。如果是中国公民、法人或者其他社会组织向外国人转让软件著作权的，还应遵守中国的《技术进出口管理条例》。②著作财产权的转让并非作品原件的转让。著作财产权的转让并不导致作品载体所有权的转移。但对美术作品有例外，我国《著作权法》规定，美术作品原件所有权的转移，不视为作品著作权的转移，但美术作品原件的展览权由原件所有人享有。③著作权的转让与著作权许可使用存在显著的区别，主要体现在：第一，著作权许可使用不改变著作权的归属，被许可人只是获得作品的使用权。而著作权转让使著作权人发生改变，受让人替代原著作权人享有相应的著作财产权。第二，著作权转让后著作权人将永久不再享有著作权,也没有转让区域的限制,而许可使用则是著作权在特定区域的临时转移。

二、著作权转让合同的内容

《著作权法》规定,著作权转让应当订立书面合同,合同包括下列主要内容:①作品的名称;②转让的权利种类、地域范围;③转让价金;④交付转让价金的日期和方式;⑤违约责任;⑥双方认为需要约定的其他内容。

根据《著作权法》规定,许可使用合同和转让合同中著作权人未明确表示许可、转让的权利,未经著作权人同意,另一方当事人不得行使。

三、继承

按照我国《继承法》的规定,著作人身权不能作为继承的标的。由于著作权法规定署名权、修改权和保护作品完整权不受时间限制。根据《著作权法实施条例》规定,作者死亡后,其著作权中的署名权、修改权和保护作品完整权由作者的继承人或者受遗赠人保护。著作权无人继承又无人受遗赠的,其署名权、修改权和保护作品完整权由著作权行政管理部门保护。

同其他财产权一样,在自然人权利人死亡以后,著作财产权可以依照《继承法》由权利人的继承人继承;在法人或其他组织权利人变更、终止以后,由相关组织或自然人依法继受。无人继承或继受的著作权,归国家享有,由国务院著作权行政管理部门管理。由于著作权法规定,美术等作品原件所有权的转移,不视为作品著作权的转移,但美术作品原件的展览权由原件所有人享有。故原件所有权如果在作者生前已转让美术等作品原件所有权的,依法继承时排除原件展览权。

关于作者生前未发表作品,根据《著作权法实施条例》规定,如果作者未明确表示不发表,作者死亡后50年内,其发表权可由继承人或者受遗赠人行使;没有继承人又无人受遗赠的,由作品原件的所有人行使。

关于合作作品,根据《著作权法实施条例》规定,合作作者之一死亡后,其对合作作品享有的著作权法第十条第一款第(五)项至第(十七)项规定的权利无人继承又无人受遗赠的,由其他合作作者享有。

第四节　其他利用

除上述三种著作权主要的利用和转移方式,著作财产权还可以作为担保、信托、破产财团、强制执行及离婚时夫妻财产分割的对象,以下仅作简要介绍。

一、担保

著作财产权因为具有财产价值,故如同物一样可以用以设定债的担保。著作财产权的担保方式采取设定质权的方式实现的。根据我国版权局2010年发布的《著作权质权登记办法》,以著作权中的财产权出质的,应当订立书面合同,并到登记机关进行登记,著作权质权的设立、变更、转让和消灭,自记载于《著作权质权登记簿》时发生效力。设定质权的具体操作方式可参照我国《担保法》及其《实施条例》与相关司法解释及上述《登记办法》。

二、信托

著作权的信托,是指著作权人将著作权转让或以其他方式托付给受托人,由受托人以自己的名义按照著作权人的目的对作品进行管理并按约定支付报酬的行为。在信托关系中,著作财产权属于受托人,受托人必须按照信托目的行使著作权,以保障在信托关系中向信托人承担的义务。信托在国外比较流行,著作权集体管理可以认为是这种利用方式。

三、破产财产

债务人因资不抵债时,自己申请或法院依法宣告其破产,经过清算组织清算后,债权人能从债务人方面获得的清偿债务的全部财产就是破产财产。在债务人破产以后,如果债务人还有著作财产权,该项权利也可以成为破产财团的组成部分。

四、强制执行的对象

强制执行即指用强制方法实现确定判决的内容。依据具有强制力的刑事或民事判决,如果被执行人享有的著作财产权,则该权利也可作为强制执行的对象。基于对著作人身权的尊重和保护,未发表作品的著作权不能作为强制执行的对象。❶

五、离婚时夫妻共同财产

根据我国《婚姻法》规定,夫妻在婚姻关系存续期间所得的知识产权收益归夫妻共同所有,另有约定的除外。换言之,除非另有约定,离婚时著作财产权应当作为夫妻共同财产对待。

【案例1】中国音乐著作权协会与
成都市人人乐商业有限公司著作权侵权纠纷案

【案情】由于未支付使用费而在其经营的购物广场内播放了音乐著作权协会管理的背景音乐《拯救》,成都市人人乐购物广场被诉侵犯著作权。法院审理认为:周某、梁某系音乐作品《拯救》的曲、词作者没有异议,且音著协举出的该歌曲曲谱上署名也是周某、梁某,故周某、梁某享有涉案作品的著作权。根据《著作权法》规定,著作权人可以全部或者部分转让其著作财产权利。涉案音乐作品的词、曲作者通过与音著协签订《音乐著作权转让合同》的方式,将其对涉案音乐作品享有的公开表演权、广播权和录制发行权授权给音著协进行

---

❶ 刘春田主编:《知识产权法》,中国人民大学出版社2009年版,第121页。

管理。《著作权法》同时规定,著作权人和与著作权有关的权利人可以授权著作权集体管理组织行使著作权或者与著作权有关的权利,著作权集体管理组织被授权后,可以以自己的名义为著作权人和与著作权有关的权利人主张权利,并可以作为当事人进行涉及著作权或者与著作权有关的权利的诉讼、仲裁活动。故音著协可以以自己的名义对侵犯涉案音乐作品的行为提起诉讼。人人乐公司未经音著协许可,在其经营场所将涉案音乐作品《拯救》作为背景音乐播放的行为虽然不能直接利用音乐作品获利,但可以起到营造氛围,提高消费者在购物过程中的愉悦程度,进而对商家的销售起到促进作用,是一种间接获利的商业性使用行为。因此,人人乐公司在营业性场所播放背景音乐的行为,侵犯了著作权人的表演权❶。

【评析】音乐作品的著作权本为其曲、词作者享有,中国音乐著作权协会因与作者签订转让协议等而享有相应的著作财产权利。歌舞厅、夜总会、超市、商场、酒店、餐馆、机场、车站等经营场所播放背景音乐带有营利性质,应当向音乐著作权人支付许可使用费之后,才能公开播放音乐著作权协会管理的音乐作品。

【案例2】皇冠文化出版有限公司诉
经济日报出版社侵犯著作权纠纷案

【案情】张爱玲是中国现代文学史上的著名作家,20世纪40年代,以小说集《传奇》、散文集《流言》蜚声文坛。后离开大陆,先到香港后去美国,并加入美国国籍。1992年2月14日,张爱玲立下遗嘱:如本人去世,将所有财产遗赠给宋某和宋邝某。1995年9月8日,张爱玲在美国洛杉矶市去世。1996年1月1日,宋某、宋邝某与台湾皇冠文学出版有限公司(简称皇冠文学公司,后改称为皇冠文化公司)签订了三份关于张爱玲作品出版及维权事宜的授权委托书,内容大致为:宋某、宋邝某同意将张爱玲作品授权皇冠文学公司在全世界范围内中文版之重制、散布、发行、公表,版数及印量不限。自合同签订之日起至著作权存续期间届满时止,皇冠文学公司永久独家享有。皇冠文学公司在全世界范围内,代为处理有关张爱玲著作权的维权事宜。1982年6月17日,宋某立

---

❶ 参见四川省高级人民法院民事判决书(2010)川民终字第104号。

下遗嘱,将其名下所有财产包括动产、不动产由太太宋邝某继承。1996年12月3日,宋某去世。宋某去世后,宋邝某分别于2002年8月、8月30日及10月17日与皇冠文化公司签订了三份关于张爱玲作品出版及维权事宜的授权委托书,授权内容概括为:皇冠文化公司对张爱玲作品独家永久重制、散布、发行、公布发表和其他出版相关权利,不限时间、地区、版数、印数。皇冠文化公司在全世界范围内独家全权代理有关张爱玲作品的有关著作权事宜。皇冠文化公司提供了其出版的《张爱玲全集》,共计17册。经济日报出版社分别于2001年4月、2002年8月、2002年9月、2003年1月出版了《红玫瑰与白玫瑰》、《张看》平装本、《张看》精装本和《传奇》平装本等四部张爱玲作品的图书。皇冠文化出版有限公司遂起诉经济日报出版社侵犯其专有出版权。

北京市第一中级人民法院认为:根据我国著作权法规定,外国人、无国籍人的作品根据其作者所属国或者经常居住地国同我国签订的协议或者共同参加的国际条约享有的著作权,受本法保护。我国和美国均为《伯尔尼公约》)的成员国。张爱玲系该公约成员国国民,其作品受我国著作权法的保护。宋某、宋邝某依据张爱玲的遗嘱,取得了张爱玲作品著作权中的财产权。皇冠文化公司依据其与宋某、宋邝某的授权书,取得了张爱玲作品的专有出版权。经济日报出版社未经皇冠文化公司许可,擅自出版、发行了张爱玲作品的图书,其行为侵犯了皇冠文化公司对张爱玲作品的专有出版权,应当承担停止侵权、赔偿经济损失的民事责任❶。一审后被告提起上诉,北京高级人民法院二审经审理后判决驳回上诉,维持原判❷。

【评析】本案属于著作权继承的问题。依照我国《著作权法》规定,当公民死亡后,其著作中的财产权如果在保护期内,则依照继承法规定转移。但著作中的人身权不能够被继承。也就是说,公民死亡后,其署名权、修改权和保护作品完整权可由继承人或者受遗赠人予以保护;如果没有继承人或遗赠人的,由著作权行政管理部门保护。作者生前未发表作品,如果作者未明确表示不发表,作者死亡后50年内,其发表权可由继承人或者受遗赠人行使;没有继承人又无人受遗赠的,由作品原件的所有人行使。

---

❶ 参见北京市第一中级人民法院(2005)一中民初字第686号。
❷ 参见北京市高级人民法院(2005)高民终字第1267号。

思考与讨论

1. 著作权的利用方式有哪些?

2. 著作权许可的种类有哪些?

3. 著作权许可合同的主要条款有哪些?

4. 对于无人继承又无人受遗赠的作品,如何设计其权利归属规则更符合著作权法的立法目的?

延伸阅读

1. 何炼红、邓欣欣:"数字作品转售行为的著作权法规制—兼论数字发行权有限用尽原则的确立",《法商研究》2014年第5期。

2. 熊琦:"论著作权集体管理中的私人自治——兼评我国集体管理制度立法的谬误",《法律科学》2013年第1期。

3. 李雨峰:"版权登记制度探析",《知识产权》2008年第5期。

4. 孙学致:"应修改继承法扩大继承人范围——从溥仪著作权继承之争说起",《法学》2008年第2期。

5. 张平:"网络环境下著作权许可模式的变革",《华东政法大学学报》2007年第7期。

6. 来小鹏:"著作权转让比较研究",《比较法研究》2005年第5期。

第八章 著作权的限制

普遍认为,著作权制度有利于激励作者创造和促进邻接权人积极传播作品,与此同时,著作权制度也可能造成作品等信息的流转不畅乃至垄断。因此,著作权法应该合理平衡权利人利益和社会利益,在赋予著作权人和邻接权人广泛而充分的权利时,也要考虑社会公众正当利用作品的需求,对著作权进行必要的限制。《伯尔尼公约》规定,"本同盟成员国法律得允许在某些特殊情况下复制上述作品,只要这种复制不损害作品的正常使用也不致无故侵害作者的合法利益。"TRIPS协议规定,"全体成员均应将专有权的限制或例外局限于一定特例中,该特例应不与作品的正常利用冲突,也不应不合理地损害权利持有人的合法利益。"对于著作权的限制,一般遵循以下原则:①法定原则,即对著作权的限制程度、范围等都只能由法律直接规定;②公平原则,即要处理好限制的"度"的问题,既要防止"个人利益至上"观点,也要避免"公共利益至上"倾向;③不与作品的正常利用相冲突的原则,即不得损害著作权人正常利用所应获得的合法利益。对著作权的限制措施主要包括著作权的法定期限、合理使用、法定许可和强制许可制度等,当然广义上讲著作权的保护期限规定实际上也是一种对著作权的限制。

第一节 法定期限

著作权的期限是对著作权的一种限制,是协调著作权人和社会公共利益的结果。在这一期限内著作权人的专有权受到法律的保护,期限一旦届满,则进入公有领域,任何人可以自由、免费的加以使用。著作权期间的计算方法有两种立法例:一是死亡起算主义,即著作权的期间为作者终生加死后若干年,终止日期并非作者死亡的确切时间而是从死亡之年年末或翌年年初计算;二是发表起算主义,即与作者的生死无关,著作权期间为作品发表之年年末或翌年年初起的若干年内❶。我国著作权法规定,兼采两种立法例。著作权自作品创作完成之日起产生,著作权的保护期限,因权利类型、作者性质、作品类别不同而有所区别。

一、发表权以外的著作权人身权

署名权、修改权和保护作品完整权等著作权人身权,保护期不受限制,永久归属于作者。这不会给社会带来不利影响,故没有保护期限限制,如果予以限制,反而是对作者人格的不尊重。但这并不意味着,作者死亡或者消灭之后还享有这三项精神权利。民事主体能够享有民事权利能力的前提是民事行为能力,而民事行为能力因其死亡而消灭。著作权法如此规定的目的是基于公益目的的考虑。作者在生存期间,署名权、修改权和保护作品完整权由自己保护;作者死亡后,这些人身权由其继承人或受遗赠人保护;无继承人或受遗赠人的由著作权行政管理部门保护。但继承人、受遗赠人和著作权行政管理部门只能消极行使上述权利,即只能制止他人的不法行为,而不能积极行使这些权利。法人同样如此。

二、发表权和著作权财产权

对于发表权和著作权财产权的保护,一般情况下,自然人作品,保护期为作者终生及其死亡后50年。特殊情况下,如果是合作作品,截止于最后死亡的作者死亡后50年。匿名作品或者其他作者身份无法确定的作品,在作者身份确定之前,财产权保护期为50年,截止于作品首次发表后50年。

---

❶ 张玉敏主编:《知识产权法学》,法律出版社2011年版,第115页。

作者身份确定之后,依照一般规则确定保护期限。法人或者其他组织的作品、著作权(署名权除外)由法人或者其他组织人享有的职务作品、电影等视听作品❶、摄影作品,保护期为50年,截止于作品首次发表后50年,但作品自创作完成后50年内未发表的,法律不再保护。所有保护期的截止日均为截止年的12月31日。经过保护期的作品,相关权利即告消灭,社会公众可以无偿使用。

需要注意的是对于发表权的期限规定,存在一个悖论:发表权一次行使完毕,何来50年的保护期。产生此问题的原因是立法技术的不足造成的。对于此规定的理解应着重于后一部分,即对作品在50年内未发表的,权利人丧失发表权。当然,这样的规定和理解是否具有实践价值值得理论与实务界思考。

第二节 合理使用

一、合理使用的含义

合理使用是指在法律规定的情况下不经著作权人许可,不向其支付报酬而对作品进行的使用。关于合理使用的判断,存在"多要素检验法"和"三步检验法"等判断规则。多要素检验法即立法规定几个判断合理使用的要素,通过这些要素对某种使用作品的行为进行判断,如果都符合,则属于合理使用,否则不属于合理使用,美国和我国台湾地区等采用多要素检验法。《伯尔尼公约》《世界版权公约》和 TRIPS 协议都采用了"三步检验法",即某种行为必须满足三个条件才能构成合理使用,这三个条件是:"只能在特殊的情况下做出;与作品的正常利用不相冲突;不得不合理地损害

---

❶ 电影等视听作品中的剧本、音乐等可以单独使用的作品的作者如果是自然人的,适用关于自然人作者作品保护期的规定,而摄影作品则无此特殊规定。参见《最高人民法院关于审理著作权民事纠纷案件适用法律若干问题的解释》第十条。

著作权人的合法权益"。我国《著作权法实施条例》认可"三步检验法"。在我国,合理使用需要遵循的一般要求是:①使用的作品应当是已经发表的作品,除非特别规定,对未发表的作品不得使用;②使用时应当指明被使用作品作者姓名、作品名称等相关信息;③使用时不得侵犯著作权人依法享有的其他权利如署名权、修改权等;④使用的目的应当是非营利性的。

合理使用是被控侵权的抗辩事由,也是作品使用人免费使用的权利界限。但是学理上对合理使用制度的性质还存在分歧,除"权利限制说"外,代表性的观点还有"侵权阻却说""使用者权利说"等。"侵权阻却说"认为合理使用实际上是阻却侵权的事由,本质上讲,合理使用仍具有侵害性。"使用者权利说"强调权利的交互性,认为合理使用既不是对著作权的限制,也不是对著作权的侵害;相反它本身就是使用者的一种权利。❶本书认为,合理使用是对他人作品的一种使用方式,只是因其符合立法的公益价值才被认可为具有正当性并可对抗权利人的禁止权能,构成对权利人的一种限制,从侵权抗辩的角度讲,也具有阻却侵权的性质,但并非使用人就取得某种权利。

二、我国法律关于合理使用的具体规定

我国著作权法规定的合理使用情形有以下十二种:

(一)个人使用

个人使用是指为个人学习、研究或者欣赏,使用他人作品的情形。有人认为,此处的"个人"仅限于使用者自己,而不能扩至第三人或家庭、单位等,❷也有人认为,此处的"个人"可以扩充解释为"家庭",超出家庭范围的使用即属于侵犯他人著作权的行为。❸本书以为,本条规定的目的是为满足私人学习、研究或者欣赏需要,这种需要是极小范围的,因此对作品的使用不会给著作权人造成太大损害,而且现实生活中每个人都有与特殊紧密

---

❶ 张玉敏主编:《知识产权法学》,法律出版社2011年版,第160页。

❷ 刘春田主编:《知识产权法》,中国人民大学出版社2009年版,第128页。

❸ 吴汉东主编:《知识产权法》,中国政法大学出版社2004年第三版,第80页。

关系的人分享快乐的习惯,如果将这种特殊紧密关系的人排除出"个人"的范围,未免过于机械,有失法律规范的本义。因此"个人"应包括以使用者为中心的特定亲密关系范围如家庭关系、朋友关系或同事关系,只要这种使用不是以营利为目的,对作品潜在市场不会造成明显损害即可。

(二)适当引用

"适当引用"指为介绍、评论某一作品或者说明某一问题,在作品中适当引用他人作品。本情形有三个适用条件,第一是使用目的,仅限于介绍、评论某一作品或者说明某一问题;第二是使用方式为"引用",其实质就是复制;第三是引用范围适当,所谓"适当",指被引用的作品不能构成引用人作品的主要部分或实质部分,如果剔除被引用的作品公众不能得到任何更有价值的信息,则被引用的作品就构成了引用人作品的主要部分或实质部分。

(三)时事新闻报道中使用

"时事新闻报道中使用"是指为报道时事新闻,在报纸、期刊、广播电台、电视台、等媒体中不可避免地再现或者引用他人作品。本情形有三个适用条件,第一是使用目的,仅限于报道时事新闻,即单纯新闻事实报道,如果被使用作品并非单纯新闻事实报道,而是对某项新闻事件的详细报道或深度分析,则不构成合理使用;第二是使用主体范围为报纸、期刊、广播电台、电视台等媒体;第三是使用范围为报道时事新闻所必需,即不可避免地要使用相关作品才能更清楚完整地展示该时事新闻。

(四)媒体间转载或播放时事性文章

"媒体间转载或播放时事性文章"是指除作者有相反声明,报纸、期刊、广播电台、电视台等媒体刊登或者播放其他报纸、期刊、广播电台、电视台等媒体刊登的关于政治、经济、宗教问题的时事性文章。本情形有三个适用条件,一个限制条件。首先,使用主体须是报纸、期刊、广播电台、电视台等媒体;其次,适用对象为特定领域时事性文章,即对其他相关媒体刊登的关于政治、经济、宗教问题的时事性文章,关于其他领域例如文学、艺术、科学等领域的时事性文章则不适用。时事性文章,不同于时事新闻,而有一定详细程度,是关于最近发生的国内外真实事件的文章;最后,使用方式为转载,即对于其他媒体已经刊登的相关作品进行再次刊登,本质上是一种复制,当然也包括对复制后的发行,仅有复制没有意义。一个限制条件就是原被刊登的作品的作者如果在发表作品时声明不许转载或者播放,则其他媒体不得再进行转载或者刊登,否则即为侵权。本条也是关于默示许可的规定,即如果作品作者没有声明的,视为同意相关媒体转载或者刊登。此处的声明禁止的权利,只有作者享有,刊登媒体不得转载或播放的声明对其他媒体不具有约束力。另根据《信息网络传播权保护条例》的规定,网络中互相转载不适用关于宗教问题的时事性文章。

（五）媒体传播公众集会上的讲话

"媒体传播公众集会上的讲话"是指除作者有相反声明,报纸、期刊、广播电台、电视台等媒体刊登、播放在公众集会上发表的讲话。公众集会是指不特定多数人聚集在一起的情况。在公众集会上讲话,如果构成作品,视为作品的一种发表方式,媒体传播类似于以文字、图像的形式再次进行传播。但本情形适用也有限制条件,即作者在讲话时声明不许刊登、播放的,媒体不得刊登播放。

（六）课堂教学或者科研使用

"课堂教学或者科研使用"指为学校课堂教学或者科学研究,翻译或者少量复制,供教学或者科研人员使用。本情形适用有三个条件,第一是使用目的仅限于课堂教学或者科学研究目的,不得是营利性目的;第二是使用方式限于翻译或者少量复制,其他使用方式不可,且不得出版发行翻译后的作品或者作品复制件;"少量"应以满足教学目的为限。第三是使用者为学校课堂教学人员或者学校与其他科研机构的科研人员,"教学人员"不应理解为仅指教师,也应当包括参与课堂教学的学生,例如德国著作权法规定此种情形复制的量以满足一个年级使用为限。此处的"学校",一般认为仅指公益性学校,不包括以营利为目的的私立学校、短期培训班、函授大学、广播电视大学、网络培训学校等。

(七)公务性使用

"公务性使用"是指国家机关为执行公务在合理范围内使用。国家机关包括立法、司法、行政和军事机关。执行公务一般指国家机关为完成法律赋予它的职责所从事的活动。

(八)馆藏性复制

"馆藏性复制"是指图书馆、档案馆、纪念馆、博物馆、美术馆等为陈列或者保存版本的需要,复制本馆收藏的作品。本情形适用于特定使用主体即图书馆、档案馆、纪念馆、博物馆、美术馆等具有馆藏功能性质的社会组织,使用对象为本馆收藏的作品,使用目的限于为陈列或者保存该馆藏作品,使用方式限于复制。此处的作品可以认为包括未发表的作品,但应当尊重作者的发表权,未经许可不能进行陈列。

(九)免费表演

"免费表演"是指未向公众收取费用,也未向表演者支付报酬的表演。本情形适用必须适用于纯免费,表演者不能从中直接或间接获得,观众也不需要为欣赏表演而付费。社会上一些所谓的捐款义演活动,如"抗震救灾义演"、"希望工程义演"等可能不构成合理使用,因为该种表演虽然表演者未收取报酬,但公众通常需要支付费用,只是通过该表演活动所募集的资金全部用于特定公益目的而已。此处的"表演",从立法本意上讲,应指现场表演,不包括机械表演。

(十)对室外艺术品的特定使用

"对室外艺术品的特定使用"是指对设置或者陈列在室外公共场所的艺术作品进行临摹、绘画、摄影、录像。此种情形有两个适用条件:第一,使用对象须为设置或者陈列在室外社会公众活动处所的雕塑、绘画、书法等艺术作品,如果艺术品是陈列于室内甚至虽为室外但处于非对外开放的私人院落,不适用本情形;第二,使用方式限于对艺术品进行临摹、绘画、摄影和录像,其他方式不适用。对上述作品的临摹、绘画、摄影、录像人,可以对临摹、绘画、摄影、录像产生的成果以合理的方式和范围再行使用,无须征得原著作权人同意。

(十一)特定作品翻译成少数民族语言文字作品并出版发行

"特定作品翻译成少数民族语言文字作品并出版发行"是指将中国公民、法人或者其他组织以汉语言文字创作的作品翻译成少数民族语言文字作品在国内出版发行。此种情形具有严格的限定条件。第一,作者国籍限制。必须是中国公民、法人或者其他组织已经发表的作品,不包括外国人的作品;第二,使用方式限制。使用仅限于翻译,不可是其他。第三,作品文字限制。被使用的作品必须是以汉语言文字创作的作品,不包括使用其他语言文字,如藏文、蒙古文、俄文、英文等创作的作品;第四,出版发行地限制。翻译后的作品仅限于在国内出版发行,不得销往国外。

(十二)将非盲文作品改成盲文作品并出版

"将非盲文作品改成盲文作品并出版"是指将已经发表的非以盲文形式表现的作品改成盲文形式表现的作品并出版。此条款体现了对残障人士的关怀。

此外,为了适应网络技术的特殊性,我国国务院于2006年5月出台了《信息网络传播权保护条例》,针对作品在网络传播中的合理使用问题作了专门规定。包括:①为介绍、评论某一作品或者说明某一问题,在向公众提供的作品中适当引用已经发表的作品;②为报道时事新闻,在向公众提供的作品中不可避免地再现或者引用已经发表的作品;③为学校课堂教学或者科学研究,向少数教学、科研人员提供少量已经发表的作品;④国家机关为执行公务,在合理范围内向公众提供已经发表的作品;⑤将中国公民、法人或者其他组织已经发表的、以汉语言文字创作的作品翻译成的少数民族语言文字作品,向中国境内少数民族提供;⑥不以营利为目的,以盲人能够感知的独特方式向盲人提供已经发表的文字作品;⑦向公众提供在信息网络上已经发表的关于政治、经济问题的时事性文章;⑧向公众提供在公众集会上发表的讲话；⑨除非当事人另有约定，在不直接或者间接获得经济利益的情况下，图书馆、档案馆、纪念馆、博物馆、美术馆通过信息网络向本馆馆舍内服务对象提供本馆收藏的合法出版的数字作品和依法为陈列或者保存版本的需要以数字化形式复制的作品。前款规定的为陈列或者保存版本需要以数字化形式复制的作品，应当是已经损毁或者濒临损毁、丢失或者失窃，或者其存储格式已经过时，并且在市场上无法购买或者只能以明显高于标定的价格购买的作品。

需要注意的是，我国著作权法对于合理使用情形采取的是封闭立法的模式，即法律法规未明确规定的，司法机关不能通过对所谓"三步检验法"等理论规则进行解释予以扩充，这种模式具有一定的僵化性，将来立法应予修订，改为开放立法的模式，在保留现行成熟规定的情况下，通过规定合理使用的判断规则，发挥司法机关的司法能动性，在特殊情况下由司法机关认定合理使用，以适应变化多样的社会生活。

第三节　法定许可

一、法定许可的含义

法定许可是指依照法律规定，行为人使用他人已发表的作品，可不必征得权利人的许可，但应向其支付报酬并尊重其他权利的一种法律制度。关于支付报酬的标准，我国国家版权局发布了《报刊转载、摘编法定许可付酬标准暂行规定》《演出法定许可付酬标准付酬暂行规定》和《录音法定许可付酬标准暂行规定》予以指导。同时，法定许可还需要遵循以下要求：①使用的对象应当是已经发表的作品，对未发表的作品不得使用；②使用时应当指明被使用作品作者姓名、作品名称等相关信息；③使用时不得侵犯著作权人依法享有的精神权利和其他财产权利等。法定许可方便了作品的传播者对作品的使用，避免了因寻求著作权人授权所带来的不便,既有利于作品的传播,又可以保障著作权人的经济利益,成为各国著作权法普遍推行的一种办法。另外,我国《著作权法》对三种法定许可使用赋予了著作权人以保留权,即著作权人可以通过事先声明排除法定许可的适用,这种有别于国际通行的法定许可制度,亦被称为"准法定许可"。

二、法定许可的具体规定

我国《著作权法》和《信息网络传播权保护条例》规定的法定许可情形主要有以下几种:

(1)报刊转载或摘编。《著作权法》规定,著作权人向报社、杂志社投稿,作品刊登后,除著作权人声明不得转载、摘编的外,其他报刊可以转载或者作为文摘、资料刊登,但应当按照规定向著作权人支付报酬。

(2)录音制作者使用他人已经合法录制为录音制品的音乐作品制作录音制品。《著作权法》规定,录音制作者使用他人已经合法录制为录音制品的音乐作品制作录音制品,可以不经著作权人许可,但应当按照规定支付报酬;著作权人声明不许使用的不得使用。

(3)广播电台、电视台播放他人作品或者已经出版的录音制品。根据《著作权法》规定,广播电台、电视台播放他人已发表的作品,可以不经著作权人许可,但应当支付报酬。根据《著作权法》第43条规定,广播电台、电视台播放已经出版的录音制品,可以不经著作权人许可,但应当支付报酬。当事人另有约定的除外。具体办法由国务院规定。

(4)为实施九年制义务教育和国家教育规划而编写出版教科书。《著作权法》规定,在这种情形下,除作者事先声明不许使用的外,可以不经著作权人许可,在教科书中汇编已经发表的作品片段或者短小的文字作品、音乐作品或者单幅的美术作品、摄影作品,但应当按照规定支付报酬,指明作者姓名、作品名称,并且不得侵犯著作权人依照本法享有的其他权利。

此外,《信息网络传播权保护条例》第8条规定,为通过信息网络实施九年制义务教育或者国家教育规划,可以不经著作权人许可,使用其已经发表作品的片断或者短小的文字作品、音乐作品或者单幅的美术作品、摄影作品制作课件,由制作课件或者依法取得课件的远程教育机构通过信息网络向注册学生提供,但应当向著作权人支付报酬。

另外,在某种意义上《信息网络传播权保护条例》第9条的规定也可理解为一种特殊的有条件的法定许可。该条规定,为扶助贫困,通过信息网络向农村地区的公众免费提供中国公民、法人或者其他组织已经发表的种植养殖、防病治病、防灾减灾等与扶助贫困有关的作品和适应基本文化需求的作品,网络服务提供者应当在提供前公告拟提供的作品及其作者、拟支付报酬的标准。自公告之日起30日内,著作权人不同意提供的,网络服务提供者不得提供其作品;自公告之日起满30日,著作权人没有异议的,网络服务提供者可以提供其作品,并按照公告的标准向著作权人支付报酬。网络服务提供者提供著作权人的作品后,著作权人不同意提供的,网络服务提供者应当立即删除著作权人的作品,并按照公告的标准向著作权人支付提供作品期间的报酬。依照前款规定提供作品的,不得直接或者间接获得经济利益。

第四节　强制许可

一、强制许可的含义

强制许可,指作品的使用者有基于某种法定的正当理由需要使用他人已发表的作品,但以合理条件和正常途径无法取得著作权人的许可时,经申请由著作权行政管理部门或司法部门授权,即可使用该作品,无需征得著作权人同意,但应当向其支付报酬。强制许可属于在法定的条件下,由著作权行政事务管理部门批准将作品许可给申请人使用的一种作品许可使用方式。此种许可不是著作权人的意志的体现,而是行政强制的结果。

二、强制许可的适用条件

根据国外立法和国际公约规定,强制许可使用主要满足以下条件:①第三人确有使用作品的必要,又不能找到可替代的作品;②无法以合理条件与正常途径获得许可,且第三人报价不得过低;③需要向主管机关申请,并由主管机关发布强制许可令;④取得强制许可令后,应与著作权人协商报酬数额,如无法达成协议,由颁令机关确定;⑤根据强制许可获得的使用权是非独占的、不可转让的。由于强制许可制度程序复杂,适用的国家很少,我国没有规定,但我国加入的《伯尔尼公约》和《世界版权公约》规定有此制度,故在实践中也可引用。需要注意的是,法律关于著作权的限制的规定,均适用于邻接权。

【案例1】国家广播电影总局电影卫星频道诉中国教育电视台侵犯《冲出亚马逊》著作权案

【案情】国家广播电影电视总局电影卫星频道节目制作中心与中国人民解放军八一电影制片厂共同投资摄制了电影作品《冲出亚马逊》(以下简称《冲》)。电影根据真人真事改编,讲述我军特种兵两名年轻军官被派往委内瑞拉接受国际军事组织举办的猎人学校残酷训练的故事,是一部扬国威、壮军威的现实题材影片。该电影后被列入"百部优秀爱国主义教育影视片"名单。拍摄双方通过《合作协议书》约定,原告电影频道中心独家享有该作品的电视播映权及由此产生的发行收益权。中国教育电视台在附有广告的"周末影院"栏目中未经许可播放了《冲》。电影频道中心据此诉中国教育电视台侵犯其著作权。被告中国教育电视台辩称播出涉案影片是当前进行思想道德教育不可缺少的组成部分,是爱国主义教育的公益行为,属于合理使用。

一审法院认为:中国教育电视台称其播放《冲》片是进行爱国主义教育的公益行为。《冲》片确实属于有关部门推荐的爱国主义教育影片,但并不表示任何播放该片的行为均是出于公益目的。就本案来说,中国教育电视台在播放该片过程中插播了多处广告内容,显然与公众利益无关,故认定其播放行为带有一定的商业目的。根据电影频道中心与八一厂的约定,电影频道中心享有

《冲》片的电视播映权,通过播放《冲》片,电影频道中心既可以通过安排播放广告等形式获取一定的经济收益,又可以通过播放《冲》片这样优秀的影片获得良好的口碑,为今后的市场开拓打下基础。中国教育电视台作为一家面向全国的公共电视台,其观众群体除了广大中小学生外,还包括社会各个阶层,其播放《冲》片并附带播放广告的行为,显然降低了电影频道中心利用《冲》片获取经营收入的可能,给电影频道中心的经济利益造成了影响。故中国教育电视台的行为不属于合理使用的范围,其播放《冲》片应当取得电影频道中心的许可,并向其支付报酬。本案一审后中国教育电视台上诉,再以播出《冲》片属于执行公务行为,属于合理使用范畴。[1]二审法院认为,中国教育电视台并非执行法定的管理职能的国家机关,其播放《冲》片既不是执行与法定职能直接相关的事务,也不属于执行政府行政指令的行为,故不属于著作权法规定的合理使用范畴。[2]

【评析】本案属于对合理使用理解和适用限制的典型案例。中国教育电视台辩称其播放《冲》片的行为系进行爱国主义教育,系一种新的合理使用形式。根据合理使用制度设计的要求,未经许可,也未支付费用使用作品,应当是出于公益目的。同时,认定合理使用的前提条件之一是该行为不能损害权利人的经济利益,既包括不能造成权利人实际的经济损失,还包括不能影响权利人在潜在的市场获得的经济利益。何况我国著作权法将为教学目的的合理使用明确限定为"为学校课堂教学"而"翻译或者少量复制已经发表的作品"以"供教学人员使用"。另外,对著作权法第22条关于"国家机关为执行公务"在合理范围内之规定,从该条的立法本意看,所述的"国家机关"是特指法定的具有公共事务管理职能的国家机构,"执行公务"则是指执行与国家机关的法定职能直接相关的事务,而不能作扩大的解释。

【案例2】丁某与南通市教育局、江苏美术出版社侵犯著作权纠纷案

【案情】《南通日报》社摄影记者拍摄了一张以"街上红灯闹"为题的照片,发表于《南通日报》"周末特刊"。被告江苏美术出版社出版发行了一本《乡土

---

[1] 参见北京市海淀区人民法院民事判决书(2006)海民初字8877号。

[2] 参见北京市第一中级人民法院民事判决书(2006)一中民终字第13332号。

教材》,该教材中使用了原告的照片,并将照片更名为"大红灯笼"。该教材的编辑者和出版者在该教材中使用"街上红灯闹"照片,既未征得丁某的同意,也未指明其作者身份并支付报酬。丁某诉南通市教育局、江苏美术出版社侵犯著作权。被告辩称其出版的《乡土教材》是为了实施九年制义务教育和国家教育规划而编写出版的教科书,本社使用涉案照片属于《著作权法》规定的法定许可使用的情形,出版社愿意按国家规定的标准向原告被付稿酬,但原告提起的侵权之诉不能成立,请求驳回原告的诉讼请求。

法院认为,我国著作权法关于法定许可使用的规定,旨在平衡著作权保护与公共利益需要,但该规定仅是对著作权的一种适度限制,适用该规定的教科书也并非泛指中小学使用的所有教材。根据《义务教育法》的规定,义务教育的教学制度、教学内容、课程设置和教科书审订,应当由国务院教育主管部门确定。国家教委在《全国中小学教材审定委员会章程》中规定,教科书的编写必须经中央或省级教育行政部门批准,经学科审查委员会通过,并报送审定委员会批准后,由国家教育委员会列入全国普通中小学教学用书目录。因此,著作权法第二十三条第一款规定的教科书,应当界定为经省级以上教育行政部门批准编写、经国家专门设立的学科审查委员会通过,并报送审定委员会批准后,由国家教育委员会列入全国普通中小学教学用书目录的中小学课堂正式用书。在被告江苏美术出版社出版发行《乡土教材》前,该教材的编写者未按规定向江苏省教育厅补办编写地方性教材的立项申请核准手续,该教材也未经江苏省中小学教材审定委员会审查,更未经江苏省教育厅批准并列入南通市辖区范围内的《中小学教学用书目录》。因此,该教材不属于著作权法第二十三条第一款规定的教科书,江苏美术出版社关于在该教材中使用原告丁某的摄影作品"街上红灯闹"属于法定许可使用答辩理由亦不能成立。故,被告江苏美术出版社在其出版的《乡土教材》中使用原告丁某拍摄的"街上红灯闹"摄影作品,不属于著作权法规定的法定许可使用的情形❶。

【评析】著作权法规定:"为实施九年制义务教育和国家教育规划而编写出版教科书,除作者事先声明不许使用的外,可以不经著作权人许可,在教科书中汇编已经发表的作品片段或者短小的文字作品、音乐作品或者单幅的美术

---

❶ 江苏省南通市中级人民法院民事判决书(2002)通中民三初字第14号。

作品、摄影作品,但应当按照规定支付报酬,指明作者姓名、作品名称,并且不得侵犯著作权人依照本法享有的其他权利。"因此,本案中在著作权人没有事先声明不许使用的情况下,判定是否属于著作权法规定的法定许可使用的情形,关键在于判断是否属于为实施九年制义务教育和国家教育规划而编写出版的教科书。

思考与讨论

1. 对著作权和邻接权进行限制的理由是什么?

2. 合理使用的判断条件有哪些?

3. 合理使用的法定情形有哪些?

4. 合理使用与法定许可区别与联系有哪些?

5. 法定许可的法定情形有哪些?

6. 强制许可的条件有哪些?

延伸阅读

1. 吴汉东:《著作权合理使用制度研究(第三版)》,北京:中国人民大学出版社,2013年版。

2. 黄玉烨、舒晓庆:"扶助贫困法定许可制度探究",《中国社会科学院研究生院学报》2014年第3期。

3. 王洪友:"论我国作品合理使用制度的立法模式重构－兼评我国《著作权法》的两份修改草案论著作权法定许可制度的保障措施",《理论与改革》2013年第4期。

4. 李琛:"论我国著作权法修订中'合理使用'的立法技术",《知识产权》2013年第1期。

5. 王太平、杨峰:"知识产权法中的公共领域研究",《法学研究》2008年第1期。

6. 黄汇:"版权法的公共领域研究",《现代法学》2008年第3期。

第九章　著作权的法律保护

　　著作权侵权是凡未经作者或其他权利人许可,又不符合法律规定的条件,擅自利用受版权保护的作品的行为,即为侵犯著作权的行为。侵犯著作权的行为可分为直接侵权和间接侵权行为,每种行为的适用条件都有差别。著作权侵权的程序保障包括诉前责令停止侵权、诉前证据保全、诉前财产保全。著作权的侵权纠纷可以通过调解、仲裁,向行政管理机关投诉及民事诉讼等途径解决。侵害著作权的行为可能承担的法律责任包括民事责任、行政责任和刑事责任。本章关于著作权的相关知识与实务技巧,除非特别说明,一般都适用于对邻接权的保护。本章的理论知识是帮助权利人维护合法权益的重要方面,特别是其中的侵权行为形态、损害赔偿的计算方法、诉讼管辖的选择与诉讼时效的计算等具有很强的实务运用性,常被广泛运用。本章知识的运用需要与民法中侵权责任法相关理论如一般侵权行为的构成要件、归责原则理论以及刑法中的犯罪构成理论相结合方能顺利处理相关纠纷。

第一节　著作权侵权

　　著作权是一种排他性权利,只能由权利人行使。凡未经作者或其他权利人许可,又不符合法律规定的条件,擅自利用受版权保护的作品的行为,即为侵犯著作权的行为。侵犯著作权,即包括侵犯人身权,也包括侵犯财产权,还包括侵犯邻接权。

关于侵犯著作权行为的构成要件,我国学者提出了两要件说,其构成要件有二:第一,他人擅自使用的必须是受著作权保护的作品;第二,使用者使用受著作权保护作品的行为必须是即未经作者同意也无法律上的根据。❶

著作权侵权是否要求主观上有过错?

探讨著作权的侵权行为要件构成,不需考虑行为人的主观过错。但是,根据有过错才赔偿的民法原则,在探讨行为人的损害赔偿责任时,需要判断行为人主观上是否存在过错。❷

一、侵权的种类

(一)直接侵权

直接侵权是指他人未经著作权人的许可,以复制、发行、演绎、表演、展览等方式直接利用了有关的作品。由于著作权是权利人对作品所享有的权利,是权利人控制作品的使用方式的权利,所以直接侵权又可以说是他人未经许可从事了应当由著作权人从事或控制的行为,或者说他人未经许可而使用了有关的作品。依据我国著作权法,侵犯著作权就是侵犯复制权、发行权、出租权、展览权、表演权、放映权、广播权、信息网络传播权、摄制权、改编权、翻译权、汇编权等等。如果再加上侵犯邻接权,又包括侵犯表演者权、录制者权、广播组织者和出版者的权利,还包括侵犯著作人身权。

最高人民法院《著作权案件解释》第20条对出版者构成侵权做出了具体的规定,出版物侵犯他人著作权的,出版者应当根据其过错、侵权程度及损害后果等承担民事赔偿责任。出版者对其出版行为的授权、稿件来源和署名、所编辑出版物的内容等未尽到合理注意义务的,依据著作权法的规定、承担赔偿责任。出版者尽了合理注意义务,著作权人也无证据证明出版者应当知道其出版涉及侵权的,依据民法通则第117条第1款的规定,出

❶ 吴汉东等:《西方诸国著作权制度研究》,中国政法大学出版社,第221页。
❷ 李杨:《知识产权法基本原理(Ⅱ)——著作权法》,中国社会科学出版社,第332页。

版者承担停止侵权、返还其侵权所得利润的民事责任。该规定说明，即使出版社无任何主观过错，其行为仍然构成侵权，应当承担停止侵权、返还其侵权所得利润的民事责任，但无需承担赔偿损夫的民事责任。

从作品的角度来看，侵犯著作权是行为人必须接触过著作权人的作品并以此为依据作成和原作品具有同一性或者类似性的作品。虽然行为人的作品和原作品具有同一性或者类似性，但如果行为人根本没有接触过著作权人的作品，则属于自己独立创作，属于偶然同一或者类似，行为人不但不构成著作权侵害，反而对其创作的作品享有独立的著作权。❶

(二)间接侵权

间接侵权是指第三人虽然没有直接侵犯他人的著作权，但由于他协助了第二人的侵权，或者由于他与第二人之间存在着某种特殊的关系，应当由他承担一定的侵权责任。❷构成间接侵权的各种行为都不在著作权专有权利的控制范围内，将其界定为对著作权的侵犯是出于适当扩大著作权保护范围的政策考量以及这些行为的可责备性，因此必须以行为人具有主观过错为构成要件。❸

间接侵权主要有"帮助侵权"和"代位侵权"两种。帮助侵权是指第三人通过引诱、教唆和提供物质手段的方式，促使第二人侵犯他人的著作权。帮助侵权的构成要件有两个：一是"知道"，即帮助侵权者有主观上的故意；二是以引诱、促使或以提供物质手段的方式帮助第二人侵犯了他人的著作权。代位侵权是指在某种特殊的相互关系中，第三人应当为第二人的侵权承担责任。一般说来，代位侵权存在于代理关系中。

著作权法中虽然没有出现"间接侵权"或"引诱侵权""帮助侵权"的用语，但最高人民法院在《关于贯彻执行〈民法通则〉若干问题的意见》中明确规定"教唆、帮助他人实施侵权行为的人为共同侵权人。"这实际上是将《民法通则》第130条规定的"共同侵权"解释为包括间接侵权。间接侵权的构

---

❶ 李杨：《知识产权法基本原理(Ⅱ)——著作权法》，中国社会科学出版社2013年版，第333页。

❷ 李明德、许超：《著作权法》，法律出版社2003年版，第225页。

❸ 王迁：《著作权法学》，北京大学出版社2007年版，第252页。

成与直接侵权不同:法律规定间接侵权是加强著作权保护的手段,要将本身不受著作权专有权利控制的行为定为侵权,该行为必须有可责难性,即该行为的实施者应当具有主观过错。

二、著作权侵权的行为表现

(一)侵犯著作人身权

按照我国著作权法的规定,作者享有的著作人身权利包括发表权、署名权、修改权和保护作品完整权。因而,侵犯作者的人身权也是就这几种权利而言的。

其中发表权通常与财产权利的行使密切联系在一起,所以未经作者的同意而发表有关的作品,不仅会侵犯作者的发表权,而且会侵犯作者的财产权。

侵犯作者的署名权,是现实生活中较为常见的一类案件。例如,未经合作作者许可,将自己与他人合作创作的作品,当作自己单独创作的作品来发表。又如,没有参加作品的创作,为了牟取个人名利,在他人创作的作品上署名。此外,制作、出售假冒他人署名的作品,从某种程度上也属于侵犯了他人的署名权。

歪曲、篡改他人的作品,属于侵犯作者的保护作品完整权的行为。但是,行为人的所作所为必须是损害了作者的声誉,才构成侵权。如果只是就作品进行了文字性的修改,或者就作品进行了一些技巧性的调整,就不属于侵犯作者的保护作品完整权。❶

(二)擅自使用

包括未经著作权人许可,以展览、摄制电影和以类似摄制电影的方法使用作品,或者以改编、翻译、注释等方式使用作品;未经电影作品和以类似摄制电影的方法创作的作品、计算机软件、录音录像制品的著作权人或者与著作权有关的权利人许可,出租其作品或者录音录像制品;未经出版

---

❶ 李明德、许超:《著作权法》,法律出版社2003年版,第228-229页。

者许可，使用其出版的图书、期刊的版式设计；未经著作权人许可，复制、发行、表演、放映、广播、汇编、通过信息网络向公众传播其作品等等侵权行为。

（三）拒付报酬

这里主要是指著作权法关于"法定许可"的规定，特定情况下使用他人已发表的作品，可以不经著作权人许可，但应当按照规定支付报酬的情况。需要注意的是，因违反著作权合同而未向著作权人支付报酬的，属于违约行为，而不属于侵犯著作权的行为，对此应适用违约的民事责任。

（四）侵犯邻接权

侵犯邻接权的行为包括未经表演者许可，从现场直播或者公开传送其现场表演，或者录制其表演，复制、发行录有其表演的录音录像制品，或者通过信息网络向公众传播其表演；出版他人享有专有出版权的图书；未经录音录像制作者许可，复制、发行、通过信息网络向公众传播其制作的录音录像制品；未经许可，播放或者复制广播、电视的节目信号等等侵权行为。

（五）其他侵权行为

其他侵权行为包括侵犯技术措施的行为以及制作、出售假冒他人署名的作品等等行为。

1. 对技术措施的侵犯

技术措施是指"用于防止、限制未经权利人许可浏览、欣赏作品、表演、录音录像制品的或者通过信息网络向公众提供作品、表演、录音录像制品的有效技术、装置或者部件"。随着数字技术的到来，作品以数字化形式储存和使用使其复制变得更加容易、迅速，而且第一份和以后无论多少份的复制品的质量都是相同的，同时也可以极大地增加操纵和改变作品的能力，以及提高作品的复制品（授权或未授权的）传输给公众的速度。因此在这种开放性的环境中，对于信息侵权，权利人要发现侵权人很不容易。另外，由于数字化环境的开放性、跨国界性对侵权者的制裁以及要求其赔偿损失都将十分困难。因为无法发现和制止侵权行为，所以确保现有的著作权法体系的实效性就变得日益困难起来。为了在新的环境下创建有效的实施权利保护体系以代替适时通过组织的措施,大部分权利人坚持首先采取有效的保障手段以制止侵权。

为了同侵犯著作权和邻接权在以数字形式使用被保护的客体的行为作斗争,"让机器负责"作为基本的手段成为不是组织通过的措施,而是采取的技术措施。趋势表明,如果创建足够可靠的履行职能的技术手段(程序保障装置等)封锁了任何的未被授权的使用作品和邻接权客体,那么,结果显示可以按照权利人的意愿,使用技术手段允许或禁止他人使用其享有著作权的作品。这在当时是比较普遍的情况。

但是,实践上没有产生预想的效果,相反,差不多与利用技术手段保护的同时,人们开始研制其他的技术手段,目的在于破解或规避这些技术手段。与此相联系,类似的绕开保护的技术手段使他们的运用本身变得没有任何意义,只能用法律的方法同他们斗争以解决这一问题,以使研究制作或传播为了绕开保障装置的人遭受法律诉讼。所以,在这样的情况下,事实上字面上没有说关于制止侵犯著作权和邻接权,而是防止后续的实施行为。目的在于减少侵权,使绕开权利人使用保护的技术手段(这个称为二等水平的侵权)的其他人提供负担费用的可能性。

我国著作权法第47条对保护"技术措施"作了原则性规定:未经著作权人或者与著作权有关的权利人许可,故意避开或者破坏权利人为其作品、录音录像制品等采取的保护著作权或者与著作权有关的权利的技术措施的,构成侵权行为,法律、行政法规另有规定的除外。2006年《信息网络传播权条例》对技术措施的保护作出了较为详细的规定,例如规定用于防止、限制未经权利人许可通过信息网络向公众提供作品、表演、录音录像制品的技术措施即为"保护著作权专有权利的技术措施";而用于防止、限制未经权利人许可浏览、欣赏作品、表演、录音录像制品的技术措施即为"防止未经许可获得作品的技术措施"。任何组织或者个人不得故意避开或者破坏技术措施,不得故意制造、进口或者向公众提供主要用于避开或者破坏技术措施的装置或者部件,不得故意为他人避开或者破坏技术措施提供技术服务。但是,法律、行政法规规定可以避开的除外。从中可以看出,我国对"保护著作权专有权利的技术措施"和"防止未经许可获得作品的技术措施"同时加以保护。

2. 对权利管理信息的侵犯

"权利管理信息"是随着数字技术和网络的发展而新出现的事物。它是在作品、表演或制品中加入的用于识别作品或制品、作者、表演者、录音录像制品制作者的信息及有关作品、表演或制品使用的条款和条件的信息。这些信息随附于作品的复制件,或在作品向公众进行传播时出现。这些都是附属于作品的"权利管理信息"。

"权利管理信息"不但能够使作品的使用者了解作者和相关权利人的姓名、名称、从而为作者和其他权利人昭示自己身份的方式之一,还可以成为使用作品之前必须接受的合同条款,促使作品的使用者尊重著作权。故意删除或改变"权利管理信息",则会显著削弱著作权人对使用者的合理约束,同时还可能导致使用者无从知晓作品作者和相关权利人的身份,使作者和相关权利无法获得与之付出的努力相称的声誉和尊重。❶

我国著作权法第47条规定了保护"权利管理信息"的原则性条款:未经著作权人或者与著作权有关的权利人许可,故意删除或者改变作品、录音录像制品等的权利管理电子信息的构成侵权,法律、行政法规另有规定的除外。

《信息网络传播权条例》第26条将权利管理电子信息界定为"说明作品及其作者、表演及其表演者、录音录像制品及其制作者的信息,作品、表演、录音录像制品权利人的信息和使用条件的信息,以及表示上述信息的数字或者代码"。第5条规定:"未经权利人许可,任何组织或者个人不得进行下列行为:①故意删除或者改变通过信息网络向公众提供的作品、表演、录音录像制品的权利管理电子信息,但由于技术上的原因无法避免删除或者改变的除外;②通过信息网络向公众提供明知或者应知未经权利人许可被删除或者改变权利管理电子信息的作品、表演、录音录像制品"。

---

❶ 王迁:《著作权法学》,北京大学出版社2007年版,第279页。

3. 制作、出售假冒他人署名的作品

关于我国著作权法规定的这种侵犯著作权的行为需要特别讨论。法律将这种行为认定为侵权著作权的行为,但却未说明是侵犯了何种著作权,司法实践中针对该种侵权纠纷依法判决冒用者侵犯了被冒用者的著作权。❶ 在著作权中,只有署名权与此行为相关,因此似乎只能理解为侵犯了署名权。在国外,例如美国和英国,也都有规定作者权的内容之一是禁止在他或她未创作的作品上使用其姓名(name)的权利。那么如何区分"署名"与"姓名"呢?

我们知道,署名与姓名的本质都是一个符号,但其功能却不相同。署名的本质功能在于表明作品系源于该符号所指代的"作者",是作者与作品的源流关系的中介;姓名的本质功能在于表明该符号所指代的"人",是人的符号化信息。当人们看到作品上的署名时,人们只知道某部作品是这个(些)作者创作的,并不去关心这个人的性别、社会地位、个人才能、品质、气质、名声等个人信息,但当看到某个人的姓名时,人们关注的是这个人的性别、社会地位、个人才能、品质、气质、名声等个人信息,却并不关注其是否创作了某部作品。如前所述,署名权产生的基础是作品的创作行为,没有创作就没有署名权,某个符号,只有在与作者身份相联系时,它才是署名,脱离创作的事实而单独存在的符号,只是一个符号,不是署名。被冒名者没有创作某部作品,尽管以前长期署名使用的代表其创作才能的符号被冒用,也不能认为是侵犯了被冒用者的署名权。如果一个人长期使用某个符号作姓名,无论他/她名气多大,如果他/她从未创作一部作品,则该符号不会变成署名。然而,如果某人长期使用某个符号在作品上署名时,该符号就可能建立起与作者"本人"的指代关系,从而演变成该人姓名权的对象,未经该人同意将该符号冒用在作品上,应属侵犯姓名权的行为。❷ 在其他情况下,如果某个曾经被用作署名的符号并未建立起与使用该符号者本人

---

❶ 参见"吴冠中诉上海朵云轩、香港永成古玩拍卖有限公司侵犯著作权纠纷案",上海市中级人民法院民事判决书(1994)沪民(知)初字第109号,上海市高级人民法院民事判决书(1995)沪高(知)字第109号。

❷ 刘春田主编:《知识产权法》,中国人民大学出版社2009年第四版,第73页。

的联系,该符号还不能认定为姓名。

从现实情况来看,在"制作、出售假冒他人署名的作品"的案例中,被冒名者均为有一定名气的艺术家,冒用者不过是想借被冒名者的艺术名气,谋取不正当的利益,这类似于假冒驰名商标获取不正当利益。在假冒驰名商标情形,如果驰名商标是注册商标的,假冒可以认定为属于侵犯商标权的行为,如果驰名商标不是注册商标的,则被认定为属于不正当竞争行为。利用被冒名者的名气向市场推出作品,由于作品本身并非被冒名者创作,往往在创作水平上不及被冒名者创作的作品,因此可能会有损被冒名者的个人声誉,且该部作品进入市场后,会增加同一作者作品的市场供给,降低同类作品的价值,因此可以理解属于不正当竞争。

综上所述,署名是在作品上表明作者身份的符号,姓名是用于指代自然人的符号。"制作、出售假冒他人署名的作品"应该准确的理解为"将未创作作品的他人姓名用于作品以表明作者身份并出售",这种行为向消费者传递了错误信息,影响了消费者对作品的选择,并试图利用被冒名者的名气谋取不正当利益,既有损公共利益,也有损被冒名者的合法利益,应予禁止。在著作权法中规定由被冒名者来禁止,虽然本质上应依据姓名权作为请求权基础,但在功能上却是合理的选择。

第二节　侵犯信息网络传播权

一、信息网络传播权适用的网络范围

信息网络传播权所指网络的范围包括互联网以及与互联网相联接的电视、电话等网络,还包括局域网络。

互联网,又称为国际互联网(the Internet),是全球计算机信息和通读资源的综合体。是一种将计算机连接在一起的方式。从技术上说,互联网是相互连接的 IP 网络的系统,是成千上万计算机网络通过 TCP / IP 网络工作

协议即时连接而成的。互联网是一个无中心的全球信息媒体,它所组成的网络空间将全世界的人、机构、组织、企业、政府联系在一起,使用户可以远程登录,共享数字化文件,网上讨论,电子出版,查询信息,发送电子邮件,向特定主体、某个群体,甚至整个世界即时地发布信息。

随着信息技术的发展,目前已实现了电信网、广播电视网、互联网三大网络的合一,三大网络技术通过技术改造,其技术功能趋于一致,业务范围趋于相同,网络互联互通、资源共享,能为用户提供语言、数据和广播电视等多种服务。这样,手机可以看电视、上网,电视可以打电话、上网,电脑也可以打电话、看电视。三者之间相互交叉,形成你中有我,我中有你的格局。因此,2012年最高人民法院的《信息网络传播司法解释》第2条将网络界定为:"信息网络,包括以计算机、电视机、固定电话机、移动电话机等电子设备为终端的计算机互联网、广播电视网、固定通信网、移动通信网等信息网络,以及向公众开放的局域网络。"

二、信息网络传播权的侵权主体

(一)网络用户

网络用户这一概念一直不够明确,作为侵权主体,网络用户应该包括怎样的一个范围,这是必须要确定的。

一种观点是从狭义上来定义,体现为《互联网电子公告服务管理规定》第4条和《电信条例》第63条,该条款分别提及了电信用户和上网用户等概念,互联网电子公告服务管理规定和电信条例所指电信用户、上网用户,系指与电信网络传输运营商建立相关电信或互联网服务合同关系,并按照合同约定向电信或互联网服务商支付服务费的自然人、法人和其他组织。这样,对于在实际生活中没有与网络传输服务形成服务合作关系也没有向其付费上网的公民及其他主体,均不是上述两个法律文件所指的用户,只能称为一般的网民。

另一观点是从广义上下定义,认为网络用户,就是网络的使用者。网络用户既是网络信息的发出者,又是网络信息的的接受者。网络用户就是指在各项实践活动中利用互联网获取和交流信息的个人和由个人组成的虚拟团体。网络用户不是对个人的身份的界定,而是由其行为方式组成的客观人群。网络用户的本质是使用互联网的个人[1]。

《信息网络传播权解释》没有对网络用户予以界定,但从网络包括的范围上来分析,是从广义上来理解网络用户。

(二)网络服务提供者

网络服务提供者是为网络信息交流和交易活动的双方当事人提供中介服务的第三方主体。它包括但不限于网络接入服务提供者、网络空间提供者、搜索引擎服务提供者、传输通道服务提供者等媒介双方当事人的主体;或者说,除了上述技术服务提供者外,还应当包括内容服务提供者。在多数情况下,网络服务提供者既不参与信息交流,也不选择信息接收方,仅是提供接入、缓存、信息存储空间、搜索以及链接等技术服务,即在双方当事人的信息交流中处于消极中立第三方主体地位[2]。

三、侵犯信息网络传播权的构成要件

(一)网络用户、网络服务提供者构成直接侵权

侵犯著作权的直接侵权行为,即是未经权利人的许可,利用了权利人享有著作权的作品,也未支付报酬的行为。针对于侵犯信息网络传播权,最高人民法院2012年《信息网络传播权解释》第3条规定"网络用户、网络服务提供者未经许可,通过信息网络提供权利人享有信息网络传播权的作品、表演、录音录像制品,除法律、行政法规另有规定外,人民法院应当认定其构成侵害信息网络传播权行为。"

对信息网络传播权几个关键词的理解:

(1)"提供行为",是指"最初"将作品置于网络中的行为,只要这一提供

---

[1] 张莲、肖海鸥:"网络用户分类及阅读心理特点探讨",《现代情报》2003年第12期。

[2] 吴汉东:"论网络服务提供者的著作权侵权责任",《中国法学》2011年第2期。

行为客观上使得相关作品处于可以被公众得到的状态即可,至于其采用何种具体形式则在所不论。"提供作品"的行为,既可以是将作品上载到其服务器中供用户获取的行为,亦可以是通过共享软件直接提供存储于其电脑共享区域中的内容的行为;既可以是提供作品的下载的行为,亦可以是仅提供在线观看、视听或浏览等行为。最高人民法院2012年《信息网络传播权解释》第3条第2款对提供行为进行了界定"通过上传到网络服务器、设置共享文件或者利用文件分享软件等方式,将作品、表演、录音录像制品置于信息网络中,使公众能够在个人选定的时间和地点以下载、浏览或者其他方式获得的,人民法院应当认定其实施了前款规定的提供行为。"该解释的第5条"网络服务提供者以提供网页快照、缩略图等方式实质替代其他网络服务提供者向公众提供相关作品的,人民法院应当认定其构成提供行为。"但是,"该提供行为不影响相关作品的正常使用,且未不合理损害权利人对该作品的合法权益,网络服务提供者主张其未侵害信息网络传播权的"该行为不构成提供行为。

(2)"获得",是指获得作品的可能性,即这一提供行为只需使公众有可能获得该内容即可,至于具体的某个网络用户是否实际获该内容在所不论。"获得"既包括用户的下载,亦包括在线浏览观看、软件的在线安装、运行等。

(3)"以个人选定的时间和地点",这一要件,更多地着眼于"交互性"的特点。"交互"具有双向性、互动性的含义,故对于交互式传播行为而言,只有在作品等内容的提供者与接受者均具有主动性的情况下,才可能具有传播的双向性及互动性,如果一方主动而另一方被动,则无法达到双向、互动这一效果。

个人选定的时间和地点,并非指用户对于时间和地点具有绝对的选择权,而是指在服务器"开放"的时间、空间内,用户可以按其需要选择任一时间、任一终端获得提供者所提供的内容。

因此,信息网络传播行为的本质特征在丁其交互性特点,即对于网络内容提供者所提供的作品、表演、录音录像制品,公众并非被动接受,而是可以按照其"个人的需要"选择获得上述内容的时间或是地点,这也正是信息网络传播行为与著作权其他权项所控制行为的根本区别所在。

(二)网络服务提供者构成间接侵权

(1)共同侵权。《民法通则》第130条规定:"二人以上共同侵权造成他人损害的,应当承担连带责任。"该条规定并没有对共同侵权行为的概念作出更明确的界定,一般认为,所谓共同侵权行为也称为共同过错、共同致人损害,是指数人基于共同过错而侵害他人的合法权益,依法应当承担连带责任的侵权行为。最高人民法院2012年的《信息网络传播权解释》对网络服务提供者承担共同侵权的情况予以了规定,共中第4条"有证据证明网络服务提供者与他人以分工合作等方式共同提供作品、表演、录音录像制品,构成共同侵权行为的,人民法院应当判令其承担连带责任。网络服务提供者能够证明其仅提供自动接入、自动传输、信息存储空间、搜索、链接、文件分享技术等网络服务,主张其不构成共同侵权行为的,人民法院应予支持"。

(2)帮助侵权。帮助侵权是指第三人通过引诱、教唆和提供物质手段的方式,促使第二人侵犯他人的著作权。帮助侵权的构成要件有两个:一是"知道",即帮助侵权者有主观上的故意;二是以引诱、促使或以提供物质手段的方式帮助第二人侵犯了他人的著作权。

《信息网络传播权解释》第7条"网络服务提供者在提供网络服务时教唆或者帮助网络用户实施侵害信息网络传播权行为的,人民法院应当判令其承担侵权责任。"这是网络服务提供者对于直接侵权行为如果具有教唆或者帮助的行为,主观上有过错,就要承担相应的法律责任。

教唆是指,以劝说、利诱、授意、怂恿、收买、威胁等方法,将自己的行为意图灌输给本来没有行为意图的人,致使其按教唆人的意图实施行为。最高人民法院2012年发布的《信息网络传播权解释》第7条第2款、第3款,对网络服务提供者的教唆与帮助的情况也进行了详细的规定,其中"网络服务提供者以言语、推介技术支持、奖励积分等方式诱导、鼓励网络用户实施侵害信息网络传播权行为的,构成教唆侵权行为。""网络服务提供者明知或者应知网络用户利用网络服务侵害信息网络传播权,未采取删除、屏蔽、断开链接等必要措施,或者提供技术支持等帮助行为的,构成帮助侵权行为。"

(三)网络服务提供者构成间接侵权的主观过错

过错是网络服务提者承担责任的基础,之所以规定由其承担相应的民事责任,是因为其主观上有可以归责的事由(故意或者过失),在故意侵权的情况下,网络服务提供者违反的是不得侵害他人合法权益的义务;在过失侵权的情况下,网络服务提供者违反的是对他人合法权益应尽到的注意义务。❶网络服务提供者的过错包括对于网络用户侵害信息网络传播权的行为的明知或者应知。

明知一般是指有证据证明网络服务提供者明知其服务的网络用户可能利用其网络服务侵害权利人信息网络传播权,仍然积极鼓励网络用户实施侵权行为或者在已经明知网络用户利用其提供网络服务的实施侵害信息网络传播权行为的情况下,仍然为其提供服务而不采取相应的删除、断开链接、屏蔽等措施。

应知,较明知的判断相对难以有比较客观化的标准,为此,从网络服务提供者应当具备的管理信息的能力,其传播的作品、表演、录音录像制品的类型、知名度及侵权信息的明显程度、是否主动对作品、表演、录音录像制品进行了选择、编辑、修改、推荐等、是否积极采取了预防侵权的合理措施、是否设置便捷程序接收侵权通知并及时对侵权通知作出合理的反应,是否针对同一网络用户的重复侵权行为采取了相应的合理措施等方面的因素认定网络服务提供者对其网络用户侵害权利人信息网络传播权是否应知。❷

按照《信息网络传播权条例》的规定,对网络服务提供者追究著作权侵权责任,也是以明知或应知作为其主观要件的。《信息网络传播权条例》第14条至第17条规定了"通知删除和反通知制度"。在不明知或应知的情况

---

❶ 吴汉东:"论网络服务提供者的著作权侵权责任",《中国法学》2011年第2期。
❷ 王艳芳:"《最高人民法院关于审理侵害信息网络传播权民事纠纷案件适用法律若干问题的规定》理解与适用",《中国版权》2013年第1期。

下,只承担删除侵权内容、断开与侵权作品、表演、录音录像制品链接的义务。但《信息网络传播权条例》对网络服务提供者的"明知"和"应知"判断标准还没有具体规定。

《侵权责任法》第36条也对网络用户及网络服务提供者构成侵权及责任的承担予以了规定。其内容包括两部分,第一部分是网络用户或者网络服务提供者利用网络实施侵权行为的责任,第二部分是网络用户利用网络实施侵权行为网站承担连带责任的情况。网络服务提供者的义务是提示之后的义务,而不是事先审查义务。规定的必要措施,指凡是能够避免侵权后果的措施,就是必要措施。

《信息网络传播权解释》第8条至第12条对网络服务提供者构成过错的情况做了具体的规定。主要根据以下几点作出认定:首先,网络服务提供商没有主动审查义务;其次,如果网络服务服务提供者因提供服务而获取直接的经济利益,则注意义务的标准就会提高。较高的注意义务并非过错,未尽到注意义务才是过错。并且,获得直接经济利益必须与侵权行为直接关联,才构成提高注意义务的条件。另一方面,需要特别注意的是,根据《信息网络传播权解释》第11条第2款的规定,因提供网络服务而收取一般性广告费、服务费等并不属于应当提高注意义务的情形。《信息网络传播权解释》第13条第14条是关于"通知—移除"规则的具体运用。该解释的第13条规定:"网络服务提供者接到权利人以书信、传真、电子邮件等方式提交的通知,未及时采取删除、屏蔽、断开链接等必要措施的,人民法院应当认定其明知相关侵害信息网络传播权行为",而对于"应知"的判断,法院可根据多种因素综合考量。

总之,网络服务提供者构成间接侵权,构成要件有两个,一个是为直接侵权行为提供了"教唆"或"帮助";另一个是主观上有过错,也就是主观上构成了"明知"或"应知"。例如在"十一大知名唱片公司联合起诉雅虎"一案中,法院审理认为,通过试听和下载向互联网用户提供歌曲本身的是第三方网站,而非被告网站。被告网站通过其搜索引擎服务,只是提供了试听和下载过程的便利。因此,雅虎中文网站的涉案行为不构成复制或者通过网络传播涉案歌曲的行为。然而,法院还认为,原告曾两次向被告发函,告知其侵权事实的存在,提供了有关权利人录音制品的信息,要求被告删除与涉案专辑有关的所有侵权链接。被告收到上述函件后,即可以获取原告享有录音制作者权的相关信息及被控侵权的相关歌曲的信息,应知其网站音乐搜索服务产生的搜索链接结果含有侵犯原告录音制作者权的内容。但被告仅删除了原告提供了具体URL地址的侵权搜索链接,怠于行使删除与涉案229首歌曲有关的其他侵权搜索链接的义务,放任涉案侵权结果的发生,其主观上具有过错,属于通过网络帮助他人实施侵权的行为,应当承担相应的侵权责任❶。

第三节　侵犯著作权的法律责任

侵犯著作权的侵权人依法应承担法律责任。一般情况下,侵权人应承担停止侵权、赔礼道歉或支付损害赔偿等民事责任,但如果侵权行为同时损害了公共利益,还可能承担行政责任、严重损害公共利益的侵权行为还可能导致刑事责任。

一、民事责任

针对著作权侵权行为,法院对侵权者施加的民事责任应当达到三个基本目的:一是使侵权者停止侵权行为,防止损害后果进一步扩大;二是使著作权人所蒙受的损失获得充分的补偿;三是防止侵权者今后继续从事侵权行为。围绕这三个目标,各国著作权法规定了基本相似的民事救济措施。

(一)停止侵害

停止侵害是《民法通则》第134条所规定的一种民事责任方式,依据著

---

❶ 参见"十一大唱片公司联合起诉雅虎案",北京市第二中级人民法院民事判决书(2007)二中民初字第02622号,北京市高级人民法院民事判决书(2007)高民终字第1184号。

作权法的规定,如果法院判定侵权成立,侵权人应当承担停止侵害的责任。应该说,著作权人或邻接权人在诉前和诉讼提起后申请的责令停止侵权的临时措施,也属于停止侵权的一种。事实上,法院应权利人的申请而裁定责令停止侵权的临时措施,已经考虑了案件的基本情形,已经得出了被告侵权可能性极大的结论。否则,法院就不会裁定责令停止侵权的临时措施。当然,这种侵权可能性有怎样的结论还需要经过进一步地审理而得到证实。

停止侵权责任的适用,应具备以下条件:

(1)原告的请求。原告的请求,是指原告在起诉时或在诉讼过程中,请求法院判令被告承担某种形式的民事责任。在我国,被告民事责任的承担采取原告请求的原则,即只有原告请求法院判令被告承担某种形式的民事责任,而法院经审理认为,被告应该承担该种民事责任时,才会判令被告承担该责任。如在"郭永革、张秀云诉北京文化艺术音像出版社等侵犯著作权纠纷案"中,受诉法院认定被告制作的电视连续剧《宰相刘罗锅》抄袭了原告小说《刘公案》中的独创情节,构成侵权,应承担相应的法律责任。对于侵权的影视作品而言,该作品的每一次播放,或者是制作成录像带、VCD或DVD等制品发行,均构成对权利人新的侵害。但在该案中,因原告没有提出要求判令被告停止侵害的诉讼请求,法院亦未主动做出被告停止侵害的判决。❶

(2)侵害正在进行或者有再次发生之虞。如果法院在进行判决时,认定被告的行为构成侵权,而且该侵害行为仍在继续,或者是权利人已经获得了诉前停止侵权行为或诉中停止侵权行为的裁定,法院一般应予以支持。而对于已经停止的侵权行为,只要该行为有再次发生或继续之虞的,经原告请求,法院便应判令被告停止侵害。❷例如,在"英特莱格公司诉可高(天津)玩具有限公司、北京市复兴商业城侵犯实用艺术作品著作权纠纷"案中,一审法院认定被告可高(天津)玩具有限公司生产的15种型号的

---

❶ 参见"郭永革、张秀云诉北京文化艺术音像出版社等侵犯著作权纠纷案",北京市第一中级人民法院民事判决书(1996)一中知初字第19号。

❷ 张广良:《知识产权侵权民事救济》,法律出版社2003年版,第101-103页。

产品分别侵犯了原告的33种玩具积木块的著作权,故判令该被告停止侵害行为。在判决书中法院判决:自本判决之日起,被告可高(天津)玩具有限公司立即停止侵权行为即,其生产、销售的系列插装玩具中不得含有侵犯原告英特莱格公司著作权的玩具积木块。❶

(二)赔偿损失

赔偿损失的基本含义是说,让权利人从侵权人那里得到足够的赔偿,以弥补权利人因为他人侵权而造成的损失,使他处在一个侵权似乎没有发生过的地位上。"指给付金钱以补偿权利人权利法益所蒙受之损害,如同损害事故未曾发生者然"。❷这就是一般所说的"填平原则"。赔偿的范围,从赔偿权利人角度看,是指加害行为给其造成的损害有多大,亦即赔偿义务人须对赔偿权利受到的何种损害负赔偿责任。根据我国《著作权法》,侵权人应按照权利人的实际损失予以赔偿。实际财产损失包括直接损失及间接损失。依通说,直接财产损失为侵害行为造成的权利人现有财产的减少;间接财产损失为侵害行为造成权利可得利益的丧失。❸例如,在"李振盛等32人诉经济日报出版社侵犯著作权纠纷案"中,原告李振盛等32名知名摄影家分别是涉案110幅照片的著作权人,被告经济日报出版社未经原告许可,将他们拍摄的110幅照片收入《百年老照片》一书中出版,法院认为,被告的行为侵犯了原告的著作权,判决被告停止侵权,在中国摄影报上向原告赔礼道歉并赔偿原告每幅照片1200元。法院是在参考版权局稿酬支付标准的基础上,根据涉案照片的重大历史价值和文化价值确定每幅照片300元的合理预期收入,并按照该收入的4倍计算赔偿数额。❹

然而,现代的损害赔偿制度已经有了进一步的发展。例如,侵权人不仅要"填平"权利人因为自己的侵权行为而遭受的损失,而且要"填平"权利

---

❶ 参见"英特莱格公司诉可高(天津)玩具有限公司、北京市复兴商业城侵犯实用艺术作品著作权纠纷案",北京市第一中级人民法院民事判决书(1999)一中知初字第132号,北京市高级人民法院民事判决书(2002)高民终字第279号。

❷ 曾世雄:《损害赔偿法原理》,三民书局1996年修正2版,第179页。

❸ 张广良:《知识产权侵权民事救济》,法律出版社2003年版,第138页。

❹ 张晓津:"摄影作品法律保护的理论与实践",《知识产权办案参考(第5期)》,中国方正出版社2003年版。

人因为追究侵权行为而付出的费用，包括律师费和诉讼费等等。在知识产权的侵权诉讼中，律师费的支出是相当可观的。

赔偿损失是否要求行为人主观有过错，关于这个问题，一些学者认为，赔偿损失是具有过错的侵权人侵犯了著作权，导致著作权人蒙受损失时，侵权人应承担的民事责任。显然是行为人主观过错是其承担民事赔偿责任的前提。没有过措的侵权人虽然也会给著作权人造成损害，但这种侵权行为毕竟缺乏道德上的可责备性，规定侵权人承担全部赔偿责任显得不公❶。

我国《著作权法》虽然没有明确将侵权人的过错，即故意或过失规定为侵权人承担赔偿损失民事责任的前提条件，但《著作权案件解释》第19条规定："出版者、制作者应当对其出版、制作有合法授权承担举证责任，发行者、出租者应当对其发行或者出租的复制吕有合法来源承担举证责任。举证不能的，依据著作权法第46条、第47条的相应规定承担法律责任。"这里的"法律责任"是指赔偿损失的民事责任。《著作权案件解释》第20条更明确规定："出版者对其出版行为的授权、稿件来源和署名、所编辑出版物的内容等未尽到合理注意义务的，依据著作权法第48条的规定，承担赔偿责任。"这其实是将具有过错作为侵权人承担赔偿损失责任的前提条件的。

需要强调的是，无过错的侵权人虽然无需承担赔偿责任，但如果从侵权行为中获得了利润，仍然应当承担将利润返还给著作权人的责任。否则无过错的侵权人就会从侵权行为中牟取利益，使得受到损失的著作权人得不到任何补偿，这是与民法的公平原则和著作权法的利益平衡理念相违背的。

我国"著作权法纠纷解释"第20条也针对出版者的侵权行为规定："出版者尽了合理注意义务，著作权人也无证据证明出版者应当知道其出版涉及侵权的，依据民法通则第117条第一款的规定，出版者承担停止侵权、返还其侵权所得利润的民事责任。"

赔偿损失有三种计算方式：

---

❶ 王迁：《著作权法学》，北京大学出版社2007年版，第283页。

（1）实际损失计算法。这是以权利人的实际损失作为计算赔偿额的标准。权利人的实际损失即著作权人或邻接权人因为被告的侵权行为而遭受的损失，或者说如果没有侵权人的行为权利人可以获得的收益。这又有两种计算方式。

第一，销售损失，适用于原告与侵权人是市场上的直接竞争者的情形。在这种情况下，可以假定侵权人每销售一件侵权物品，权利人就会有一个相应的损失。如果被告是以报刊、图书出版或类似方式侵权的，可参照国家有关稿酬的规定，综合考虑作品创造性程度、侵权情节等因素，按照一定倍数计算损失。另如因被告侵权导致原告许可使用合同不能履行或难以正常履行产生的预期利润损失也可算作实际损失。

第二，许可使用费，适用于原告与侵权人不是市场上的直接竞争对手。在这种情况下，权利人丧失发放许可证和获得许可使用费的机会，或者说侵权人未经权利人许可而使用了相关的作品或受保护客体，使得权利人不能获得相应的许可使用费。如果权利人曾经向第三者发放过许可证，则可以用市场价值的方法来计算他的实际损失。即根据市场惯例和合理条件，权利人会要求多少使用费或者说一般的被许可人愿意出多少使用费。

权利人的实际损失，可以根据权利人因侵权所造成复制品的发行量减少或者侵权复制品销售量与权利人发行该复制品单位利润乘积计算。具体而言，就是：权利人的实际损失=权利人因侵权所造成复制品发行减少量或者侵权复制品销售量×权利人发行该复制品单位利润。发行量减少难以确定的，按照侵权复制品的市场销售量确定。显然，这种情况系针对权利人与侵权人是市场上的直接竞争者而言。其中按照侵权复制品的市场销售量确定的，又涉及了下面所要讨论的侵权人的利润所得。

无论是采取销售损失的方式还是许可使用费的方式计算权利人的实际损失，都存在着一些难以计算或难以估价的问题。❶

按照这个标准计算侵权行为人的赔偿额，需要注意以下三点：

---

❶ 李明德、许超：《著作权法》，法律出版社2003年版，第249-250页。

第一，该标准以权利人实际复制和销售其作品为前提。如果权利人没有实际复制和销售其作品，该标准无法适用。理由是，权利人没有实际复制和销售其作品时，其作品是否能够出版、出版后是否能够销售、销售多少，都没有办法进行计算。

第二，在计算权利因侵权所造成复制品发行的减少量时，应当根据具体情况，考虑权利人经营管理不善等因素导致的减少量、因替代品的出现导致的减少量、因消费者消费取向的变化导致的减少量。当然，这些因素都具有不确定性，因此依赖于法官根据案件具体情况进行自由裁量。

第三，在计算侵权复制品的销售量时，应当从侵权复制品销售数量中扣除权利人没有能力销售的数量，比如因为侵权行为人特有的销售渠道所销售的数量。❶

（2）非法所得计算法。此种计算方法是以侵权人从侵权行为中获得的利润作为计算赔偿的标准，要求侵权人将因非法行为所获利润全部赔偿给权利人。非法所得，是指侵权人因为侵权而获得的收益。此处的收益，实际指的利润，包括产品销售利润、营业利润和净利润。一般情况下以被告营业利润作为赔偿数额；被告侵权情节或者后果严重的，可以产品销售利润作为赔偿数额；侵权情节轻微，且诉讼期间已经主动停止侵权的，可以净利润作为赔偿数额。由于权利人在复制、销售著作权产品时，同样必须付出生产成本、销售成本、管理费用以及税收，因此非法所得以净利润计算比较合理。其计算方法为：净利润=销售金额-生产成本（原材料费用+员工工资+机器磨损费用）或者进货成本（购买费用+员工工资+房屋租凭成本等）-销售成本-管理费用-税收。

在要求按违法所得进行赔偿时，应当由原告初步举证证明被告侵权所得，或者阐述合理理由后，由被告举证反驳；被告没有证据，或者证据不足以证明其事实主张的，将可能不会得到司法支持。

（3）法定赔偿法。法定赔偿法即由法律规定一个赔偿额度，由人民法院根据侵权行为的情节，在一定额度内确定一个合理的赔偿数额。著作权

---

❶ 李杨：《知识产权法基本原理（Ⅱ）—著作权法》，中国社会科学出版社2013年版，第414页。

人或邻接权人在其实际损失和侵权者的非法所得难以证明或者不能证明时，或者认为要求实际损失和侵权利润赔偿对自己不利时，就可以选择法定损害赔偿。

适用法定赔偿，也不能根据法官自己的好恶随意为之，通常仍然要考虑原告可能的损失或被告可能的获利；还要考虑作品的类型、作品的独创性程度、合理许可使用费、作品的知名度和市场价值、权利人的知名度、作品使用时间的长短等；以及侵权人的主观过错、侵权方式、时间、范围、后果等。在坚持司法公正公平的原则下，考虑法定赔偿的额度对权利人的补偿功能及对侵权人的一定惩罚和教育功能。例如，在"滚石国际音乐股份有限公司诉安阳飞音电脑数码制作有限公司、珠海特区音像出版社、朱开强著作权侵权纠纷案"中，法院认为"原告不能提交因侵权所造成复制品发行减少量、发行该复制品单位利润以及被告销售侵权光盘的单位获得数额且该些数额均难以计算，故本案不能适用依权利人的实际损失和侵权人的违法所得这两种赔偿方式来确定赔偿数额，只能适用定额赔偿方式。应在充分考虑涉案作品的类型，侵权行为的情节及侵权范围和持续时间，被控侵权曲目所涉及的合法版权专辑数量，为调查、制止侵权行为发生的合理费用等因素的基础上，酌情确定赔偿数额。"❶

以上三种计算方法，应依顺序适用。此外，所有的赔偿数额均应当包括权利人为制止侵权行为所支付的合理开支如权利人或者委托代理人对侵权行为进行调查、取证的合理费用（如购买侵权作品的费用、公证费、评估费、审计费、交通食宿费、材料打印复印费等）及符合国家有关部门规定的律师费用。

（三）赔礼道歉、消除影响

赔礼道歉、消除影响是我国《民法通则》所规定的两种不同的民事责任方式。赔礼道歉，作为民事责任方式的一种，为我国法律所独有。作为民事责任方式之一的赔礼道歉，与一般道义上的赔礼道歉是不同的，是将道

---

❶ 参见"滚石国际音乐股份有限公司诉安阳飞音电脑数码制作有限公司、珠海特区音像出版社、朱开强著作权侵权纠纷案"，长沙市中级人民法院民事判决书(2009)长中民三初字第0026号，湖南省高级人民法院民事判决书(2010)湘高民法三终字第29号。

义上的责任上升为法律上的责任,是国家强制力保障实施的。消除影响,是指侵权行为给权利人造成不良影响的,法院判令侵权人承担的以一定方式消除该不良影响的民事责任方式。赔礼道歉、消除影响不是 TRIPS 协议所要求的民事救济方式❶。

著作权人享有的专有权利中包含了人身权利。当侵权行为侵犯了著作权人的人身权利,导致作者的声誉受到损害时,就无法单纯通过经济赔偿挽回对著作权人造成的损害。因此,要求侵权人以适当的方式公开或不公开地向权利人表示歉意,例如在报刊媒体上发布致歉声明,或者在私下里向权利人表示歉意。也可以要求侵权人因为自己的侵权活动而对权利人造成了不良的影响,应当采取某些必要的措施,以消除有关的不良影响。

如果侵权行为只侵犯了著作权人的财产权利,而没有侵犯人身权利,侵权人是否应当承担赔礼道歉的民事责任? 一般认为,纯粹侵犯财产权利的行为只会造成著作权人经济上的损失,通过判决侵权人承担支付相应损害赔偿金就可以使著作权人获得充分救济,因此不宜要求侵权人承担赔礼道歉的民事责任。❷如在"冯雏音等诉江苏三毛集团侵犯著作权纠纷"案中,原告为张乐平的继承人,被告未经许可将"三毛"漫画形象作为商标申请注册和作为企业形象使用,法院认为被告的行为构成侵权,但认为原告继承的仅是著作权中的财产权,故要求被告就其侵权行为登报道歉于法无据。❸

在具体案件中,赔礼道歉和消除影响往往合并在一起适用。一般说来,责令侵权人承担消除影响、赔礼道歉的责任,大多是在侵犯作者人身权的案件中。合并适用的前提是著作权侵权行为侵害了原告的人身权,或者该行为侵害了原告的财产权或造成了不良影响。如在"吴冠中诉上海朵云轩等侵犯著作权纠纷"案中,法院认定被告出售假冒原告署名的美术作品行为,损害了原告的声誉和其美术作品的出售,构成著作权侵权,故判令被告在《人民日报》(海外版)、《光明日报》上载文向原告赔礼道歉、消除影

---

❶ 张广良:《知识产权侵权民事救济》,法律出版社2003年版,第206页。

❷ 王迁:《著作权法学》,北京大学出版社,2007年版,第282页。

❸ 参见"冯雏音等诉江苏三毛集团侵犯著作权纠纷案",上海第一中级人民法院民事判决书(1996)沪一中民初(知)字第94号,上海市高级人民法院民事判决书(1997)沪高民终字(知)第48号。

响。❶在"李振盛诉红旗出版社侵犯著作权纠纷案"案中,法院判决"被告红旗出版社就其侵权行为在一家全国发行的报纸上向原告李振盛赔礼道歉,消除影响,并声明《"大镜头"纪实·共和国相册》等八幅摄影作品的作者是李振盛"。❷

二、行政责任

行政责任是指著作权行政管理部门在查处侵权的活动中,依法对侵权人所给予的行政性处罚。❸对于侵犯著作权和邻接权的行为者给予行政处罚,也是中国著作权法的一个独特规定。世界上大多数国家的著作权法或版权法中都没有对侵权者给予行政处罚的规定。

(一)我国的著作权行政管理体制

根据我国《著作权法》的规定,国务院著作权行政管理部门主管全国的著作权管理工作;各省、自治区、直辖市人民政府的著作权行政管理部门主管本行政区域的著作权管理工作。

1985年,国务院设立了国家版权局,主管全国的著作权行政管理工作。国家版权局主要职责为:①贯彻实施著作权法律、法规,制定与著作权行政管理有关的办法;②查处在全国有重大影响的著作权侵权案件;③批准设立著作权集体管理机构、涉外代理机构和合同纠纷仲裁机构,并监督、指导其工作;④负责著作权涉外管理工作;⑤负责国家享有的著作权管理工作;⑥指导地方著作权行政管理部门的工作;⑦承担国务院交办的其他著作权管理工作。各地方著作权行政管理机关主要设在各省会城市或直辖市,也有少量省会城市之外的国务院确定的较大的市也设有著作权行政管理机关。

著作权行政案件主要由地方人民政府著作权行政管理部门负责

---

❶ 参见"吴冠中诉上海朵云轩等侵犯著作权纠纷案",上海市第二中级人民法院民事判决书(1994)沪中民(知)初字第109号,上海市高级人民法院民事判决书(1995)沪高民(知)终字第48号。

❷ 参见"李振盛诉红旗出版社侵犯著作权纠纷案",北京市第二中级人民法院民事判决书〔2000〕二中知初字第22号。

❸ 李明德、许超:《著作权法》,法律出版社2003年版,第253页。

查处,国务院著作权行政管理部门可以查处在全国有重大影响的侵权行为。

(二)可进行行政处罚的侵权行为

有法律规定的侵权行为,同时损害公共利益的,可以由著作权行政管理部门对侵权人处以行政处罚。由此可见对著作权侵权行为进行行政处罚,需要具备两个条件,第一是法律明确规定的侵权行为,第二就是该侵权行为要同时损害公共利益。如果该侵权行为仅为一般的侵权行为,不损害公共利益者,则只承担民事责任,不承担行政责任。

我国著作权法规定可进行行政处罚的侵权行为包括:①未经著作权人许可,复制、发行、表演、放映、广播、汇编、通过信息网络向公众传播其作品的,著作权法另有规定的除外;②出版他人享有专有出版权的图书的;③未经表演者许可,复制、发行录有其表演的录音录像制品,或者通过信息网络向公众传播其表演的,本法另有规定的除外;④未经录音录像制作者许可,复制、发行、通过信息网络向公众传播其制作的录音录像制品的,本法另有规定的除外;⑤未经许可,播放或者复制广播、电视的,本法另有规定的除外;⑥未经著作权人或者与著作权有关的权利人许可,故意避开或者破坏权利人为其作品、录音录像制品等采取的保护著作权或者与著作权有关的权利的技术措施的,法律、行政法规另有规定的除外;⑦未经著作权人或者与著作权有关的权利人许可,故意删除或者改变作品、录音录像制品等的权利管理电子信息的,法律、行政法规另有规定的除外;⑧制作、出售假冒他人署名的作品的。

另外,根据《计算机软件保护条例》规定可以处以行政责任有:①复制或者部分复制著作权人的软件的;②向公众发行、出租、通过信息网络传播著作权人的软件的;③故意避开或者破坏著作权人为保护其软件著作权而采取的技术措施的;④故意删除或者改变软件权利管理电子信息的;⑤转让或者许可他人行使著作权人的软件著作权的。

(三)侵犯著作权的行政责任种类

法律规定的行政责任包括:①责令停止侵权行为;②没收违法所得,没收、销毁侵权复制品;③罚款。非法经营额5万元以上的,可以处非法经营额3倍以上5倍以下的罚款;没有非法经营额或5万元以下的,据情节轻重,可以处25万元以下的罚款;④没收主要用于制作侵权复制品的材料、工具、设备等;此种适用于情节严重的行为。

以上行政处罚方式,既可以单独适用也可以合并适用。

当事人对行政处罚不服的,可以自收到行政处罚决定书之日起三个月内向人民法院起诉,期满不起诉又不履行的,著作权行政管理部门可以申请人民法院执行。

三、刑事责任

对于严重侵犯著作权和邻接权,同时又对社会公共利益造成了严重损害的,或者对社会经济秩序造成了严重危害的,可以追究侵权人的刑事责任。《刑法》关于著作权犯罪和相应的刑事制裁措施,具体的刑事处罚规定体现在《刑法》第217条("侵犯著作权罪")和218条("销售侵权复制品罪")中,第220条对相关单位犯罪作了规定。根据《刑法》第217条的规定,以营利为目的,有下列侵犯著作权情形之一,违法所得数额较大或者有其他严重情节的,处3年以下有期徒刑或者拘役,并处或单处罚金;违法所得数额巨大或者有其他特别严重情节的,处3年以上7年以下有期徒刑,并处罚金:①未经著作权人许可,复制发行其文字作品、音乐、电影、电视、录像作品、计算机软件及其他作品的;②出版他人享有专有出版权的图书的;③未经录音录像制作者许可,复制发行其制作的录音录像制品的;④制作、出售假冒他人署名的美术作品的。

《刑法》第218条规定的犯罪行为是,以营利为目的,销售明知是本法第217条规定的侵权复制品,违法所得数额巨大的,处3年以下有期徒刑或者拘役,并处或者单处罚金。《刑法》第220条针对单位侵犯著作权犯罪的情形做了具体的规定。根据规定,单位犯有侵犯著作权罪和销售侵权复制品罪的,对单位判处罚金,并对其直接负责任的主管人员和其他直接责任人员,依侵犯著作权罪和销售侵权复制品罪处罚。

2004年11月和2007年4月，为了适应加强知识产权保护的现实需要，最高人民法院和最高人民检察院先后颁布了《关于办理侵犯知识产权刑事案件具体应用法律若干问题的解释》（以下简称《2004年刑事司法解释》和《2007年刑事司法解释》），明确了刑法相关规定的适用问题。

根据两次《刑事司法解释》，实施《刑法》第217条所列侵犯著作权行为之一，违法所得数额在3万元以上的，属于"违法所得数额较大"；非法经营数额在5万元以上的，或者未经著作权人许可，复制发行其文字作品、音乐、电影、电视、录像制品、计算机软件及其他作品，复制品数量合计在500张（份）以上的，属于"有其他严重情节"；违法所得数额在15万元以上的，属于"违法所得数额巨大"；非法经营数额在25万元以上的，或者未经著作权人许可，复制发行其文字作品、音乐、电影、电视、录像作品、计算机软件及其他作品，复制品数量合计在2500张（份）以上的，属于"有其他特别严重情节"。

实施《刑法》第218条规定的行为，违法所得数额在10万元以上的，属于"违法所得数额巨大"。而"非法经营数额"则是指行为人在实施侵犯知识产权行为过程中，制造、储存、运输、销售侵权产品的价值。已销售的侵权产品的价值，按照实际销售的价格计算。制造、储存、运输和未销售的侵权产品的价值，按照标价或者已经查清的侵权产品的实际销售平均价格计算。侵权产品没有标价或者无法查清其实际销售价格的，按照被侵权产品的市场中间价格计算。

《2004年刑事司法解释》还针对通过网络传播盗版的行为作出了解释：通过信息网络向公众传播他人文字作品、音乐、电影、电视、录像作品、计算机软件及其他作品的行为，应当视为《刑法》第217和规定的"复制发行"；而以刊登收费广告等方式直接或者间接收取费用的情形，属于《刑法》第217条规定的"以营利为目的"。这意味着未经许可免费将享有著作权的电影、音乐作品等以数字化形式置于网络，供公众在线欣赏或下载的网站经营者也可能构成刑事犯罪，只要该网站刊登收费广告，而且作品的点击量达到500次以上。这对于目前横行一时的通过网络非法提供盗版行为将起到遏

制作用。❶

【案例】北京太合麦田音乐文化发展有限公司诉
湛江华丽金音影碟有限公司等侵犯著作权及邻接权纠纷案

【案情】2008年,原告北京太合麦田音乐文化发展有限公司(简称太合麦田公司)向法院起诉被告湛江华丽金音影碟有限公司(简称华丽金音公司)、辽宁广播电视音像出版社(简称辽宁音像出版社)、北京云岗凤培文化艺术中心朱家坟分店(简称云岗凤培中心)侵犯著作权及邻接权。原告太合麦田公司诉称,其通过分别与词曲作者签订《词曲音乐著作及版权代理合约》依法取得了歌曲《冰菊物语》的词曲著作权,并制作了由公司旗下签约艺人李宇春演唱该歌曲的录音制品,并授权他人出版发行了收录有该首歌曲的CD唱片,同时在出版物上载有著作权保护声明。但发现,云岗凤培中心在销售由华丽金音公司复制、辽宁音像出版社出版发行的《冰菊舞》的侵权VCD光盘,该光盘中未经许可收录其享有权利的歌曲《冰菊物语》。故认为,华丽金音公司和辽宁音像出版社非法使用其享有著作权及邻接权的歌曲复制、出版音像制品,云岗凤培中心进行销售,侵犯了我公司依法享有的著作权和录音制作者权。华丽金音公司和辽宁音像出版社辩称,涉案歌曲是卡拉OK,是图像、活动字幕、伴奏音乐及原创音乐四个部分组成,原告发行的涉案光盘是CD,播放时可以清楚看到两者之间毫无相同之处,不构成复制关系。即使涉及侵权也仅涉及到制片者权利而非原告权利。云岗凤培中心未答辩。

法院审理后认为,太合麦田公司依据其与作者张莹、张亚东的合同,依法取得了歌曲《冰菊物语》的专有使用权及独家代理权,同时,太合麦田公司依据其与表演者李宇春的合约书,拥有对其制作的录音制品的著作权,即太合麦田公司对其制作的《李宇春 皇后与梦想》CD专辑享有录音制作者权。据此,原告享有的著作权和录音制作者权,均受法律保护。被告华丽金音公司和辽宁音像出版社虽对太合麦田公司享有涉案歌曲的著作权提出了异议,但未提供相应证据,法院不予支持。被告云岗凤培中心经本院合法传唤,无正当理由拒不

---

❶ 王迁:《著作权法学》,北京大学出版社2007年版,第282页。

出庭应诉,视为其放弃了答辩和质证的权利。❶一审后,被告华丽金音公司提起上诉。二审法院经审查认为上诉主张依据不足,原审认定事实清楚,适用法律正确。驳回上诉,维持原判。❷

【评析】本案既涉及著作权和邻接权的侵权,又涉及程序上的规定。根据我国著作权法的规定,录音制作者使用他人已经合法录制为录音制品的音乐作品制作录音制品,可以不经著作权人许可,但应当按照规定支付报酬;但著作权人声明不许使用的不得使用。本案中,太合麦田公司在涉案CD专辑上明确标注有"本专辑内音乐作品之录音、词曲版权为北京太合麦田音乐文化发展有限公司全权所有,未经许可,禁止任何单位或个人用作翻唱、复制、演出、网络传播以及其它商业性用途。尽管被告提出,涉案VCD光盘是卡拉OK光盘,而原告发行的是CD光盘,故两者并不相同而无复制关系,如同法院审查后认定,两个光盘中的涉案歌曲系有同一性,不因被告将其制作为卡拉OK形式而产生根本性差异。根据我国著作权法及司法解释的规定,复制品的出版者、制作者应就其出版、制作有合法授权承担举证责任,否则,应承担相应的法律责任。另外,依据国务院《音像制品管理条例》的规定,音像复制单位接受委托复制音像制品,应当与委托单位订立复制委托合同,并应验证委托单位的《音像制品出版许可证》、复制委托书及著作权人的授权书。

第四节　著作权侵权纠纷处理实务

著作权人或邻接权人在自己的权利受到侵犯后,可以通过多种途径解决侵权纠纷,如调解、仲裁、向著作权行政管理机构投诉或向人民法院起诉。

---

❶ 参见北京市丰台区人民法院民事判决书(2008)丰民初字第11203号。
❷ 参见北京市第二中级人民法院民事判决书(2009)二中民终字第3907号。

一、解决侵权纠纷的途径

根据中国著作权法的有关规定,在发生侵犯著作权的纠纷以后,权利人可选择数种途径,以解决有关的纠纷并维护自己的权利。

(一)调解

著作权的侵权纠纷,可以由各地的著作权行政管理部门调解,也可以由其他的机构或个人调解。各地著作权行政管理部门的职责之一就是调解著作权侵权纠纷。

(二)仲裁

仲裁是一种由独立的争端解决机构裁定纠纷的做法,其程序类似于司法程序,但又比司法程序简单快捷。根据仲裁法的相关规定,仲裁采取"一裁终局"的程序,即由专业的仲裁员在充分考虑事实和证据的基础上,一次性做出有关是非的裁定。裁决做出后,当事人就同一纠纷不得再申请仲裁或者向人民法院起诉。即使当事人提起了申请或诉讼,仲裁机构或者人民法院也不予受理。对于仲裁机构做出的仲裁决定,当事人必须履行。如果当事人不服仲裁决定,可以向人民法院起诉。不起诉又不履行仲裁裁决的,另一方当事人可以请求人民法院强制执行。❶

根据《著作权法》规定,如果当事人在侵权纠纷发生后达成了书面仲裁协议,或者原来签订的著作权合同中有仲裁的条款,可以依据仲裁协议或仲裁条款向仲裁机构申请仲裁。当事人没有书面仲裁协议,也没有在著作权合同中订立仲裁条款的,可以直接向人民法院提起诉讼。

(三)行政救济

在发生《著作权法》第47条所列的8种侵权行为的情况下,著作权行政管理部门也可以进行查处。根据有关的规定,国务院著作权行政管理部门查处在全国有重大影响的著作权侵权案件,地方著作权行政管理部门查处本行政区域的侵权行为,对于同时侵犯著作权和危害社会经济秩序的行

---

❶ 李明德、许超:《著作权法》,法律出版社2003年版,第242页。

为,给予行政处罚。著作权行政管理部门查处有关的侵权行为,可以是主动查处,也可以是应权利人的要求而查处,如著作权人或邻接权人在权利受到侵犯的时候,向著作权行政管理部门进行投诉。

（四）诉讼

依照法律规定,即便不经过前述救济途径,当著作权人认为自己的权利受到侵害时,可以向人民法院提起民事诉讼。人民法院在当事人和其他诉讼参与人均参加的情况下,根据民事诉讼法及相关实体法,就当事人之间的的著作权纠纷进行审理。由于该问题内容繁杂,故在下文单独阐述。

二、民事诉讼实务

（一）诉讼管辖的确定

就级别管辖而言,一般情况下,著作权民事纠纷案件由中级以上人民法院管辖。但是各高级人民法院根据本辖区的实际情况,可以确定若干基层人民法院管辖第一审著作权民事纠纷案件。例如经四川省高级人民法院确认,成都市武侯区人民法院有著作权民事纠纷管辖权。到2012年6月为止,我国已经成立420个知识产权庭,其中129个基层法院有权管辖有关著作权一审民事纠纷案件。

就地域管辖而言,被告住所地、侵权行为实施地、侵权复制品储藏地或者查封扣押地人民法院都有权管辖。所谓侵权复制品储藏地,是指大量或者经常性储存、隐匿侵权复制品所在地;所谓查封扣押地,是指海关、版权、工商等行政机关依法查封、扣押侵权复制品所在地。当上述地点不一致时,或者有多人共同侵权,且侵权人住所地、侵权行为实施地、侵权复制品储藏地或者查封扣押地不在同一地点时,当事人可以选择其中一个与被告相关的一处地点的人民法院进行起诉,起诉可以针对其中一人,也可以同时针对其中部分或全部被告。一般情况下,在选择诉讼管辖时,应当遵循"方便诉讼"的原则,就是选择离自己的住所或经常居住地近一些的地方法院管辖,可以节约诉讼成本。

根据《信息网络传播权案件解释》相关规定,侵害信息网络传播权的侵权行为地包括实施被诉侵权行为的网络服务器、计算机终端等设备所在地。侵权行为地和被告住所地均难以确定或者在境外的,原告发现侵权内容的计算机终端等设备所在地可以视为侵权行为地。该解释针对网络著作权侵权的特殊情况,将"侵权行为实施地"解释为包括实施被诉侵权行为的网络服务器、计算机终端等设备所在地,以及在难以确定侵权行为地和被告住所地时,可视原告发现侵权内容的计算机终端等设备所在地为侵权行为地。

需要说明的是,2014年经全国人大常委会批准,在北京、上海、广州分别设立了三个知识产权法院。知识产权法院的成立,对诉讼管辖做出了调整。例如根据2014年10月31日最高人民法院颁布的《关于北京、上海、广州知识产权法院案件管辖的规定》,知识产权法院将管辖其所在市辖区的计算机软件民事和行政案件以及对国务院部门或者县级以上地方人民政府所作的涉及著作权的行政行为提起诉讼的行政案件。北京市、上海市各中级人民法院以及广州市中级人民法院不再受理任何知识产权民事和行政案件。广州知识产权法院对广东省内涉及计算机软件著作权民事和行政案件实行跨区域管辖,即全省的此类案件全部归广州知识产权法院管辖,广东省其他中级人民法院和各基层人民法院不再受理此类案件;北京市和上海市内各基层人民法院不再受理涉及涉及计算机软件著作权民事和行政案件。当事人对知识产权法院所在市的基层人民法院作出的第一审著作权民事和行政判决、裁定提起的上诉案件,由知识产权法院审理。

(二)诉讼主体资格的确定

依据一般法理,权利人认为自己利益受到损害者,均可以原告身份提起诉讼。但是在著作权法律关系中,如果涉及合作作品、职务作品、许可等情形,则需要仔细分析才能确定诉讼主体资格。

第一,关于合作作品。合作作品的全体作者或相关权利人就合作作品的权属发生纠纷的,任何一位合作作者可以以其他与其有争议的合作作者为被告提起诉讼,请求确认权利归属。原告可以举证证明关于权属的相关约定、其参与创作的相关素材等材料以证明其主张。如果是合作作品受到来自于著作权人之外的损害,任何一位合作作者无须其他合作作者授权,更无须取得一致同意都可以提起诉讼,只是诉讼所获得的赔偿等在扣除诉讼相关费用后应当依照合作协议进行分配,没有合作协议的,依照参与创作的比例进行分配,无法确定参与创作比例的,平均分配。由于诉讼也存在败诉风险,因此,在诉讼之前全体合作人就诉讼是否参与,诉讼后果的承担等最好达成一致意见,以防胜诉时权利人都要求分得利益,而败诉后或者所得少于诉讼费用支出时权利人都不愿承担相关费用的情况出现。

第二,关于职务作品。职务作品纠纷可能发生在作者与其单位之间,此时,任何一方可以对方为被告提起诉讼,请求确认作品性质。已经定性的职务作品如果受到来自于其他人的侵权损害,应由单位作原告提起诉讼,作者不具有原告资格。

第三,关于许可中的特殊情况。许可由于涉及许可人和被许可人两方面的权利人,因此确定主体资格情况比较复杂。总体的原则是:在许可人和被许可人中,只有涉及实质利益损害可能性的人才能作为诉讼主体。例如在非专有(独家或普通)许可中,由于就许可的权利,许可人与被许可人同时都享有权利,因此许可人与被许可人都可以作为原告;但如果被许可人实施某项行为侵权,而许可人并未实施某项行为,则应以被许可人为被告,相反则应以许可人为被告。在专有(独占)许可中,由于许可人本身并无行使那些被许可权利的权利,不会因侵权行为受到实质利益损害,因此一般不应具有原告主体资格,而由被许可人作为原告起诉。在被许可人单独作被告承担了侵权责任以后,如果是由于许可的权利存在缺陷所致,被许可人可以要求许可人承担相应违约责任。

(三)临时措施

临时措施是指法院在对案件的是非曲直作出最终判决之前,先行采取的保护当事人利益的措施。这种措施在许多情况下对于制止正在或即将实施的侵权行为、保存重要证据、防止损害后果进一步扩大和导致无法弥补的损失是至关重要的。

我国著作权法针对著作权的侵权行为,规定了诉前禁令和诉前保全证据两种临时措施。此外,依据民事诉讼法的有关规定,在第49条中规定了诉前财产保全。这样,我国著作权法所规定的诉前临时措施就有诉前禁令、诉前证据保全和诉前财产保全三项。❶

1. 诉前禁令

诉前禁令是指著作权人在诉讼开始之前向司法机关申请责令侵权人停止进行侵权行为的司法文件。法院是否发布诉前禁令,将对权利人及被控侵权人的利益产生重大的影响。若法院若不发出诉前禁令,将有可能对权利人的商誉及市场份额等造成难以用金钱弥补的损害;同样,若法院发出诉前禁令,被控侵权人因此受到的损害也可能是难以弥补的。这就要求法院应依据一定原则及标准决定是否发出诉前禁令,此即诉前禁令的适用条件应该有明确的法律规定。❷

我国《著作权法》第49条规定:著作权人有证据证明他人正在实施或者即将实施侵犯其权利的行为,如不及时制止将会使其合法权益受到难以弥补的损害的,可以在起诉前向法院申请责令停止有关行为。由于临时措施对侵犯知识产权的行为都是适用的,而最高人民法院在2001年就颁布过《关于诉前停止侵犯注册商标专用权行为和保全证据适用法律问题的解释》。因此最高人民法院在2002年颁布《著作权案件解释》时,要求法院在著作权民事纠纷案件中采取诉前措施,应参照2001年的《关于诉前停止侵犯注册商标专用权行为和保全证据适用法律问题的解释》。

根据该解释,著作权人或者利害关系人可以在起诉前向侵权行为地或者被申请人住所地对著作权侵权案件有管辖权的法院提出申请。利害关系人包括著作权许可使用合同的被许可人和著作权财产权利的合法继承人。在著作权许可使用合同的被许可人中,除非另有约定,专有使用许可合同的被许可人可以单独向法院提出申请。如专有使用许可合同约定被许可人只能排除著作权人之外的第三人行使同一权利,则只有在著作权

---

❶ 李明德、许超:《著作权法》,法律出版社2003年版,第237页。

❷ 张广良:《知识产权侵权民事救济》,法律出版社2003年版,第42页。

人不申请的情况下,被许可人才可以提出申请。申请人应当递交或提供:①书面申请状,载明当事人的基本情况、申请的具体内容、范围、申请的理由,包括有关行为如不及时制止,将会使申请人的合法利益受到难以弥补的损害的具体说明。②证明被申请人正在实施或者即将实施侵犯著作权的行为的证据。如申请人为利害关系人,还应提交著作权许可使用合同。③相应的担保。如未能提供担保,法院将驳回申请。在确定担保的范围时,法院将考虑责令停止有关行为所涉及的活动的收益,以及在涉及商品的情况下,合理的仓储、保管等费用,以及停止有关行为可能造成的损失等。

对于申请人提出的诉前禁令申请,法院经审查后认为符合法定条件的,应在48小时内作出书面裁定,责令被申请人停止侵犯著作权的行为,而且应当立即开始执行,并在至迟不超过5日的时间内及时通知被申请人。《著作权案件解释》对裁定的时间作出严格规定是因为著作权侵权行为往往会给权利人造成难以弥补的损失,因此法院应尽早对于申请是否符合法定条件进行审查并作出裁定,以便于权利人及时制止侵权行为。

当事人对诉前禁令裁定不服的,可以在收到裁定之日起10日内申请复议一次,复议期间不停止裁定的执行。法院对复议申请应当从以下几方面进行审查:①被申请人正在实施或者即将实施的行为是否侵犯著作权;②不采取有关措施,是否会给申请人的合法权益造成难以弥补的损害;③申请人提供担保的情况;④责令被申请人停止有关行为是否损害社会公共利益。❶

2. 诉前证据保全

诉前证据保全的目的,是为了保全与被控侵权行为相关的证据,为保护著作权人的权益、制裁侵权行为打下必要的证据基础。与被控侵权行为相关的证据既包括被控侵权行为构成侵权的证据,如其制造、销售被控侵权产品的证据,也包括其对被控侵权行为应承担的民事责任方面的证据,

---

❶ 王迁:《著作权法学》,北京大学出版社2007年版,第294页。

如与被控侵权行为相关的财务账册,以证明被控侵权产品的制造、销售数量及其获利情况。❶

我国《著作权法》第50条规定,为制止侵权行为,在证据可能灭失或者以后难以取得的情况下,著作权人或者邻接权人可以在起诉前向人民法院申请保全证据。人民法院在接受申请后,必须在48小时内做出裁定,裁定采取保全措施的,应当立即开始执行。人民法院可以责令申请人提供担保,申请人不提供担保的,驳回申请。申请人在人民法院采取措施后15日内不起诉的,人民法院应当解除保全措施。

根据最高人民法院的《著作权案件解释》,著作权人和邻接权人申请诉前保全证据的,应当向侵权行为地或被申请人所在地的人民法院提起,并递交书面申请书和缴纳相关的费用。申请书应当说明以下情况:当事人及其基本情况;申请保全证据的具体内容、范围、所在地点;请求保全的证据能够证明的对象;申请的理由,包括证据可能灭失或者以后难以取得,而且当事人及其诉讼代理人因客观原因不能自行收集的具体说明。这一点非常重要。因为在著作权诉讼中可以非常容易地销毁侵权证据,尤其是涉及到计算机软件、互联网等类型的纠纷;有些证据的取得时机稍纵即逝,如试图取得被控侵权人销售侵权物品如计算机软件、光盘等方面的证据,再如被申请在互联网上从事盗版行为的证据。然而,这一切并不应该是法院要采取证据保全措施的理由。因为,当事人可以自行收集或者是在公证机关的协助下来收集这些证据。

另外,人民法院做出诉前证据保全的裁定,应当限于著作权人或邻接权人申请的范围。申请人申请诉前保全证据可能涉及被申请人财产损失的,人民法院可以责令申请人提供相应的担保。申请人不提供担保的,驳回申请。申请人在人民法院采取证据保全措施后15日内不起诉的,人民法院应当解除证据保全措施。

3. 诉前财产保全

诉前财产保护的目的是避免给申请人的合法权益造成难以弥补的损

---

❶ 张广良:《知识产权侵权民事救济》,法律出版社2003年版,第53页。

害。此处的财产可能涉及两种：一是被控侵权的商品，二是被申请人可以用来承担民事责任的资产。对于被控侵权商品，如申请人不采取诉前财产保全措施，而任之流入市场，有可能给申请人的商誉、市场份额等无形资产造成难以弥补的损害。而对被申请人责任财产的保全，是为了保证法院判决的执行。有些被申请人在得到申请人即将对其提起侵权诉讼的情况下，自知必然败诉，为了逃避法律制裁，在申请人起诉前便处分、转移自己的资产，这样申请人即使胜诉了，判决书中的财产责任部分也难以执行。在此情况下，若不采取诉前财产保全措施，对申请人造成的损害也将是难以弥补的。❶

根据中国《著作权法》第49条，著作权人或邻接权人有证据证明他人正在实施或即将实施侵犯其权利的行为，而且不加以及时制止将会使其合法权益受到难以弥补的损害的，可以在起诉之前向人民法院提出申请，采取财产保全的措施。人民法院在处理有关财产保全措施的申请时，适用《民事诉讼法》第93条至96条和第99条的规定。

根据《民事诉讼法》的有关规定，利害关系人因情况紧急，不立即申请财产保全将会使其合法权益受到难以弥补的损害的，可以在起诉前向人民法院申请采取财产保全措施。申请人应当提供担保，不提供担保的，驳回申请。人民法院在接受申请后，必须在48小时内做出裁定。裁定财产保全措施的，应当立即开始执行。申请人在人民法院采取保全措施后15日内不起诉的，人民法院应当解除财产保全。财产保全限于请求的范围，或者与本案有关的财产。财产保全采取查封、扣押、冻结或者法律规定的其他方法；人民法院冻结财产后，应当立即通知被冻结财产的人；财产已被查封、冻结的，不得重复查封、冻结。被申请人提供担保的，人民法院应当解除财产保全。申请有错误的，申请人应当赔偿被申请人因财产保全所受的损失。当事人对财产保全的裁定不服的，可以申请复议一次。复议期间不停止裁定的执行。

---

❶ 张广良：《知识产权侵权民事救济》，法律出版社2003年版，第56页。

(四)举证责任及倒置

在著作权民事侵权诉讼中,举证责任的分配和履行是非常重要的一环,直接关系到当事人能否赢得诉讼。由于著作权所具有的特殊性质,相关法律和司法解释在举证问题上也有一些特殊规定。在涉及著作权侵权纠纷时,一般情况下仍然遵循谁主张谁举证的责任,特殊情况下实行举证责任倒置。

当事人提供的涉及著作权的底稿、原件、合法出版物、著作权登记证书、认证机构出具的证明、取得权利的合同等,可以作为证据。当事人自行或者委托他人以定购、现场交易等方式购买侵权复制品而取得的实物、发票等,也可以作为证据。公证人员在未向涉嫌侵权的一方当事人表明身份的情况下,如实对另一方当事人按照前述方式取得的证据和取证过程出具的公证书,应当作为证据使用,但有相反证据的除外。已经出版的出版物(含录音录像制品,下同)上标明了作者等相关权利人信息的,出版物即为证据,由否认者举证证明标明的权利人不是或者不应该是权利人。

由于著作权作为无形财产权的特性,要证明被告未经许可使用作品,只需要证明被告有合理的机会接触自己的作品,同时被告使用的作品与自己的作品之间存在"实质性相似"即可。在原告起诉被告直接侵犯著作权,而且要求被告承担停止侵权民事责任的情况下,由于构成直接侵权无需行为人具有主观过错,原告的举证责任相对而言是很容易履行的。原告只需要证明自己是相关作品的著作权人,以及被告未经许可使用了自己的作品。❶在要求被告承担赔偿责任的情况下,原告应当证明被告的侵权行为具有主观过错。同时举证证明自己的实际损失的数额或被告因侵权所获得的利润的数额。

某些情况下,也可能发生举证责任倒置,即由被控侵权人证明自己的行为合法,而权利人只需要证明被控侵权人有相关行为即可。根据《著作权法》第52条和最高人民法院"著作权案件解释"第19条的规定,出版者、制作者应当对其出版、制作有合法授权承担举证责任,发行者、出租者应当

---

❶ 王迁:《著作权法学》,北京大学出版社2007年版,第299页。

对其发行或者出租的复制品有合法来源承担举证责任,举证不能的,应当承担法律责任。也就是说,如果原告起诉出版物出版者、制作者、发行者或者出租者侵权,由被告举证证明自己的行为具有合法来源,否则可能败诉。

(五)诉讼时效

根据最高人民法院"著作权案件解释"的规定,侵犯著作权的诉讼时效为两年,自著作权人知道或者应当知道侵权行为之日起计算。权利人超过两年起诉的,如果侵权行为在起诉时仍在持续,在该著作权保护期内,人民法院应当判决被告停止侵权行为,但侵权损害赔偿数额应当自权利人向人民法院起诉之日起向前推算两年计算。

该解释主要针对侵犯无形财产权与有形财产权的情况不同而做出的。因为,无形财产权的侵权绝大多数情况下,通常是连续性的侵权。所以,如果侵权是连续性的,只要有关的权利仍然在法律保护的期限之内(如作者的有生之年加死后50年),著作权人或邻接权人就可以随时提起侵权诉讼,要求侵权人停止侵权,并就诉讼提起之日起2年内的侵权行为要求损害赔偿。❶因此,该解释的理由,应该是出于持续侵权行为理论。按照该理论,某个侵权行为一直处于持续状态时,相当于每时每刻都在产生新的侵权行为,因此,该行为不可能经过诉讼时效。❷

思考与讨论

1. 著作权与邻接权相区别的根据是什么?

2. 如何区分合理使用与法定许可?

3. 你对我国著作权法的完善建议有哪些?

延伸阅读

1. 张远煌:《侵犯著作权犯罪典型案例评析》,北京大学出版社2014年版。

---

❶ 李明德、许超:《著作权法》,法律出版社2003年版,第244页。

❷ 李杨:《知识产权法基本原理》(Ⅱ)——著作权法,中国社会科学出版社2013年版,第405页。

2．程永顺：《专家点评与建议：涉外著作权典型案例（汉英对照）》，法律出版社2010年版。

3．孟祥娟：《版权侵权认定》，法律出版社2001年版。

4．吴汉东："论网络服务提供者的著作权侵权责任"，《中国法学》2011年第4期。

5．刘春霖："论网络著作权侵权行为的构成要件"，《河北法学》2009年第2期。

第三编 专利法理论与实务

专利权是国家为了鼓励发明创造，赋予发明创造者的一种具有一定期限的独占实施权。为了享有该独占实施权，发明创造者必须公开其全部技术内容。"专利"一词，通常既可指称这种权利，也可指称取得该权利的发明创造或技术方案本身。由于获得专利保护的技术内容必须被完全公开，且专利权具有期限性，因此，是否以申请专利的方式来保护技术方案，必须根据实际情况决定。以专利授权为界，专利相关法律制度主要包括了两个方面的内容，一方面是授权之前，专利的申请、审批等相关内容，另一方面是专利授权之后，专利权的利用、保护等相关内容。

第十章　专利权概述

专利具有垄断和公开的双重特性，二者之间的关联构成了专利制度的基础。专利的垄断公开二重性贯穿专利法始终，是专利法各项制度的基础。诸如专利申请程序、专利文件撰写等方面的相关规则，均可结合这一基本属性加以理解。另一方面，我国的专利制度是在发达国家的"倒逼"之下形成的，其前两次修订均是迫于发达国家的压力，提高专利保护水平，以保护外国专利权人的利益。专利法的第三次修订，成为首次顺应我国自身发展，依据国际条约相关规定，保护我国自身权益进行的修订。对于专利制度的整体理解，均应结合该背景进行。

第一节　专利制度的特征

专利一词，是"以自专其利"的缩写，反映了专利权与其他智力成果权一样的垄断性。而专利的英文 patent，则反映了专利权在垄断性以外，包含的另一重属性。Patent 为 letters patent 的缩写，是一种由君王授予的特殊的证书。13 世纪，英国开始以皇家特许令的方式奖励为技术作出贡献的人，向他们颁发一定期限内的垄断权证书。这种证书的特点是，在驿站传送的过程中，不对证书封套进行封口，因此所过之地，任何人均可阅读证书的内容。这种证书相对于"密封证书"（letters close）被称为"公开证书"（letters patent）。

从专利的词源可以看出，专利权除了垄断性以外，还有另外一重属性

——公开性。一方面,国家通过立法授予技术创造者在一定时期内独占使用该项技术并获得相应利益的权利。另一方面,权利人在获得垄断权的同时,必须向公众公开其全部技术内容。这就是专利权的垄断公开二重性。

专利权保护的客体主要是技术,而技术对于人类社会的发展具有着巨大的推动作用。电灯、汽车、计算机等发明,使得世界和整个人类的生存方式发生了翻天覆地的变化。而抗生素、疫苗等发明,则拯救了以亿万计的生命。因此,为了推动社会的发展,必须促进技术的推广应用和加快技术的进步。而另一方面,和其他智力成果权一样,专利法制度以赋予专利权人一种垄断权的方式来回馈创新、鼓励创新,以推动社会的发展。即,赋予专利权人一种禁止他人实施自身技术的权利。这种垄断权很明显构成了对于技术的推广应用和进一步研发的障碍。

为了平衡这一矛盾,专利法创设了一种"垄断换公开"的契约。创造者要获得对于技术的垄断权,则必须以向社会公开全部技术方案作为对价。且创造者向社会公开了多大的技术范围,就只能要求国家保护多大的技术范围。通过这一契约,使得公众在一项技术申请专利时,即可获知其全部技术内容,并可基于该技术进行后续研发,极大地加快了技术的进步,同时,也可避免因重复研发造成的资源浪费。另一方面,专利技术的公开也使公众明确了专利权的边界,避免在实施自身技术时误入专利权的保护范围,受到不必要的侵权指控,以保护公众的安全。值得一提的是,和其他智力成果权一样,专利权也具有期限性。因此,对于公众而言,在一项技术申请专利时,即可获知其全部技术内容,开始进行后续研发,只是未经权利人许可,不得为生产经营目的实施该项技术;而在专利期限终止之后,权利人的垄断宣告结束,则对于该技术的实施也不再受到限制。

实践中常见的误区,是将申请专利作为技术保护的"最优方式"。研发出任何新技术,都认为应该通过申请专利获得国家强制力的保护,方可有效避免他人盗用。但从专利的垄断公开二重性及期限性可以看出,专利保护并不适合任何技术,一方面,申请专利的同时必须公开全部技术内容,意味着任何人均可获知实施该技术的相关方法和诀窍,任何人只要拥有相关设备,均可以自行实施该技术,专利申请人要维护自身权利,只能通过行政或司法机关,借助国家公权力进行,且维权的时间和经济成本均较高。因此,规模不大,财力较弱,难以支持以诉讼等方式维权的中小经营者,不一定适合完全依靠专利来保护自身技术。另一方面,专利权具有期限性,我国的专利期限是发明专利20年、实用新型和外观设计专利10年,这意味着专利期限终止之后,任何人均可无偿实施该技术。因此,诸如食品调味秘方等"一招鲜、吃遍天"的技术诀窍,不宜采用专利方式进行保护,否则将使得被公开的技术方案在至多20年后成为社会的公有财产。上述两种情况,都可以考虑采用技术秘密的方式加以保护,通过对技术采取保密措施来防止他人盗用。而在诸如IT业等新兴产业中,一方面技术更新换代极快,通常一项技术的换代不会超过专利期限的20年,另一方面,规模化的生产经营也使得企业具备了进行维权诉讼的能力,在这些产业中,相对较为适合以专利方式来保护其技术创新。当然,技术秘密和专利权二者也可结合使用,需要企业根据自身技术的特点选择灵活的策略。

第二节 我国专利制度的发展

我国古代历史上并无专利的概念。直到19世纪中期,专利制度的思想才传入我国。1859年太平天国的洪仁玕在《资政新篇》中首先提到了建立专利方面的相关制度。民国时期和建国之后,先后颁行了多部与技术保护相关的条例和法律。其中,大多采用了发明奖励制度,即实施技术的权利归属国家,而对发明人进行物质和精神奖励。

改革开放之后,为适应市场经济的需要,我国开始了与国际接轨的专利立法工作。1980年1月,中国专利局成立。1985年4月1日,现行《中华人民共和国专利法》(以下简称《专利法》)开始施行。该部专利法摒弃了发明奖励制度,全面采取了专利保护制度;同时,为与我国科学技术发展水平相适应,将发明、实用新型和外观设计三种专利集于一部法律中进行保护;

对发明专利申请采取了早期公开、延迟审查制度等。一方面,其基本制度实现了与国际相关惯例和《巴黎公约》等相关国际公约的接轨,具备了现代专利法的基本框架,另一方面,也为我国的专利制度确立了许多适用至今的基本原则。1985年《专利法》的诞生,标志着中国现代专利制度的开始。

1985年《专利法》施行之后,分别在1992年、2000年和2008年进行了三次修订。当前的专利法是2009年10月1日起实施的专利法第三次修正案。值得注意的是,在专利法的三次修订中,前两次修订均是迫于发达国家压力及为了加入相关国际组织,不得已提高我国的专利保护水平的结果。例如,1992年修订为了满足《中华人民共和国政府与美利坚合众国政府关于保护知识产权的谅解备忘录》的要求,将1984年专利法不予保护的饮料、食品、调味品和药品、用化学方法获得的物质等纳入了专利法保护范围;在专利权内容中增加了进口权;将方法专利的效力延伸到利用方法直接获得的产品;将发明专利的保护期由15年增加至20年,实用新型和外观设计增加至10年等。2000年专利法则是我国为了加入世界贸易组织,出于满足TRIPS协议最低要求的目的,修改和调整了部分条款,例如,将"许诺销售"纳入专利权的效力范围;规定了专利审查的司法终局制;增加了诉讼保全制度;取消1992年修正案引入的撤销专利权的程序,将其纳入了无效宣告程序等。

一国的专利保护水平,应当与本国的科学技术发展水平相适应,才能有效地推动本国的科技进步和社会发展。之所以美国等发达国家一直向中国施压,迫使中国提高专利保护水平,是因为在我国科学技术发展水平较低的情况下,受我国专利法保护的大部分专利权人,均是美国等发达国家的企业和个人等。为在市场经济中保护其自身利益,发达国家极为重视我国的专利立法,迫使我国在自身科学技术较为落后的情况下,将专利保护水平提升至与发达国家相当的程度。这是不利于新技术在我国的传播和应用的。

2008年12月27日,我国通过了专利法第三次修正案,于2009年10月1日起实施。专利法的第三次修订,是我国首次根据国内的科技发展和社会进步的需求,自主进行的专利法修订。例如,为保护我国的遗传资源,根据《生物多样性公约》的相关原则,明确要求依赖遗传资源完成发明创造的专利申请人说明遗传资源的直接来源和原始来源;将专利权新颖性条件由原来的"混合标准"改为"绝对新颖性"标准;规范了外观设计专利的授权标准,引入"现有设计"概念,采用了与发明、实用新型专利申请新颖性类似的表述方式;在专利侵权诉讼中规定了现有技术抗辩;新增药品及医疗器械专利的bolar例外等。

专利法的第三次修订,既反应了本土诉求,又吸纳了国际专利法领域的相关发展成果。经过三次修订,我国专利法形成了比较完备,既具有国际视野,又适应中国社会现状的专利制度。

思考与讨论

1. 如何理解专利制度的特征?

2. 如何根据技术自身的特征,选择其保护方式?

3. 简述我国专利法三次修订的目的和意义。

延伸阅读

1. 汤宗舜主编:《专利法教程》,法律出版社2003年第三版。

2. 郑成思:《知识产权法——新世纪初的若干研究重点》,法律出版社2004年版。

3. 赵元果:《中国专利法的孕育与诞生》,知识产权出版社2003年版。

第十一章　专利权的客体

专利权的客体包括发明、实用新型和外观设计，我国专利法将其统称为"发明创造"。专利法保护的发明是对产品、方法或者其改进所提出的新的技术方案；实用新型是对产品的形状、构造或者其结合所提出的新的技术方案；外观设计则是针对产品的外观提出的设计方案。明确我国专利法保护的客体范围，以及三种客体之间的区别，才能判断对于通常意义上的"发明"，能否申请专利，适合申请何种专利。

第一节　发明

一、发明的定义与特征

发明，是指对产品、方法或者其改进所提出的新的技术方案。

对于专利法所保护的发明，可以从以下几个方面加以理解。

(一)发明应当包含创新

所谓创新，是指发明与现有技术相比，必须具有一定的进步。一方面，完全重复前人的成果不能构成发明；另一方面，发明也并不一定需要开创一个全新的领域，只要在现有技术的基础上作出改进，就可以称之为创新。

(二)发明必须利用自然规律

专利法意义上的自然规律，是指物理、化学等自然科学方面的规律。

因此:①未利用自然规律的,纯粹的智力活动的规则与方法,如比赛规则、速算方法、财务结算方法等,不属于专利法保护的发明;②仅利用了经济学规律、心理学规律等非自然科学规律的智力成果,如宏观调控的方法、心理测试的方法等,也不属于专利法保护的发明;③违背了自然规律的技术方案,如永动机等,也不属于专利法保护的发明。

(三)发明必须是一种技术方案

发明必须采用技术手段解决技术问题。例如,科学发现,通常不属于专利法的保护客体。因科学发现仅是对自然规律的一种客观的描述,并未利用技术手段解决技术问题。同时,专利权是一种垄断权,如果对自然规律的发现授予专利权,则他人不能随意使用,对于人类的进步是极为不利的。但利用科学发现解决了实际技术问题的技术方案,则属于专利法可以保护的客体。

二、发明的分类

(一)根据发明定义的分类

我国专利法将发明分为产品发明和方法发明。

(1)产品发明。产品发明包括物品的发明、材料的发明等等。产品发明取得专利后称为产品专利。产品专利只保护产品本身,不保护该产品的制造方法。但是产品专利可以排斥他人用不同方法生产同样的产品。

(2)方法发明。方法发明是指把一种物品或物质改变成另一种物品或物质所使用的手段和步骤的发明。所述方法可以是化学方法、机械方法、通讯方法及以工艺规定的顺序来描述的方法等。方法发明取得专利后,称为方法专利。我国专利法对于方法专利的保护延及使用该方法直接获得的产品。

除产品发明和方法发明以外,专利法还可以保护用途发明。用途发明,是指将已知产品用于新的目的的发明。如,将某种一直作为化工原料的物质用作治疗心血管疾病的药物,取得了预料不到的技术效果,即可成为一种用途发明。用途发明的本质不在于物质本身,而在于对于物质性能的新的应用。因此,在我国专利法中,将用途发明归属为方法发明。

(二)根据发明形式的分类

并不只有前人从未创造过的、"全新"的发明才能受到专利法的保护,诸如下列形式的发明均属于专利所保护的客体。

(1)首创发明。首创发明又称开拓性发明,它创造了一种全新的技术解决方案,在技术史上未曾有过先例,为人类科学技术的发展开拓了新的里程碑。

(2)改进发明。改进发明是指通过改善现有技术的性能,使之具有新的功效的技术方案。

(3)组合发明。组合发明是指将已知的某些技术特征进行新的组合,以达到新的技术目的的一种技术方案。

(4)选择发明。选择发明是指从许多公知的技术解决方案中选出某一技术方案的发明。这种发明一般是在很宽的专利保护范围内选择某一点作为一项新的发明。在化学领域中,特别是在有关配方含量、温度、压力等数值范围的情形中是一种比较常见的发明形式。

第二节 实用新型

一、实用新型的定义

实用新型,是指对产品的形状、构造或者其结合所提出的适于实用的新的技术方案。

在各国的社会生活中,均出现了一些创造性较低,但又具备一定实用价值,能够方便人们生活的"小发明""小创意"。发明专利通常难以对这些"小发明"提供良好的保护。一方面,"小发明"的创造性通常较低,不一定能够符合发明专利的创造性要求,另一方面,因其创造性不够,容易替代,所以市场周期通常不长,经过漫长的发明专利审批程序获得授权时,经常已经被其他的创意所替代。因此,为了保护该类"小发明",各国均设立了相应的制度。我国援引部分国家的称谓,将该类专利称为"实用新型"。

二、实用新型的特征

我国专利法所保护的实用新型具有如下特点:

(1)实用新型仅保护对于产品的形状构造或其结合作出的创新。不保护方法创新,不保护对产品材料进行的创新,不保护无确定形态的产品,如气态、液态、粉末状的产品等。但值得注意的是,2008年专利法修订明确了,产品的构造除了包括机械构造以外,还可以包括线路构造和复合层。也即,以构成产品的元器件之间的确定的连接关系为发明点的电学发明,和以渗碳层、氧化层等复合层结构为发明点的化学发明,均可申请实用新型。但如物质的分子结构、组分、金相结构等,不属于实用新型专利保护的产品的构造。

(2)相对于发明,实用新型对于保护对象的创造性要求较低,适于因创造性无法达到要求而不能获得发明专利保护的发明创造。

(3)相对于发明,实用新型的审批程序较为简单,耗时短,在我国不进行实质性审查,专利较易取得,但相对而言,稳定性较发明差,容易在后续诉讼中被宣告无效。

(4)相对于发明,实用新型保护期限较为短,仅为10年,而发明专利的保护期为20年。

第三节　外观设计

一、外观设计的定义

外观设计,是指对产品的形状、图案或者其结合以及色彩与形状、图案的结合所作出的富有美感并适于工业应用的新设计。

外观设计又称为工业设计。与发明和实用新型不同,外观设计专利保护的对象是产品外观上的新设计,而不是旨在实现一定技术效果的技术方案。因此,我国专利法将其保护的三种客体,发明、实用新型和外观设计统称为"发明创造",其中,发明和实用新型均为技术方案,属于"发明",而外观设计属于"创造"。

二、外观设计的特征

我国专利法保护的外观设计具有如下特征:

(1)外观设计必须以产品为载体。作为外观设计载体的产品,必须能够通过工业方法批量重复制造。一方面,不能使用工业方法重复制造的农牧产品、自然物或根雕等手工艺品等不能作为外观设计的载体。另一方面,没有与特定产品相结合的设计,如单纯的美术作品,则只能受到著作权的保护,不能作为外观设计受到专利法的保护。

(2)外观设计所保护的设计要素是产品的形状、图案或者其结合以及色彩与形状、图案的结合。产品的色彩不能独立构成外观设计,除非产品色彩的变化或组合本身已经构成一种图案。

(3)外观设计保护的是设计的美感,而非实用功能。所谓"美感",是指外观设计给人的视觉感受,而并不以是否"足够美"作为外观设计能否授权的评判标准。另一方面,对于所创造出的一件新产品,如果旨在保护其实用功能,则以申请发明或实用新型专利为宜,如果旨在保护其视觉效果,则应申请外观设计专利。如皆想保护,则可同时申请。

第四节　不授予专利权的发明创造

一、违反法律、社会公德或者妨害公共利益的发明创造

(一)对违反法律的发明创造不授予专利权

"违反法律"应理解为发明创造的目的本身是违反法律的,如伪造货币的技术、赌博用具等。但是,如果发明创造目的并没有违反国家法律,仅其实施为法律所禁止或限制,如可能被作为毒品使用的麻醉剂等,则不应拒绝对该发明创造授予专利权。

(二)对违反社会公德的发明创造不授予专利权

如淫秽的外观设计、人与动物交配的方法、克隆人的方法等,因不符合为公众所接受的伦理道德,而不能被授予专利权。

(三)对妨害公共利益的发明创造不授予专利权

如使盗窃者伤残的防盗装置、严重污染环境或浪费资源的生产方法等。但是,如可能因滥用而妨害公共利益的发明创造,或者在产生积极效果的同时存在某种缺点的发明创造,例如对人体有某种副作用的药物,则不能以"妨碍公共利益"为理由拒绝授权。

(四)对利用遗传资源完成的发明创造的保护

依赖遗传资源完成的发明创造,申请人应当在专利申请文件中说明该遗传资源的直接来源和原始来源;申请人无法说明原始来源的,应当陈述理由。对违反法律、行政法规的规定获取或者利用遗传资源,并依赖该遗传资源完成的发明创造,不授予专利权。

二、不授予专利权的技术领域

(一)科学发现

科学发现属于人类对于客观世界的认识,并未利用技术手段解决技术问题。因此不是专利法意义上的发明创造,不能被授予专利权。

(二)智力活动的规则和方法

智力活动的规则和方法如游戏规则、计算方法、记忆方法和管理方法等,由于没有利用自然规律,运用技术手段产生技术效果,因此不属于技术方案,不能被授予专利权。

(三)疾病的诊断和治疗方法

一方面,疾病的诊断和治疗方法是针对特定的患者实施的,无法在产业上再现,因此不属于专利法保护的发明创造范围。另一方面,疾病的诊断和治疗与民众健康息息相关,如果对疾病诊断和治疗方法授予专利,那么他人非经专利权人许可则不得为生产经营目的使用该专利方法,对于保障国民健康是极为不利的。但是,治疗疾病的药物和诊断、治疗疾病的仪器等,均可授予专利权。

(四)动物和植物品种

动物和植物品种是客观存在的,不属于"技术方案",不能被授予专利权。但值得一提的是,动物和植物品种的非生物学生产方法可以授予专利。且微生物品种可以被授予专利。此外植物新品种可以通过《植物新品种保护条例》获得保护。

(五)用原子核变换方法获得的物质

用原子核变换方法获得的物质主要是指用该方法获得的放射性同位素,如铀235等。该类物质关系到国家安全等方面的重大利益,不宜为单位和私人垄断,因此不能被授予专利权。但是,原子核变换方法本身,为实现该方法而制造的各种设备、仪器及其零部件等,均属于可被授予专利权的客体。

（六）对平面印刷品的图案、色彩或者二者的结合作出的主要起标识作用的设计

外观设计保护的是设计的"美感"，而非设计的识别功能。外观设计专利通过保护能够对消费者产生视觉吸引的产品外观设计，起到了鼓励设计创新的作用。"平面印刷品"主要是指平面包装袋、瓶贴、标贴等二维印刷品。"主要起标识作用"是指该二维印刷品主要用于使消费者识别产品的来源，而不是使该产品的外观"富有美感"而吸引消费者。在2008年专利法修订之前，此类设计大量充斥外观设计领域，混淆了专利法和商标法的界限，使得外观设计无法实现应有的功能。因此，2008年专利法修订对其进行了限制，以便外观设计制度更好地发挥其鼓励创新的功能。

【案例1】"中药保健腰带"实用新型专利侵权案

【案情】原告某省中药研究所享有"中药保健腰带"实用新型专利权。该专利的唯一独立权利要求是："一种中药保健腰带，腰带内放置有中药袋，其特征在于药袋放在腰带内，腰带为两层，内层为透气性较好的细棉布，外层为不透气的纤维布，药袋也分为两层，内层为透气性好的细棉布，外层由两层构成，内层为不透气的纤维布，外层为普通的棉布，药袋内装有经粉碎混匀的蓟艾叶、独活、白芷、细辛、川草乌、杜仲、续断、淫羊藿、补骨脂、肉桂、丁香、花椒、八角茴香、当归、川芎、薄荷脑。"

原告认为被告某省医疗健身品厂生产的"壮腰肾袋"侵犯其"中药保健腰带"实用新型专利权，诉请要求被告停止生产销售并赔偿损失。被告辩称，其生产的"壮腰肾袋"与原告的"中药保健腰带"实用新型专利权利要求书中所述的中药成分不同，药袋的结构和隔热、保温材料也不相同，未侵犯原告专利权。

法院认定，被告产品药袋内的药品除个别成分与原告专利不同外，其余均相同，亦属于治疗腰病的药物；被告药袋的结构除用塑料薄膜替代不透气纤维布作为隔热保温材料以外，其余与原告专利均相同。

法院认为，原告专利的主题为"腰带"，类型为实用新型专利。由于无确定形状的产品，如气态、液态、粉末状、颗粒状的物质或材料不能授予实用新型专

利,所以本专利中药袋和腰带的结构是主要技术特征,药物的成分并非必要技术特征,只能将药物整体作为一个技术特征对待。被告产品中的药物与专利中的药物仅有细微差别,属于同类治疗效果的药物,具有相同的技术目的和等同的效果,从整体上看,与原告专利中的药物是等同的技术特征。而被告产品与原告专利在结构上的差异仅仅是用塑料薄膜替代不透气纤维布作为隔热保温材料,是一种本领域普通技术人员显而易见的简单替代。因此被告的行为构成侵犯原告"中药保健腰带"实用新型专利权的行为。❶

【评析】根据我国专利法,实用新型,是指对产品的形状、构造或者其结合所提出的适于实用的新的技术方案。这是指,实用新型的创新点必须是产品的形状、构造或者其结合。因此,即使两种腰带在药物成分上区别较大,对于药物成分的创新,也不属于实用新型保护的客体,不能用于判断被控侵权技术与专利技术在技术特征上的区别。而只能将"腰带内层装有药物"作为一个技术特征来考虑。被控侵权技术在产品的形状、构造或其结合方面,对于原告专利技术的改进,仅仅是用塑料薄膜替代不透气纤维布这样的本领域惯有的等同替换,故侵犯了原告的专利权。

【案例2】"可以提高安全性和效率的交通管制系统"驳回复审及行政诉讼案

【案情】孙某提出一项名称为"可以提高安全性和效率的交通管制系统"的发明专利申请,其独立权利要求为:"一种可以提高安全性和效率的交通管制系统由信号转换程序和相应的设施、交通规则组成,其特征是:该产品采用了新的灯信号转换程序软件以及相应的灯信号产生和转换控制装置,并有改进后的相关规定和新增加的交通标志与其配套"。该系统包含信号转换程序和相应的设施、交通规则、交通标志、灯信号转换程序软件、灯信号产生和转换装置、相关规定、新增加的交通标志、三色四种灯以及三色多种灯等内容。该发明专利申请被专利局予以驳回。随后,孙某向专利复审委员会请求了复审,并进行了后续的行政诉讼。专利复审委和法院均维持了专利局的驳回决定。驳

❶中国专利局专利工作管理部编:《中国专利纠纷案例选编(第三集)》,专利文献出版社1997年版,第67—69页。

回理由为,申请人要求保护的方案不属于专利法所规定的技术方案。(1)该方案虽然涉及灯信号产生和转换控制装置、交通标志等多个设备,但其仅利用了上述设备的公知性能,并未给这些公知设备本身的性能带来任何改进,也没有给它们的构成和功能带来任何技术上的改变。(2)该方案所要解决的问题是如何通过人为制定平面交叉路口行车规则来利用现有的设备提高交叉路口放行能力,其本身不构成技术问题。(3)该方案所采用的手段为利用人为规定的行车规则,其并未利用自然规律,不属于技术手段。(4)该方案所获得的效果是实现了对于车辆在平面交叉路口中行车的管理,所获得的效果不受自然规律约束,不属于技术效果。❶

【评析】专利法保护的发明必须是一种技术方案。即一方面必须利用自然规律,另一方面,必须采用技术手段解决技术问题。因此,和通常意义上的"发明"概念有着一定区别。未利用自然规律,采用技术手段解决技术问题的新构想,不能获得专利法的保护。本案的"发明"本质上是一种交通规则,属于智力活动的规则和方法,故不能被授予专利权。

思考与讨论

1. 如何理解专利法保护的发明?
2. 何种技术方案在我国能够获得实用新型专利的保护?
3. 如何理解外观设计的"富有美感"?
4. 我国专利法为什么不保护"智力活动的规则和方法"?

延伸阅读

1. [美]穆勒:《专利法》)(第3版),知识产权出版社2013年版。
2. 李明德、闫文军、黄晖等:《欧盟知识产权法》,法律出版社2010年版。
3. 冯晓青、刘友华:《专利法》,法律出版社2010年版。

---

❶参见北京市第一中级人民法院行政判决书(2012)一中知行初字第3623号。

第十二章　专利权的主体

> 　　发明人、申请人和专利权人是互相联系但又存在区别的概念。发明人并不必然成为申请人和专利权人。在职务发明的情况下，发明创造的申请权属于单位。法律也对共同发明、委托发明、合作发明等情况下的专利权归属作出了规定。在职务发明的情况下，发明人可以援引相关的人身权条款，争取自身的利益。职务发明、委托发明、合作发明等相关规则，是发生专利权属纠纷时判断专利权归属的重要依据。

第一节　发明人、申请人与专利权人

一、发明人

（一）发明人的定义和特征

在专利法中，发明和实用新型的完成者称为发明人，外观设计的完成者称为设计人。为简明起见，本章统称为"发明人"。发明人是指对发明创造的实质性特点作出创造性贡献的人。在发明创造过程中，只负责组织协调工作的人、为物质条件的获得提供方便的人或者从事其他辅助工作（如资料整理、打字、制图等）的人，不是发明人。

智力创造只能由自然人完成，因此发明人只能是自然人，不能是单位。但专利申请人和专利权人均可以是单位。另一方面，发明创造行为是一种事实行为而非法律行为,因此,不论完成发明创造的人是否具备法律上的行为能力,都可以成为发明人。

(二)发明人的人身权

与著作权人身权类似,发明人作为一项新的技术方案的实际创造者,拥有发明人的人身权。一方面,发明人拥有专利的署名权,专利文件中应写明发明人的姓名。一方面,发明人拥有获得奖励和报酬的权利。被授予专利权的单位应当对职务发明创造的发明人或者设计人给予奖励;发明创造专利实施后,根据其推广应用的范围和取得的经济效益,对发明人或者设计人给予合理的报酬。发明人的人身权属于发明人个人,不属于专利权,不随专利权的转移而转移。无论专利权如何移转,发明人的人身权均不应受到影响。

二、专利申请人

专利申请人,是指就一项发明创造向专利局申请专利的人。因为专利的审批需要一个较长的过程,因此,在专利审批的整个过程中,专利申请人尚无法变成专利权人。而此时专利申请人对于专利申请拥有的权利称为"专利申请权"。专利申请权和专利权一样可以转让。在专利授权之后,专利申请人成为专利权人,专利申请权也转化为专利权。当专利申请权发生转让时,其受让人在专利授权之后成为专利权人。

专利申请人可以是自然人,也可以是单位。在实践中,发明人与专利申请人常常并不一致,申请人可以是发明人本人、发明人中的一部分、发明人的单位、发明人转移其申请专利的权利的受让人、发明人的继承、受赠人等。在职务发明创造的情况下,由法律直接规定申请专利的权利属于发明人所在的单位。

三、专利权人

一项专利申请授权后,专利申请人成为专利权人。但专利申请人并不一定能够成为专利权人。一方面,专利申请并不都能获得授权。另一方面,因专利申请权可以通过转让、继承、赠予等方式进行流转,因此,如果专利申请权发生了流转,则授权后的专利权属于受让/继承/受赠人。在专利申请获得授权之后,专利权人即在有关专利的法律关系中处于核心地位,一切有关专利的活动都是围绕专利权人展开的。

第二节　职务发明创造

一、职务发明创造

执行本单位的任务或者主要是利用本单位的物质技术条件所完成的发明创造为职务发明创造。职务发明创造申请专利的权利属于该单位;申请被批准后,该单位为专利权人。

因此,我国职务发明创造包括以下两种情况:

（一）执行本单位的任务所完成的发明创造

"本单位"指发明创造完成人所属的单位,包括临时工作单位。

"执行本单位的任务所完成的发明创造"包括以下三种情况:

（1）在本职工作中作出的发明创造。"本职工作"通常是指在劳动合同书中约定的发明人的岗位职责范围,不是单位的全部业务范围,也不是与其从事专业有关联一切范围。

（2）履行本单位交付的本职工作之外的任务所作出的发明创造。"本职工作以外的任务"必须是明确、具体的任务,并有证据证明是单位交付的。一般性的号召、要求等,不能认定为本单位交付的任务。

（3）退休、调离原单位后或者劳动、人事关系终止后1年内作出的,与其在原单位承担的本职工作或者原单位分配的任务有关的发明创造。发明创造属于复杂的脑力劳动,是个持续累积的过程。与原单位终止工作关系的人员,在较短时间内,在原单位承担的本职工作或者原单位分配的任务范围内完成的发明创造,很可能与原单位存在密切联系,甚至是原工作的延续,所以专利法将这种情况纳入职务发明创造的范畴,以防止原单位的利益受到损失。

(二)主要是利用本单位的物质技术条件所完成的发明创造

本单位的物质技术条件,是指本单位的资金、设备、零部件、原材料或者不对外公开的技术资料等。

并非所有利用了本单位物质技术条件的发明创造都属于职务发明创造。"主要"利用本单位的物质技术条件,是指对于完成该发明创造,上述物质技术条件是不可缺少的,并且对形成该发明创造具有实质性的影响。少量地利用或者对发明创造的完成没有实质性帮助地利用,不属于所规定的这种情形。

二、利用本单位物质技术条件完成的发明创造

利用本单位的物质技术条件所完成的发明创造,单位与发明人或者设计人订有合同,对申请专利的权利和专利权的归属作出约定的,从其约定。

根据我国的相关惯例,对于利用本单位的物质技术条件所完成的发明创造,无论是否"主要"利用,均可由单位与发明人通过约定确定其专利申请人的归属,可以约定为职务发明创造,也可以约定为非职务发明创造。该约定应当订立书面合同。在无约定的情况下,如系"主要是利用本单位的物质技术条件"完成的发明创造,则属于职务发明。

但执行本单位的任务所完成的发明创造,无论是否存在约定,均属于职务发明创造,申请专利的权利属于发明人的单位。

第三节 其他情况下的专利权归属

一、委托或合作发明

两个以上单位或者个人合作完成的发明创造、一个单位或者个人接受其他单位或者个人委托所完成的发明创造,除另有协议的以外,申请专利的权利属于完成或者共同完成的单位或者个人;申请被批准后,申请的单位或者个人为专利权人。

在委托与合作发明的情况下,申请专利的权利遵从约定优先原则。如果委托或合作发明的各方当事人在合同中对于权利归属问题作出了明确约定,法律将从其约定。在当事人未就委托或合作发明的权利归属作出约定的情况下,申请专利的权利属于完成或者共同完成的单位或者个人。即,在合作开发的情况下,申请专利的权利属于完成发明的当事人共有。当事人一方不同意申请专利的,另一方或者其他各方不得申请专利。当事人一方转让其申请专利的权利的,其他各方享有以同等条件优先受让的权利。当事人一方声明放弃其申请专利的权利的,可以由另一方单独申请或者由其他各方共同申请。申请人取得专利权的,放弃专利申请的一方可以免费实施该专利。在委托开发的情况下,申请专利的权利属于发明创造的完成方,即受托人。委托人可以免费实施该专利。受托人转让申请专利的权利的,委托人享有以同等条件优先受让的权利。

我国专利法对于委托发明的专利归属规定,与合同法对于一般委托合同的权利归属规定有着一定区别,但在实践中,双方通常会以合同方式约定其专利权归属。

二、专利权共有

在多人共有一项专利申请权或者专利权的情况下,共有人对权利的行使有约定的,从其约定。在没有约定的情况下,原则上行使共有的专利申请权或者专利权应当取得全体共有人的同意。但在一种情况存在例外：共有人对于专利的实施没有约定的，共有人中的任何人均可以单独实施或者以普通许可方式许可他人实施该专利；许可他人实施该专利的，收取的使用费应当在共有人之间分配。这一规定的目的是促进专利技术的实施，以实现专利法推动发明创造的应用、促进社会发展的宗旨。

【案例1】"钻孔压浆成桩法"专利权属纠纷案

【案情】1983年，陶义从中国人民解放军基建工程兵六支队副总工程师岗位调至北京市城市建设总公司构件厂（下称"构件厂"）任厂长。1984年4月16日，陶义根据自己在基建工程兵六支队多年从事地基基建工程施工的经验积累完成了"钻孔压浆成桩法"，并将该技术方案完整汇集在自己几十年来专门记载技术资料的笔记本上。1984年9月，北京科技活动中心大楼地基工程施工遇到困难，委托单位请陶义帮助解决。陶义代表构件厂承接了此项地基施工工程后，在用传统的小桩技术打了五根桩均告失败的情况下，将自己已经构思完成的技术方案，即"钻孔压浆成桩法"向委托单位进行了讲解，委托单位同意使用此方案。1985年1月，构件厂将从河南省某厂购买的Z400型长螺旋钻孔机运至北京科技活动中心大楼施工工地，并于1985年3月根据《工业与民用建筑灌注桩基础设计与施工规程》中关于"施工前必须试成孔，数量不得少于两个"的规定，由构件厂和施工队按陶义的技术方案试打了两根试验桩，经检验完全合格，陶义的技术方案首次应用成功。之后，该技术方案在保密的情况下多次被应用。后由于企业改制，构件厂于1986年10月更名为北京地铁地基工程公司（下称"地基公司"），陶义任该公司经理。1986年1月，陶义将"钻孔压浆成桩法"申请了非职务发明专利，并于1988年获得授权。1989年，地基公司向北京市专利局提起行政处理请求，要求确认该专利为职务发明专利。后北京市专利局作出处理决定，确认"钻孔压浆成桩法"发明专利为职务发明，专利权归地基公司所有。陶义不服，提起诉讼。

一审法院认为：陶义提供的"钻孔压浆成桩法"技术方案完成的时间是1984年4月16日，地基公司对此不能提出任何充足的证据加以否定，因而这一发明时间是可信的。陶义本人因长期从事地基施工方面的工作，这对完成该技术方案起了决定性的作用,在"钻孔压浆成桩法"试验过程中,使用了构件厂,即后来的地基公司专门为此购买的设备以及必要的材料、人工等。陶义和地基公司对"钻孔压浆成桩法"的完成均起了十分重要的作用。据此,一审法院于1991年12月23日作出判决:"钻孔压浆成桩法"的发明专利权归陶义和地基公司共有。❶

二审法院认为:首先,陶义作为构件厂厂长,其本职工作不是从事地基施工方面的技术开发,"钻孔压浆成桩法"不是其在本职工作中完成的发明创造,且该案也无证据显示构件厂曾交付陶义进行"钻孔压浆成桩法"的研究。其次,"钻孔压浆成桩法"技术方案完成时间是1984年4月16日,在此之前,陶义并没有利用本单位的物质技术条件进行研究。1985年3月16日和17日在北京科技活动中心工地打的两根试桩,是对"钻孔压浆成桩法"技术方案的实施,而不是技术方案完成前对技术方案的试验。该案中对构件厂物质技术条件的利用仅仅是为了实施"钻孔压浆成桩法"技术,对其完成并未起到作用。因此"钻孔压浆成桩法"发明专利,既不是陶义执行本单位的任务所完成的发明创造,也不是利用本单位的物质条件所完成的发明创造,不属于专利法规定的职务发明创造。据此,二审法院于1992年5月8日作出判决:①撤销一审法院判决;②"钻孔压浆成桩法"的发明专利权归陶义所有。

【评析】这起发生较早的案件,较为全面地涉及了职务发明各方面的判断标准。一方面,陶义的本职工作是厂长而非地基施工的技术人员,因此,完成"钻孔压浆成桩法"的发明创造既非本职工作,也无证据表明是完成本单位交付的任务,因此,不属于"执行本单位的任务"完成的发明创造。另一方面,陶义在完成发明的过程中,并未"主要利用本单位的物质技术条件"进行,仅是在发明完成之后,利用本单位的物质技术条件进行了技术规程要求的试验,这一试验发生在技术方案完成之后,在专利法意义上,已经属于技术方案的实施。因此,"钻孔压浆成桩法"专利不满足职务发明的各项要件,不属于职务发明。

值得一提的是,该案是我国首例将职务发明还原为非职务发明的案例,其判决对职务发明的法律界限作出了重要贡献,因而被收入1994年《中国知识产

---

❶ 参见北京市中级人民法院民事判决书(1991)中经字第724号。

权保护状况》白皮书中。

【案例2】台州市黄岩某电动车有限公司诉谢某专利权权属纠纷案

【案情】原告台州市黄岩某电动车有限公司诉称：电动代步车是原告根据美国GMG公司要求出口到美国的产品。原告于2003年8月下旬开始该车的研制、改进工作，并逐步完善生产、出口的相关手续和技术文件。被告谢某作为美国GMG公司驻电动车公司的督办，多方面参与了电动代步车的生产与技术工作，原告所有的技术与生产都对被告公开。2003年11月，被告以自己个人的名义申请了"电动代步车"外观设计专利（ZL200330133682.6）。原告主张原、被告是合作开发完成，要求判决"电动代步车"外观设计专利归原、被告双方共有。

被告谢某辩称：电动代步车是被告独立开发的，原告只负责该车生产。被告不是原告的职工，不存在职务发明的事实，故系争专利不应由原、被告双方共有。

法院认为：原告与被告之间既无劳动合同关系，也未签订过合作开发协议，因此，原告应举证证明其在本案系争专利电动代步车的研究开发过程中参与了哪些开发工作。原告举出的证据包括图纸与生产证明等，无法反映原告的工作人员具体从事了产品研发工作，以及完成了产品哪些关键部分的设计工作。产品的制造行为并不是研究开发行为的简单延伸，两者在性质上完全不同。原告的举证只能证明其组织了电动代步车的整车生产并将之出口到美国，这体现了电动代步车完成研制开发后的制造和销售过程。原告诉称其与被告共同开发电动代步车的理由，缺乏事实依据，其诉讼请求不予支持。❶

【评析】根据专利法相关规定，合作发明，申请专利的权利属于完成或者共同完成的单位或者个人；申请被批准后，申请的单位或者个人为专利权人。"完成"应当是指对发明创造的实质性特点作出创造性贡献。因此，专利法意义上的"合作"与一般民法意义上的"合作"存在较大区别。后者仅需要双方存在诸如财力、人力、物力方面的合作即可，但前者必须要求双方均进行了"研发"工作，对发明创造的突出性特点作出创造性贡献。在本案中，双方确实存在一般

---

❶ 参见上海市第一中级人民法院民事判决书(2006)沪一中民五(知)初第29号。

意义上的合作关系,但是,原告在其中所起的作用仅是产品的"生产",而非研发,没有证据证明其对发明的实质性特点作出了创造性贡献,因此,合作发明无法成立。涉案专利应属被告个人所有。

思考与讨论

1. 发明人、专利申请人、专利权人有何区别和联系?

2. 何种人可以成为专利法所称的"发明人"?

3. 职务发明的条件有哪些?

4. 简述专利权共有情况下的权利归属。

延伸阅读

1. 文希凯主编:《专利法教程》(第3版),知识产权出版社2013年版。

2. 程永顺:《专利权权属判例:第14辑》,知识产权出版社2010年版。

第十三章　授予专利权的实质条件

授予发明和实用新型专利权的实质条件包括新颖性、创造性、实用性。新颖性是指该发明或者实用新型不属于现有技术或抵触申请。创造性是指该发明具有突出的实质性特点和显著进步,该实用新型具有实质性特点和进步。实用性是指该发明或者实用新型能够制造或者使用,并且能够产生积极效果。授予外观设计专利权的实质性条件包括新颖性、独创性和不与在先权利相冲突等。专利权的授权实质条件,既是专利申请时判断专利是否能够授权的依据,也是专利无效宣告程序中判断专利是否有效的依据。

第一节　新颖性

发明和实用新型专利权的授权实质条件包括新颖性、创造性、实用性。而外观设计因为保护对象不同,存在一定区别。本章将分别予以介绍。

一、新颖性的定义

新颖性,是指该发明或者实用新型不属于现有技术;也没有任何单位或者个人就同样的发明或者实用新型在申请日以前向国务院专利行政部门提出过申请,并记载在申请日以后公布的专利申请文件或者公告的专利文件中。

由此可见,用来判断一项发明或实用新型的新颖性主要有两种文件,现有技术,和在被审查申请的申请日以前向国务院专利行政部门提出申请,并在被审查申请的申请日以后公布或公告的专利申请,后者称之为"抵触申请"。

二、现有技术和抵触申请

(一)现有技术

现有技术,是指申请日以前在国内外为公众所知的技术。由此可知,现有技术的时间范围为申请日以前,地域范围则为国内外。为公众所知,是指该技术方案处于公众想知道就能够获知的状态。而不以公众实际知道为要件。例如,一本公共图书馆中从未有人借阅过的书,或者互联网上点击率为0的文章,均属于专利法意义的为公众所知。另一方面,为公众所知,是指该技术方案能够为非特定人获知。所谓特定人,是指对于发明创造负有保密义务,或者按社会观念应当并且能够保密的人。一项发明创造仅为特定人所知晓,不论这种特定人有多少,也不构成专利法意义上的公开。当任何非特定人只要想知道这项技术,不需要采用任何特殊手段便可以合法地获得该项技术的全部内容时,专利技术即为公众所知。

现有技术的公开方式主要分为三种,出版物公开、使用公开和其他公开。

(1)出版物公开。这里的"出版物公开"含义类似于"书面公开"。"出版物"不仅包括公开出版的刊物,还包括各种印刷、打印或手抄的纸件,例如专利文献、技术手册、产品目录等,以及各种以光、电、磁或摄影等方法制成的有形载体,如磁盘、光盘、缩微胶片等。但文件上应当载明能够判断公开日的依据。对国内外出版物进行全面检索是专利行政部门审查专利新颖性的主要方式。

(2)使用公开。使用公开,是指由于使用使得一项技术处于为公众所知的状态。使用公开不仅包括制造、使用、销售、进口等,还包括为了使用或销售而进行的展示。但如构成现有技术的部分属于产品的内部结构,则只有在公众能够通过合法手段获知该内部结构时,方能构成使用公开。例如,在市面上销售的电器,消费者购买之后,有权拆开其外壳,分析其内部结构,故构成使用公开;而安装在街角的变压器,因非工作人员无权对其进行拆解,因此在工作人员负有保密义务的情况下,不属于使用公开。

(3)其他公开。主要是指口头公开,如,口头交谈、报告、广播或电视等媒介的播放等。

(二)抵触申请

一项专利从申请到公开需要经过一段时间,因此,在被审查申请的申请日之前申请,在被审查申请的申请日以后公开的专利文献,无法构成该专利的现有技术。但是,如果判断新颖性时不考虑该类文件,当其与被审查申请属于相同的技术方案时,有可能出现二者同时被授予专利权的情况,违背了专利法的禁止重复授权原则。因此,为避免重复授权,专利法将抵触申请也作为破坏专利新颖性的一种情况。

抵触申请,是指在被审查申请的申请日以前向国务院专利行政部门提出申请,并在被审查申请的申请日以后公布或公告的专利申请。"公布"是指发明专利申请在实质审查之前进行的公布,"公告"是指不经过实质审查的实用新型文件在授权的同时进行的公告。二者均系专利技术方案的首次公开。

因此,在专利审查过程中,不但要检索申请日前公开的文献,还需要补充检索在申请日之后公开的、申请日之前提交申请的相关专利文献。

三、新颖性的审查

(一)对比文件范围

与专利申请的技术方案进行对比,以判断该专利申请是否具有新颖性、创造性的文件称为对比文件。判断新颖性的对比文件既包括现有技术,也包括抵触申请。

（二）对比原则

新颖性、创造性的判断，以权利要求为单位。分别将每项权利要求与对比文件中记载的技术方案进行对比。如果独立权利要求具备新颖性、创造性，则不再考察从属权利要求的新颖性、创造性。如果独立权利要求不具备新颖性、创造性，则根据从属关系，依次考察各从属权利要求的新颖性、创造性。

新颖性的审查适用单独对比原则。即，在判断新颖性时，应当将权利要求与一份对比文件，或对比文件中的一项技术方案单独进行比较。如果权利要求中存在对比文件的技术方案中没有的新的技术特征，则该项权利要求具有新颖性。如果对比文件的技术方案公开了该项权利要求中的全部技术特征，则该权利要求不具备新颖性。新颖性的判断，不得将几份对比文件，或一份对比文件中的多项技术方案组合进行对比。与创造性的判断方法存在一定区别。

四、不丧失新颖性的公开

一般而言，在申请日以前被公开的发明创造，将丧失新颖性。但某些符合法律规定的特定的公开方式，不会对发明创造的新颖性产生影响。该发明创造仍然具有新颖性。专利法上称之为"不丧失新颖性的公开"。

我国专利法规定，申请专利的发明创造在申请日以前6个月内，有下列情形之一的，不丧失新颖性：

（1）在中国政府主办或者承认的国际展览会上首次展出的；

（2）在规定的学术会议或者技术会议上首次发表的；

（3）他人未经申请人同意而泄露其内容的。

上述例外情形，仅是指在专利申请日前六个月内，一项发明创造的上述三种公开方式自身，不会破坏该发明创造的新颖性。因此，一旦在申请日前，该发明创造被以除该三种方式以外的其他方式公开，则将丧失新颖性。因此这一规定仅是一种亡羊补牢的手段，不宜主动适用。

另一方面，该三种公开方式，也将破坏除其自身以外的其他专利申请的新颖性。对于其他申请,构成正常的现有技术。

第二节　创造性

一、创造性判断标准

创造性,是指与现有技术相比,该发明具有突出的实质性特点和显著的进步,该实用新型具有实质性特点和进步。

专利权的权利边界,是权利人的私人财产和社会公共财产之间的边界,直接决定了公众可以实施和不能实施的技术。因此该边界的划分显得极为重要。如果边界划分不合理,有可能使创造者的利益得不到充分保护,无法起到足够的鼓励创新的作用,不利于社会进步;也可能使创造者的私人领域侵吞公有领域,妨碍社会公众实施本身属于全人类的公有财产的技术。新颖性、创造性等专利授权实质性条件,就是用来准确地划分这条界线的。在专利制度创立之初,仅有新颖性的规定,但很快出现的情况是,一些发明人仅将现有技术加以简单的、缺乏创造性的改变,就申请了专利,将技术据为己有,并指控实施该项技术的他人侵权,对专利制度的实施造成了极大威胁,因此,各国很快都在新颖性标准之上,设置了创造性标准。

发明专利的创造性标准是指,该发明具有突出的实质性特点和显著的进步。其中,突出的实质性特点,是指发明的技术方案相对于现有技术是非显而易见的;而显著的进步,是指发明与现有技术相比能够产生有益的技术效果,例如,发明克服了现有技术中存在的缺点和不足,或者为解决某一技术问题提供了一种不同构思的技术方案,或者代表某种新的技术发展趋势等。因此,判断一项发明的创造性,必须从技术方案和技术效果两个角度予以考虑,既要评价技术方案是否显而易见,也要评价技术效果是否较之现有技术存在进步。

而发明和实用新型的主要区别之一,就在于创造性上所要求的高度不同。与现有技术相比，发明应具有突出的实质性特点和显著的进步，而实用新型只需要具有实质性特点和进步。实用新型专利的创造性标准比发明要低，在创造性判断时，通常考虑的技术领域比发明要窄，引用的对比文件数量也比发明要少。

二、创造性的审查

（一）对比文件范围

与新颖性不同，评价创造性的对比文件只包括现有技术，不包括抵触申请。即抵触申请仅用来评价新颖性。创造性判断中的现有技术的概念与新颖性判断中的现有技术是一致的。

（二）对比原则

与新颖性判断的单独对比原则不同，审查创造性时，应将一份或者多份现有技术中的不同的技术内容组合在一起对要求保护的发明是否具有创造性进行评价。

（三）判断主体

因为创造性的判断标准为"是否显而易见"，显然，不同的判断主体对显而易见的认定不会一致。非本领域人员和本领域专家会得出完全不同的结论。因此，在判断发明是否具有创造性时，必须对判断主体进行统一。

根据专利法规定，创造性的判断主体，是"所属技术领域的技术人员"，也可称为"本领域的技术人员"。所属技术领域的技术人员，是指一种假设的"人"。一方面，他知晓申请日或者优先权日之前发明所属技术领域所有的普通技术知识，能够获知该领域中所有的现有技术，并且具有应用该日期之前常规实验手段的能力，另一方面，他不具有创造能力。如果所要解决的技术问题能够促使本领域的技术人员在其他技术领域寻找技术手段，他也应具有从该其他技术领域中获知该申请日或优先权日之前的相关现有技术、普通技术知识和常规实验手段的能力。

即，所属技术领域的技术人员，一方面知晓或能获知申请日或优先权日之前本领域和相关领域一切用于判断创造性的技术信息,另一方面,不具有创造能力。在不存在技术启示的情况下,他无法想到利用所获知的技术信息,对现有技术进行创造。在所属技术领域的技术人员看来,相对于现有技术是非显而易见的技术方案,即具有创造性。

(四)创造性判断三步法

为了判断的准确性,创造性的判断遵循严格的步骤进行,国际上通行并为我国采纳的,是"创造性判断三步法"。

第一步　确定最接近的现有技术

最接近的现有技术,是指现有技术中与要求保护的发明最密切相关的一个技术方案,它是判断发明是否具有突出的实质性特点的基础。

最接近的现有技术主要包括以下两种:

(1)与要求保护的发明技术领域相同,所要解决的技术问题、技术效果或者用途最接近和/或公开了发明的技术特征最多的现有技术;

(2)虽然与要求保护的发明技术领域不同,但能够实现发明的功能,并且公开发明的技术特征最多的现有技术。

应当注意的是,在确定最接近的现有技术时,应首先考虑技术领域相同或相近的现有技术。

第二步　确定发明的区别特征和发明实际解决的技术问题

该步骤分为两步,第一步是从技术方案角度,找出要求保护的发明与最接近的现有技术之间的区别技术特征;第二步是从技术效果角度,找出该区别技术特征相对于现有技术所能达到的技术效果,由此确定发明实际解决的技术问题。因此,发明实际解决的技术问题,是指为获得更好的技术效果而需对最接近的现有技术进行改进的技术任务。

在实际审查中,审查员认定的最接近的现有技术不一定与申请人在说明书中所描述的现有技术相同,而可能基于最接近的现有技术重新确定的该发明实际解决的技术问题。

第三步　判断要求保护的发明对本领域的技术人员来说是否显而易见

该步骤需要判断的是,现有技术中,对于将上述区别特征应用到最接近的现有技术以解决其存在的技术问题(即发明实际解决的技术问题),是否存在技术启示。这种启示能够使得没有创造力的本领域技术人员,在面对所述技术问题时,能够想到将上述区别特征应用到最接近的现有技术以解决其技术问题,从而获得要求保护的发明。如果现有技术中存在这种技术启示,则发明是显而易见的,不具有突出的实质性特点。

如果要求保护的发明和最接近现有技术之间的区别特征在现有技术的其余部分中得到披露,且其实现的技术效果,与该区别特征在要求保护的发明中为解决该技术问题所实现的效果相同,则认为现有技术中存在上述启示。

第三节 实用性

实用性,是指一项发明或者实用新型能够制造或者使用,并且能够产生积极效果。在专利"三性"审查中,实用性的判断因为不需要依赖专利检索,所以较为简单。因此,在专利审查程序中,最先审查实用性,然后再审查新颖性,最后审查创造性。

关于实用性的判断有如下标准:

第一,符合自然规律,具有可实施性。例如,永动机因违背了自然规律,因此不具备实用性,不能被授予专利。可实施性并不意味着发明或实用新型已经在产业上制造或使用,或者已经准备好在产业上制造或使用,只要基于对发明或实用新型的客观分析,认定它具有潜在的制造或使用的可能性,即可视为具有可实施性。违背自然规律因而无法实施的的技术方案则不具有实用性。

第二,具有产业再现性。即能够以工业方式重复制造或实施。例如,利用独一无二自然条件因而难以重复实施的技术方案,如南京长江大桥等,不属于具有实用性的发明创造,不能被授予专利权。

第三,能够产生积极效果。通常,这种积极效果可以表现为提高产品质量、改善工作和生产环境、节约能源、减少环境污染、降低成本等。在判断实用性时需要注意的是,并不需要发明创造在申请专利时已经产生了这种积极效果,只要具备产生积极效果的可能性就可以了。

第四节　外观设计获得专利权的实质性条件

一、新颖性

外观设计的新颖性,是指授予专利权的外观设计,应当不属于现有设计;也没有任何单位或者个人就同样的外观设计在申请日以前向国务院专利行政部门提出过申请,并记载在申请日以后公告的专利文件中。现有设计,是指申请日以前在国内外为公众所知的设计。外观设计的新颖性判断,与发明和实用新型中现有技术和抵触申请的情形是类似的。

判断外观设计新颖性时,应注意以下几个方面:

（一）判断主体

判断外观设计的新颖性时,应当基于专利产品的一般消费者的知识水平和认知能力进行评价。不同种类的产品具有不同的消费者群体,应根据不同的主体分别加以判断。

（二）产品相同或相近

外观设计的新颖性判断仅限于相同或相近种类的产品的外观设计。对于产品种类不相同也不相近的外观设计,不进行专利与现有设计是否实质相同的比较和判断,即可认定该外观设计与对比设计不构成实质相同。其中,相近种类的产品是指用途相近的产品。

（三）不属于现有设计

不属于现有设计,是指在现有设计中,既没有与涉案专利相同的外观设计,也没有与涉案专利实质相同的外观设计。

与涉案外观设计相同,是指二者相比,仅属于常用材料的替换,或者仅存在产品功能、内部结构、技术性能或者尺寸的不同,而未导致产品外观设计的变化,二者仍属于相同的外观设计。

与涉案外观设计实质相同,是指二者相比,其区别仅在于以下几个方面:

(1)施以一般注意力不能察觉到的局部的细微差异,例如,百叶窗的外观设计仅有具体叶片数不同;

(2)使用时不容易看到或者看不到的部位,但有证据表明在不容易看到部位的特定设计对于一般消费者能够产生引人瞩目的视觉效果的情况除外;

(3)将某一设计要素整体置换为该类产品的惯常设计的相应设计要素,例如,将带有图案和色彩的饼干桶的形状由正方体置换为长方体;

(4)将对比设计作为设计单元按照该种类产品的常规排列方式作重复排列或者将其排列的数量作增减变化,例如,将影院座椅成排重复排列或者将其成排座椅的数量作增减;

(5)其区别在于互为镜像对称。

(四)单独对比原则

和发明及实用新型的新颖性判断一样,外观设计的新颖性也适用单独对比原则,一般应当用一项对比设计与要求保护的设计进行单独对比。

二、创造性

外观设计的创造性,是指授予专利权的外观设计与现有设计或者现有设计特征的组合相比,应当具有明显区别。一般称为外观设计的创造性或独创性。由于外观设计是对产品外观作出的富有美感的设计,不是一种技术方案,因此,与发明和实用新型考察技术进步的创造性标准存在较大区别。

判断外观设计创造性时,应注意以下几个方面。

(一)判断主体

和新颖性一样,外观设计的创造性判断的主体也为一般消费者,其定义与新颖性相同。

(二)明显区别

涉案专利与现有设计或者现有设计特征的组合相比不具有明显区别是指如下几种情形:

(1)涉案专利与相同或者相近种类产品现有设计相比不具有明显区别;

(2)涉案专利是由现有设计转用得到的,二者的设计特征相同或者仅有细微差别,且该具体的转用手法在相同或者相近种类产品的现有设计中存在启示;

(3)涉案专利是由现有设计或者现有设计特征组合得到的,所述现有设计与涉案专利的相应设计部分相同或者仅有细微差别,且该具体的组合手法在相同或者相近种类产品的现有设计中存在启示。

上述转用和/或组合后产生独特视觉效果的除外。

(三)对比原则

判断外观设计的创造性,允许将两项或两项以上现有设计的特征组合起来,判断申请获得专利权的外观设计与之相比是否具有明显区别,这一标准排除了将惯常设计特征、知名产品的设计特征组合而成的设计,也排除对多项现有设计的特征进行简单组合而成的设计。

三、不得与他人在先取得的权利相冲突

授予专利权的外观设计不得与他人在申请日以前已经取得的合法权利相冲突。合法权利,包括商标权、著作权、企业名称权、肖像权以及知名商标特有包装或装潢使用权等。所谓相冲突,是指在未经权利人许可的情况下,外观设计使用了在先合法权益的客体,从而导致其专利权的实施将会

损害在先权利人的相关合法权利或者权益的情形。

【案例1】"红外传输出租汽车计价器"发明专利无效案

【案情】马某发明的"红外传输出租汽车计价器"获得了发明专利,北京林阳智能研究中心向专利复审委员会申请宣告该发明专利无效。证据中包含一份英国专利文件和一份香港八通公司计价器说明书。二审法院认定:英国专利所公开的是通过有线连接计算机对计价器进行数据传输管理的一种技术,并写明最好采用光波控制方式改进这种有线传输信息的方式。而香港公司计价器说明书所公开的是一种利用红外信号传输进行管理的出租车计价器。红外线是光波的一种。而红外线信号传输装置是公知技术,是由红外接收、发射装置构成的。且利用红外信号代替英国专利技术中的有线输入、输出技术也是公知技术。因此,香港公司的说明书所公开的技术方案对于本领域技术人员存在着技术启示。本领域技术人员不经创造性劳动,就能够联想到将香港公司的说明书中公开的红外线传输技术用于英国专利技术方案,得到涉案发明。因此,该发明不具有创造性,专利权无效。❶

【评析】本案涉及发明专利的创造性判断。创造性判断应采取组合对比原则,可以将多份对比文件组合在一起判断涉案专利是否存在创造性。其实质是,判断现有技术中是否存在将区别特征用于最接近的现有技术以获得涉案发明的技术启示。这种技术启示的实质,是指现有技术中公开了该区别特征,且实现的技术效果与区别特征相同。这样,不具有创造力的本领域技术人员就很容易想到将区别特征应用于最接近的现有技术以得到涉案发明。在本案中,马某的发明与英国专利的区别特征,只有英国专利的传输方式是有线传输,而马某发明的传输方式是红外线传输。而无论是红外线传输方式本身,用红外线传输代替有线传输的做法,还是将这种方式应用于出租车计价器,均是现有技术中已经公开的内容。本领域技术人员无需经过创造性劳动就能想到将其用于英国专利的改进,而得到涉案发明。因此,马某的专利不具有创造性,专利权无效。

---

❶ 参见北京市高级人民法院行政判决书(1998)高知终字第29号。

【案例2】某电器厂诉专利复审委专利无效行政诉讼案

姜某于1993年4月23日向专利局提出名称为"安全电热毯"的实用新型专利申请,申请号为93210997.7,于1994年5月25日被授予专利权。本案专利授权的权利要求书内容为:"1.一种安全电热毯,由电加热系统和包复层组成,其特征在于电加热系统是由电热丝、套在电热丝外并两端封闭的软套管、夹在电热丝与套管之间的传热液构成。2.根据权利要求1所述的电热毯,其特征在于电热丝为带有护套的电热丝,套管两端与护套封闭连接。"

某电器厂于2001年6月28日向专利复审委员会提出无效宣告请求,其理由为涉案专利不具有实用性。

专利复审委员会第4340号决定认为,本案专利权利要求所保护的安全电热毯能够被制造出来,并且能够消除人睡在上面的不适感。采用了可折叠易热合的护套和套管封闭传热液这种结构,使得电热毯可以随意折叠,采用防冻剂作为传导物质,克服了水在低温情况下结冰使导管易折断的弊端。可见本实用新型能够被制造出来,并且能够产生有益效果,因此具有实用性。

某电器厂不服,向北京市第一中级人民法院提起行政诉讼,认为按照说明书附图制造的产品,存在水电共存的严重问题,不符合国家强制标准,对人身会造成危害。一、二审判决均认定本案专利具有实用性,对无效主张不予支持。

二审法院认为:专利法所称实用性,是指发明或实用新型申请的主题必须能够在产业上制造或者使用,并且能够产生积极的效果。涉案专利的技术方案能够制造出来,并产生有益效果。根据专利技术方案制造的产品是否符合国家标准,并不是判断该专利是否具有实用性的依据。是否损害人身健康,要从实用新型的发明目的出发来判断。至于按专利生产的产品在使用中的质量问题,不属于专利法调整的范围,所以本案专利具备实用性。❶

【评析】本案涉及实用性的判断。实用性是指一项发明或者实用新型能够在产业上进行重复制造或者使用,并且能够产生积极效果。因此,只是涉案技术存在在工业上批量制造的可能性,并且具有积极效果,即具有实用性。并不

---

❶ 参见国家知识产权局专利复审委员会专利无效审查决定第4340号、北京市第一中级人民法院行政判决书(2002)一中行初字第93号。

要求该产品被实际制造出来,也不要求该产品满足相关的行业标准。如果依照专利技术制造的产品不满足相关标准,应当由相应的法律进行约束,而不属于专利法的调整范围。专利法规定的违反法律而不授予专利权的发明创造,仅是指发明的目的违法的发明创造,例如为了实施赌博、吸毒或制造假币而设计的技术方案。仅其实施为法律禁止的技术方案,仍然属于可以授予专利权的范畴。

思考与讨论

1. 什么是抵触申请?

2. 如何理解专利法意义上的"公开"?

3. 如何区分"优先权"和"不视为丧失新颖性的公开"?

4. 如何判断发明专利的创造性?

5. 外观设计的实质性授权条件有哪些?

延伸阅读

1. 国家知识产权局专利复审委员会:《专利复审委员会案例诠释——现有技术与新颖性》,知识产权出版社2004年版。

2. 中华专利代理人协会:《<专利法>第22条创造性理论与实践》,知识产权出版社2012年版。

3. 吴大章:《外观设计专利实质审查标准新讲》,知识产权出版社2013年版。

第十四章　专利申请实务

本章介绍了和专利申请实务相关的各方面内容,主要分为专利审批程序、专利申请文件撰写和复审无效程序三个部分。对于专利审批的"早期公开、延迟审查"制度,专利文件的撰写要求和具体格式,复审无效程序的流程等,均进行了详细介绍。旨在为专利申请实务工作提供简明扼要的指南。

第一节　专利申请程序

一、专利申请的原则

(一)禁止重复授权原则

禁止重复授权原则,即同样的发明创造只能授予一项专利权。在著作权领域,只要符合独创性,即使两件完全相同的作品,也可分别拥有独立的著作权。但专利权的权利内容是禁止他人实施专利技术方案,若同一项发明创造拥有两项专利权,必然在权利人之间产生冲突。且第三人实施该专利需要经过所有专利权人同意并缴纳费用,将在市场中产生混乱。

(二)先申请原则

在禁止重复授权原则下,当两项相同的发明创造均提交了专利申请时,法律需要对谁能获得专利权进行规定。世界上对此存在两种不同的处理方式。美国实行的是"先发明原则",将专利权授予最先发明该项技术的人。❶而除美国以外的大部分国家实行的是"先申请原则",将专利权授予最先提交专利申请的人。

两种方式,各有优劣。先发明制度的优点是,对于发明人较为公平;缺点是,一方面举证困难,需要在发明过程中保留大量的中间文件,且消耗大量的诉讼成本,另一方面,容易导致发明人怠于申请专利,使得技术无法及早得到公开,且容易造成重复研究。先申请制度的优点是,克服了先发明制度的缺点,举证简单,判断容易,且能够督促发明人及早申请专利、公开技术方案,以防止专利被他人抢先申请,从而加速整体上的科技进步;缺点则是,一方面对于先发明人有可能会不公平,另一方面,可能使得申请人为了"抢点",将大量技术尚不成熟、市场前景尚不明了的发明创造提交专利申请,从而极大加重专利审查员的负担。

因此,实行先申请制度的国家,都会同时通过相关的制度设计,发挥先申请制度的优点,规避先申请制度的缺点。

我国专利法采用了先申请原则,规定两个以上的申请人分别就同样的发明创造申请专利的,专利权授予最先申请的人。我国对于申请时间的确定是以日为标准的。两个以上的申请人同日分别就同样的发明创造申请专利的,应当在收到国务院专利行政部门的通知后自行协商确定申请人。申请人期满不答复的,其申请被视为撤回;协商不成,或者经申请人陈述意见或进行修改后仍不符合规定的,两件申请均予以驳回。

(三)申请日

对于实行先申请制度的国家而言,申请日是专利法中最重要的日期之一。申请日的重要性主要体现在如下几点:

(1)同样的发明创造,专利权授予申请日在先者;

(2)申请日是用于新颖性、创造性判断的"现有技术"的界限。即,判断新颖性、创造性时,是将要求保护的专利与申请日以前公开的技术方案,或

---

❶ 2011年9月14日由奥巴马总统签署的《美国发明法案》对美国专利法进行了重要修改,对"先发明原则"进行了一定调整,但并未采用"先申请原则",而是建立了一种"发明人先申请原则"(First inventor to file)。

在申请日以前申请专利、申请日以后公开的技术方案进行对比。申请日是判断新颖性、创造性时,专利检索的界限。

(3)申请日是专利审查程序中,公开程序、实质审查程序等时限的起算日;

(4)申请日是专利期限起算日。

因此,确定申请日显得尤其重要。根据我国专利法,国家知识产权局以收到专利文件之日作为专利的申请日。如果申请文件是邮寄的,则以寄出的邮戳日为申请日。需要注意的时,"邮寄"是指通过邮局的传统邮寄方式,不包括快递。快递的申请文件,仍以收到日作为申请日。

(四)优先权原则

专利具有地域性,一项发明创造在一个国家或地区取得专利,就只能在一个国家或地区范围内获得保护。例如,一项发明创造如果要在中国和美国同时获得专利保护,则必须在中国和美国均提出专利申请。但如果中国申请日和美国申请日并非同一天,例如,先在中国提出专利申请,再在美国提出专利申请,则中国申请一旦被公开,将构成美国申请的现有技术或抵触申请,破坏美国申请的新颖性、创造性。但由于在不同国家提交专利申请需要进行相关的专利文件翻译、委托代理人、办理相关手续等工作,如果必须在各国同步提交申请,则必然大大延后专利申请日,极不利于申请人保护自身的利益。因此,《巴黎公约》规定了优先权原则。

优先权是指,申请人在任一巴黎公约成员国首次提出正式专利申请后的一定期限内,又在其他巴黎公约成员国就同一内容的发明创造提出专利申请的,可将其首次申请日作为后续申请的申请日。即,在满足优先权期限的情况下,将后续申请的申请日提前至首次申请的申请日,该首次申请日即被称为优先权日。

作为《巴黎公约》的成员国,我国专利法也规定了优先权制度:申请人自发明或者实用新型在外国第一次提出专利申请之日起十二个月内,或者自外观设计在外国第一次提出专利申请之日起六个月内,又在中国就相同主题提出专利申请的,依照该外国同中国签订的协议或者共同参加的国际条约,或者依照相互承认优先权的原则,可以享有优先权。由此可见,我国规定的优先权期是发明或实用新型十二个月,外观设计六个月。

值得注意的是,优先权对于申请日的提前具有绝对性,即直接将优先权日视为后续专利申请的申请日,在优先权日和申请日之间公开的任何文件(或提交的抵触申请),均不会破坏后续专利申请的新颖性、创造性。除专利期限的起算日以外,我国专利法所称的申请日,有优先权的,均指优先权日。

随着专利法的发展,包括我国在内的各国,将原本只针对首次申请在外国提出的情形的优先权制度,扩展到首次申请也在本国提出的情形。即在外国优先权之外规定了本国优先权。我国专利法规定的本国优先权,是指申请人自发明或者实用新型在中国第一次提出专利申请之日起十二个月内,又向国务院专利行政部门就相同主题提出专利申请的,可以享有优先权。由此可见,我国规定的本国优先权,只包括发明和实用新型,不包括外观设计。

(五)单一性原则

单一性原则又称一申请一发明原则,是指一件专利申请的内容只能包括一项发明创造,不能将两项或两项以上的发明创造作为一项申请提出。这主要是出于方便审查和检索,以及保障专利审查费用的目的。但单一性原则存在一定例外。我国专利法规定,属于一个总的发明构思的两项以上的发明或者实用新型,可以作为一件申请提出。这里,"属于一个总的发明构思"的发明或实用新型,应当在技术上相互关联,包含一个或多个相同或相应的特定技术特征。其中,特定技术特征是指每一项发明或实用新型作为整体考虑,对现有技术作出贡献的技术特征。

二、专利的审批程序

(一)发明专利的审批

为促进技术方案的及早公开和规避先申请原则的缺点,发明专利审批采用了"早期公开、延迟审查"制度。即在受理和初步审查之后,先对技术方案进行公开,然后再应申请人请求进行实质审查的制度。由"早期公开、延迟审查"制度也可看出,要获得专利权的保护,就必须先公开技术方案,在公开之后才能请求实质审查,获得授权。早期公开、延迟审查制度,是专利权"垄断换公开"契约在审查程序上的具体体现。

在整个专利审批程序期间,专利申请人可以随时撤回其专利申请。即允许专利申请人将其技术方案及早提交申请进行"抢点",防止被他人申请,并根据后续的技术研究和市场调查,决定是否继续申请专利,直至获取专利权。

(1)受理。在申请文件大体合格的情况下,专利审查部门即可受理专利申请,并以收到专利文件之日作为申请日。

(2)初步审查。初步审查是指对专利申请是否符合专利法规定的形式要件以及是否存在明显的实质性缺陷进行的审查。依据专利法相关规定,发明专利的初步审查包括:

①合法性审查。审查发明人和申请人的资格,申请人所委托的代理机构和代理人的资格,以及申请人提交的文件、证明的法律效力。

②格式审查。审查是否明显不属于专利法规定的保护范围或者明显违反国家法律、社会公德和妨碍公共利益、公共秩序。

③保密审查。审查是否涉及国家安全和重大利益,是否需要保密。

④费用审查。审查是否缴纳申请费。

(3)公布。经初步审查认为符合专利法要求的申请,自申请日起满18个月予以公布。且可以根据申请人的请求提前公开。

在专利申请公布前后,申请人能够获得的保护截然不同。在专利申请公布之前,技术方案一直处于保密状态,因此,在此时撤回申请,技术仍然可以在秘密状态下,以技术秘密方式得到保护,不致进入公有领域。在专利申请公布后,技术方案将被公开,如果撤回专利申请或申请未能授权,则技术方案成为任何人均可无偿实施的公共财产。通常,申请人在第一时间提交专利申请后,需要一段时间来衡量是否有必要公开技术方案,以继续进行专利申请。该考虑时间过短,不利于保护专利申请人的利益,过长,则使技术方案迟迟无法公开,妨碍了社会公众的利益。因此,我国为专利申请的公布规定了18个月的期限,申请人在考虑成熟之后,可以根据自己的意愿要求提前公布。

在发明专利申请公布后至专利授予前的一段时间,申请人并不是专利权人,没有禁止他人实施其技术的权利。但技术已经为公众所知,具备条件的人均能够实施。因此,专利法对于公布后、授权前的专利申请规定了"临时保护"制度,在专利授权后,申请人可以要求在该段时间实施其发明的单位或者个人支付适当的费用,该费用可以参照有关专利许可使用费合理确定。❶

(4)实质审查。发明专利申请自申请日起3年内,国务院专利行政部门可以根据申请人随时提出的请求,对其申请进行实质审查。请求实质审查需要缴纳相应费用。申请人无正当理由逾期不请求实质审查的,该申请即视为被撤回。

由此可见,发明专利的审批程序,申请人需要提交两次请求,缴纳两次费用。由于实质审查是对专利授权条件的全面审查,是所有审查环节中任务最重的一环,因此,根据我国专利法规定,提出实质审查请求时需要缴纳的费用,高于提交专利申请时需要缴纳的费用。

如前述,申请人在提交专利申请后,需要一段时间来对技术和市场前景进行评估,决定是否继续申请专利,需要继续申请专利的,也往往需要一定时间对技术方案和申请文件进行完善。因此,专利法为申请人提供了三年的考虑时间。如果决定放弃专利申请,则不需要再请求实质审查,缴纳相关审查费用。如决定继续进行专利审查,则需要提交实质审查请求书,缴纳相关费用。因此,通过实质审查的请求制度,一方面保证了申请人能够实现先申请制度下的"抢点"需要,另一方面,极大地减轻了审查员的负担,也同时避免了申请人消耗无谓的财力。

和公布期限一样,如果实质审查之前的考虑期限过短,则不利于保护

---

❶ 参见《最高人民法院关于审理侵犯专利权纠纷案件应用法律若干问题的解释(二)》第18条。

专利申请人的利益,过长,则使得权利一直处于不稳定状态,社会公众无法确定该项技术是否可以无偿使用,不利于社会公众的利益,故我国专利法规定了3年的提出实质审查请求的期限,在3年中,申请人可以依据自身意愿随时提出请求。在公布之前提出请求的,专利审查部门将先公布专利申请,再进行实质审查。

实质审查的主要内容包括:

(1)实质缺陷审查。如是否属于不授予专利权的客体;授权实质要件如新颖性、创造性、实用性;授权形式要件如权利要求书是否以说明书为依据,说明书是否公开充分等;优先权;单一性;修改及分案申请是否超范围等。

(2)形式缺陷审查。形式缺陷审查主要是对专利文件的各部分是否符合形式规范进行审查。

国务院专利行政部门对发明专利申请进行实质审查后,认为不符合本法规定的,应当通知申请人,要求其在指定的期限内陈述意见,或者对其申请进行修改;无正当理由逾期不答复的,该申请即被视为撤回。发明专利申请经申请人陈述意见或者进行修改后,国务院专利行政部门仍然认为不符合本法规定的,应当予以驳回。

5. 授权与公告。发明专利申请经实质审查没有发现驳回理由的,由国务院专利行政部门作出授予发明专利权的决定,发给发明专利证书,同时予以登记和公告。发明专利权自公告之日起生效。

此外,基于先申请原则的缺陷,为了保护先发明人的权利,专利法还规定了"先用权"。在专利申请日前已经制造相同产品、使用相同方法或者已经作好制造、使用的必要准备,并且仅在原有范围内继续制造、使用的,不视为侵犯专利权。因此,专利法通过"早期公开、延迟审查"和"先用权"等制度,发挥了先申请制度的优势,规避了先申请制度的缺陷,既保护了专利权人的利益,也满足了公众的要求,促进了科技的发展。

(二)实用新型和外观设计专利权的审批

与发明专利的实质审查不同,专利法对实用新型和外观设计只进行初步审查而不进行实质审查。国务院专利行政部门对这两种专利申请的初步审查的内容与发明专利申请初步审查基本一致,包括形式审查、明显实质性缺陷审查,合法性审查等。

实用新型和外观设计专利申请经初步审查没有发现驳回理由的,由国务院专利行政部门作出授予实用新型专利权或者外观设计专利权的决定,发给相应的专利证书,同时予以登记和公告。实用新型专利权和外观设计专利权自公告之日起生效。

当实用新型或外观设计的专利权人起诉他人侵犯专利权时,被控侵权方可以提起无效宣告程序,请求专利复审委员会对实用新型或外观设计是否符合专利法的授权条件进行判断。因此,实用新型和外观设计的实质审查,事实上是在无效程序阶段进行。由此也可看出,实用新型和外观设计的权利稳定性较差,相比发明更容易在后续纠纷中被宣告无效。为方便权利人和人民法院判断实用新型和外观设计的可专利性,授予实用新型或者外观设计专利权的决定公告后,专利权人或者利害关系人可以请求国务院专利行政部门作出专利权评价报告。专利侵权纠纷涉及实用新型专利或者外观设计专利的,人民法院或者管理专利工作的部门可以要求专利权人或者利害关系人出具专利权评价报告,作为审理、处理专利侵权纠纷的证据。

第二节　专利申请文件

一、发明与实用新型专利申请文件

申请发明或者实用新型专利应当提交的文件包括:请求书、权利要求书、说明书、说明书附图和说明书摘要。

在几种文件中,请求书用于记载发明名称、申请人、发明人等著录项目,权利要求书用于划定专利要求保护的范围,说明书用于完整地公开技术内容,必要时,应当有附图。摘要用于简要说明技术要点。

其中,权利要求书和说明书是专利申请文件中最重要的两份文件。二者相辅相成,体现了专利法"垄断换公开"的要求。一方面,权利要求书划定的专利权范围,必须以说明书公开的内容为依据,不能包含说明书中没有公开过的内容;另一方面,说明书对于技术内容的公开必须充分,达到本领域技术人员能够实现的标准。因此,在专利文件的形式要求上,也反映出要取得专利权这一垄断权,必须以公开全部技术内容作为对价的契约。专利法中对于专利文件撰写形式的要求,被称为专利授权的形式要件,在实践中,因为形式要件不符合要求而被驳回或无效的专利比比皆是,因此,要维护发明创造者的权利,必须重视专利申请文件的撰写。

(一)请求书

发明、实用新型专利申请的请求书应当写明下列事项:

(1)发明、实用新型或者外观设计的名称。

(2)申请人是中国单位或者个人的,其名称或姓名、地址、邮政编码、组织机构代码或者居民身份证件号码;申请人是外国人、外国企业或者外国其他组织的,其姓名或者名称、国籍或者注册的国家或者地区。

(3)发明或者设计人的姓名。

(4)申请人委托专利代理机构的,受托机构的名称、机构代码以及该机构指定的专利代理人姓名、执业证号码、联系电话。

(5)要求优先权的,申请人第一次提出专利申请的申请日、申请号以及原受理机构的名称。

(6)申请人或者专利代理机构的签字或者盖章。

(7)申请文件清单。

(8)附加文件清单。

(9)其他需要写明的有关事项。

(二)权利要求书

权利要求书是专利申请文件中的法律文件,它通过若干技术特征,界定了一项专利的保护范围,划定了公共财产和专利权人私有财产的边界。

权利要求书是通过若干技术特征为专利权划定范围的。如果一项产品或方法覆盖了一项权利要求中的全部技术特征,则构成侵权。如果未覆盖权利要求中的一项或多项技术特征,或有一项或多项技术特征不相同或等同,则不构成侵权。

权利要求分为产品权利要求和方法权利要求。产品权利要求如物品、物质、材料、工具、装置、设备等权利要求;方法权利要求如制造方法、使用方法、通讯方法、处理方法以及将产品用于特定用途的方法等权利要求。

1. 撰写要求

权利要求书应当以说明书为依据,清楚、简要地限定要求专利保护的范围。

(1)以说明书为依据。权利要求书应当以说明书为依据。即权利要求书中的每一项权利要求所要求保护的技术方案应当是所属技术领域的技术人员能够从说明书公开的内容中得到或概括得出的技术方案,并且不得超出说明书公开的范围。在实践中也被称为权利要求应当得到说明书的支持。

权利要求书应当以说明书为依据的要求是由专利法的垄断换公开契约决定的。

(2)清楚。权利要求的作用是划定专利权的范围,因此范围的边界必须清晰,才能区分公有领域和私人领域。

首先,每项权利要求的类型应当清楚。权利要求的主题名称应当能够清楚地表明该权利要求的类型是产品权利要求还是方法权利要求。不允许采用模糊不清的主题名称,例如,"一种……技术"。这是因为产品专利和方法专利在权利保护范围上是不一样的。

其次,每项权利要求所确定的保护范围应当清楚。一般情况下,权利要求中的用词应当理解为相关技术领域通常具有的含义。权利要求中不得出现"例如""最好是""尤其是""必要时"等类似用语。在一般情况下,权利要求中不得使用"约""接近""等""或类似物"等类似的用语。

（3）简要。因为权利要求书是通过若干技术特征为专利权划定范围的，如果一项产品或方法覆盖了一项权利要求中的全部技术特征，则构成侵权。因此，权利要求所包含的技术特征越少，保护范围就越大。因此权利要求中应尽量不包括不必要的技术特征。

权利要求的表述也应当简要，除记载技术特征外，不得对原因或者理由作不必要的描述，也不得使用商业性宣传用语。为避免权利要求之间相同内容的不必要重复，在可能的情况下，权利要求应尽量采取引用在先权利要求的方式撰写。

2. 独立权利要求和从属权利要求

权利要求可以分为独立权利要求和从属权利要求。

独立权利要求应当从整体上反映发明或者实用新型的技术方案，记载解决技术问题的必要技术特征。必要技术特征是指，发明或者实用新型为解决其技术问题所不可缺少的技术特征，其总和足以构成发明或者实用新型的技术方案，使之区别于背景技术中所述的其他技术方案。在一组相互从属的权利要求中，独立权利要求记载的技术特征最少，保护范围最宽。

从属权利要求通过引用在先权利要求（既可以是独立权利要求，也可以是从属权利要求）并增加附加技术特征的方式，对技术方案作出进一步限定。即，从属权利要求中包含了其引用的权利要求的全部技术特征和所增加的附加技术特征，二者共同构成该从属权利要求的技术方案。从属权利要求中的附加技术特征，可以是对所引用的权利要求的技术特征作进一步限定的技术特征，也可以是添加的其他技术特征。由于从属权利要求较其引用的权利要求增加了特征，故对保护范围进行缩小。专利审查和无效中，如果独立权利要求满足专利法的要求，则最大保护范围成立，不再审查从属权利要求。如果独立权利要求，或在先的从属权利要求不成立，则进一步审查其从属权利要求，确定一个更小的保护范围。在专利侵权诉讼中，由于独立权利要求的保护范围最大，因此在独立权利要求未被宣告无效的情况下，可以仅以独立权利要求确定的范围来划定侵权范围。落入独立权利要求限定的范围内，即构成侵权。

3. 撰写形式

(1)独立权利要求。一项发明或者实用新型应当只有一项独立权利要求,并且写在同一发明或者实用新型的从属权利要求之前。需要注意的是,在满足单一性的前提下,在一份权利要求书中可以包含多项独立权利要求,如属于一个总的发明构思的产品独立权利要求和方法独立权利要求等。

发明或者实用新型的独立权利要求应当包括前序部分和特征部分。其中,前序部分需要写明要求保护的技术方案的主题名称和其与最接近的现有技术共有的必要技术特征;特征部分使用"其特征在于……"或者类似的用语,写明发明或者实用新型区别于最接近的现有技术的区别特征,这些特征和前序部分写明的特征合在一起,限定了发明或者实用新型要求保护的范围。

独立权利要求分两部分撰写的目的,在于使公众更清楚地看出独立权利要求的全部技术特征中哪些是发明或者实用新型与最接近的现有技术所共有的技术特征,哪些是发明或者实用新型的"创新点"。

发明或者实用新型的性质不适于用上述方式撰写的,也可以采用其他适合的形式进行撰写。

(2)从属权利要求。发明或者实用新型的从属权利要求应当包括引用部分和限定部分。其中,引用部分应当写明所引用的权利要求的编号及其主题名称;限定部分应当写明对所引用的技术方案加以进一步限定的技术特征,即附加技术特征。引用部分包括了被引用权利要求的全部技术特征,引用部分和限定部分的技术特征合在一起,构成了该从属权利要求的技术方案。

从属权利要求只能引用在前的权利要求,其限定部分既可以进一步限定该在先权利要求的特征部分,也可以进一步限定前序部分。直接或间接从属于某一项独立权利要求的所有从属权利要求都应当写在该独立权利要求之后,另一项独立权利要求之前。

(3)形式要求。每一项权利要求只允许在其结尾处使用句号。

权利要求书有多项权利要求的,应当用阿拉伯数字进行编号。

权利要求中使用的科技术语应当与说明书中使用的科技术语一致。权利要求中可以有化学式或者数学式,但是不得有插图。除绝对必要外,权利要求中不得使用"如说明书……部分所述"或者"如图……所示"等类似用语。

权利要求的撰写方式通常包括开放式和封闭式两种。其中,开放式的权利要求宜采用"包含""包括""主要由……组成"的表达方式,表示除了该权利要求中写明的要素,还可以包括其他要素;封闭式的权利要求宜采用"由……组成"的表达方式,表示不含有除权利要求写明部分以外的其他要素。

(三)说明书

说明书的目的,是完整地说明技术方案的内容。以满足"垄断换公开"契约中公开的要求。专利权人只有在说明书充分公开的范围之内,才能享受权利要求书所要求的垄断性质的专利权。

1. 撰写要求

说明书应当对发明或者实用新型作出清楚、完整的说明,以所属技术领域的技术人员能够实现为准。这是由说明书"公开技术方案"的任务决定的。

(1)清楚。说明书的内容应当清楚,具体应满足下述要求:①主题明确。说明书应当写明发明或者实用新型所要解决的技术问题以及解决其技术问题采用的技术方案,并对照现有技术写明发明或者实用新型的有益效果。上述技术问题、技术方案和有益效果应当相互适应,不得出现相互矛盾或不相关联的情形。②表述准确。说明书应当使用发明或者实用新型所属技术领域的技术术语。说明书的表述应当准确地表达发明或者实用新型的技术内容,不得含糊不清或者模棱两可,以致所属技术领域的技术人员不能清楚、正确地理解该发明或者实用新型。

(2)完整。完整的说明书应当包括有关理解、实现发明或者实用新型所需的全部技术内容,具体包括:①帮助理解发明或者实用新型不可缺少的内容。②确定发明或者实用新型具有新颖性、创造性和实用性所需的内容。③实现发明或者实用新型所需的内容。对于克服了技术偏见的发明或者实用新型,说明书中还应当解释为什么说该发明或者实用新型克服了技术偏见,新的技术方案与技术偏见之间的差别以及为克服技术偏见所采用的技术手段。应当指出,凡是所属技术领域的技术人员不能从现有技术中直接、唯一地得出的有关内容,均应当在说明书中描述。

(3)能够实现。所属技术领域的技术人员能够实现,是指所属技术领域的技术人员按照说明书记载的内容,就能够实现该发明或者实用新型的技术方案,解决其技术问题,并且产生预期的技术效果。说明书应当清楚地记载发明或者实用新型的技术方案,详细地描述实现发明或者实用新型的具体实施方式,完整地公开对于理解和实现发明或者实用新型必不可少的技术内容,达到所属技术领域的技术人员能够实现该发明或者实用新型的程度。

(4)其他要求。发明或者实用新型说明书应当用词规范、语句清楚,并不得使用"如权利要求……所述的……"一类的引用语,也不得使用商业性宣传用语。

2. 撰写形式

发明或者实用新型专利申请的说明书应当写明发明或者实用新型的名称,该名称应当与请求书中的名称一致。说明书应当包括以下组成部分:

(1)技术领域:写明要求保护的技术方案所属的技术领域;

(2)背景技术:写明对发明或者实用新型的理解、检索、审查有用的背景技术;有可能的,引证反映这些背景技术的文件;

(3)发明或者实用新型内容:写明发明或者实用新型所要解决的技术问题以及解决其技术问题采用的技术方案,并对照现有技术写明发明或者实用新型的有益效果;

(4)附图说明:说明书有附图的,对各幅附图作简略说明;

(5)具体实施方式:详细写明申请人认为实现发明或者实用新型的优选方式;必要时,举例说明;有附图的,对照附图说明。

发明或者实用新型的说明书应当按照上述方式和顺序撰写,并在每一部分前面写明标题,除非该发明或者实用新型的性质用其他方式或者顺序撰写能够节约说明书的篇幅并使他人能够准确理解其发明或者实用新型。

（四）说明书附图

附图是说明书的一个组成部分。附图的作用在于用图形补充说明书文字部分的描述,使人能够直观地、形象化地理解发明或者实用新型的每个技术特征和整体技术方案。对于机械和电学技术领域中的专利申请,说明书附图的作用尤其明显。对发明专利申请,用文字足以清楚、完整地描述其技术方案的,可以没有附图。实用新型专利申请的说明书必须有附图。

（五）说明书摘要

摘要是说明书记载内容的概述,它仅是一种技术信息,不具有法律效力。摘要的内容不属于发明或者实用新型原始记载的内容,不能作为以后修改说明书或者权利要求书的根据,也不能用来解释专利权的保护范围。

摘要应当写明发明或者实用新型的名称和所属技术领域,并清楚地反映所要解决的技术问题、解决该问题的技术方案的要点以及主要用途,其中以技术方案为主;摘要可以包含最能说明发明的化学式;有附图的专利申请,应当提供或者由审查员指定一幅最能反映该发明或者实用新型技术方案的主要技术特征的附图作为摘要附图,该摘要附图应当是说明书附图中的一幅;摘要文字部分(包括标点符号)不得超过300个字,并且不得使用商业性宣传用语。

二、外观设计专利申请文件

申请外观设计专利的,应当提交请求书、外观设计的图片或者照片,以及对该外观设计的简要说明等文件。

（一）请求书

外观设计的请求书与发明和实用新型请求书的要求、格式基本一致。不同的是外观设计的请求书必须指出使用外观设计的产品名称。使用外观设计的产品名称应当与外观设计图片或者照片中表示的外观设计相符合,准确、简明地表明要求保护的产品的外观设计。

(二)外观设计的图片或照片

外观设计专利权的保护范围以表示在图片或者照片中该产品的外观设计为准。申请人提交的有关图片或者照片应当清楚地显示要求专利保护的产品的外观设计。

就立体产品的外观设计而言,产品设计要点涉及六个面的,应当提交六面正投影视图;产品设计要点仅涉及一个或几个面的,应当至少提交所涉及面的正投影视图和立体图,并应当在简要说明中写明省略视图的原因。就平面产品的外观设计而言,产品设计要点涉及一个面的,可以仅提交该面正投影视图;产品设计要点涉及两个面的,应当提交两面正投影视图。必要时,申请人还应当提交该外观设计产品的展开图、剖视图、剖面图、放大图以及变化状态图。此外,申请人可以提交参考图,参考图通常用于表明使用外观设计的产品的用途、使用方法或者使用场所等。色彩包括黑白灰系列和彩色系列。对于简要说明中声明请求保护色彩的外观设计专利申请,图片的颜色应当着色牢固、不易褪色。

(三)简要说明

简要说明可以用于解释图片或者照片所表示的该产品的外观设计。简要说明应包括下列内容:

(1)外观设计产品的名称。简要说明中的产品名称应当与请求书中的产品名称一致。

(2)外观设计产品的用途。简要说明中应当写明有助于确定产品类别的用途。对于具有多种用途的产品,简要说明应当写明所述产品的多种用途。

(3)外观设计的设计要点。设计要点是指与现有设计相区别的产品的形状、图案及其结合,或者色彩与形状、图案的结合,或者部位。对设计要点的描述应当简明扼要。

(4)指定一幅最能表明设计要点的图片或者照片。指定的图片或者照片用于出版专利公报。

此外,下列情形应当在简要说明中写明:

(1)请求保护色彩或者省略视图的情况。

如果外观设计专利申请请求保护色彩,应当在简要说明中声明。

如果外观设计专利申请省略了视图,申请人通常应当写明省略视图的具体原因,例如因对称或者相同而省略;如果难以写明的,也可仅写明省略某视图,例如大型设备缺少仰视图,可以写为"省略仰视图"。

(2)对同一产品的多项相似外观设计提出一件外观设计专利申请的,应当在简要说明中指定其中一项作为基本设计。

(3)对于花布、壁纸等平面产品,必要时应当描述平面产品中的单元图案两方连续或者四方连续等无限定边界的情况。

(4)对于细长物品,必要时应当写明细长物品的长度采用省略画法。

(5)如果产品的外观设计由透明材料或者具有特殊视觉效果的新材料制成,必要时应当在简要说明中写明。

(6)如果外观设计产品属于成套产品,必要时应当写明各套件所对应的产品名称。

简要说明不得使用商业性宣传用语,也不能用来说明产品的性能和内部结构。

第三节 复审无效程序

一、复审程序

(一)概述

专利申请人对国务院专利行政部门驳回申请的决定不服的,可以自收到通知之日起3个月内,向专利复审委员会请求复审。复审决定作出后,复审请求人不服该决定的,可以在收到复审决定之日起三个月内向人民法院起诉。

(二)启动复审程序的条件

(1)专利申请被驳回。

(2)复审请求人应为被驳回申请的申请人。

(3)在收到专利局作出的驳回决定之日起3个月内提出。

(4)复审请求人应当提交复审请求书,说明理由,必要时还应当附具有关证据。复审请求书应当符合规定的格式。

(三)复审的流程和基本内容

(1)形式审查。专利复审委员会在收到复审请求书后,首先进行形式审查,以决定是否受理。

(2)前置审查。专利复审委员会应当将经形式审查合格的复审请求书连同案卷一并转交作出驳回决定的原审查部门进行前置审查。前者审查意见分为下列三种类型。

①复审请求成立,同意撤销驳回决定。

②复审请求人提交的申请文件修改文本克服了申请中存在的缺陷,同意在修改文本的基础上撤销驳回决定。

③复审请求人陈述的意见和提交的申请文件修改文本不足以使驳回决定被撤销,因而坚持驳回决定。

(3)合议审查。若前置审查程序的意见认为复审请求人陈述的意见和提交的申请文件修改文本不足以使驳回决定被撤销,因而坚持驳回决定的,应由专利复审委员会成立合议组,对复审请求进行合议审查。在复审程序中,合议组一般仅针对驳回决定所依据的理由和证据进行审查。

(4)复审决定。复审决定分为下列三种类型:①复审请求不成立,维持驳回决定;②复审请求成立,撤销驳回决定;③专利申请文件经复审请求人修改,克服了驳回决定所指出的缺陷,在修改文本的基础上撤销驳回决定。

二、无效宣告程序

(一)概述

自国务院专利行政部门公告授予专利权之日起,任何单位或者个人认为该专利权的授予不符合专利法有关规定的,均可以请求专利复审委员会宣告该专利权无效。对专利复审委员会宣告专利权无效或者维持专利权的决定不服的,可以自收到通知之日起三个月内向人民法院起诉。人民法院应当通知无效宣告请求程序的对方当事人作为第三人参加诉讼。

因种种条件限制,一项发明即使经过了严格的专利审查而被授予专利权,仍然可能不符合专利授权的各项条件。而实用新型和外观设计只进行初步审查,更有可能在不符合专利授权条件的情况下获得授权。为了防止因错误授权,使得权利人的私有领域侵犯社会公众均可无偿使用的公有领域,专利法规定了专利无效宣告程序。

在多数情况下,无效宣告程序是在权利人提起侵权诉讼之后,被控侵权方作为一种应对策略向专利复审委员会提出的。因此,在专利纠纷中,侵权诉讼和无效宣告程序通常是成对出现的。

在无效宣告程序中,专利复审委员会通常仅针对当事人提出的无效宣告请求的范围、理由和提交的证据进行审查,而不针对专利有效性进行全面审查。专利复审委员会在某些情况下可以依职权进行审查。

(二)启动无效宣告程序的条件

(1)专利申请已被公告授权。

(2)提交符合规定的无效宣告请求书和必要的证据或证明文件。

(3)缴纳规定的无效宣告请求费。

(三)无效宣告的行政程序

无效宣告程序的行政审查可分为形式审查、合议审理和无效决定三个阶段。在形式审查中,无效宣告请求书不符合规定格式的,专利复审委员会应当通知请求人在指定期限内补正,期满未补正的,该无效宣告请求视为未提出。

专利复审委员会组成合议组对无效宣告请求进行审理。

(1)审查方式。在无效宣告程序中,针对不同的情形,采用下列方式进行审查:

①在专利权人的指定答复期限届满后,无论专利权人是否答复,专利权人未要求进行口头审理,专利复审委员会认为请求人提交的证据充分,其请求宣告专利权全部无效的理由成立的,可以直接作出宣告专利权全部无效的审查决定;在这种情况下,请求人请求宣告无效的范围是宣告专利权部分无效的,专利复审委员会也可以针对该范围直接作出宣告专利权部分无效的决定。专利权人提交答辩意见的,将答复意见随直接作出的审查决定一并送达请求人。

②在专利权人的指定答复期限届满后,无论专利权人是否答复,专利复审委员会认为请求人请求宣告无效的范围部分成立,可能会作出宣告专利权部分无效的决定的,专利复审委员会应当发出口头审理通知书,通过口头审理结案。专利权人提交答复意见的,将答复意见随口头审理通知书一并送达请求人。

③在指定答复期限内专利权人已经答复,专利复审委员会认为专利权人提交的意见陈述理由充分,将会作出维持专利权的决定的,专利复审委员会应当根据案情,选择发出转送文件通知书或者无效宣告请求审查通知书进行书面审查,或者发出口头审理通知书随附转送文件通知书,通过口头审理结案。

④在指定答复期限内专利权人没有答复,专利复审委员会认为请求人提交的证据不充分,其请求宣告专利权无效的理由不成立,将会作出维持专利权的决定的,专利复审委员会应当根据案情,选择发出无效宣告请求审查通知书进行书面审查,或者发出口头审理通知书,通过口头审理结案。在发出口头审理通知书后,由于当事人原因未按期举行口头审理的,专利复审委员会可以直接作出审查决定。

(2)专利文件的修改。在无效宣告请求的审查过程中,发明或者实用新型专利的专利权人可以修改其权利要求书,但是不得扩大原专利的保护范围。发明或者实用新型专利的专利权人不得修改专利说明书和附图,外观设计专利的专利权人不得修改图片、照片和简要说明。发明或者实用新型专利文件的修改仅限于权利要求书,其原则是:①不得改变原权利要求的主题名称;②与授权的权利要求相比,不得扩大原专利的保护范围;③不得超出原说明书和权利要求书记载的范围;④一般不得增加未包含在授权的权利要求书中的技术特征。

外观设计专利的专利权人不得修改其专利文件。

(3)无效宣告审查决定类型。无效宣告请求审查决定分为下列三种类型:①宣告专利权全部无效;②宣告专利权部分无效;③维持专利权有效。

(四)无效宣告的司法程序

对专利复审委员会宣告专利权无效或者维持专利权的决定不服的,可以自收到通知之日起3个月内,以专利复审委员会为被告,向人民法院提起行政诉讼。人民法院应当通知无效宣告请求程序的对方当事人作为第三人参加诉讼。

根据行政诉讼法的相关规定,我国专利无效宣告程序中的行政诉讼程序,由专利复审委所在地的北京市第一中级人民法院管辖。

(五)无效宣告的法律效力

宣告无效的专利权视为自始即不存在。宣告专利权无效的决定,对在宣告专利权无效前人民法院作出并已执行的专利侵权的判决、调解书,已经履行或者强制执行的专利侵权纠纷处理决定,以及已经履行的专利实施许可合同和专利权转让合同,不具有追溯力。但是因专利权人的恶意给他人造成的损失,应当给予赔偿。不返还专利侵权赔偿金、专利使用费、专利转让费,明显违反公平原则的,应当全部或者部分返还。

【案例1】CN201220651976号专利申请授权文本

权利要求书

1. 一种试电笔,测试触头、限流电阻、氖管和手触电极在绝缘外壳中顺序电连接,其特征是,所述氖管中设置一个U形导体,U形导体的一条侧边固定在氖管内壁上,另一条侧边与氖管一端的电极接触。

2. 根据权利要求1所述的一种试电笔,其特征是,与氖管电极接触的U形导体侧边下方设置一个绝缘支点,绝缘支点与该侧边形成杠杆结构。

3. 根据权利要求2所述的一种试电笔,其特征是,与氖管电极接触的U形导体侧边以绝缘支点作为分界线分为接电极段和U形口段,接电极段的长度小于U形口段的长度。

说明书

一种试电笔

技术领域

本实用新型涉及一种指示电压存在的试电装置,尤其是用于特殊工作环境(户外或强光照射)下便于识别电压存在的试电笔。

背景技术

目前,公知的试电笔构造是由测试触头、限流电阻、氖管、金属弹簧和手触电极串联而成。将测试触头与被测物接触,人手接触手触电极,当被测物相对大地具有较高电压时,氖管启辉,表示被测物带电。但是,当在户外或者强光照射下工作时,一般试电笔氖管发出的光不容易识别,给检测造成困难,容易造成错误判断。

发明内容

为了克服现有试电笔在户外或者强光照射的工作环境下测试带电显示不易被人识别的缺点,本实用新型提供一种试电笔,该试电笔不仅能在通常情况下测出被测物是否带电,而且带电显示的方式便于在户外或者强光照射下被识别。

本实用新型解决其技术问题所采用的技术方案是:一种试电笔,测试触头、限流电阻、氖管和手触电极在绝缘外壳中顺序电连接,所述氖管中设置一个U形导体,U形导体的一条侧边固定在氖管内壁上,另一条侧边与氖管一端的电极接触。

为了提高U形导体得失电交替的灵敏度和稳定性,本实用新型还具有以下技术特征:

进一步地,与氖管电极接触的U形导体侧边下方设置一个绝缘支点,绝缘支点与该侧边形成杠杆结构。

进一步地,与氖管电极接触的U形导体侧边以绝缘支点作为分界线分为接电极段和U形口段,接电极段的长度小于U形口段的长度。

当人手接触手触电极、测试触头接触到带电体时,氖管中的U形导体得电发光,此时由于光能转化成热能,使U形导体受热膨胀产生变形,在绝缘支点的杠杆作用,U形导体的侧边与氖管一端的电极断开,从而使U形导体失电,氖管灯灭,灯灭后热能释放,温度降低,使U形导体恢复至原始位置,和氖管一端的电极重新导通,U形导体得电氖管发光,U形导体与电极交替导通、断开,重复得电和失电,使氖管灯重复亮灭而产生闪烁的状态,便于在户外或强光照射下清晰地识别被测物体是否带电。

本实用新型的有益效果是,通过在试电笔的氖管中设置U形导体和绝缘支点,由于U形导体热胀冷缩的形变和绝缘支点的杠杆作用,在被测物体带电时可使氖管交替得电与失电,使其闪烁,从而在户外或者强光照射下工作时,能够方便地识别出被测物体是否带电。

附图说明

下面结合附图和实施例对本实用新型进一步说明:

图1是本实用新型的纵剖面结构示意图;

图2是本实用新型试电笔中氖管的结构示意图;

图中1.测试触头,2.绝缘外壳,3.弹簧,4.限流电阻,5.氖管,6.弹簧,7.手触电极,8.电极,9.U形导体,9a.接电极段,9b.U形口段,10.绝缘支点,11.电极,12.后盖。

具体实施方式

如图1所示,测试触头1在绝缘外壳2一端伸入其中空腔,与弹簧3的一端接触,弹簧3另一端与限流电阻4的一端相接触,限流电阻4的另一端与氖管5的一端相接触,氖管5的另一端与弹簧6的一端接触,弹簧6的另一端与后盖11上的手触电极7电连接,弹簧压力保证各元件间可靠电连接。结合图2所示,氖管5中设置一个U形导体9,U形导体9的一条侧边固定在氖管5的内壁上,另一条侧边与氖管5一端的电极8接触;为了提高U形导体9交替得失电的灵敏度和稳定性,与氖管5的电极8接触的U形导体9侧边下方设置一个绝缘支点10,绝缘支点10固定安装在氖管5的内壁上,绝缘支点10与该侧边形成杠杆结构;绝缘支点10将与氖管电极接触的U形导体9侧边分为接电极段9a和U形口段9b,接电极段9a的长度小于U形口段9b的长度。

　　工作过程:当人手接触手触电极7且测试触头1与带电体相接触时,氖管5两端的电极8和电极11得电,U形导体9和电极8相接触,U形导体9得电,从而使氖管5发光,此时光能转化成热能,使U形导体9受热产生形变,在绝缘支点10的杠杆作用下,U形导体9的接电极段9a和电极8断开,U形导体9失电,从而使氖管5熄灭。氖管5熄灭后热能消失,U形导体9恢复至原始位置,和氖管5一端的电极8重新导通,U形导体9得电氖管5发光,U形导体9与电极8交替导通、断开,重复得电和失电,使氖管灯重复亮灭而产生闪烁的状态,便于在户外或强光照射下清晰地识别被测物体是否带电。

说明书附图

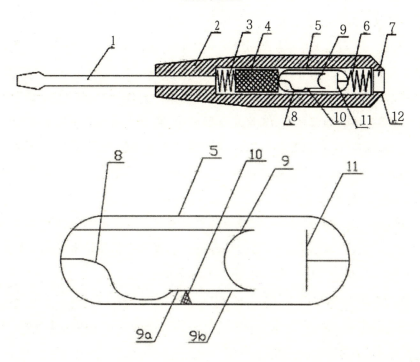

说明书摘要

本实用新型公开一种试电笔,测试触头、限流电阻、氖管和手触电极在绝缘外壳中顺序电连接,所述氖管中设置一个U形导体,U形导体的一条侧边固定在氖管内壁上,另一条侧边与氖管一端的电极接触,与氖管电极接触的U形导体侧边下方设置一个绝缘支点,绝缘支点与该侧边形成杠杆结构;本实用新型通过在试电笔的氖管中设置U形导体和绝缘支点,由于U形导体热胀冷缩的形变和绝缘支点的杠杆作用,在被测物体带电时可使氖管交替得电与失电,使其闪烁,从而在户外或者强光照射下工作时,能够方便地识别出被测物体是否带电。❶

【案例2】"周林频谱仪"专利侵权纠纷

【案情】周林于1987年5月20日向国家专利局递交了"人体频谱匹配效应场治疗装置及生产方法"(下称周林频谱仪)的专利申请,1990年6月6日国家专利局授予该专利专利权,被告奥美公司于1989年9月15日申请了"宽带仿生波谱治疗仪发射谱优化装置"(下称波谱仪)的实用新型专利,并于1990年9月5日获得授权。授权后,奥美公司开始制造销售该波谱仪。1991年7月2日周林起诉奥美公司生产销售的波谱仪侵犯了其专利权。

法院经审查认为,周林频谱仪专利包含了7个技术特征,即①效应场发生器基体;②基体上的换能层;③换能控制电路;④加热部件的机械支撑和保护系统;⑤机械部件;⑥换能层上的由14种包括金属氧化物、金属铬和氧化镧等混合稀土的组分及含量制成的模拟人体频谱发生层;⑦立体声放音系统和音乐电流穴位刺激器及其控制电路。

法院认为:被告奥美公司制造销售的波谱仪具备了专利权利要求中的技术特征①至⑤;其核心部分的滤光层与周林频谱仪专利的技术特征⑥的差异仅是一种技术上等效的手段替换;不具有技术特征⑦。

而周林频谱仪的技术特征⑦虽然被写入了主权利要求项,但结合该专利说明书中对于这一技术特征的描述:"为了增加本发明装置的治疗功能,在本

---

❶ 资料来源为国家知识产权局"专利检索及分析"数据库。

装置中加入了音乐治疗装置,使治疗者在接受频谱匹配治疗的同时,接受音乐治疗,有助于恢复大脑神经系统机能,推迟脑的衰老,消除紧张、疲倦感,使精神和躯体状态获得改善,还可对某些身心疾病具有疗效。如此一机多功能,既节省时间,又让患者在愉快、舒适的治疗环境中治疗多种疾病",就该专利整体技术方案的实质来看,技术特征⑦不产生实质性的必不可少的功能和作用,显是申请人理解上的错误及撰写申请文件缺乏经验误写所致,故应视其为附加技术特征。据此判定被告奥美公司构成专利侵权。❶

【评析】本案属于典型的在独立权利要求中加入非必要技术特征引起的专利纠纷。在原告周林的技术方案中,特征①至⑥均是发明为解决其技术问题所不可缺少的技术特征,其总和足以构成发明的技术方案,是独立权利要求必须写入的必要技术特征。由于早期的专利代理人缺乏撰写经验,误以为写入特征越多,专利保护范围越大,因此将音乐功能⑦也写入了独立权利要求。其结果导致仅覆盖特征①至⑥的技术不会构成侵权,只有全面覆盖特征①至⑦的技术才会构成侵权,严重缩小了专利的保护范围,并为他人进行仿制提供了可乘之机。本案属于早期专利案件,鉴于当时我国专利发展水平较低,为了保护专利权人的利益,法院适用了多余指定原则,将特征⑦指定为非必要技术特征,扩大了专利保护范围,因而确认侵权。但随着我国专利业的快速发展,当前的法院审判中,已经不再允许适用多余指定原则。因此,在申请专利时,必须保证专利文件的撰写全面满足专利法相关规定,才能使得权利人的利益不至于蒙受不必要的损失。特征⑦如果需要进行保护,应写入从属权利要求之中。确保独立权利要求只包含必要技术特征。

思考与讨论

1. 先申请原则和先发明原则有什么区别?
2. "早期公开,延迟审查"制度有哪些环节?
3. 发明和实用新型的专利申请文件包括哪些?
4. 撰写专利申请文件时,权利要求书和说明书应遵循哪些原则?
5. 外观设计的专利申请文件包括哪些?

---

❶ 参见北京市高级人民法院民事判决书(1995)高知终字第22号。

延伸阅读

1. 中华全国专利人协会:《高质量的专利申请文件》,知识产权出版社2013年版。

2. 刘志会:《实用新型专利申请问答》,知识产权出版社2013年版。

3. 尹新天:《中国专利法详解》(缩编本),知识产权出版社2012年版。

4. 李德山:《发明与实用新型专利申请代理》(第2版),知识产权出版社2012年版。

5. 全国人大常委会法制工作委员会:《中华人民共和国专利法释义》,法律出版社2009年版。

第十五章　专利权及其许可实务

> 专利权是一种垄断权,是专利权人禁止他人实施其拥有的专利技术的权利。专利权人通过自己实施或许可他人实施并收取许可使用费的方式来实现其专利权的价值。本章详细介绍了专利权的内容及专利实施许可合同的相关规定,为权利人订立专利实施许可合同提供了参考。

第一节　专利权

一、专利权的定义

专利权,是指发明和实用新型专利被授予后,除本法另有规定的以外,任何单位或者个人未经专利权人许可,都不得实施其专利,即不得为生产经营目的制造、使用、许诺销售、销售、进口其专利产品,或者使用其专利方法以及使用、许诺销售、销售、进口依照该专利方法直接获得的产品。外观设计专利权被授予后,任何单位或者个人未经专利权人许可,都不得实施其专利,即不得为生产经营目的制造、许诺销售、销售、进口其外观设计专利产品。

专利权是一种未经专利权人许可,禁止他人实施其专利的权利。也即,国家在一定专利期限内赋予专利权人的独占实施权,是一种有期限的垄断权。国家通过赋予专利权人垄断权,来鼓励发明创造,促进社会的进步。但是,垄断本身并不能为专利权人带来利益。唯有在实施一项专利时,垄断权才能因为其限制市场竞争的功能,为权利人带来利益。专利权人实施其专利的方式有两种,自行实施,或许可他人实施,并收取专利许可使用费。

另一方面,由于专利权本质上是一种垄断权,所以其权利行使很容易超出限度,形成权利滥用,妨碍正常的市场竞争秩序。因此专利法对于专利权进行了种种限制,主要包括合理使用和强制许可。

二、专利权的内容

专利权控制的内容,是专利的实施。对于发明和实用新型专利而言,实施即为生产经营目的制造、使用、许诺销售、销售、进口其专利产品,或者使用其专利方法以及使用、许诺销售、销售、进口依照该专利方法直接获得的产品。对于外观设计专利而言,实施即为生产经营目的制造、许诺销售、销售、进口其外观设计专利产品。

对于专利权的内容的理解,需要注意以下几个方面:

(一)为生产经营目的

"生产经营",既包括以营利为目的的活动,也包括不以营利为目的的活动,例如环境检测、气象预报、道路维护、河道疏浚等❶。只要是从事了生产或经营活动,即构成了专利法上的"为生产经营目的"。而并非为了生产经营活动的实施,例如为了个人服用而依照某专利配方配置中药并煎服,不属于"为生产经营活动",不侵犯专利权。

(二)实施行为

专利法意义上的实施行为一共分为五种:制造、使用、许诺销售、销售、进口。其中,许诺销售是根据 TRIPS 协议相关规定,对 offering for sale 一词的翻译,指以做广告、在商店橱窗中陈列或者在展销会上展出等方式作出销售商品的意思表示。对于发明和实用新型来说,实施上述五种行为均构

---

❶ 汤宗舜主编:《专利法教程》,法律出版社2003版,第166页。

成对于专利技术的实施,而对于外观设计而言,只有制造、许诺销售、销售、进口外观设计专利产品,才构成实施,不包括"使用"。

专利法对于该五种(外观设计为四种)行为的规定是穷举性质的。也即,实施除该五种行为以外的行为的,均不构成专利的直接侵权。但可能根据民法相关规则被认定为共同侵权,承担连带责任。

专利侵权实行的是无过错责任,只要未经专利权人允许,实施了上述五种行为之一,且不存在法律规定的例外情形,即构成侵权。不论实施者是否明知或应知其使用的是侵权产品或方法。这是由专利权类似于物权的"对世权"性质决定的。但是,为生产经营目的的使用、许诺销售或者销售不知道是未经专利权人许可而制造并售出的专利侵权产品,能证明该产品合法来源的,不承担赔偿责任。也即,仅承担停止侵权的责任,由此造成的损失,可以向制造或进口该侵权产品的侵权方进行追偿。

(三)方法专利的保护

需要注意的是,专利法中对于产品专利和方法专利的专利权内容作出了不同规定。对于产品专利的保护,包括为生产经营目的制造、使用、许诺销售、销售、进口其专利产品,对于方法专利的保护,除使用其专利方法以外,还延及使用、许诺销售、销售、进口依照该专利方法直接获得的产品。这是由于对于方法专利的保护往往存在举证困难的问题,权利人往往仅在市面上发现了疑似采用自身专利方法制造的产品,而难以证明该产品确系由该方法制造。因此,专利法将对方法专利的保护,延伸至依照该方法直接获得的产品。

此外,当专利侵权纠纷涉及新产品制造方法的发明专利的,还实行了举证责任倒置的规则,制造同样产品的单位或者个人应当提供其产品制造方法不同于专利方法的证明。

三、专利权的期限和年费

发明专利权的期限为20年,实用新型专利权和外观设计专利权的期限为10年,均自申请日起计算。需要注意的是,专利权期限的起算日为专利的实际申请日,不因该专利申请享受优先权而提前至优先权日。在专利期限终止后,专利技术就从专利权人的私有财产转变为全社会均可无偿使用的公共财产。

专利权人在专利期限内维持专利权,需要缴纳专利年费。专利权人应当自被授予专利权的当年开始缴纳年费。和大部分国家一样,我国的专利年费实行了年费数额随时间递增的制度。❶一方面,在专利权授予初期,专利技术的价值往往不能立即实现,需要进行一段时间的生产经营活动,才可能被市场接受,因此,仅收取较少数额的专利年费,以免妨碍专利制度的正常运行。另一方面,在专利期内分阶段逐步提高专利年费,则是为了督促专利权人尽早放弃无法为其带来充分利益的专利,使之成为社会公共财产,推动技术在整个社会中的应用。如果专利技术能为专利权人带来较大利益,专利权人自然会缴纳更高的专利费以维持专利,反之,而可能会倾向于放弃专利权。

除不再缴纳年费以外,专利权人也可以书面声明放弃其专利权。

第二节　专利权的许可

一、专利实施许可

专利权是国家为了鼓励创新,赋予专利权人的一项财产权。但专利权人必须通过实施专利技术,才能一方面为自身创造利益,另一方面,使得技术能够在全社会推广应用。专利权人实施专利技术有两种方式,自行实施,或许可他人实施。由于权利人自身的实施能力往往有限,难以充分满足市场需求,因此,往往需要将专利许可给他人实施,这一行为称为专利实

---

❶ 根据2001年1月15日国家知识产权局第75号公告《专利收费标准及减缓比例》的规定,发明专利的年费缴纳标准是:1-3年为900元,4-6年为1200元,7-9年为2000元,10-12年为4000元,13-15年为6000元,16-20年为8000元;实用新型和外观设计专利的年费缴纳标准为:1-3年为600元,4-5年为900元,6-8年为1200元,9-10年为2000元。上述标准存在一定减缓数额。

施许可。专利实施许可,一方面是专利权人获取利益的重要手段,另一方面,也是推动专利技术得到广泛应用的重要手段。

专利实施许可,通常通过专利实施许可合同进行。专利实施许可合同,是指专利权人授权他人实施自身的专利技术,由被许可人向专利权人支付许可使用费的一种技术合同。

（一）专利实施许可的分类

专利实施许可可以分为如下种类:

（1）独占许可。在约定的时间和地域范围内,专利权人只许可一个被许可人实施其专利,而且专利权人自己也不得实施该专利。

（2）排他许可。也称独家许可。在约定的时间和地域范围内,专利权人只许可一个被许可人实施其专利,但专利权人自己有权实施该专利。

（3）普通许可。在约定的时间和地域范围内,专利权人在许可某人实施其专利的同时保留许可第三人实施该专利的权利。

（4）分许可。针对基本许可而言。即基本许可的被许可人依照与专利权人的约定,许可第三人实施同一专利。被许可人与第三人订立的这种实施许可就是分许可。根据我国专利法,被许可人的分许可权必须在基本许可合同中约定,在基本许可中未约定的情况下,被许可人无权对任何单位或者个人进行分许可。

（5）交叉许可。也称互换许可。两个专利权人相互许可对方实施自己的专利。

（6）专利池（patent pool）许可。又称专利联盟许可。两个或两个以上的专利权人相互之间在约定的范围内交叉许可或者共同向第三方许可其专利。

（二）专利实施许可合同

专利许可合同的主要条款包括:

（1）前言。合同的开头部分,一般应写明:合同名称、合同号、当事人情况、合同签订的时间、地点、许可实施的专利情况等。

（2）定义。定义条款主要是对合同中的关键性词语、术语以及可能引起争议的词语的解释。专利实施许可合同特别需要注意对专利、专有技术等的定义。

（3）实施许可范围。专利实施许可合同中可以对以下范围进行约定：实施方式、地域、时间、数量、进出口及其他等。

（4）用费与支付。许可费的约定一般有三种方式：①一次总算或分期支付，即确定应支付的使用费，由支付方一次或分期支付；②提成支付，即根据技术使用后的经济效益，按产量、销售额或利润等的一定比例提成；③入门费加提成，即被许可方在合同生效或收到技术资料时先支付一定的费用，再按提成支付的方式支付。

（5）保证条款。权利方应担保其专利权合法、有效、不会侵犯第三方的权利。如果发生相关纠纷，应由许可方承担责任。

（6）后续的技术改进与发展。合同双方必须明确合同期内技术改进成果的归属以及包括所有权、使用权以及申请专利的权利的归属。

与其他合同一样，专利许可合同还应包括违约条款、不可抗力以及合同的生效与终止等条款。专利实施许可合同应当自合同生效之日起3个月内向国务院专利行政部门备案。

二、专利权的强制许可

除专利实施许可合同以外，在法律规定的特定情况下，还可以经具备条件的单位或个人申请，或由国家相关部门决定，给予实施专利的强制许可。强制许可可以不经专利权人同意，但应向专利权人支付合理的许可使用费。

我国专利法规定的强制许可类型主要有以下几种：

（一）不实施专利的强制许可

专利权人自专利权被授予之日起满三年，且自提出专利申请之日起满四年，无正当理由未实施或者未充分实施其专利的，国务院专利行政部门根据具备实施条件的单位或者个人的申请，可以给予实施发明专利或者实用新型专利的强制许可。

（二）作为垄断救济的强制许可

专利权人行使专利权的行为被依法认定为垄断行为，为消除或者减少该行为对竞争产生的不利影响的,国务院专利行政部门根据具备实施条件的单位或者个人的申请,可以给予实施发明专利或者实用新型专利的强制许可。

（三）基于公共利益的强制许可

在国家出现紧急状态或者非常情况时,或者为了公共利益的目的,国务院专利行政部门可以给予实施发明专利或者实用新型专利的强制许可。

（四）基于公共健康的强制许可

为了公共健康目的,对取得专利权的药品,国务院专利行政部门可以给予制造并将其出口到符合中华人民共和国参加的有关国际条约规定的国家或者地区的强制许可。

（五）从属专利的强制许可

一项取得专利权的发明或者实用新型比前已经取得专利权的发明或者实用新型具有显著经济意义的重大技术进步,其实施又有赖于前一发明或者实用新型的实施的,国务院专利行政部门根据后一专利权人的申请,可以给予实施前一发明或者实用新型的强制许可。在依照前款规定给予实施强制许可的情形下,国务院专利行政部门根据前一专利权人的申请,也可以给予实施后一发明或者实用新型的强制许可。

取得实施强制许可的单位或者个人不享有独占的实施权,并且无权允许他人实施。取得实施强制许可的单位或者个人还应当付给专利权人合理的使用费,或者依照中华人民共和国参加的有关国际条约的规定处理使用费问题。付给使用费的,其数额由双方协商;双方不能达成协议的,由国务院专利行政部门裁决。

三、专利权的其他利用方式

专利权和专利申请权可以转让。专利权转让是指专利权人将其发明创造的专利权移交受让方,受让方支付价款的行为。专利申请权转让是指专利申请人将自己正在审查中的专利申请转让给受让方,在专利授权之后,受让方即为专利权人的行为。转让专利申请权或者专利权的,当事人应当订立书面合同,并向国务院专利行政部门登记,由国务院专利行政部门予以公告。专利申请权或者专利权的转让自登记之日起生效。

根据物权法规定,专利权等知识产权中的财产权可以出质。以专利权出质的,由出质人和质权人共同向国务院专利行政部门办理出质登记。

根据公司法规定,股东可以用专利权等可以用货币估价并可以依法转让的非货币财产作价出资。

【案例】苏某诉北京某科技有限公司专利实施许可合同纠纷案

【案情】1999年9月20日,苏某、马某从曼博瑞公司取得名称为"医用试液的浓缩装置"的实用新型专利,后又将专利权人变更为苏某。1999年7月24日,苏某、马某在取得"医用试液的浓缩装置"专利权前与北京某科技有限公司(以下简称某公司)订立《专利实施许可合同书》,许可该公司实施前述专利。合同约定许可方将"医用试液的浓缩装置"实用新型专利许可被许可方使用,被许可方享有排他实施许可和分许可权。许可方将"医用试液的浓缩装置"的全部相关资证转移至被许可方名下,将全部技术文件移交被许可方。

1999年9月3日,某公司作为甲方,苏某、马某作为乙方,马某某作为丙方签订《合作及借款协议书》,约定:乙方和丙方在本协议书签字生效后90日内,保证将原专利权人曼博瑞公司"医用试液的浓缩装置"实用新型专利所拥有的全部技术资料、生产工艺文件交付甲方,将所有有关生产、销售资证转换至甲方名下。乙方除第5条之外,其他约定如期全部顺利达成后,甲、乙双方签订的《专利实施许可合同》正式、有条件生效。该协议第5条约定:乙方在国家知识产权局接受变更著录后,于180日内未能取得或最终丧失被公认的"医用试液的浓缩装置"实用新型专利的惟一专利权人资格,而给甲方造成的一切损失,承担全部责任。

1999年9月11日,某公司与苏某、马某订立《补充合同》,约定双方与马某某所签的《合作及借款协议书》中除第5条以外各条款均如期全部顺利达成后,《专利实施许可合同书》生效。

法院认定,原告苏某主张其已将生效条件规定的相关材料于1999年9月

20日移交给原告,但未能提交相应证据,因此,对于该事实不予认定。判决本案合同约定的生效条件尚未成就,合同并未生效。❶

【评析】专利实施许可合同属于技术合同的一种,因此,除专利法的相关规定外,合同的签订、执行和纠纷解决,均依照民法、合同法的相关规定进行。在本案中,专利实施许可合同是附生效条件的合同。《补充合同》在专利实施许可合同之上增加了生效条件。因此,必须在生效条件成立时,专利实施许可合同才能生效。在原告未能提供相关证据的情况下,合同只能认定为尚未生效。

思考与讨论

1. 专利权是什么? 如何理解专利权的定义?

2. 专利实施许可分为哪些类型?

3. 我国允许在哪些情况下给予专利的强制许可?

延伸阅读

1. 陈文煊:《专利权的边界》,知识产权出版社2014年版。

2. 董美根:《专利许可合同的构造》,上海大学出版社2012年版。

3. 邱永青:《专利许可合同法律问题研究》,法律出版社2010年版。

---

❶ 参见北京市第一中级人民法院民事判决书(2000)一中知初字第105号,北京市高级人民法院民事判决书(2001)高知终字第6号。

第十六章　专利保护实务

> 专利权人通常通过侵权诉讼的方式来维护自身的权利。本章介绍了专利侵权判定的两步法标准。以及权利人可以主张的等同原则和被控侵权人可以主张的各项抗辩理由。并对专利侵权诉讼的相关程序规则进行了简单介绍。旨在为专利侵权诉讼的相关实务提供一份较为详尽的指南。本章同时介绍了专利保护的其他途径。

第一节　专利侵权的判定

一、发明和实用新型的侵权判定

判定一项产品和方法是否对发明或实用新型构成侵权,应当将被控侵权技术与专利技术进行比对,确定前者是否落入了后者的保护范围。值得注意的是,被控侵权技术,一般是已经制造出来的具体产品,或已经实际实施的具体方法。而与之比对的专利技术,则是书面的专利文件。在二者之间进行比对,需要经过如下两个步骤:

第一步,确定专利权保护范围。

发明或者实用新型专利权的保护范围以其权利要求的内容为准,说明书及附图可以用于解释权利要求的内容。其中,独立权利要求从整体上反映发明或者实用新型专利的技术方案,仅记载解决技术问题的必要技术特征。因此,其记载的特征最少,保护范围最大。因此,确定专利权保护范围时,只需要考虑独立权利要求的保护范围。只要被控侵权技术落入独立权利要求的保护范围,即构成侵权。如果被控侵权技术未落入独立要求的保护范围,则也不会落入任何从属权利要求的保护范围。但是,如果专利权人意识到独立权利要求可能会被宣告无效,也可以选择较为稳定的从属权利要求提起侵权诉讼。法院将依据权利人主张的权利要求对被控技术是否侵权进行判断。

因为权利要求仅记载了划定专利权范围的各个技术特征,因此对各技术特征和技术方案整体的理解,需要结合说明书及附图进行。但说明书和附图仅用于解释权利要求,不对专利权的范围起到限定作用。

第二步,对比被控侵权技术。

（一）全面覆盖原则

判断被控侵权技术是否侵权,采用的是全面覆盖原则。当被控侵权技术包括了权利要求记载的全部技术特征时,应当认定其落入专利权的保护范围,构成侵权。当被控侵权技术与权利要求记载的全部技术特征相比,缺少一个以上的技术特征,或者有一个以上技术特征不相同也不等同的,应当认定其没有落入专利权的保护范围,不构成侵权。

（二）等同侵权原则

在实践中,侵权者极少采用和专利权利要求完全相同的技术方案,而通常会对一个或多个技术特征进行改动,从而在保留专利技术方案的实质特征的情况下,逃避专利侵权的指控。因此,如果要求被控侵权技术与权利要求中的技术特征完全相同,则容易使得权利人的利益无法得到充分保护。因此,专利法规定了等同侵权原则。

等同侵权原则,是指在适用全面覆盖原则,将被控侵权技术的技术特征与权利要求记载的技术特征进行对比时,当二者不构成相同技术特征,而构成等同技术特征时,被控侵权技术仍然构成侵权。等同技术特征是指与所记载的技术特征以基本相同的手段,实现基本相同的功能,达到基本相同的效果,并且本领域普通技术人员在被诉侵权行为发生时无需经过创造性劳动就能够联想到的特征。

但是,需要注意的是,专利权划定的是权利人的私有领域与社会公有领域之间的界限。如果将专利权保护范围限定得过窄,将会使得权利人利益得不到应有的保护,不利于鼓励创新;如果将专利权保护范围等同得过宽,则会使得社会公众的公有领域受到侵犯,不利于技术的推广应用,同样不利于社会的发展。因此,应当严格适用等同原则,维持二者之间的平衡。

基于上述理由,等同原则的适用应遵循"全部技术特征"原则,即并非将被控侵权技术的整体方案与权利要求的整体方案进行对比,若以二者基本相同的手段,实现基本相同的功能,达到基本相同的效果,就构成等同侵权;而是只能将被控侵权技术的各个技术特征与权利要求的各个技术特征逐一进行对比,若被控侵权技术的每个特征均在权利要求书找得到相同或等同特征,则被控侵权技术构成侵权。因此,等同原则的边界是,不允许被控侵权技术相比权利要求,缺少一个以上的技术特征。在这种情况下,即使二者的手段、功能、效果基本相同,也不构成等同侵权。

二、外观设计的侵权判定

外观设计专利权的保护范围以表示在图片或者照片中的该产品的外观设计为准,简要说明可以用于解释图片或者照片所表示的该产品的外观设计。

对于外观设计的侵权判定包括以下几个方面:

(一)产品类别的判断

由于外观设计是设计要素与产品相结合的产物,因此在进行侵权判断时,首先要确定被控侵权产品与外观设计所指定的产品是否属于同类产品。在与外观设计专利产品相同或相近似种类的产品上,采用与授权外观设计相同或者近似的外观设计的,应当认定被控侵权设计落入外观设计专利权的保护范围。二者不属于同类产品,一般不构成侵权。

(二)侵权判断的比较对象

外观设计的侵权判断应将被控侵权产品与外观设计专利的图片或照片

中所示的产品外观设计进行比较。如果两者的形状、图案或者其结合以及色彩与形状、图案的结合相同或近似,就构成侵权。

(三)侵权判断的主体

外观设计的侵权判断,应当以外观设计专利产品的一般消费者的知识水平和认知能力来判断外观设计是否相同或近似。所谓一般消费者具有如下特征:对于涉案专利申请日之前相同种类或者相近种类产品的外观设计及其常用设计手法具有常识性的了解,对外观设计产品之间在形状、图案以及色彩上的区别具有一定分辨力,但不会注意到产品的形状、图案以及色彩的微小变化。

(四)侵权判断的原则

认定外观设计是否相同或者近似时,应当根据授权外观设计、被诉侵权设计的设计特征,以及外观设计的整体视觉效果进行综合判断。对于主要由技术功能决定的设计特征以及对整体视觉效果不产生影响的产品的材料、内部结构等特征,应当不予考虑。

第二节　专利侵权诉讼

一、侵权抗辩原则

(一)合理使用

专利法规定,有下列情形之一的,不视为侵犯专利权:

(1)专利产品或者依照专利方法直接获得的产品,由专利权人或者经其许可的单位、个人售出后,使用、许诺销售、销售、进口该产品的;

(2)在专利申请日前已经制造相同产品、使用相同方法或者已经做好制造、使用的必要准备,并且仅在原有范围内继续制造、使用的;

（3）临时通过中国领陆、领水、领空的外国运输工具，依照其所属国同中国签订的协议或者共同参加的国际条约，或者依照互惠原则，为运输工具自身需要而在其装置和设备中使用有关专利的；

（4）专为科学研究和实验而使用有关专利的；

（5）为提供行政审批所需要的信息，制造、使用、进口专利药品或者专利医疗器械的，以及专门为其制造、进口专利药品或者专利医疗器械的。

（二）捐献原则

对于仅在说明书或者附图中描述而在权利要求中未记载的技术方案，权利人在侵犯专利权纠纷案件中将其纳入专利权保护范围的，人民法院不予支持。即，将仅在说明书或者附图中描述而在权利要求中未记载的技术方案视为捐献给了社会。适用捐献原则需要注意的是，视为被捐献的技术内容，无法通过等同原则重新纳入专利保护范围。其原理在于，如果允许对该部分技术内容适用等同原则，很容易使得专利申请人在撰写专利申请文件时，仅在权利要求中要求一个相对较窄的保护范围，以求较为顺利地通过审查，而将大量技术内容置于说明书中，待到侵权诉讼时再适用等同原则等同进保护范围。这将导致公有领域受到严重侵犯。

（三）禁止反悔原则

专利申请人、专利权人在专利授权或者无效宣告程序中，通过对权利要求、说明书的修改或者意见陈述而放弃的技术方案，权利人在侵犯专利权纠纷案件中又将其纳入专利权保护范围的，人民法院不予支持。与捐献原则一样，被禁止反悔原则排除的技术内容，无法适用等同原则纳入专利保护范围。禁止反悔原则意在防止专利申请人为了获得更大的保护范围，提交申请时，在权利要求书中"漫天要价"，无限制地扩大保护范围，从而严重加重专利审查员的负担，且可能由于审查员检索不充分，导致无法将专利保护范围缩小至依据专利法能够获得授权的范围。

（四）现有技术抗辩原则

在专利侵权纠纷中，被控侵权人有证据证明其实施的技术或者设计属于现有技术或者现有设计的,不构成侵犯专利权。

如被控侵权技术属于现有技术或现有设计,且同时侵犯了专利权人的专利权,则被控侵权方也可以对该专利权提起无效宣告。但由于无效宣告所需的时间和经济成本较高,对于被控侵权方较为不利,因此,专利法规定了现有技术抗辩原则。在侵权诉讼中,只要被控侵权方的现有技术抗辩成立,则可以直接确认不侵权,不必依赖无效宣告程序的结果。但是,侵权诉讼的判决不会影响专利权的有效性,仍须通过无效程序才能宣告该专利权无效。但侵权诉讼中成立的现有技术抗辩可以作为相关证据。

如果被控侵权技术相对于一项现有技术缺乏新颖性,即被控侵权技术方案的全部技术特征,被一项现有技术方案中的相应技术特征全面覆盖时,就应当认定被控侵权人实施的技术属于现有技术。

二、诉讼中止

当专利权人提起专利侵权诉讼时,被控侵权方往往会对应地提起专利无效宣告请求。

当被控侵权人向专利复审委员会提起无效宣告请求后,人民法院一般会中止侵权诉讼的审理,待得到无效宣告程序的结果之后,再进行侵权诉讼的审理工作。但无效宣告程序往往耗时较长,可能使得侵权诉讼程序长时间处于悬而未决状态,不利于保护双方的权利。

因此,根据相关司法解释,在专利侵权诉讼涉及的专利是实用新型、外观设计专利时,具备下列情形之一的,可以不中止诉讼:

(1)原告出具的检索报告未发现导致实用新型专利丧失新颖性、创造性的技术文献的;

(2)被告提供的证据足以证明其使用的技术已经公知的;

(3)被告请求宣告该项专利权无效所提供的证据或者依据的理由明显不充分的;

(4)人民法院认为不应当中止诉讼的其他情形。

三、诉前临时措施

(一)诉前临时禁令

所谓诉前临时禁令是指专利权人或者利害关系人有证据证明他人正在实施或者即将实施侵犯专利权的行为,如不及时制止将会使其合法权益受到难以弥补的损害的,可以在起诉前向人民法院申请采取责令停止有关行为的措施。通过诉前临时禁令,专利权人可以不必等到判决以后才能制止侵权行为,此时专利权人的合法权益可能已经受到了难以弥补的损害。

同时,为了公平合理地保障被申请人的合法权益,不至于因为错误的禁令申请而导致被申请人的利益无法获得充分补偿,现行法律对诉前临时禁令的适用规定了以下的条件:

(1)申请主体为专利权人和利害关系人。专利实施许可合同被许可人中,独占实施许可合同的被许可人可以单独向人民法院提出申请,排他实施许可合同的被许可人在专利权人不申请的情况下,可以提出申请。

(2)申请人应当递交书面申请状。

(3)申请人应当提交相关证据,主要包括:

①专利权人应当提交证明其专利权真实有效的文件。提出的申请涉及实用新型专利的,申请人应当提交国务院专利行政部门出具的专利评价报告。

②利害关系人应当提供有关专利实施许可合同及其在国务院专利行政部门备案的证明材料,未经备案的应当提交专利权人的证明,或者证明其享有权利的其他证据。排他实施许可合同的被许可人单独提出申请,应当提交专利权人放弃申请的证明材料。

③提交证明被申请人正在实施或者即将实施侵犯其专利权的行为的证据,包括被控侵权产品以及专利技术与被控侵权产品技术特征对比材料等。

④提交证明如果不制止相关侵权行为将会使其合法权益受到难以弥补的损害的相关证据。

（4）申请人提出申请时，应当提供担保。不提供担保的，驳回申请。

人民法院应当自接受申请之时起四十八小时内作出裁定；有特殊情况需要延长的，可以延长四十八小时。裁定责令停止有关行为的，应当立即执行。当事人对裁定不服的，可以申请复议一次；复议期间不停止裁定的执行。

（二）诉前财产保全

专利诉讼的利害关系人因情况紧急，不立即申请保全将会使其合法权益受到难以弥补的损害的，可以在提起诉讼或者申请仲裁前向被保全财产所在地、被申请人住所地或者对案件有管辖权的人民法院申请采取保全措施。申请人应当提供担保，不提供担保的，裁定驳回申请。申请人在人民法院采取保全措施后三十日内不依法提起诉讼或者申请仲裁的，人民法院应当解除保全。

（三）诉前证据保全

在专利诉讼中，许多时候，一旦专利权人提起诉讼，侵权方就可能立即销毁相关证据，导致证据灭失。因此，在证据可能灭失或者以后难以取得的情况下，专利权人或者利害关系人可以在起诉前向人民法院申请保全证据。人民法院采取保全措施，可以责令申请人提供担保；申请人不提供担保的，驳回申请。人民法院应当自接受申请之时起四十八小时内作出裁定；裁定采取保全措施的，应当立即执行。申请人自人民法院采取保全措施之日起十五日内不起诉的，人民法院应当解除该措施。

四、其他相关事宜

（一）司法管辖

专利纠纷第一审案件，由各省、自治区、直辖市人民政府所在地的中级人民法院和最高人民法院指定的中级人民法院管辖。最高人民法院根据实际情况，可以指定基层人民法院管辖第一审专利纠纷案件。

（二）诉讼时效

侵犯专利权的诉讼时效为二年，自专利权人或者利害关系人得知或者应当得知侵权行为之日起计算。发明专利申请公布后至专利权授予前使用该发明未支付适当使用费的，专利权人要求支付使用费的诉讼时效为二年，自专利权人得知或者应当得知他人使用其发明之日起计算，但是，专利权人于专利权授予之日前即已得知或者应当得知的，自专利权授予之日起计算。

权利人超过二年起诉的，如果侵权行为在起诉时仍在继续，在该项专利权有效期内，人民法院应当判决被告停止侵权行为，侵权损害赔偿数额应当自权利人向人民法院起诉之日起向前推算二年计算。

第三节　专利纠纷的其他解决方式

一、民事方式

专利权是一种财产权。对于专利权人而言，通过民事救济使侵权人承担相应的民事责任是实现权利的基本途径。专利侵权的民事责任既包括财产责任也包括非财产责任。

（一）停止侵权

停止侵权是指行为人停止实施侵犯专利权的行为。停止侵权是专利权利的权利效力中禁止权能的直接体现。通过让行为人承担侵权责任，实现禁止他人未经许可实施专利的权能，从而保护专利权人的合法权利。

（二）赔偿损失

侵犯专利权的赔偿数额按照权利人因被侵权所受到的实际损失确定；实际损失难以确定的，可以按照侵权人因侵权所获得的利益确定。权利人的损失或者侵权人获得的利益难以确定的，参照该专利许可使用费的倍数合理确定。赔偿数额还应当包括权利人为制止侵权行为所支付的合理开支。权利人的损失、侵权人获得的利益和专利许可使用费均难以确定的，人民法院可以根据专利权的类型、侵权行为的性质和情节等因素，确定给予一万元以上一百万元以下的赔偿。

（三）消除影响

民法通则规定，公民、法人的著作权（版权）、专利权、商标专用权、发现权、发明权和其他科技成果权受到剽窃、篡改、假冒等侵害的，有权要求停止侵害，消除影响，赔偿损失。这一规定的目的在于恢复专利产品的信誉，消除由于专利侵权所造成的不良影响。

二、行政方式

未经专利权人许可，实施其专利，即侵犯其专利权，引起纠纷的，由当事人协商解决；不愿协商或者协商不成的，专利权人或者利害关系人可以向人民法院起诉，也可以请求管理专利工作的部门处理。管理专利工作的部门处理时，认定侵权行为成立的，可以责令侵权人立即停止侵权行为，当事人不服的，可以自收到处理通知之日起十五日内依照《中华人民共和国行政诉讼法》向人民法院起诉；侵权人期满不起诉又不停止侵权行为的，管理专利工作的部门可以申请人民法院强制执行。进行处理的管理专利工作的部门应当事人的请求，可以就侵犯专利权的赔偿数额进行调解；调解不成的，当事人可以依照《中华人民共和国民事诉讼法》向人民法院起诉。

专利管理机关在处理侵权纠纷时，仅有权责令停止侵权行为以及对赔偿数额进行调解，涉及其他事项的，只能向人民法院提起诉讼。

除专利侵权纠纷以外，专利管理机关还有权处理假冒专利的行为。下列行为属于专利法假冒专利的行为：①在未被授予专利权的产品或者其包装上标注专利标识，专利权被宣告无效后或者终止后继续在产品或者其包装上标注专利标识，或者未经许可在产品或者产品包装上标注他人的专利号；②销售第①项所述产品；③在产品说明书等材料中将未被授予专利权的技术或者设计称为专利技术或者专利设计,将专利申请称为专利,或者未经许可使用他人的专利号,使公众将所涉及的技术或者设计误认为是专利技术或者专利设计;④伪造或者变造专利证书、专利文件或者专利申请文件;⑤其他使公众混淆,将未被授予专利权的技术或者设计误认为是专利技术或者专利设计的行为。

假冒专利的,除依法承担民事责任外,由管理专利工作的部门责令改正并予以公告,没收违法所得,可以并处违法所得四倍以下的罚款;没有违法所得的,可以处20万元以下的罚款;构成犯罪的,依法追究刑事责任。专利权终止前依法在专利产品、依照专利方法直接获得的产品或者其包装上标注专利标识,在专利权终止后许诺销售、销售该产品的,不属于假冒专利行为。销售不知道是假冒专利的产品,并且能够证明该产品合法来源的,由管理专利工作的部门责令停止销售,但免除罚款的处罚。

三、刑事责任

我国刑法规定了假冒专利罪:"假冒他人专利,情节严重的,处三年以下有期徒刑或者拘役,并处或者单处罚金。"需要注意的是,专利侵权仅需要承担民事责任或行政责任,不承担刑事责任。而假冒专利,情节严重的,需要承担刑事责任。这是因为专利侵权主要涉及专利权人和侵权人之间的利益纠纷,对于公共利益并无损害。而假冒专利将损害公众的知情权,损害公共利益。

【案例1】"拉链切断不脱线花边机"专利侵权案

【案情】2000年8月18日,原告向国家知识产权局申请"拉链切断不脱线花边机"实用新型专利,2001年6月9日获得授权,专利号为ZL00237965.1,并于同年7月8日予以授权公告。该专利技术产品的发明,成功地解决了在拉链生产中几十年来长期存在的拉链剪切时出现的脱线、打刀、粘刀等技术问题,为原告带来了良好的经济效益。被告未经原告许可,生产销售与原告专利技术相同的产品,原告主张其行为违反了《专利法》的规定,应当承担相应的侵权责任。

　　被告辩称,其生产销售的"不散口花边剪断机"是被告公司自行设计的产品,产品的技术与原告专利技术不同,被告的行为不构成侵权。

　　对双方争议的被告生产销售的"不散口花边剪断机"是否与原告专利技术不同的问题,原告请求保护ZL00237965.1号专利独立权利要求为:一种拉链切断花边机,是由机架、模架等组成,其特征是在机架上,固连有面板、立柱、托板,在托板上固连有汽缸,活塞杆通过固定螺母连接法兰,压盖使法兰与模架连接;模架的活动板的下方固连有冲刀架、冲刀,在活动板侧面固连有安全防护罩;模架下底板与面板固连,其上方固连有压板座,压板座的侧面有触头开关,导向件,上方固连有冲压板。原告专利的发明特点为:以汽缸为动力源,模架作为传动装置,冲刀和下面的冲压板为切断装置。本实用新型无须加热,切断后的拉链不脱线,花边整齐、美观,在生产中不会产生粘刀、打刀,生产效率高,设备寿命长。依据被告确认的涉嫌侵权"不散口花边剪断机"产品与原告专利权利要求书对比,双方当事人在法庭上确认了被告产品包括面板、立柱、托板,托板上连接汽缸,通过活塞杆连接法兰,法兰与模架连接,模架的活动板的下方连接有冲刀架、冲刀,模架下底板与面板连接,上方连接有压板座,并由触头开关、导向件、冲压板等机件构成。法院认为,被告产品的结构部件除了没有"在活动板侧面固连有安全防护罩"外,其余结构与原告专利权利要求书相同。被告产品技术表现在以汽缸为动力源,模架作为传动装置,冲刀和下面的冲压板为切断装置,与原告专利技术相同。被告产品缺少"安全防护罩"特征,并没有解决该机械使用时的安全问题。应当认定被告生产销售的"不散口花边剪断机"与原告ZL00237965.1号专利技术等同,落入原告专利保护范围。❶

　　【评析】本案属于专利侵权案中"变劣发明"情况,即被控侵权技术故意省略专利权利要求书中的某些技术特征,从而导致该技术方案较之专利技术发生劣化,但因此,也不会全面覆盖专利技术中的所有技术特征,从而达到"绕开"专利技术的目的。关于变劣发明应当如何处理,司法实践上曾有过争议,如本案即认定变劣发明落入原告专利保护范围。北京市高级人民法院《专利

❶ 参见广东省深圳市中级人民法院民事判决书(2002)深中法知产初字第111号

侵权判定若干问题的意见(试行)》第四十一条也规定:"对于故意省略专利权利要求中个别必要技术特征,使其技术方案成为在性能和效果上均不如专利技术方案优越的变劣技术方案,而且这一变劣技术方案明显是由于省略该必要技术特征造成的,应当适用等同原则,认定构成侵犯专利权。"

但是,专利权的保护范围同时涉及权利人和社会公众两方面利益,如果适用等同原则过严,导致保护范围过窄,将不利于维护专利权人的利益和鼓励创新。如果适用等同原则过宽,导致保护范围过大,则将严重危害社会公众使用公有领域技术的安全性。因此,我国在等同原则的适用上,借鉴了美国最高法院所确立的"全部技术特征"原则。根据最高人民法院《关于审理侵犯专利权纠纷案件应用法律若干问题的解释》第七条第二款规定,变劣发明不属于适用等同原则的范畴,不应被纳入专利保护范围。

但是,也可以认为,通过省略技术特征来绕开专利技术的保护范围,是公众的自由,正是公众遵守专利法,主动避免侵犯他人权利的一种体现。法律应保护公众自由实施未被专利权限定的公有领域技术的自由。需要注意的是,"提高专利保护水平"绝不仅是"提高对于专利权人的保护水平",而是明确专利权的界限,从而一方面保护权利人的利益,另一方面,保护公众使用科学技术促进社会进步的自由。

【案例 2】Warner-Jenkinson 案

【案情】本案的双方 Hilton Davis 化工公司与 Warner Jenkinson 公司皆为食品、药物及化妆品染剂红色 40 号及黄色 6 号的制造业者。染剂的制造过程中很重要的一个步骤,是将染剂纯化到能够符合国家标准的程度。Hilton Davis 发明了一种利用"超渗透过滤法(ultrafiltration)"改良纯化的方法,并申请了专利。该专利惟一的权利要求为:"一种染料提纯方法,其特征在于通过一层薄膜在大约为 200-400psig 的流体静压和 6.0-9.0 的 pH 值条件下进行超滤,使杂质和染料相分离,该薄膜的网孔直径为 5-15 埃,杂质的分子直径小于所述薄膜的网孔,因而能够通过该薄膜,使染料保留在浓缩液中,在分离之后通过蒸发从所述浓缩液中获得所需染料。"该申请中原本并未限定 pH 值,在专利审批的过程中,审查员引用了另一份美国专利作为对比文献,该对比文献披露了类似的超滤提纯方法,而采用的pH值为9.0以上,最好为11.0~13.0。为了避开现有技术,申请人在审查过程中修改了原来的权利要求,加入了pH值为6.0~9.0的限定条件。

Warner Jenkinson采用了与专利技术相似的技术。经过调查,法院认定,被控侵权技术所采用的薄膜网孔为5~15埃,压力范围为大约200~500psig,但其pH值为5。

美国联邦上诉法院认为被控侵权方法与权利要求在pH值上的区别是非实质性的。对pH值的限定主要是为了防止对薄膜的损害,并保证最后获得的染料是中性的。因此,认定采用5.0pH值进行超滤符合"以基本上等同的方式,实现基本上相同的功能,以达到基本上相同的效果",认定侵权成立。

美国最高法院则认为,"包含在权利要求中的每一个技术特征对于确定专利权保护范围来说都是重要(deemed material)的,因此等同原则应当针对权利要求中的各个技术特征,而不是针对发明作为一个整体。必须强调的是,在适用等同原则时,即使对单个的技术特征,也不允许将保护范围扩大到这样的程度,使得实质上是在忽略记载在权利要求书中的该技术特征。"从而认定,在申请人通过修改放弃了6.0pH值以下的范围的情况下,不能因为技术方案整体等同,而将5.0pH值纳入保护范围,从而推翻了联邦上诉法院的判决,确认Warner Jenkinson不构成侵权。❶

【评析】本案是美国专利侵权领域极为重要的一案。在该案判决中,美国最高法院推翻了此前由Hughes案确立的"整体等同原则",重新确立了"全部技术特征原则"。该原则为包括我国在内的各国在专利立法中广泛借鉴。在Hughes案中,美国联邦巡回上诉法院在NASA使用的卫星缺少专利技术中的两项特征(因为技术进步导致的计算机体积缩小,使得原先位于地面的计算机能够被安装在卫星上,从而取消了相关发送和接收装置)的情况下,以"整体等同原则"判决NASA构成对于Hughes公司的侵权。即二者的技术方案在整体上"以基本上相同的方式,实现基本上相同的功能,以达到基本上相同的效果",而所缺少的两项技术特征,只是技术进步产生的自然换代。该判决看似公允,但作出之后,美国认定侵权成立的案件比率从30%飙升至80%,由于代理

❶ See Hilton Davis Chemical Co. v. Warner-Jenkinson Co., Inc., 35 USPQ 2d 1641.

专利权人太容易获胜,一些律师甚至只收取胜诉酬金。"整体等同原则"看似合理,但使得法院可以自由解释专利技术的边界,从而使得专利权保护的范围得到任意扩大,极不利于保护公众使用技术的安全。在本案中,联邦巡回上诉法院维持了此前"整体等同原则"的立场,而最高法院则最终推翻了这一原则,确立了"全部技术特征原则"。

值得注意的是,本案同时包含了"禁止反悔原则"的应用。专利权人在专利审批中,通过修改专利文件,放弃了此前包含在权利要求中的小于6.0的pH值范围。根据禁止反悔原则,即使专利人主张等同原则将该范围纳入专利保护范围,也无法获得支持。因此,在撰写和修改专利文件时,除了考虑相关授权条件,也必须将可能对于专利侵权诉讼产生的影响考虑进其中。

思考与讨论

1. 如何判断发明和实用新型专利的保护范围?

2. 如何理解等同原则? 如何理解"全部技术特征"原则?

3. 被控侵权人可以主张哪些抗辩?

4. 专利权人或利害关系人可以采取哪些诉前临时措施?

延伸阅读

1. 杨志敏:《专利权保护范围研究——专利权行使与对抗的理论和实践》,四川大学出版社2013年版。

2. 毛金生,谢小勇,刘淑华等:《海外专利侵权诉讼》,知识产权出版社2012年版。

3. 北京市第一中级人民法院知识产权庭:《侵犯专利权抗辩事由》,知识产权出版社2011年版。

4. 尹新天:《专利权的保护》,知识产权出版社2005年第二版。

第四编 商标法理论与实务

　　市场经济条件下,商标在市场交易活动中的作用日益明显,与商誉紧密联系的商标与企业的发展息息相关,越来越多的企业更加注重品牌的提升和商誉的维护。商标权属于知识产权范畴中的工业产权,是人们对于经营管理活动中的标记、信誉所依法享有的专有权利。程序上,商标权的取得是基于商标注册而依法产生。我国自1982年颁布《商标法》,在保护商标权人的利益、维护商标信誉、保护消费者利益、维护正当竞争的市场秩序等方面发挥了极其重要的作用。1993年、2001年和2013年对《商标法》作了三次修订,以适应社会经济发展的需要。本编内容围绕新修订的《商标法》内容,较为系统的讲述了商标法的基本理论,对商标权的对象、商标权利人、商标权的取得、商标的利用、商标权的法律保护等制度作了全面的阐述,并就商标权实务问题作了介绍。

第十七章　商标权的对象

商标作为一种标识，其基本功能就是区分商品或服务的来源，在其所标识的商品或服务和消费者之间建立联系。因此，构成商标的元素或元素组合必须具有显著性，易识别。综合公序良俗等诸方面的考虑，只有符合法律规定条件的相应标志才能注册为商标，获得法律上的商标权，从而享有法律的保护。所以商标权的对象即指注册商标。由于注册商标有自身的法律特征，而且是涉及到公共资源的标志，因此，法律上对商标注册有特定的要求和限制。本章主要讲解商标的概念和特征、种类以及商标权对象的限制。

第一节　商标的概念和特征

一、商标的概念

日常生活中，商标经常被称为"牌子"，是一种被生产经营者使用在商品或者服务上的一种标记。商标在英美国家称为"Trademark"，其含义即为商业标记。国际上，商标具有明确的法律定义，TRIPS将商标表述为："任何一种能够将一个企业的商品或服务区别于其他企业的商品或服务的标记或标记的组合均应能够构成商标。"《欧洲共同体商标法》则规定："所有可用于书面形式表示的标记，尤其是字词、图形、字母、数字、商品及其包装的外形，只要能将一个企业的商品或服务同其他企业的商品或服务区别开来,均可构成商标。"我国《商标法》第8条也具体明确了商标的涵义:"任何能够将自然人、法人或者其他组织的商品与他人的商品区别开的标志,包括文字、图形、字母、数字、三维标志、颜色组合和声音等,以及上述要素的组合,均可以作为商标申请注册。"可见,商标是由法定的要素构成,且必须具有显著性,以利于识别的标志,主要用于区别不同企业间商品或服务来源。

源于法律的相关规定,我们将商标定义归纳为,商标是指用于商品或者服务上的,由文字、图形、字母、数字、三维标志、颜色组合和声音,或者上述要素组合构成的具有显著性的可感知的标志。

商标是一种商业标识,广泛用于商品、商品包装、广告或者服务设施方面,以利于消费者将一定的商品或者服务与其提供者相联系起来,其本质功能在于将同类商品或服务的提供者相区别开来,便于消费者识别。商标与一般的标识是不同的,具体表现在几个方面:①商标的所有人或使用人是基于商业目的而使用商标;②商标是用来识别商品或服务来源,以避免市场混淆;③商标承载着商品生产经营者的商誉;④商标具备法定的构成要素,须具备显著特征。

二、商标的特征

商标作为一种商业标识,具有如下特征:

(一)商标是可感知的符号

我国法律规定商标可以是文字、图形、字母、数字、三维标志、颜色组合和声音等,以及上述要素的组合。表明了商标应该是人的视觉、听觉感官所能够感知到的。有些国家法律甚至还规定气味也可以作为商标注册。

(二)商标具有依附性

商标的依附性体现在对商品或服务的从属关系上。商标在市场中标识着商品或服务的来源,商标立法上更强调商标须与特定的商品和服务相联系,因此,商标必须依赖于商品或服务。这种依附关系使得商品生产者、经营者、服务项目提供者依靠商标宣传推广商品和服务,树立自己的信誉,从事生产经营活动,而消费者则通过商标选择其提供的商品或者服务。这样既提高了商品和服务的信誉,也提升了商标的价值。商标如果"离开特定的商品和服务,任何图案、符号和文字都不是商标,更无商标价值可言"。❶

(三)商标具有显著性

商标的显著性,体现为独特而易识别。商标的构成要素包括文字、图形、字母、数字、三维标志、颜色组合和声音,以及上述要素的组合,只要有明显的特点,别具一格,并且与相同或类似商品的注册商标不混同,使消费者通过商标便可选购商品或者选择服务。另外,还可以随着商标长期的连续使用,使消费者对其商品或服务有了肯定的认识,能够将其商品或服务与其他商品或服务区别开来,而获得显著性。

第二节　商标的种类

实践中,为了方便商标的管理,有必要对商标进行种类划分,以按照不同的内容和措施进行管理。根据不同的标准,商标可以划分为不同的种类。

一、按照商标结构分类

根据商标的组成结构,商标可以分为:文字商标、图形商标、组合商标、三维商标、非形象商标等。

文字商标,是指只用文字、字母、数字等构成的商标,如:"Lenovo"电脑、"王老吉"凉茶、"舍得"酒、"999"感冒灵等。将文字注册商标,往往取其特有的涵义或者读音上口易记。我国文字注册商标以汉字为主,出口商

---

❶ 刘春田:"商标与商标权辨析",《知识产权研究》1998年第1期。

标还可以使用外国文字。

图形商标,是指用事物图形、几何图形、抽象图形或者符号、记号组成的形象化商标,如用名胜古迹、山川河流、亭台楼阁、几何图形等图形绘制而成的商标。它要求特征显著,形象生动、给人印象深刻。实践中,图形商标常常有多种称谓,不便于呼叫。注册申请人通常会用一个名称来固定其称谓,方便使用。例如有企业将一幅瀑布山水画注册为商标,冠以"黄果树"的称谓。

组合商标,是指由文字图形或者记号组合而成的一个商标。它要求文字、图形、记号组合协调,图、文一致。其特点是:图文并茂、相互融合;既表意,又表形;易引起消费者的注意,且便于呼叫,如"长虹"电视机。

三维商标,是指由具有立体感的图形和文字所构成的商标,包括商品的包装、商品的容器,甚至商品的外形。例如,我国湖南吉首的"酒鬼酒"特殊形状的酒瓶;浙江绍兴的吃茴香豆"孔乙己"形象的酒店商标;以及美国的"可口可乐"商标(即以富有特色的曲线饮料瓶子及瓶子内放上一朵玫瑰花的造型)。

色彩组合商标,是指由颜色或者颜色组合构成的商标。这种商标可以是颜色与文字、图形的组合,例如"柯达"胶卷的黄色与文字的组合。也可以是由多种色彩构成的组合;还可以是单一标志性的色彩。例如,美国迪尔公司在其生产的农用机械上使用的绿色和黄色的颜色组合商标;1995年3月28日美国高等法院在Qualites公司诉Jaeobson公司一案的判决中,对单一色构成的商标进行司法保护。❶我国商标法虽然规定了颜色可以注册商标,但必须是两种以上颜色的组合才可以构成颜色商标。

非形象商标,是指以"声响""气味"等要素组成申请商标注册。特定的声音能够起到识别商品或服务的作用,这在实践中已有大量应用。例如美国米高梅公司就将狮子吼的声音作为所拍摄的电影的片头,以与其他电影制作商的电影相区别。我国在2013年修订《商标法》时,增加了可以将声音作为商标注册。但在实践中,怎样将声音进行注册、备案并没有具体的规

---

❶ 刘春茂主编:《知识产权原理》,知识产权出版社2002年版,第582页。

定。而将特殊的气味作为商标注册,只是在个别国家立法上有规定。例如澳大利亚《商标法》和英国《商标法》。在我国商标法中并没有规定气味可以注册为商标。实践中存在着气味如何办理申请和注册,商标局如何进行档案保存等一系列问题,目前还没有妥善的解决方法。真正将气味注册商标的,也只有英国的少数几个案例。

二、按照商标用途分类

按照用途的不同,商标可以分为商品商标、集体商标、证明商标、服务商标等。

商品商标是指专门在商品上使用,以识别商品来源的商标。通常是生产经营者在其生产的工业品或农林牧副鱼产品等商品上所使用的商标。例如,使用在家电产品上的"海尔""长虹""美的"等商标,使用在汽车上的"奔驰""雪佛兰"等商标。

服务商标是指经营者在其向社会公众提供的服务项目上所使用的区别标志。如航空公司、保险公司、银行、酒店、通信公司、电视台等单位使用的标志。

集体商标是指以团体、协会或者其他组织名义注册,供该组织成员在商事活动中使用,以表明使用者在该组织中的成员资格的标志。例如,以大众肉联、老鼎丰、秋林食品等39家食品生产企业为成员单位的哈市红肠食品产业协会,就向有关部门申请"哈尔滨红肠"为集体注册商标;中国电子音响工业协会注册了以两个音符图形构成的集体商标。

证明商标是由对某种商品或者服务具有监督能力的组织所注册并控制,而由该组织以外的单位或者个人使用在其商品或者服务,用以证明该商品或者服务的原产地、原料、制造方法、质量或者其他特定品质的标志。证明商标有两种类型:一是原产地证明商标,用以证明商品或服务本身出自于某原产地。例如,法国"香槟"酒、中国的"库尔勒香梨"等;二是品质证明商标,用以证明商品或服务具有某种特定的品质。例如国际上通行的"纯羊毛"标志用以表明羊毛制品的品质;我国的"绿色食品""有机食品"

标志用以证明食品类产品所达到的品质等。

三、按照商标的知名度分类

根据知名度的程度不同,商标可以分为驰名商标、著名商标和知名商标。

驰名商标,是指经长期使用,在社会公众中知名度高、商品销量大、销售区域广、市场信誉度高的商标。在我国,驰名商标须经相关认定机构按照一定的程序认定。驰名商标是《保护工业产权巴黎公约》和 TRIPS 规定的所有成员国应予以保护的商标,我国《商标法》中也有专门的保护性规定。驰名商标的保护不以商标注册为前提,未注册的驰名商标与注册商标享有同样的排他性权利。

著名商标和知名商标,是相对驰名商标而言的,但在本质上没有什么区别,也是指在社会公众中知名度高、商品销量大、销售区域广、市场信誉好的商标。在认定方面,驰名商标由可以国家工商行政管理机关认定,也可以通过法院判决的形式认定,而著名商标由省、直辖市、自治区一级的工商行政管理机关认定,知名商标则由地市、县一级的工商行政管理机关认定。但与驰名商标不同的是,著名商标和知名商标要享有法律保护,必须以商标注册为前提。

四、根据商标的法律状态分类

根据商标是否向国家商标行政管理部门按照法定程序注册,可以将商标分为注册商标和未注册商标。

注册商标,是指向国家商标行政管理部门提出申请,并经核准注册的商标。注册商标使用时应标明注册标记"注册商标"或"注""®"。我国商标法规定只有将商标注册才享有排他性的商标专有权,并受商标法的全面保护。

未注册商标,是未向国家商标行政管理部门申请注册的商标。未注册商标在使用时不得加注册标记。未注册商标的使用人不享有排他性的商标专用权,未注册商标享受法律保护的条件有限,仅在他人以不正当竞争手段抢注已经使用并有一定影响的商标时才受法律保护。

第三节　商标注册对象的限制

一般情况下,除驰名商标外,商标持有人的权利要受法律保护,并获得商标权,其商标必须成为注册商标。注册商标也是商标权的客体。要将商标申请成为注册商标,必须具备一定的条件。首先,商标必须符合法律规定的构成要素和显著性的基本条件,其次,所申请的商标还不能是法律禁止使用和注册的标志。

一、作为商标注册的标志限制

由于缺乏显著性,一般情况下有些标识作为商标注册是受到限制的。我国商标法以分类的方式,对商标申请注册的标识做出了限制性规定。

(一)非法定的商标构成要素

我国商标法对商标的构成要素采取了列举式的规定,对于不符合商标法规定要素是不能作为商标申请的。例如,以前我国的商标法只是强调了商标须具有可视性,在2013年修订后,增加了声音可以作为商标注册,使商标还具有了可感知性。在国外,一些发达国家甚至立法规定声音和气味都可以作为商标注册。而我国目前商标法上规定的商标具有的可感知性仅限于听觉上对声音的感知,并没有将通过嗅觉才能感知的气味作为商标构成的要素,因此气味在我国不能被注册成商标。

(二)通用标志

通用标志包括本商品的通用名称、图形和型号。例如,一些表示种类的词汇"苹果""桌子""飞机""手机",以及它们的图形、型号等等,由于这些通用标志与所指代的商品之间有着最为紧密的联系,而无法起到识别商品来源的作用,显著性最差,因而不能作为商标注册。比如一个草莓种植农场,如果在其生产的草莓包装箱上印上"草莓"两个汉字作为标记,对草莓这类产品而言就不具有显著性,因为,这个标记不能说明该农场出产的草莓与其他企业生产的草莓有什么区别,消费者无法从这两个汉字上区分该草莓是指这个商品名称还是指商品的生产者。同样,简单的将一些字母或数字组合作为商品名称,也不能起到区分商品或服务来源的作用,而使消费者认为这种组合标志代表商品的型号。实践中就曾有汽车制造企业奥迪公司将"A3""A4""R8"等字母数字组合申请商标被驳回的案例。

(三)描述性标志

描述性标志是仅直接表示商品的质量、主要原料、功能、用途、重量、数量及其他特点的文字和图形。这类标志是对商品的上述特点直接进行了描述,而不能使消费者区分该商品的来源,从而缺乏显著性。例如,用火焰图形表示打火机的标志,该图形直接描绘了打火机的用途,消费者看到这个图形马上想到的是打火机就是用来打火用的,而不会将该标志与打火机的生产者联系起来。可见,描述性标志与所代表的商标之间的联系也过于密切,一般在最初使用时往往使消费者无法对商品或服务的来源做出识别。试想,如果一商家将"保暖"字样作为标志印在所生产的防寒服上,消费者只会认为是在强调该防寒服能够保暖,而不会将防寒服与生产厂家联系起来。还有在司法实践中,有些商品生产者将直接描述商品技术特征、制作和加工方式的名称作为商品标志,使得消费者不易区分商品的来源,而在申请商标时被驳回。例如,有企业在葡萄酒、黄酒等酒类产品上标有"手酿",使消费者误认为该商品是手工酿造而成,从而导致在酒类产品上注册"手酿"商标的申请被驳回。❶

但是,上述标志经过使用取得显著特征,并便于识别的,可以作为商标注册,如"田七"牙膏,"五粮液"酒商标等。

---

❶ 参见北京市第一中级人民法院行政判决书(2011)一中知行初字第1830号。

(四)三维标志

我国商标法允许将三维标志注册为商标,但是以三维标志申请注册商标的,仅由商品自身的性质产生的形状、为获得技术效果而需要的商品形状或者使商品具有实质性价值的形状,不得注册。例如,如果将一个苹果的形状作为苹果这类商品的商标,消费者只会认为是苹果这类商品自身的特征,而不会将其当作区别商品来源的标识。曾经有企业将一个笔帽的形状申请注册商标,而要用于笔帽类商品上。而这种笔帽形状却是笔帽类商品固有功能和用途实现所常用的形状,因此,它无法起到识别商品来源的作用,而且从市场公平竞争的角度看,如果允许其注册为商标来说明自己的产品,势必会排除其他企业生产,这有失公平,对社会生产也不利。

二、商标使用上的禁止性标志

由于我国实行的是商标自愿注册原则,除少数几类商品的商标必须是强制注册外,允许商标使用人自由决定是否申请注册,未经注册的商标也可以使用,但不能转让,也不享有专用权。但是根据《商标法》的规定,由于一些标志的内容的特殊性,这些标志不得作为商标使用,更不允许被注册。即使申请注册审查时,由于忽视被通过,但是一经被发现,商标行政主管机关或商标评审委员会(简称"商评委")可以随时予以撤销,且不受时效的限制。

(一)禁止与特定官方标志相同或近似的标志

特定的官方标志如果用于商标上,有失严肃性和应有的尊重,而且也容易误导或者欺骗消费者,使消费者容易产生所标志的商品是经官方批准或认可生产销售的。我国商标法规定,下列特定的官方标志不得作为商标使用:

(1)同中华人民共和国的国家名称、国旗、国徽、国歌、军旗、军徽、军歌、勋章等相同或者近似的,以及同中央国家机关的名称、标志、所在地特定地点的名称或者标志性建筑物的名称、图形相同的。

（2）同外国的国家名称、国旗、国徽、军旗等相同或者近似的,但经该国政府同意的除外。

（3）同政府间国际组织的名称、旗帜、徽记等相同或者近似的,但经该组织同意或者不易误导公众的除外。

（4）与表明实施控制、予以保证的官方标志、检验印记相同或者近似的,但经授权的除外。

（5）同"红十字""红新月"的名称、标志相同或者近似的。

（二）禁止有违公序良俗的标志

遵守公序良俗是民商法律制度的一个基本原则。我国商标法规定,有违公共秩序和善良风俗的标志不得作为商标使用。这些标志主要是指带有民族歧视性的、具有欺骗性、容易使公众对商品的质量等特点或者产地产生误认的,以及有害于社会主义道德风尚或者有其他不良影响的标志。

所谓带有民族歧视性的标志,是指商标的文字、图形或者其他构成要素带有对特定民族进行丑化、贬低或者其他不平等看待的内容。根据国家商标局和商评委2005年制定的《商标审查及审理标准》,对某一标志是否带有民族歧视性要综合考虑商标的构成及其指定使用的商品或者服务来判断。一般将商标的文字构成与民族名称相同或者近似,并丑化或者贬低特定民族的,判定为带有民族歧视性。例如,将"印第安人"标志注册在卫生洁具上,显然向印第安族人传达出不友好的信息。但有明确其他含义或者不会产生民族歧视性的除外,例如,将"印第安人"标志用在服装类商品上。

要认定商标具有欺骗性,首先判断商标内容是否有夸大成分,其次,这种夸大是否误导了消费者。商标自身功能具有广告宣传的作用。对于商标一般性的表白商品或服务的质量并不存在违法问题。例如,用"冰露"作为饮用水的商标,商家想依此形容该饮用水的质量特点,但消费者理解这是一种比喻,并不会产生饮用水就是用冰水制作的认识。有些标志或者其构成要素虽有夸大的成分,但根据日常生活经验或者相关公众的通常认识等不足以引人误解的,不能认定为带有欺骗性的标志。例如,用"美加净"作为化妆品的商标,消费者也明白这只是商家的一种广告宣传,化妆品并非有这种奇效。但是,如果商标的含义带有夸大宣传商品或服务的质量且超过了固有的程度,容易使公众对该商品或服务的质量等特点产生错误的认识,则构成欺骗行为,违法了法律规定。例如,将"国酒"商标用于酒类商品上,很容易使消费者误解该品牌酒是国宴或国礼用酒,这样就产生了欺骗效果。如果未作夸大宣传、不会误导公众,则不构成欺骗。例如,以"睡宝"作商标用于失眠者用的床垫。

对于"有害于社会主义道德风尚或者有其他不良影响的标志"的认定,应结合具体情况进行判断,以标志涉及的的社会背景、政治背景、历史背景、文化传统、民族风俗、宗教政策等方面,结合标志的构成要素及其指定使用的商品和服务,考虑是否可能对我国政治、经济、文化、宗教、民族等社会公共利益和公共秩序产生消极、负面影响。主要涉及的具体方面包括:

(1)有害于社会主义道德风尚的。例如,有企业曾申请将"干掉它们"注册为商标。因所申请的标志在文字及图形上含有死亡、危险及恐吓等象征性符号,而被法院认定为商标图形具有不健康因素,作为商标使用会给社会造成不良影响。❶还有某企业申请注册"乡巴佬"商标,被商标局以该商标有贬低农民的含义,具有不良影响为由驳回申请。另外,把对于我国社会有重大历史贡献的已故名人的名字作为商标注册,既不尊重历史人物,也会对整个社会造成负面影响,因此这类标志也属于有害于社会主义道德风尚的范畴。

(2)具有政治上不良影响的。例如,将"911"、"希特勒"等对国际社会和人类造成重大灾难的事件和人物申请注册商标,都不会被允许的。

(3)有损害种族尊严或者感情的。例如,将"黑鬼"、"犹太人"等在特定历史时期曾用来歧视、迫害某一民族的词汇,作为商标申请注册都会产生

---

❶ 参见北京市第一中级人民法院行政判决书(2009)一中行初字第435号。

不良的社会影响。

（4）有害于宗教信仰、宗教感情或者民间信仰的。我国宗教包括佛教、道教、伊斯兰教、基督教、天主教，以及上述宗教的不同分支。民间信仰主要指妈祖等民间信仰。但有两种情形的例外，一是宗教组织或团体和经其授权的宗教企业以专属于自己的宗教活动场所的名称作为商标申请注册的。例如，中国嵩山少林寺申请"少林寺"商标。二是商标的文字或者图形虽然与宗教或者信仰有关，但具有其他含义或者其与宗教有关联的含义以及泛化，不会使公众将其与特定宗教或者民间信仰相联系的。例如，企业注册的"太极"药品商标。

（三）禁止使用特定的地名

地名不得作为商标是国际上许多国家立法的通行做法，我国也做出了相同的规定。《商标法》第10条第2款明确了县级以上行政区划的地名或者公众知晓的外国地名，不得作为商标。将地名作为商标有可能导致两种不良的后果：一是地名所在地区有可能盛产某种特产，如果一家企业被允许使用该地名作为商标，则会限制本地区其他企业使用该地名，以及妨碍其他经营者描述产品产地的信息，这样无异于授予了一个企业不合理的垄断权，不利于市场公平竞争；二是如果商品或服务不是来自于地名所指示的地区，该地名商标还会具有欺骗性，导致消费者产生商品产地或质量上的误认。即使商标指示的商品确实来自于该地区，由于该地名直接说明了商品的产地，该标志也缺乏固有显著性。

但是，当地名本身的词汇具有其他明确、公知的含义，该含义强于作为地名的含义时，不会误导公众，则可以允许以该地名作为商标使用和注册。例如，"凤凰"既是一个县名，又是民间传说中的神鸟，是百鸟之王，还寓意着吉祥如意，将其注册为商标并不会剥夺对手合理的竞争机会或具有欺骗效果。

另外，我国《商标法》还规定了禁止地名作为商标的某些例外。一是地名作为集体商标、证明商标组成部分的可以注册；二是已经注册的使用地名的商标继续有效。

三、不得损害他人的在先权利

商标注册申请人在申请商标注册前,如果涉及到他人已有的知识产权或者其他民事权利的标志被注册申请人用来申请商标,则会影响他人合法使用自己的标识,从而损害他人的在先权利。例如,非法利用他人的一件雕塑作品作为商标,创作者的著作权即为在先权利。还有非法使用一些名人的姓名作为商标,他人的姓名权即为在先权利。商标主要是用于商业上的活动,这种使用可能会侵犯他人的在先权利。因此,我国商标法明确规定了几种禁止侵害他人在先权利注册商标的行为。

(一)禁止以不正当手段抢注他人已有一定影响的未注册商标

根据我国《商标法》的规定,申请商标注册不得以不正当手段抢先注册他人已经使用并有一定影响的商标。在我国商标权的取得还须通过注册来获得,但商标是否注册又采取的是自愿原则。有些商家未将商标注册而直接使用,经过一段较长时间的生产经营上的投入,商标已在一定的地域范围内形成一定的社会影响,积累了一定的商业信誉,此时,商标具有了较高的价值,往往会遭到他人的抢注。这种抢注行为具有明显的恶意,有违市场经济的诚实信用原则,也破坏公平竞争的市场秩序,所以法律要对此加以禁止。

需明确的是,对于虽然已经在先使用的商标,但尚未产生一定社会影响的商标被他人抢注的行为法律并不制止。因为,没影响力的商标本身在市场上的价值也不大,他人不会有抢注的动机。即使被他人抢注,由于该商标没有什么影响力,并不为公众所熟知,在市场上消费者也不会对商标所标识的商品或服务来源产生混淆。所以,法律禁止抢注的是"他人已有一定影响的未注册商标"。

(二)申请注册的商标不得与他人注册的商标混同

商标混同是指申请注册的商标与他人在相同或类似商品或服务上已注册的或初步审定的商标相同或近似。合法注册的商标产生相应的商标专用权,商标专用权具有排斥他人使用的特性,商标混同会产生两个相互冲突的商标权,导致消费者的混淆。

商标相同是指两个商标在视觉上基本无差异,包括文字的读音、书写、含义均相同,图形商标在视觉上基本没有差别。如果将相同的商标使用在同一种或者类似商品或服务上,则容易使相关公众对商品或者服务的来源产生误认。

商标近似是指使用在同一种商品或者类似商品上的商标的文字在读音、字体、含义、排序上,或者图形上,虽然有区别,但没有明显的差别,足以使相关公众产生混淆。例如,"3506"与"三五零六"、"脉动"与"脉劫"、"CTI"与"GTI"、"丽人"与"丽人坊"等。一般情况下,商标所使用的文字、图形或者其组合,在读音、含义或者整体结构上,其中一个方面易使相关公众产生误认,即可判定近似商标。

根据最高人民法院2002年公布的《关于审理商标民事纠纷案件适用法律若干问题的解释》(以下简称《商标案件解释》),商标是否相同、近似,以及商品或服务是否相同或类似,都要以相关公众的一般注意力为标准。"一般注意力"是指具有普通知识与经验的一般购物人,在购物时运用的普通注意力。对于商标混同的注册申请,商标局将予以驳回。

(三)申请注册的商标不得与他人驰名商标相同或者近似

不得注册与他人驰名商标相同或相近的商标是国际上的通行做法,我国商标法依照有关国际公约也在第13条中进行了专门规定。具体分为三种情况:

(1)驰名商标的持有人可以在相关权利受到侵害时,适用商标法的有关规定进行保护。

(2)复制、摹仿或者翻译他人未在中国注册的驰名商标,用于相同或者类似商品上申请注册,容易导致混淆的,该商标申请不予注册并禁止使用。

(3)复制、摹仿或者翻译他人已经在中国注册的驰名商标,用于不相同或者不相类似商品上申请注册,容易误导公众,致使该驰名商标注册人的利益可能受到损害的,该商标申请不予注册并禁止使用。

（四）不得侵犯他人的其他在先权利

他人的其他在先权利是指在申请人提出商标注册申请前，他人依法取得或依法享有的著作权、外观设计专利权、企业名称权、肖像权、姓名权、域名权等权利。发生冲突的客观原因是以上权利的客体与商标的构成要素部分或者全部重合，一旦商标使用可能侵犯他人的在先权利。依据我国《商标法》的规定，注册商标侵犯他人在先权利的，属于不当注册，有关当事人可以申请撤销。

【案例1】WOWO商标撤销案

【案情】2012年1月5日，泰国驻华使馆商务处向成都市工商行政管理局商标分局发函称：在成都开会时看到一家名为WOWO连锁经营店，标记两侧使用的颜色排列顺序以及外观样式，同泰国的国旗一模一样。因此泰国商务部知识产权厅要求地方企业取消此图案样式的使用，尊重泰国对于本国国旗的使用特权。基于泰国方面的上述要求，国家工商行政管理总局商标局于2012年7月12日作出决定，撤销了WOWO的相关注册商标。

四川哦哦超市连锁管理有限公司董事长汤耀华则表示十分委屈："WOWO便利的商标是我本人设计的，当初设计和注册时，连泰国国旗长什么样子我都不知道。"因此，WOWO当即对决定表示不服，向商评委提起了复审。但商评委的复审决定，及接下来北京市第一中级人民法院的一审行政判决，均维持了撤销WOWO商标的决定。

WOWO为此上诉至北京市高级人民法院，其律师团就相关法律问题进行了反复的研究和论证，提出如下两项申辩理由：

第一，何为"近似"没有比对标准。虽然《商标法》禁用"同外国的国家名称、国旗、国徽、军旗相同或者近似的"，但对于"近似"的标准却没有明确规定。在商评委内部的规范性文件《商标审查标准》中有这样的表述"足以使公众与泰国国旗相联系"即认定为近似。WOWO公司用两天的时间在100家门店就争议商标是否与泰国国旗近似进行了一次问卷调查，最后共收回125份问卷，调查显示无一人认为两者相似，且判断WOWO商标并不会联想到泰国国旗。而接受调查的一位外国人士则表示,色块拼接的店招是便利店一贯使用的形象。"因此,在行政行为当中没有这样的法律依据,只是凭着主观判断来认定近似,那么依据这样的标准作出的裁决应当被撤销。"

第二,从国际经验看,合法商标的正当权益应予保护。作为我国首例涉及与国旗近似的商标争议案件,既然国内没有先例,那么借鉴国际经验可以看到,该案件中撤销商标的程序既不符合《巴黎公约》中对此类事件的处理程序,也与美国类似案件处理中所主导的"合法商标即认定为没有恶意"的判决思路相左。"既然当初商标合法注册了,那就说明相关部门在对其审核中确认它没有违反《商标法》的规定,没有与他国国旗存在近似之处。如今,突然宣布合法商标不合法,这是对企业正当权益的侵害,也不符合法律的公平性。"

2013年7月3日,北京市高级人民法院公开开庭对WOWO商标案进行了二审,9月27日,北京市高级人民法院作出行政判决书,撤销北京一中院判决和商评委决定,判决由商评委重新作出裁定。同年,12月23日,商评委作出决定,决定撤销商标局决定,维持WOWO相关商标的注册。❶

图1为泰国国旗,图2为WOWO商标。二者均为五道横向条文,其中第一道与最后一道为红色,第二道与第四道为白色,第三道为蓝色。

---

❶ 来自腾讯大成网 http://cd.qq.com/a/20140506/011183.htm,2015年11月26日访问。

【评析】本案是我国首个依据商标法第十条"下列标志不得作为商标使用：
(二)"同外国的国家名称、国旗、国徽、军旗等相同或者近似的，但经该国政府
同意的除外"起诉撤销商标的案件。商标局、商评委以及一审判决，均机械地
根据该条款决定/判决WOWO商标撤销，直到二审才推翻了一审判决。在商
标法领域，相关问题往往需要根据商标法的内在逻辑来加以考虑，禁止商标与
外国的国名、国旗、国徽、军旗等相同或者近似，本质上是为了避免商标与外国
的官方标志发生混淆，一方面对于外国不够尊重，另一方面容易使得消费者误
认为商品/服务来自该国。但只要消费者确系不会发生混淆，与外国官方标志
相"近似"的商标，就没有撤销的理由。因此，本案二审中，律师团正是从消费
者的实际认知入手，取得了相关的重要证据。

【案例2】"雀巢"方形瓶立体商标案件

【案情】瑞士雀巢公司于2002年3月14日在中国申请注册方形瓶三维标
志。核定使用商品为第30类食用调味品。注册商标专用权期限自2005年7月
27日至2012年7月27日。

在法定争议期内，味事达公司向商评委提出撤销申请。商评委经过审理，
对争议商标裁定维持注册。味事达公司不服，向北京市第一中级人民法院提
起诉讼。本案后上诉至北京市高级人民法院。

法院认为：商标是用来识别和区分商品和服务来源的标志，某一标志是否能够作为商标加以注册，关键在于其是否具备区分商品或服务来源的识别作用。如果一个标志不会被相关公众作为区分商品或服务来源的标志加以识别，则即使该标志是经过设计而不同于现有造型的标志，该标志亦缺乏作为商标加以注册的正当性。本案中，虽然该三维标志经过了一定的设计，有区别于常见瓶型的特点，但相关公众容易将其作为商品容器加以识别，该三维标志本身无法起到区分商品来源的作用。因此，该商标标志缺乏固有显著性。❶

【评析】某一本身不具有显著特征、不能作为商标注册的标志，是否能够通过长期使用获得显著特征，从而起到区分商品来源的作用，除了要看主张权利的一方当事人的使用证据外，还要看整个市场上其他经营者的实际使用情况。如果他人没有该标志的使用行为，则主张权利的一方当事人可以通过自己单独的长期使用行为，建立起其与该标志之间的唯一的、稳定的对应关系，从而使该标志具有区分商品和服务来源的识别作用。但是，如果在主张权利的一方当事人使用的同时，市场上其他主体也在长期大量地使用该标志，甚至早于或者广于主张权利的一方当事人的使用，则不能只依据主张权利的一方当事人的使用行为来认定该标志通过使用获得了显著特征。因为此时，该标志并未与单一主体之间建立起唯一的、稳定的联系，相关公众无法通过该标志对商品来源加以识别。本案相关证据足以证明，至迟于1983年开始，中国大陆地区的调味品生产厂商就已经开始使用一款棕色（或透明）方形瓶作为酱油产品的外包装，此类棕色方形瓶与本案争议商标标志在设计要素、整体外观、视觉效果、指定颜色等方面均较为接近，已构成近似的三维标志。而这种对与争议商标标志近似的三维标志的使用行为，远早于雀巢公司申请注册争议商标的时间，也早于雀巢公司在中国大陆地区实际使用争议商标标志的时间；而且，这种使用主体众多、使用数量庞大且持续不断的实际使用行为，已使与争议商标标志近似的三维标志，成为中国大陆地区酱油等调味品的常见容器和外包装。在此情形下，相关公众难以将争议商标标志或与其近似的三维标志作为区分商品来源的标志加以识别，即使雀巢公司在争议商标注册前后对争议商标进行了实际使用，也难以通过该使用行为使争议商标获得商标注册所

❶ 北京市高级人民法院(2012)高行终字第1750号行政判决书。

需具备的显著特征。

思考与讨论

1. 如何理解商标的概念？商标有什么特征？

2. 什么是集体商标和证明商标？两者之间有何区别？

3. 哪些缺乏显著性标志不能作为商标注册？

4. 法律禁止作为商标注册的标志都有哪些？

5. 申请商标注册不得损害他人的哪些在先权利？

延伸阅读

1. 郑臻："论声音商标的表达"，《清华法治论衡》2014年第2期。

2. 赵雨潇："单一颜色商标保护研究——兼评美国联邦巡回上诉法院 Louboutin v.YSL案"，《知识产权法研究》2013年第2期。

3. 湛茜："单一颜色商标注册问题研究"，《暨南学报》(哲学社会科学版)2012年第10期。

4. 林旭华："注册商标与特有名称能同时主张权利吗?"，《法治论坛》2011年第1期。

5. 世界知识产权组织编著：《知识产权指南》，知识产权出版社2012年版。

第十八章　商标权利人

在我国,商标权的获得是要通过特定的法律程序申请注册,商标注册申请人往往就是被授予商标权的人。商标权人享有商标专用权,未注册但实际使用商标,使用人没有商标专用权,或者说没有商标权,但是作为使用该商标的所有人,对使用的商标仍享有民法意义上的权利。而且在商标申请过程中,有时涉及多个当事人都与申请注册的商标有某些关系和权利,需要明确申请人。学理上对商标权主体不同类型的划分,便于我们厘清相应的商标权法律关系。在围绕商标权内容展开时,在明确商标权具体内容的同时,对于权利不能滥用,必须对影响商标使用的行为加以限制。本章主要内容有商标权的归属、商标权主体、商标权人的权利及限制、商标权人的基本义务和未注册商标使用人的相关权利。

第一节　商标权的归属

一、商标设计人

商标设计人是商标标志的创作者。许多生产经营者为使自己的商标标识具有某种特定的含义和特色,常常由专业设计人员给予创作设计,这类商标标志可以看作是作品,存在着著作权问题。在这些标志被申请注册为相应的商标前,涉及其中的著作权和相应的商标权归属常常是需要首先解决的问题。

（一）商标委托设计时的权利归属

在进行商标标识委托设计时，委托人和受托人之间实际上构成了委托作品创作合同，双方当事人应当就商标标识所涉及的著作权和商标权问题做出明确的约定，可以根据著作权法的相关规定厘清著作权与商标权的问题。依照我国《著作权法》第17条的规定："受委托创作的作品，著作权的归属由委托人和受托人通过合同约定。合同未作明确约定或者没有订立合同的，著作权属于受托人。"当委托人和受托人在合同中约定所委托设计的商标标识的著作权归委托人所有，或归受托人所有时，委托人在约定的使用范围内享有使用作品的权利；双方没有约定使用作品范围的，可以根据委托人委托设计创作商标标志的合同目的范围内，免费在作为商标标识方面使用该作品。这样委托人和受托人之间就可以通过下面的方法对权利归属做出安排：

（1）按照法律规定解决权利归属。如果双方对委托作品的著作权归属没有约定，或者约定不明确，则所创作的商标标志的著作权，依据我国著作权法就会属于商标标志的创作者，以后在用该商标标志申请注册商标或作为未注册商标来使用时，委托人都须获得商标标志著作权人的许可，并支付著作权许可费。

（2）一次性解决权利归属。在商标标志委托设计的合同中，双方可以通过约定委托人在支付一定数量设计费的情况下，拥有该商标标识的著作权。这样委托人就可以更广的范围内依法使用该商标标志，包括用该商标标志作为商标。

（3）相关权利的分别归属。对于商标权利人或者使用人来说，主要目的是以拥有该商标标志来标识商品或者服务的权利，即拥有作为商标使用的权利，并不一定要拥有商标标志原件的所有权以及商标标识的著作权。所以委托人和被委托人之间也可以约定商标标志的著作权属于商标标志的设计人，但委托人被许可免费地、独占地在其要标识的商品或者服务上作为商标来使用，包括在与商标使用有关的活动中使用。这样，虽然相应商标标志的原件所有权和著作权不属于委托人,但委托人可以用它作为商标使用,这并不影响委托人成为商标权利人,而且委托人还可以减少商标设计费的支出。

(二)商标职务设计时的权利归属

当商标标志作为设计作品是设计人由职务行为创作出的,根据我国《著作权法》的规定,对于普通职务作品,该商标标志的著作权归设计创作者,单位则有权在业务范围内优先使用该标识;对于特殊职务作品,设计创作者只享有署名权,著作权的其他权利由作者所在单位享有。基于该规定,作为职务设计的商标标志,单位可以将该标志用于所标识的商品或服务上,也可以将该标识作为注册商标申请而成为商标权人。

二、商标注册申请人

商标注册的申请人是指向商标行政管理机关提出商标注册申请的人。在商标注册申请被商标行政管理机关核准注册后,商标注册的申请人就成为该注册商标的商标权人。

(一)商标申请人与设计人的关系

商标注册申请人和商标设计人有所不同,商标设计人可以将自己设计的标志作为商标申请注册而成为商标注册申请人,但商标注册的申请人也可以不是商标设计人。商标申请人可以用他人设计的标志向商标行政管理机关提出商标注册申请,也可以使用原本已经存在的某个标志去提出商标注册申请。但是,如果使用他人享有著作权的标志去提出商标注册申请,商标注册的申请人一定要在提交商标注册申请前和有关著作权人达成使用其作品作为商标的协议。

(二)商标注册申请的主体

根据我国商标法的规定,自然人、法人或者其他组织均可以作为商标注册申请的主体。这些主体在对其商品或者服务所使用的商标都可以自愿申请注册。但是在实践中,结合中国国情又针对两种情况又作了一些补充性规定：一是国内的党政机关和党政干部，根据《中共中央、国务院关于严禁党政机关和党政干部经商、办企业的决定》(1984年12月3日)，党政机关和党政干部不具备商标申请主体资格。二是自然人作为申请主体的资格条件。2007年公布的《自然人办理商标注册申请注意事项》对国内自然人申请商标注册进一步进行了明确规定。该注意事项规定国内自然人以自然人名义办理商标注册、转让等申请事宜，应限于个体工商户、农村承包经营户和其他依法获准从事经营活动的自然人，且其提出商标注册申请的商品和服务范围，应以其在营业执照或有关登记文件核准的经营范围为限，或者以其自营的农副产品为限。❶

商标注册申请人可以是两个以上的自然人、法人或者其他组织。多个主体共同申请注册同一商标的，共同享有和行使该商标专用权。对于非共同申请人的两个或者两个以上的申请人，依照申请在先的原则，在同一种商品或者类似商品上，分别以相同或者近似的商标在同一天申请注册的，各申请人应当自收到商标局通知之日起30日内提交其申请注册前在先使用该商标的证据。同日使用或者均未使用的，各申请人可以自收到商标局通知之日起30日内自行协商，并将书面协议报送商标局；不愿协商或者协商不成的，商标局通知各申请人以抽签的方式确定一个申请人，驳回其他人的注册申请。商标局已经通知但申请人未参加抽签的，视为放弃申请，则由未参加抽签的申请人作为商标申请人。

(三)商标注册申请的方式

商标注册申请手续可以由申请人直接办理，也可以委托依法设立的商标代理机构代理申请。但对于外国人实行强制委托代理，即外国人或者外国企业在中国申请商标注册和办理其他商标事宜的，应当委托依法设立的商标代理机构办理。这种规定是国际上的通行做法，既方便商标注册管理机关与申请人之间的联系，也有利于外国申请人及时办理有关事项。

如果商标注册申请被商标行政管理机关驳回或者商标注册的申请人撤回其商标注册申请，则商标注册的申请人就不能成为商标权人。

---

❶ 国家工商行政管理总局编著：《商标注册与管理》，中国工商出版社2012年版，第88页。

第二节　商标权主体

一、商标权主体的概念

商标权主体是指依法享有商标专用权的人。在我国,自然人、法人和其他法律实体均可成为商标权主体。自然人、法人或者其他组织在生产经营活动中,对其商品或者服务需要取得商标专用权的,应当向商标局申请商标注册。对于未注册的商标,虽然商标法并未禁止使用,但使用人并不享有商标权,也就不能成为商标权的主体。因此,只有依照法定程序注册商标才能取得商标专用权,所以商标权主体是依法注册的商标所有人,包括申请商标注册并经商标行政管理机关依法核准,取得商标权的人和经合法转让而取得商标权的人。

二、商标权主体的分类

(一)原始主体和继受主体

根据商标权取得方式的不同,可将商标权的主体分为原始主体和继受主体。

(1)原始主体。商标权的原始主体是指商标权人取得商标权是最初直接注册取得,而不是基于他人已存在的商标权转让等方式取得。商标权的原始主体也就是商标注册人。

当自然人、法人或者其他组织从事生产经营活动,需要对其商品或者服务取得商标专用权,而向商标局申请商标注册,在申请注册的商标被核准之后,该申请人就成了该注册商标的商标权人,即为商标权的原始主体。对于共同将同一商标申请为注册商标的,在被核准注册后,该商标的共同申请人成为商标权的共有原始主体。

对于在中国没有经常居所或者营业所的外国人或外国企业,如果要成为我国商标法所规定的商标权主体,必须具备一定的条件,即应当按其所属国和中华人民共和国签订的协议或者共同参加的国际条约办理,或者按对等原则办理。若外国人或外国企业的所属国和我国没有签订与商标有关的协议,也没有共同参与商标有关的国际条约,也不办理中国人或中国企业的商标注册事宜,那么,该外国人或外国企业就不能成为我国商标权的主体。

(2)继受主体。商标权的继受主体是指基于他人已存在的权利而产生的商标权,非最初直接取得商标权的商标权人。商标权的继受包括:一是商标权的转让,即根据转让合同、受让人有偿或无偿取得出让人之商标权;二是转移,即商标权因转让以外的其他事由发生的转移,包括继承人根据继承程序继承被继承人的商标权和法人因兼并、合并、破产等原因发生的商标权转移。

通过继受方式取得商标专用权也必须依照法定的转让或转移注册商标的法定程序办理相关手续。

(二)个体主体、共有主体和集体主体

根据商标申请和使用主体的不同,可以将商标权的主体分为个体主体、共有主体和集体主体。

(1)个体主体。个体主体是指商标的注册申请人是一个自然人、法人或者其他组织,在商标被核准登记注册后,该自然人、法人或其他组织享有和行使商标专用权,则商标权也就是个体主体。通常情况下的商标权人都是个体主体。

(2)共有主体。商标权的共有主体是指两个或者两个以上的自然人、法人或者其他组织共同申请注册一个商标,而成为商标专用权的共同享有和行使的商标权人。我国商标法允许两个或者两个以上的自然人、法人或者其他组织可以就同一个商标共同申请注册商标,在该商标被核准注册后就共同拥有该注册商标,成为共同注册商标权人,共同享有该注册商标的商标专用权,还能共同行使该注册商标的商标专用权。共有人对商标的权利,由共有人共同约定。

商标权的共有,意味着权利人对商标权的共同享有、使用和处分。需要注意的是,共有主体在共同行使商标专用权时,在使用商标标识问题上,不是指共同商标权人共同生产或者经营同一商品并使用同一商标,共有商标权的各个独立民事主体一定是独立从事生产经营活动,而不是共同从事生产经营活动,所以共同使用该注册商标是指共同商标权人同时在自己独立的生产经营活动中使用同一个商标,或者说是独立地行使注册商标的权利。

(3)集体主体。商标权的集体主体是指商标权的主体是一个集体,通常是指团体、协会或者其他组织。对于由集体主体享有商标权的商标,凡是具有该集体组织成员资格的民事主体都可以使用该商标。由集体享有商标专用权的商标主要是集体商标和证明商标。集体商标,是指以团体、协会或者其他组织的名义注册,供该组织成员在商事活动中使用,以表明使用者在该组织中的成员资格的标志。证明商标,是指由对某种商品或者服务具有监督能力的组织所控制,而由该组织以外的单位或者个人使用于其商品或者服务,用以证明该商品或者服务的原产地、原料、制造方法、质量或者其他特定品质的标志。实务中,商标权主体是集体的,商标不得转让,商标权不得质押。

第三节　商标权及其限制

一、商标权

商标权是商标法赋予注册商标所有人所享有的法定权利,也是商标法所保护的核心内容。按照我国商标法的规定,商标权人能行使的权利包括专用权、禁止权、许可使用权与转让权。

(一)商标专用权

商标专用权,亦称专有使用权,是指商标权人在商标注册核定使用的商品或服务上使用核准注册商标的权利。经商标局核准注册的注册商标，商标注册人享有商标专用权，受法律保护。

专用权是商标权的核心内容，是最基本的权利，其他商标权都是派生于专用权。商标专用权是商标权人对其注册商标享有独占性使用的权利，即具有排他性，意味着他人未经商标权人的许可不得在特定范围内使用注册商标。但是，注册商标的专用权，以核准注册的商标和核定使用的商品为限。这是从商标和商品或服务两个方面对专用权的行使效力范围作出了限定，即只能是以核准注册的商标的组成文字、颜色、图形等诸要素或者诸要素的组合为准，以核定使用的商品或服务为限。这也是法律对专用权的保护范围，注册商标所有人只有在法定的范围内享有法律保护的专用权，超出核定的商标或服务范围或者改变核准注册的商标形态的使用行为，法律均不予保护。这也是认定他人行为是否构成对商标专用权侵害的标准。

(二)商标禁止权

商标禁止权，是指任何人未经商标权人许可不能在相同或类似商品上使用与其注册商标相同或近似的商标，否则即构成侵权。禁止权是基于专用权而由法律赋予，以保障专用权的实现为目的而设立。使用权解决的是商标权人的权利范围，以利于支配使用其注册商标的问题，禁止权解决的是约束其他人行为，禁止非法使用商标权人的注册商标的问题。禁止权的效力范围及于"同种商品"和"类似商品"，"相同商标"和"类似商标"。可见，其效力范围宽于专用权的范围，这也是商标法基于商标的识别功能和区别功能，防止混淆，保护消费者利益的考虑。

(三)商标许可使用权

商标许可使用权，是指商标权人许可他人使用其注册商标的权利。商标权人不仅可以自己依法使用注册商标，也可以依法许可他人使用其注册商标。许可他人使用注册商标不同于商标转让，并不会产生注册商标的所有权的转让，只是对商标使用权的转移，而且一般也不会排斥商标权人自已使用,是商标使用权的部分转移,属于不完全转移。但是,如果许可他人独占使用注册商标,则将排斥商标权人的使用。

商标权具有与物的所有权一样的收益权能,商标权人可以通过许可他人使用获得收益。在经济活动中,许可他人使用注册商标是商标贸易的一种方式,也是许可证贸易的一种重要形式。不过,在商标许可使用过程中,为维护消费者的合法权益,许可他人使用注册商标,商标权人还负有监督被许可人保证使用其注册商标的商品质量的责任。

(四)商标转让权

商标转让权,是指商标权人依法将其注册商标所有权转移给他人所有的权利。商标权是一种无体财产权,具有价值和使用价值的财产属性,可以成为转让的标的。转让注册商标是商标权人对自己财产的处分,也是处分商标权的一种方式。

注册商标权转让需要履行特定的程序。根据《商标法》第42条规定,转让注册商标的,转让人和受让人应当签订转让协议,并共同向商标局提出申请。转让注册商标经核准后,予以公告。受让人自公告之日起享有商标专用权。可见,商标权的转让是在符合法律规定的程序前提下,产生了权利主体变更的法律后果。

二、商标权的限制

商标权的价值在于商标的使用,而商标使用的实质意义是用于区别商品来源。因此商标权的保护是围绕商标的使用进行的。特别是对于商标权人超出商标使用的范围,扩张地行使禁止权则会与他人的合法权益和公众利益发生冲突,基于对商标权人的利益和公众利益的平衡,防止权利滥用,法律对商标权人的禁止权行使会做出必要的约束。

对商标权的限制,我国商标法规定了在他人正当使用权利人商标时,商标权人是不能够行使禁止权的,该行为在商标法律保护制度中,也不作为侵害商标权的行为。主要涉及下面三种情形:

（1）注册商标中含有的本商品的通用名称、图形、型号，或者直接表示商品的质量、主要原料、功能、用途、重量、数量及其他特点，或者含有的地名，注册商标专用权人无权禁止他人正当使用。

（2）三维标志注册商标中含有的商品自身的性质产生的形状、为获得技术效果而需有的商品形状或者使商品具有实质性价值的形状，注册商标专用权人无权禁止他人正当使用。

（3）商标注册人申请商标注册前，他人已经在同一种商品或者类似商品上先于商标注册人使用与注册商标相同或者近似并有一定影响的商标的，注册商标专用权人无权禁止该使用人在原使用范围内继续使用该商标，但可以要求其附加适当区别标识。

上述规定的正当使用，是指他人在生产经营活动中以善意、正当的方式使用商标权人注册商标中包含的法律规定可以使用的要素的行为。一般学理上将其概括为叙述性使用、指示性使用和在先使用权等。实践中，可以参考北京市高级人民法院在《关于审理商标民事纠纷案件若干问题的解答》（2004年2月8日）对商标正当使用的条件作出的解答：①使用出于善意；②不是作为商标使用；③使用只是为了说明或描述自己的商品或服务；④使用不会造成相关公众的混淆、误认。

第四节　商标权人的基本义务

一、正确使用注册商标

注册商标是与注册人的名称、地址、所标识的商品或服务类别等经营信息有着密切联系，其关联着商标注册人专有使用注册商标的权利范围，是商标注册的重要事项，也是商标行政管理的主要内容。商标权人通过将商标用于商品、商品包装或者容器以及商品交易文书上，或者将商标用于广告宣传、展览以及其他商业活动中，以便于公众识别商品来源。因此，商标权人在使用商标时应严格按照在商标局核准注册时登记的内容使用,不得有下列行为:①不得擅自改变核准的商标。自行改变注册商标的标志并将改变后的商标仍按注册商标使用,是被法律所禁止的行为。如需要改变注册商标标志的,应当重新提出注册申请。②不得自行改变注册商标的注册人名义、地址或者其他注册事项。商标注册人的名义、地址发生变更有可能造成商标行政管理机关与商标注册人的联系中断,影响有关文件和信息的传达。如果商标注册人以自行变更后的名义向商标局提出与注册商标相近似的商标注册申请,则会被商标局以与在先注册的商标相同或近似为由驳回,不利于商标注册人获得新的商标权。另外,在发现他人侵犯商标权行为时,商标注册人以变更后的名义主张权利,则可能因不具有权利主体资格而不能得到保护。因此,商标注册人的名义、地址发生变更的,必须及时到商标局办理变更手续。商标注册人在使用注册商标的过程中,自行改变注册商标、注册人名义、地址或者其他注册事项的,由地方工商行政管理部门责令限期改正,期满不改正的,由商标局撤销其注册商标。

二、商标注册后应连续使用

商标的使用,是指商标注册人将商标用于商品、商品包装或者容器以及商品交易文书上,或者将商标用于广告宣传、展览以及其他商业活动中。商标只有通过使用才能发挥其识别商品或服务来源的功能,使相关公众认识到商标与其指定的商品或服务之间的联系,也才能提高消费者对商标的认知度。另外,商标注册后而不使用也是对公共资源的占用和浪费,还会影响他人的合法使用。根据我国《商标法》的规定,注册商标没有正当理由连续三年不使用的,任何单位或者个人可以向商标局申请撤销该注册商标。可见,我国法律上将商标使用作为维持商标注册的条件,也是商标注册人的法定义务。

商标注册人对注册商标要实际使用,否则将丧失注册商标。这是国际上的通行做法。维持注册商标的"使用"应当是真实的、善意的和具有一定商业规模的使用,仅仅为了应付使用的义务而进行的象征性使用,则不符合法律的要求。例如,德国、法国和英国等许多国家的判例均认为仅仅在报纸、广播电视或互联网上做广告而没有实际销售商品的,一般不构成"使用"。❶最高人民法院《关于审理商标授权确权行政案件若干问题的意见》也规定:没有实际使用注册商标,仅有转让或许可行为,或者仅有商标注册信息的公布或者对其注册商标享有专有权的声明等的,不宜认定为商标使用。因此,对注册商标的实际使用应当是与指定的商品或服务密切相结合,符合法律规定使用的范围和方式,并持续地使用而形成一定的规模,有利于相关公众识别商品或服务来源。

三、法定须注册商标的商品应在注册后销售

我国商标法在规定商标自愿注册的同时,还明确了法律、行政法规规定必须使用注册商标的商品,必须申请商标注册,未经核准注册的,不得在市场销售。这是强制性的规定,违反此项义务将承担相应的法律责任。不过目前只有《烟草专卖法》规定了卷烟、雪茄烟和有包装的烟丝必须申请商标注册,未经核准商标注册的,不得生产、销售。

四、保证使用商标的商品质量

出于对消费者权益的保障,我国商标法对商标权人在使用商标和许可他人使用商标活动中,规定了商标权人负责商品质量的义务。根据商标法的规定,商标使用人应当对其使用商标的商品质量负责;在注册商标许可他人使用时,许可人应当监督被许可人使用其商标的商品质量。

五、履行相关的法定手续

商标权人在办理有关商标申请注册、转移注册、续展注册等事项时,应按照法律、法规规定的程序进行,并缴纳相应的费用;在进行商标内容变更或注销时,商标权人应向商标局提出书面申请;转让注册商标时,商标注册

---

❶ 王迁:《知识产权法教程》(第四版),中国人民大学出版社2014年版,第446页。

人对其在同一种商品上注册的近似的商标,或者在类似商品上注册的相同或者近似的商标,应当一并转让。而且转让人和受让人应签订转让协议,并共同向商标局办理申请手续;许可他人使用其注册商标的,许可人应当在许可合同有效期内向商标局备案并报送备案材料;以注册商标专用权出质的,出质人与质权人应当签订书面质权合同,并共同向商标局提出质权登记申请,由商标局公告。

第五节　未注册商标使用人的相关权利

一、商标未注册的原因及其保护的条件

市场经济活动中,有不少未注册而使用的商标。商标未注册,一般有两种原因,一是法律上采取的是商标注册自愿原则,商标使用人可以不注册而使用商标;二是商标法是内国法,商标权的效力上有地域限制,有的外国商标在国外已经注册,但在中国还没有注册。

通常,商标权的取得是以商标注册为前提条件的,商标注册制度是商标公示的体现,能最大限度的明确商标权利归属和权利范围。对于未注册商标,一般法律上并不赋予使用人商标权。法律上保护商标权,实际目的在于保护商标在市场上与标识的商品或服务以及生产者之间的联系,维护良好的市场秩序。而商标给所有人带来的权益,也是依赖于商标与所标识的商品或服务在市场上的联系,这种联系因附加了具有市场价值的商誉,正是商标所有人的利益所在。对于未注册的有一定市场影响力的商标和驰名商标,考虑到使用人在经营中对商标的长期投入,该商标已与使用人的商誉紧密联系,如果仅仅因为未取得注册而使该商标所有人丧失已取得的利益,则是不公平的。因此,法律对其使用人的相关利益作出了例外保护的规定。也就是说,对于有一定影响力的商标和驰名商标,商标使用人的相关权利并不以是否注册为条件。

二、使用人的先使用权

先使用权,是指在他人注册某商标前,该商标已经被使用人所使用,使用人可以在原有的范围内继续使用,而不受他人注册商标专用权的禁止。

我国《商标法》第32条规定,申请商标注册不得以不正当手段抢先注册他人已经使用并有一定影响的商标。同时在第59条中进一步规定了,商标注册人申请商标注册前,他人已经在同一种商品或者类似商品上先于商标注册人使用与注册商标相同或者近似并有一定影响的商标的,注册商标专用权人无权禁止该使用人在原使用范围内继续使用该商标,但可以要求其附加适当区别标识。

有一定影响力的商标,是指在一定范围内为相关公众所知,具有一定知名度,但尚未达到驰名商标的程度的商标。

三、使用人的禁止权

根据商标法的规定,未注册商标的所有人享有一定的禁止权。对于驰名商标而言,所有人有权禁止他人通过复制、摹仿或者翻译未在中国注册的驰名商标的方式,就相同或者类似商品上申请注册和使用该驰名商标。对于有一定影响的商标,该商标使用人有权禁止他人以不正当手段抢先注册。对于普通商标而言,有两种情况:一是被代理人或被代表人有权禁止代理人或者代表人在未经授权的情况下,将被代理人或者被代表人的商标以自己的名义进行注册;二是申请人与他人具有代理、合同、业务往来关系或者其他关系而明知他人商标存在,而就同一种商品或者类似商品申请注册的商标与该他人在先使用的未注册商标相同或者近似的,该他人有权禁止。

上述禁止权可以通过商标异议或者商标撤销程序来行使禁止注册,还可以通过民事诉讼或者请求行政查处的途径禁止使用。

【案例1】重庆SD咖啡餐饮管理有限公司与
重庆YY咖啡有限公司等侵犯商标专用权纠纷案

【案情】原告重庆SD咖啡餐饮管理有限公司（以下简称SD公司）诉称：原告系著名品牌"上岛咖啡+图形"注册商标权利人授权的重庆市独家代理商，拥有在重庆市独家使用和授权他人使用该商标的权利。2005年2月3日，被告余萍作为被告YY公司的股东之一，与重庆市沙坪坝区渝岛咖啡店（原告前身）签订了《加盟条款约定书》，用于被告YY公司设在重庆市南岸区南坪正街1号天龙广场3-1号咖啡店加盟"上岛咖啡"品牌，以"上岛咖啡"对外经营。使用期限自2005年2月3日至2008年2月2日，期满后双方经协商可以续约。期满后，双方并未续约。原告多次函告被告，要求其停止使用"上岛咖啡+图形"商标，但被告置之不理，仍继续使用该商标至今，被告YY公司的行为侵犯了原告的"上岛咖啡+图形"注册商标专用权，并给原告在重庆的正常经营造成巨大损失。遂诉请法院判令被告立即停止侵权并赔偿损失。被告辩称：YY公司在店面招牌、装潢上所使用的"上岛咖啡+图形"，与原告享有权利的注册商标相近似，但招牌上的"上岛"字体以及图案与原告注册商标有明显差异，请求法院依法判决。

法院经审理认为，"上岛咖啡+图形"商标现为上海上岛咖啡食品有限公司的注册商标，该商标核定服务项目（第43类）涉及提供食宿旅馆，咖啡馆，餐厅，自助餐馆，快餐馆等。被告YY公司虽基于相关合同约定，在合同期内（2005年2月3日至2008年2月2日）可以使用"上岛咖啡"及图案，但期满后并未续约，亦未取得权利人许可，继续在其店面招牌上使用"上岛"及图案。根据相关法律法规的规定及解释，在同一种商品或服务上将与他人注册商标相同或者近似的标志作为商品（服务）名称或者装潢使用而误导公众的，属于侵犯注册商标专用权的行为。YY公司未经许可，在其经营的咖啡店店面招牌上使用"上岛"及图案，与第1385773注册商标相近似，容易导致相关公众对YY公司提供的咖啡店餐饮服务与商标权利人提供的同类服务相混淆，其行为已构成商标侵权，应当承担停止在其咖啡店店面招牌及装潢上使用"上岛"及图形和赔偿损失等民事责任。❶

---

❶ 重庆市第五中级人民法院民事判决书(2009)渝五中法民初字第231号。

【评析】经法院查明,"上岛咖啡+图形"商标原为海南上岛农业开发有限公司于2000年取得。2002年,上海上岛咖啡食品有限公司经核准依法受让该注册商标,并于2009经核准,续展注册有效期至2020年。2007年5月,上海上岛咖啡食品有限公司授权本案原告全权独占负责贵州省、重庆市的加盟连锁推广相关事宜,授权原告在该范围内就该注册商标享有独占使用权,并有权许可他人使用该商标开设"上岛"咖啡馆,以上行为均属商标权人合法的商标权行使行为,故本案中原告有权以自己的名义对所获授权范围内的侵权行为进行投诉、起诉和获得赔偿。而被告在商标许可使用合同到期后,未获续约的情况下继续使用原商标,已构成侵权。

【案例2】扬州金福工贸有限公司与
宝洁(加拿大)商业服务公司确认不侵害商标权纠纷案

【案情】原告扬州金福工贸有限公司,经营范围为金属材料、化工原料、百货等批发、零售;自营和代理各类商品和技术的进出口业务。2013年4月20日出口美国牙刷数量40余万把。上海海关于2013年5月23日出具《扣留(封存)决定书》,文件显示原告的牙刷包装上"COMPARETO Oral-B"的语句涉嫌侵犯被告宝洁(加拿大)商业服务公司"Oral-B"商标专用权(海关备案号T2010-19804),故海关决定扣留原告出口的牙刷。后经原告多次与海关、被告沟通,上海海关于2013年6月28日出具《关于尽快办理海关放行手续的通知》,通知显示被告向海关撤回之前提交的扣货申请,故海关决定对原告出口货物解除扣留。原告诉称,被告向海关提交扣货申请导致原告货物被海关扣留一事过去半年时间,没有依法向法院起诉,属于滥用权利的拖延行为,对原告的进出口业务造成极大困扰。故诉请法院:确认原告对"Oral-B"文字的使用行为未侵犯被告的注册商标权并承担货物被扣留产生的费用等。对此,被告认为原告因向美国出口的牙刷上突出使用"Oral-B"字样的行为违反了《商标法》规定,侵犯了被告的商标专用权。原告主张的损失不存在,其提交的费用清单和发票所显示的费用均发生在上海海关对其货物放行之后。

法院认为:原告出口的牙刷包装系由TELLA-TECH公司来样要求印刷,即印有"FAMILY wellness TM"商标,亦印有"COMPARETO Oral-B"或"COM-

PARETO Oral-B Glide""COMPARETO Oral-BVITALIZER"。原告按约将其加工生产的牙刷出口销售至美国。宝洁公司美国总部在给上海海关的文件中承认：①该票货物的境外收货人确实为美国的 TELLA-TECH 公司，原告系根据其委托生产并出口该批牙刷产品；②按照美国相关法律，销售商在自己的产品上使用"COMPARETO---"等字样并不违反美国禁止性法律规定。由此可见，原告出口的商品性质应为涉外贴牌加工商品。而就本案而言，首先，涉案产品上贴附"COMPARETO Oral-B"的行为形式上虽由国内加工方实施，但实质上真正的使用者为境外委托方。其次，由于涉案牙刷被海关扣留时尚处于出口环节，即尚未面对商品的消费者。同时，涉案的牙刷均销往美国，无证据证明牙刷在我国境内还存在销售的事实，故"COMPARETO Oral-B"不可能在国内市场发挥识别功能。再次，商标权的地域性特点决定了涉案牙刷是否会因贴附"COMPARETO Oral-B"商标而在美国境内造成消费者对其商品来源产生混淆或误认，非我国商标法所能规制。被告的贴牌加工出口行为并非我国商标法意义上的商标使用行为，因此本院确认原告出口的商品上"COMPARETO Oral-B"不侵犯被告在我国注册的 Oral-B 商标专用权。同时，在此情况下，按中国商标法讨论牙刷包装上"COMPARETO Oral-B"是否突出使用"Oral-B"或"VI-TALIZER"商标已无意义。❶

【评析】本案中"COMPARETO Oral-B"与原告的 Oral-B 商标相同，与原告注册的商品一致，故判定被告的行为是否构成商标侵权的前提为被告是否实施了"使用商标"行为，即被告出口商品上的"COMPARETO Oral-B"是否属于商标法意义上的商标使用。而商标作为一种用于商品上或者服务中的特定标识，消费者通过这种标识，识别或者确认该商品、服务的生产经营者和服务提供者。识别商品来源的功能是商标的基本功能、首要功能。只有当商品进入流通领域后，消费者才能凭借商标来区分不同商品的提供者。因此，对"使用商标"行为的判定应以能否起到识别功能为依据，即如果能够起到指示来源的作用，则构成商标性使用；反之则不属于商标性使用。从而由此可对是否侵权做出判断。

---

❶ 上海市浦东新区人民法院民事判决书(2014)浦民三(知)初字第94号。

思考与讨论

1. 对商标注册申请的主体有什么要求?

2. 商标注册申请的方式有哪些?

3. 商标权的原始主体和继受主体有什么特点?

4. 商标权人能行使的权利包括哪些?

5. 谈谈对商标权限制的具体内容。

6. 商标权人有哪些基本义务?

延伸阅读

1. William E.Ridgway、初萌:"禁止商标权滥用原则的复苏",《私法》2013年第2期。

2. 高荣林:"商标权合理使用问题探讨",《知识产权法研究》2011年第2期。

3. 黄文辉:"商标显著性研究——中日商标注册与保护",《知识产权法研究》2008年第2期。

4. 郑华聪:"利益平衡下的未注册商标保护",《中华商标》2008年第10期。

5. 孔祥俊:《商标法适用的基本问题》,中国法制出版社2014年版。

第十九章　商标权的取得与维持

商标权的取得是指商标所有人就商标在特定的商品或服务上的使用而取得专用权的条件和方法。根据国际上各个国家商标立法采取的商标权取得方式的不同，商标权的取得方式可分为使用取得和注册取得。为了便于商标注册秩序的管理和减少商标注册中的矛盾，在受理商标注册过程中，需要遵循一定的原则来确定商标注册申请的受理。考虑到法律规定的禁止作为注册商标的标志，因此，对商标注册申请应在注册程序中对一些形式条件和实质条件予以审理后核准。对于属于公共资源的商标，为了促进资源的利用效益，法律上还规定了注册商标使用的期限、续展和终止条件。

第一节　商标权的取得方式

法理上根据商标权的源出性的不同，将商标权的取得分为原始取得和继受取得两种方式。原始取得是指商标权的首次取得，继受取得是指商标权首次取得后，商标权的转让或继承。对于生产经营者而言，首次取得商标专用权的时间尤为重要，这意味着其可以依法在先地排斥他人在相同或类似商品上使用相同或近似商标。因此，我们在此只涉及商标权的原始取得。根据国际上关于商标权取得制度的不同规定，商标权的原始取得方式又分为使用取得和注册取得。

一、通过使用取得商标权

通过使用取得商标权,是指商标权是基于使用的事实而产生的,即使商标没有经过注册,但只要其已经在商业活动中被用于识别某种商品或服务,商标使用者也能取得商标权。其特点是按照商标使用的先后确定商标权的归属,先使用的受保护,后使用的不受保护。

世界上最初保护商标的法律是以使用为基础,并按照使用先后作为商标权取得的直接依据。历史上,还曾将使用获得商标权作为商标权产生的唯一依据,这是因为,商标是作为证明某个经营者商品的手段而出现的,如果该商品不出售,商标既不证明商品来源又不证明商品,就变得毫无意义。具体来说,商标总是与商业活动联系在一起的,用于识别商品或服务的来源,使消费者能够通过商标识别特定的商品或服务提供者,商标的经济价值才能得以实现。1857年法国颁布了世界首部商标法——《以使用原则和不审查原则为内容的商标法律》,在其中明确实际使用与商标注册都是商标权产生的根据,但同样的商标,先使用的优于先申请的,申请注册只起个宣告作用。在英美法系国家是通过"假冒之诉"体现出商标先使用而获得商标上的权利。特别是在美国,法律上禁止把一个商人的商品假冒成另一个商人的商品出售。一旦提起假冒之诉,其前提条件是原告必须证明自己已通过商标的使用而获得一定的商誉,使用人有主观上的恶意。

在以商标使用获得商标权的国家,对于商标的"使用"是有限制条件的,即必须是在商业上的实际使用,而不是象征性地使用。商业上的实际使用,是指经营者将商标标识于商品上并投放市场,或者将商标用于交易活动、广告宣传等方面,使商标和消费者发生接触,使商标发挥识别商品来源的功能。如果经营者对其选定的商标不进行任何使用,则该商标就无法实现其识别商品或服务出处的功能,这样就不能使消费者将该商标与其代表的特定商品或服务的出处联系起来,那么经营者也无从利用商标建立起自己的商业信誉。在这种情形下,赋予该经营者以商标权并加以法律保护并没有实际意义。

通过使用取得商标权制度,其目的是确保商标与商品的生产与销售相统一,体现了商标功能的要求。但是该制度以使用商标的事实作为获得商标权的依据,商标权的权利范围受到空间地域的限制,当他人也要使用同一个商标时,该商标已被先使用的信息有时是很难获知的,而且一旦发生商标纠纷,确定在先使用人的难度也很大,往往解决争议的成本较高。因此,目前除了美国、菲律宾等少数国家仍在采用通过使用取得商标权制度外,大多数国家都不再单纯采用该制度。

需要特别指出的是,在实行注册取得商标权制度的国家,仍然有条件地保留着通过使用获得商标权的方式,这就是对于在商业中使用但尚未注册的驰名商标。根据《巴黎公约》的规定,缔约国应当依职权或依有关当事人的请求,对于受公约保护的权利人所有的驰名商标,如果他人的商标是对该驰名商标的复制、模仿或翻译,用于相同或类似商品,易于产生混淆的,拒绝或取消注册,并禁止使用。我国是《巴黎公约》的缔约国,因此,立法上也做出了相同的规定,在我国的《商标法》第13条中明确规定:"就相同或者类似商品申请注册的商标是复制、摹仿或者翻译他人未在中国注册的驰名商标,容易导致混淆的,不予注册并禁止使用。"一个商标广为人知而达到驰名的程度是经营者长期使用、持续投入的结果。因此,因使用驰名而获得商标权是实行注册制度的一个特殊规定。

二、通过注册取得商标权

在大多数实行商标注册制度的国家,商标权必须是通过申请注册核准程序而取得。在注册制下,注册是取得商标权的必经法律程序,未经注册不能产生商标权。我国商标法明确规定,自然人、法人或者其他组织在生产经营活动中,对其商品或者服务需要取得商标专用权的,应当向商标局申请商标注册。并在商标法的相关规定中,明确体现了只有经法定程序注册的商标才享有法律保护,而对于未注册的商标一般不能得到法律保护。

通过注册取得商标权的特点在于对商标权的归属是按照申请注册商标的先后顺序进行确定。商标注册制度最大优点在于通过商标注册的方式,体现出对商标的公示,使商标的权利归属一目了然,使其他人准备使用或申请商标注册时便于查询和判断是否会同别人的商标权发生冲突。另外,在经营者进行商标权转让、许可使用、质押等经济活动时,商标注册的公示作用也是确保交易安全的重要手段。对于一国而言,由于国内市场一体化和对外贸易的需要,经济的发展,市场不再限于本地区,而是涉及全国,乃至国外,以商标的实际使用作为向他人主张权利的制度难以满足市场的要求,而且,在扩大的市场范围内对于商标的实际使用事实难以调查取证,商标使用方面的相同或近似产生的混淆可能性大大增加。通过商标注册的方式,其公示作用产生的权利推定无疑为市场交易提供了安全、简便的保障。因此,现代国际上绝大多数国家已采用通过注册取得商标权制度来代替通过使用取得商标权制度。

但是,在实践中通过注册取得商标权也显露出一些问题,突出表现在引发了大量的"商标抢注"纠纷。这是因为在商标注册制度中,有一个"申请在先"原则,即确定商标权的归属是审定和公告申请在先的商标。这样势必会造成有人利用注册程序进行拖延、阻碍竞争对手注册,进而损害先使用人的利益的不当竞争;还有的人恶意抢先注册他人在先使用的有一定影响力的商标,然后再以高价让真正的使用人回购回去,这样对在先使用人极为不公平。另外,也有人利用该制度注册了大量的商标却并不用于生产经营,而是专门作为一种买卖的交易资源待价而沽,结果使得大量商标注册后处于闲置状态,这也是社会资源的浪费。

为了弥补商标注册制度的不足,许多国家都对抢注商标行为进行了法律规制。例如,法国对恶意抢注商标行为往往会被法院判为无效;德国的商标法将注册和使用均规定为取得商标保护资格的途径。我国商标法也对商标抢注行为做出了禁止性规定,例如,就同一种商品或者类似商品申请注册的商标与他人在先使用的未注册商标相同或者近似,申请人与该他人在合同、业务往来关系或者其他关系而明知该他人商标存在,该他人提出异议的,不予注册;不得以不正当竞争手段抢先注册他人驰名商标、使用在先并有一定影响力的商标;不得侵犯他人已经取得的在先权利(包括他人已经使用并为公众所知悉的商标）；代理人或代表人未经许可不得抢先注册被代理人的商标等等。同时商标法中还具体规定了商标使用人对他人抢注商标能实施的救济措施，其内容主要涉及到商标局在异议程序、商评委在商标评审程序中应予以撤销；以不正当竞争目的使用他人驰名商标的，行政管理机关应当予以制止。

第二节　商标注册的原则

一、自愿注册原则

自愿注册原则，是指商标使用人是否愿意将商标注册完全由自己决定，法律不作强制性要求。自愿注册原则是目前国际上商标注册的一种惯例。

商标是生产经营者建立自己的商誉，增强市场竞争力的手段，商标使用人根据经营战略上的考虑，以自己的意愿来决定是否申请商标注册。因此，商标权是一种民事权利，商标自愿注册体现了民事权利私权性的本质要求，商标使用人是否想取得或者放弃商标权利，都是其行使民事权利的一种方式，他人不得非法干涉，行政权力也不能对此做出约束。注册商标享有专用权，受到法律的强制性保护。在不违背法律禁止性规定的前提下，不注册商标也可以使用，但使用人不享有法律保护下排斥他人使用的商标专用权，也不得与他人的注册商标相冲突。

根据我国《商标法》第4条的规定："自然人、法人或者其他组织在生产经营活动中，对其商品或者服务需要取得商标专用权的，应当向商标局申请商标注册。"可以看出，申请商标注册是申请人根据其商品或者服务的需要来做出决定，这里体现了我国商标法实行的自愿注册原则。但根据第6条的规定："法律、行政法规规定必须使用注册商标的商品，必须申请商标注册，未经核准注册的，不得在市场销售。"反映出，在我国强制性注册商标是个例外。这个例外性规定,是针对那些直接关系到公众的健康和生命安全的商品,国家通过对上表的强制性注册和管理便于监控,以确保商品的质量。

二、先申请原则

先申请原则,也称申请在先原则,是指当两个或两个以上的申请人在同一种或类似的商品或服务上以相同或近似的商标申请注册时,先提出申请的申请人才有可能获得商标注册。先申请原则是解决注册取得商标权制度中,当发生两个以上商标注册申请人就同一个商标先后提出申请时,应当有谁取得商标权的问题。为此,我国商标法律制度对可能发生的商标注册申请冲突的具体情形进行了规定。

(一)在先提出申请的情形

两个或者两个以上的商标注册申请人,在同一种商品或者类似商品上,以相同或者近似的商标申请注册的,商标局初步审定并公告申请在先的商标,驳回其他人的申请。此情形是指发生冲突的两个商标注册申请人,未在同一天提出,即使是在先使用该商标标志的申请人,由于在后提出注册商标申请,也不能再取得该商标申请的专用权。

(二)同日提出申请的情形

两个或者两个以上的商标注册申请人,在同一种商品或者类似商品上,分别以相同或者近似的商标在同一天申请的,各申请人应当自收到商标局通知之日起30日内提交其申请注册前在先使用该商标的证据,依据申请人提交的证据,商标局初步审定并公告使用在先的商标,驳回其他人的申请。也就是说,只要有证据证明商标使用在先,即使是在同一日提出商标申请,也可以取得商标专用权。

(三)同日使用或者均未使用的情形

两个或者两个以上的申请人,在同一种商品或者类似商品上,分别以相同或者近似的商标在同一天申请注册的,各申请人同日使用或者均未使用的,各申请人可以自收到商标局通知之日起30日内自行协商,并将书面协议报送商标局;不愿协商或者协商不成的,商标局通知各申请人以抽签的方式确定一个申请人,驳回其他人的注册申请。商标局已经通知但申请人未参加抽签的,视为放弃申请,商标局应当书面通知未参加抽签的申请人。❶

上述情形中,需要注意的是:在我国申请时间的判断是以"日"为标准,而不是以"时"来判断。如果两个申请人在同一天先后提出申请,则视为同日申请;通过邮政或快递投寄方式提交的申请书,则申请日以商标局收到的日期为准;以数据电文方式提交的,以进入商标局或者商评委电子系统的日期为准。

三、优先权原则

优先权是《保护工业产权巴黎公约》赋予其缔约国国民在其本国提出工业产权(专利或者商标)申请后再向其他缔约国提出申请时能获得的优先待遇。具体在两种情形下享有优先权。一是商标注册申请的优先权。根据该公约的规定,申请人在一个缔约国第一次提出申请后,如果在一定期限内(商标申请为6个月)就同一商标向其他缔约国申请注册,则此时可以主张优先权,即以该申请人的第一次申请日作为后来向其他缔约国申请时的申请日,该第一次申请日又被称为优先权日。二是展览优先权。该公约要求成员国对在所有成员国内主办或承认的国际展览会上展出的商品或服务的商标给予临时保护,商标所有人可以要求优先权,时间也是自展出之日起6个月。商标的优先权原则是建立在先申请原则基础上,对申请人进一步的优惠原则。目前,优先权原则已被各缔约国在本国商标法立法中广泛接受。我国现行的商标法完善了商标注册的优先权制度,具体规定了外国首次申请优先权和国际展览会优先权。

---

❶《中华人民共和国商标法实施条例》(2014年4月29日中华人民共和国国务院令第651号修订)第19条。

(一)外国首次申请优先权

外国首次申请优先权,是指商标注册申请人自其商标在外国第一次提出商标注册申请之日起六个月内,又在中国就相同商品以同一商标提出商标注册申请的,依照该外国同中国签订的协议或者共同参加的国际条约,或者按照相互承认优先权的原则,可以享有优先权。

优先权并不自动享有。申请人要求优先权的,应当在提出商标注册申请的时候提出书面声明,并且在三个月内提交第一次提出的商标注册申请文件的副本;未提出书面声明或者逾期未提交商标注册申请文件副本的,视为未要求优先权。另外,根据我国《商标法实施条例》的规定,申请人提交的第一次提出商标注册申请文件的副本应当经受理该申请的商标主管机关证明,并注明申请日期和申请号。

(二)国际展览会优先权

国际展览会优先权,是指商标在中国政府主办的或者承认的国际展览会展出的商品上首次使用的,自该商品展出之日起六个月内,该商标的注册申请人可以享有优先权。

同样,申请人要求优先权的,应当在提出商标注册申请的时候提出书面声明,并且在三个月内提交展出其商品的展览会名称、在展出商品上使用该商标的证据、展出日期等证明文件;未提出书面声明或者逾期未提交证明文件的,视为未要求优先权。

第三节　商标注册申请的审查和核准

一、商标注册申请文件

根据我国的《商标法实施条例》,申请人申请商标注册时,应当向商标局提交商标注册申请书、商标图样、附送有关证明文件并缴纳申请规费。

（一）商标注册申请书

申请人应当就每一件商标注册申请向商标局提交《商标注册申请书》一份。《商标注册申请书》是一表格式文件，由国家工商行政管理总局商标局统一制作。申请人须认真填写列明的当事人的基本情况和各项内容，最后加盖申请人的戳章或数字印章。具体要求如下：

（1）申请书应当使用中文填写。

（2）商标注册申请人的名义与所提交的证明文件应当一致。法人申请注册商标，申请人名称应与营业执照及印章完全一致；自然人申请注册商标，申请人的名义应与身份证等有关证件所登记的姓名相一致。

（3）商标的名称应当与商标图样一致，申请人在一份申请中只能填写一件商标，即在一份申请书上不能申请两个或以上的商标。但可以通过一份申请就多个类别的商品申请注册同一商标。

（4）申请注册集体商标、证明商标的，应当在申请书中予以声明。

（5）表中的商品或者服务项目名称应当按照商标局公布的商品和服务分类表中的类别号、名称填写；商品或者服务项目名称未列入商品和服务分类表的，应当附送对该商品或者服务的说明。

（6）商标注册申请等有关文件以纸质方式提出的，应当打字或者印刷。2013年修订的商标法也允许申请书以电子方式提交。

（7）申请书上填写的地址，应当是申请人实际的详细地址。

（8）共同申请注册同一商标或者办理其他共有商标事宜的，应当在申请书中指定一个代表人。

申请书中最重要的内容是填报使用商标的商品或服务的类别、名称。我国现在采用的是《商标注册用商品和服务国际分类表》（尼斯分类）。目前尼斯分类共有45类，包括34类商品和11类服务。正确填报商品名称、服务项目是注册申请工作的重要一步，它有助于注册进程的顺利进行，保证申请人及时获得注册。此外，它还决定了日后商标权的保护范围。

(二)商标图样

根据国务院 2014 年修订的《商标法实施条例》的规定,提交《商标注册申请书》时,还应该提供商标图样 1 份。具体要求如下:

(1)以颜色组合或者着色图样申请商标注册的,应当提交着色图样,并提交黑白稿 1 份;不指定颜色的,应当提交黑白图样。

(2)商标图样应当清晰,便于粘贴,用光洁耐用的纸张印制或者用照片代替,长和宽应当不大于 10 厘米,不小于 5 厘米。

(3)以三维标志申请商标注册的,应当在申请书中予以声明,说明商标的使用方式,并提交能够确定三维形状的图样,提交的商标图样应当至少包含三面视图。

(4)以颜色组合申请商标注册的,应当在申请书中予以声明,说明商标的使用方式。

(5)以声音标志申请商标注册的,应当在申请书中予以声明,提交符合要求的声音样本,对申请注册的声音商标进行描述,说明商标的使用方式。对声音商标进行描述,应当以五线谱或者简谱对申请用作商标的声音加以描述并附加文字说明;无法以五线谱或者简谱描述的,应当以文字加以描述;商标描述与声音样本应当一致。

(6)商标为外文或者包含外文的,应当说明含义。

(三)证明文件

申请人在申请商标注册时应同时提交的证明文件主要有:

(1)申请人主体资格证明文件复印件 1 份。申请人是自然人的提交身份证明;申请人是法人的提交营业执照副本或登记机关颁发的证件。

(2)直接办理的,应提交经办人员身份证明的复印件 1 份。委托商标代理组织的,还应提交《商标代理委托书》1 份。

(3)国家规定必须使用注册商标的商品(如烟草制品)及一些特殊行业的商标注册申请所需的证明文件。

(4)用人物肖像作为商标申请注册的,申请人必须提供经公证机关公证的肖像权人的授权书。

（5）国内的报刊、杂志申请商标注册的,应当提交新闻出版主管部门发给的全国统一刊号的报刊登记证。

（6）办理集体商标和证明商标注册申请还应提交集体商标、证明商标的申请人主体资格证明和商标使用管理规则,以及其他必要的证明等。

（7）申请人要求优先权的,应当提交经有关国家主管机关予以证明优先权的证明文件。

须注意的是,依照商标法和《商标法实施条例》的规定,提交的各种证件、证明文件和证据材料是外文的,应当附送中文译文;未附送的,视为未提交该证件、证明文件或者证据材料。

二、商标注册申请的审查

商标注册审查,是指国家商标局根据《商标法》和《商标法实施条例》的规定,对商标注册申请是否具备注册条件进行的审查。经审查符合商标法有关规定的,由商标局初步审定,予以公告。

目前,世界各国对申请注册的商标是否进行审查及如何审查,大致可分为两种做法:一种是实行审查原则,即既进行形式审查,也进行实质审查,大多数国家采用这种做法;另一种是实行不审查原则,即只进行形式审查,不进行实质审查。❶我国采用审查原则,对申请注册的商标须进行形式审查和实质审查。.

（一）形式审查

形式审查,又称书面审查,是对申请商标注册的形式要件进行审查。主要审查提交的申请文件是否齐备、申请书的填写是否属实、准确、规范、有关手续是否完备。根据我国商标法和《商标法实施条例》的规定,形式审查的具体内容如下:

（1）申请人资格。申请人应当属于法律所规定的允许注册的自然人、

---

❶ 刘春田主编:《知识产权法》,中国人民大学出版社2007年版,第392页。

法人或其他组织。如果申请人是外国人或外国企业,还必须符合商标法所规定的特别要求。

(2)外国申请人委托的代理人是否是我国依法设立的商标代理组织。国内申请人委托代理人的,其委托书是否符合要求。

(3)申请商标是否符合分类申请原则。

(4)申请书填写内容是否符合规定。包括申请人的名义与印章、营业执照是否一致;申请人的地址是否准确;申请人指定的商品或服务填写是否规范、具体,分类是否准确。

(5)商标及商标图样的规格、打印、印刷等是否符合要求。

(6)所有申请文件是否以中文准备。

(7)应交送的证明文件是否完备,申请规费是否缴纳等。

形式审查发现问题的处理:

(1)如果申请手续不齐备、未按照规定填写申请文件或者未缴纳费用的,商标局则不予受理,应当书面通知申请人并说明理由。

(2)申请手续基本齐备或者申请文件基本符合规定,但是需要补正的,商标局通知申请人予以补正,限其自收到通知之日起30日内,按照指定内容补正并交回商标局。在规定期限内补正并交回商标局的,保留申请日期;期满未补正的或者不按照要求进行补正的,商标局不予受理并书面通知申请人。

(3)如果商标注册申请人或者注册人发现商标申请文件或者注册文件有明显错误的,可以申请更正。商标局依法在其职权范围内作出更正,并通知当事人。

通过形式审查的申请,即予以受理,并确定申请日,编写申请号,发给《受理通知书》。

(二)实质审查

实质审查,是对申请的商标标志是否具备法定注册条件的审查。申请注册的商标能否初步审定并予以公告取决于是否通过了实质审查。商标局对受理的商标注册申请,进行实质审查的依据是商标法及其实施条例的

有关规定,主要集中在以下几个方面:

(1)商标标志是否符合法定的构成要素,且具有显著性特征,便于识别。

(2)商标标志是否违背商标法的禁用条款。

(3)申请的商标是否与他人在同一种商品或类似商品上已注册或初步审定的商标相同或近似。

(4)申请注册的商标是否与商标局撤销、注销不满一年的注册商标相同或者近似。

另外,当申请人所申请注册的商标与他人在先权力相冲突,或者属于不正当抢注他人已经使用并有一定影响的商标,他人提出异议时,商标局也应对此进行审查。

经过实质审查,商标局对三种情况予以分别处理:

(1)对符合规定或者在部分指定商品上使用商标的注册申请符合规定的,予以初步审定,并予以公告;

(2)对不符合规定或者在部分指定商品上使用商标的注册申请不符合规定的,予以驳回或者驳回在部分指定商品上使用商标的注册申请,书面通知申请人并说明理由。

(3)对商标注册申请内容需要说明或者修正的,可以要求申请人自收到商标局通知之日起15日内作出说明或者修正。申请人未做出说明或者修正的,不影响商标局做出审查决定。

三、商标注册申请的初步审定及公告

商标局对申请注册的商标经过形式审查和实质审查后,认为符合商标法有关规定的,即予以初步审定并在其官方刊物《商标公告》上公布,程序上称为"初步审定公告"。初步审定公告的内容包含商标、初步审定号、申请日期、指定使用的商品或者类别、申请人名称及地址、商标代理人名称等信息。

初步审定公告并不意味着申请注册的商标正式核准注册,此时,该商

标申请人还未取得商标专用权。对于初步审定的商标,自公告之日起三个月内,在先权利人、利害关系人认为违反了商标法的相关规定,侵害了自己的民事权力,或者任何人认为违反商标法中禁止性规定,损害了公告利益的,都可以向商标局提出异议。

因此,初步审定公告通过公开相关信息,便于相关权利人维护自身权益、防止商标局核准注册的商标侵犯自己合法权利,以避免和减少商标注册后可能发生的争议。也有利于社会公众依法对商标注册工作进行监督,维护商标注册管理秩序。

四、商标异议及复审

(一)商标异议

商标异议,是指对初步审定公告的商标有违反商标法相关规定的,提出反对注册的意见,要求商标局不予核准该商标注册的行为。

根据商标法规定,对初步审定公告的商标,在先权利人和利害关系人认为商标注册存在《商标法》第13条(禁止抢注驰名商标)、第15条(禁止代理人和代表人抢注)、第16条(禁止注册误导公众的地理标志)、第30条(禁止在相同或类似商品上注册与他人已注册商标或已初步审定的商标相同或近似的商标)、第31条(先申请原则)和第32条(禁止商标注册,损害其他在先权利,禁止抢注特定未注册商标)规定的情形的,可以向商标局提出异议;或者任何人认为商标注册违反了《商标法》第10条(禁止特定内容违法的商标注册)、第11条(禁止缺乏显著性的商标注册)和第12条(禁止特定三维标志注册)规定的情形的,也可以向商标局提出异议。异议期为自公告之日起3个月内。异议不是每一个商标注册申请必经的程序,但任何一个商标注册申请都要在初步审定公告之后经过3个月的异议期,才能获准注册。

异议人必须在异议期内以书面形式提出异议申请书、相关证明和证据材料一式两份。商标局收到异议书后,将异议书副本送达商标申请人,即被异议人,并要求其在限定的期限内答辩。被异议人在限期内未答辩的,异议裁定照常进行。商标局对双方陈述的理由和事实,经调查核实后,自公告期满之日起十二个月内做出是否准予注册的决定,并书面通知异议人和被异议人。有特殊情况需要延长的,经国务院工商行政管理部门批准,可以延长六个月。如果商标局做出准予注册决定的,发给注册申请人商标注册证,并予公告。异议人不服的,可以向商评委请求宣告该注册商标无效。

（二）商标复审

商标复审,是指商评委根据当事人的请求,对不服商标局的处理决定依法进行审议核定的程序。

如果商标局做出不予注册决定,被异议人不服的,可以自收到通知之日起十五日内向商评委申请复审。商评委应当自收到申请之日起十二个月内做出复审决定,并书面通知异议人和被异议人。有特殊情况需要延长的,经国务院工商行政管理部门批准,可以延长六个月。若商评委也做出不予注册的复审决定,被异议人不服的,可以自收到通知之日起三十日内向人民法院提起行政诉讼。诉讼中,商评委为被告,异议人作为第三人参加诉讼。被异议人在法定期限内,如果对商标局做出的不予注册的决定没有申请复审,则该决定发生法律效力;如果对商评委做出的复审决定不向法院起诉的,则该复审决定就产生法律效力。

五、核准注册

对于初步审定的商标,商标局在下面两种情形下将予以核准注册:①公告期届满而无人对于初步审定的商标提出异议的;②在公告期内提出异议,而商标局经审查,认为异议不成立的。

商标局将核准注册的商标和核准使用的商品编号后,登记在《商标注册簿》上,作为商标核准注册的原始凭证由商标局保存。此外,商标局还应向商标注册人颁发《商标注册证》作为取得商标专用权的证明,并在《商标公告》上进行公告。根据商标法的规定,商标注册申请人取得商标专用权的时间自初步审定公告3个月期满之日起计算。

第四节　注册商标的期限、续展和终止

一、注册商标的期限

注册商标的期限,亦称为注册商标的有效期,是指注册商标所有人享有商标权受法律保护的期限。我国商标法规定只有经过注册的商标才能获得商标权,所以注册商标的期限即为商标权的期限。世界各国几乎都对商标专用权的期限作了时间上的规定,但各国规定的方式和期限长短不一。美国、意大利、西班牙等国规定为20年;也有国家规定为15年,如叙利亚;多数国家规定为10年,如日本、法国、丹麦、瑞士等。我国现行商标法规定注册商标的有效期为10年,自核准注册之日起计算。

二、注册商标的续展

注册商标的续展,是指通过法定程序延长注册商标的有效期限的法律,也是商标权的延续。在有效期内,注册商标所有人享有排他性权利,有效期届满,注册商标所有人的权利即告终止。但是通过续展可使商标权继续维持,因此注册商标续展制度的作用在于使商标注册人有期限的商标权延续下去,而不是获得新的商标权。注册商标有效期满,所有人需要继续使用的可以申请续展注册,经核准后,继续享有商标权。续展注册可以在每次到期后,无次数限制地续展下去,从而使商标权成为一种相对的永久权。

我国商标法在规定注册商标的有效期限为10年的同时,也规定了注册商标有效期限届满,商标注册人需要继续使用的可以申请续展注册。续展

注册应当依法履行必要程序。根据商标法的规定,商标注册人应当在注册商标有效期届满前12个月内按照规定办理续展手续;在此期间未能办理的,可以给予6个月的宽展期。商标法规定宽展期的目的在于给予商标注册人充分的时间办理续展注册手续。宽展期满未办理续展手续的,则该注册商标的法律效力在有效期限届满时自动终止,商标局对该注册商标予以注销。续展注册经核准后,予以公告。

注册商标续展的程序比商标注册申请简单,商标注册人只要在规定的期限内提出续展申请,并交纳费用,基本上都可以获准续展注册,商标局不会再进行实质审查。每次续展注册的有效期为10年,自该商标上一届有效期满次日起计算。

三、注册商标的终止

注册商标的终止,亦称商标权的消灭,是指注册商标因法定事由的发生,导致注册商标所有权人丧失其享有的商标专用权。根据我国法律的规定,注册商标终止的原因主要有撤销和注销两种情况。

(一)注册商标被撤销

注册商标被撤销是因商标注册人违反商标法使用和管理的规定,或者未履行相应的法定义务,而导致注册商标被商标局依法撤销的行政法律责任后果。注册商标被撤销还意味着商标注册人的商标专用权归于消灭。

撤销注册商标的程序启动,可由商标局主动行使行政监督权引起,也可由权利人向商标局提出申请进而启动行政监管引起。根据我国商标法的规定,撤销事由具体有以下情形:

1. 违反法律的方式使用注册商标

商标法规定的具体违法行为有:①自行改变注册商标的;②自行改变注册商标的注册人名义、地址或者其他注册事项的;③自行转让注册商标的。我国对注册商标实行的是申请核准制,具有公信力,对于改变注册商标、注册人的名义、地址等注册事项,法律有严格的申请程序,而擅自改变是对法律制度的违反,破坏注册商标的公信力,易造成注册商标管理秩序上的混乱。另外,这些违反法律的使用行为也容易导致消费者对商品来源产生识别上的困难,极易引起混淆和质量误认,损害消费者权益,破坏商品交易秩序,因此,商标局可撤销该注册商标。

2. 商标成为商品的通用名称

《商标法》第49条第二款规定,注册商标成为其核定使用的商品的通用名称的,任何单位或者个人可以向商标局申请撤销该注册商标。一个标志能被允许注册成商标的首要条件是必须具有显著性,这也是商标的识别功能所要求的。在经济活动中,有许多商标经过使用逐渐成为了此类商品的通用名称,显著性发生了退化,注册商标也就会丧失识别商品和服务来源的功能。例如,原本是商标的"阿司匹林"成为感冒药的通用名称、商标"优盘"成为一类电子存储器的通用名称等等。如果注册商标的显著性退化就无法发挥商标的识别功能,就没有必要维持注册商标专用权了,否则会影响他人对商品通用名称的正当使用。

3. 连续不使用注册商标

商标须经过使用,才能在商标与其标识的商品或服务之间建立联系,使相关公众识别商品或服务的来源。如果不使用,则不会实现商标的识别功能,法律对注册商标专用权的保护也变得毫无意义;另外,商标作为一种社会资源,经注册具有专用性后,一旦不使用,将会妨碍他人注册使用,也是一种社会资源的浪费。所以,国际上通行的做法是,对于符合一定时限而不使用的注册商标将予以撤销。例如,TRIPS协议允许在缺乏正当理由连续三年不使用商标的情况下,撤销对商标的注册。我国《商标法》第49条第二款沿用了该规定,在注册商标没有正当理由连续三年不使用,则任何单位或者个人可以向商标局申请撤销该注册商标。

对商标局撤销注册商标的决定,注册人不服的,可以自收到通知之日起15日内向商评委申请复审。商评委应当自收到申请之日起9个月内做出决定。有特殊情况需要延长的,经国务院工商行政管理部门批准,可以延长3个月。注册人对商评委的决定不服的,可以自收到通知之日起30日内向人民法院起诉。法定期限届满,注册人对商标局做出的撤销注册商标的决定不申请复审或者对商评委做出的复审决定不向人民法院起诉的,撤销注册商标的决定、复审决定生效。

(二)注册商标被注销

注册商标被注销是基于商标权人自愿放弃或者注册商标期满未续展等原因,由商标局依职权对事实予以确认,并终止其注册商标,从而使商标专用权归于消灭。根据我国《商标法实施条例》的规定,注册商标在下列情形下注销:

(1)申请注销。商标注册人自愿放弃商标权,向商标局提出注销商标的申请。商标权是民事权利,权利人可以自由放弃。

《商标法实施条例》规定,商标注册人申请注销其注册商标或者注销其商标在部分指定商品上的注册的,应当向商标局提交商标注销申请书,并交回原《商标注册证》。该注册商标专用权或者该注册商标专用权在该部分指定商品上的效力自商标局收到其注销申请之日起终止。商标注册人申请注销其注册商标的,原《商标注册证》作废,商标局予以公告;商标注册人申请注销其商标在部分指定商品上的注册的,商标局重新核发《商标注册证》,并予以公告。

(2)过期注销。注册商标有效期届满,且已过宽展期,而商标所有人未提出续展申请,或续展申请未被核准,被依法驳回的,商标局注销其注册商标,并予以公告。

撤销和注销注册商标都会导致注册商标的终止、商标权的消灭。但是二者的法律意义却大不相同。撤销大多是由于商标注册人违反了法律的规定而导致的法律后果,是商标主管部门对其的行政惩罚手段或强制行政手段。而注销则是由于法律规定的条件发生变更或商标注册人自愿放弃商标权而导致的结果,并无行政惩罚或强制行政手段的含义。

第五节 注册商标的无效

一、注册商标无效的含义

注册商标无效,是指已经注册的商标,因存在法律有关禁止注册、侵害他人在先权利或着以不正当手段取得商标注册等情形,被发现后,由商标局或商评委宣告该商标无效,使商标专用权归于无效。注册商标无效是对商标权在形成之初,就具有权利方面的瑕疵却没有被发现而设计的一种补正制度。出于行政成本和工作效率方面的原因,商标审查机关在核准注册审查时不可能事无巨细、面面俱到,从而避免不当注册的出现。但是,基于公平、公正的价值理念,法律赋予利害关系人和行政机关事后的补正机制,而设立注册商标无效制度。

我国现行商标法在第五章专门规定了注册商标的无效宣告制度,依据该法的规定,对注册商标的无效宣告主要有两种情况:一是商标局依职权主动宣告;二是其他单位或者个人可以请求商评委宣告。注册商标一旦被宣告无效成立,则商标权也无效,且自始无效。注册商标的无效宣告程序商标法规定的其他商标争议解决程序一起构成了商标注册质量的保证体系,对于减少注册商标权利的冲突,确保注册商标专用权的效力,保护消费者利益,维护商标专用权受让人的利益方面有着重要的意义。

二、注册商标无效的原因

(一)违反了法律的一般禁止性或限制性规定

法律对商标标识的构成有专门的规定,禁止和限制一些文字、图形或标志成为商标的组成内容,这既是商标注册申请时需实质审查的主要内容,也是在商标注册后,如果发现注册商标违反了法律的禁用或限用条款,而将导致注册商标无效的主要原因。现行《商标法》第44条规定,已经注册的商标,违反本法第10条、第11条、第12条规定的,由商标局宣告该注册商标无效;其他单位或者个人可以请求商评委宣告该注册商标无效。

商标中含有不得作为商标使用的标志、形状的。具体包括以下三种情形:

一是《商标法》第10条例举的八项不得作为商标使用的标志:

(1)同中华人民共和国的国家名称、国旗、国徽、国歌、军旗、军徽、军歌、勋章等相同或者近似的,以及同中央国家机关的名称、标志、所在地特定地点的名称或者标志性建筑物的名称、图形相同的;

(2)同外国的国家名称、国旗、国徽、军旗等相同或者近似的,但经该国政府同意的除外;

(3)同政府间国际组织的名称、旗帜、徽记等相同或者近似的,但经该组织同意或者不易误导公众的除外;

(4)与表明实施控制、予以保证的官方标志、检验印记相同或者近似的,但经授权的除外;

(5)同"红十字"、"红新月"的名称、标志相同或者近似的;

(6)带有民族歧视性的;

(7)带有欺骗性,容易使公众对商品的质量等特点或者产地产生误认的;

(8)有害于社会主义道德风尚或者有其他不良影响的。

另外,县级以上行政区划的地名或者公众知晓的外国地名,也不得作为商标;但是地名具有其他含义或者作为集体商标、证明商标组成部分的除外;已经注册的使用地名的商标继续有效。

二是使用《商标法》第11条禁止作为商标注册标志的商标:

(1)仅有本商品的通用名称、图形、型号的;

(2)仅直接表示商品的质量、主要原料、功能、用途、重量、数量及其他特点的;

(3)其他缺乏显著特征的。但是,上述三类所列标志经过使用取得显著特征,并便于识别的,可以作为商标注册。

三是使用《商标法》第12条禁止注册形状的商标：以三维标志申请注册商标的，仅由商品自身的性质产生的形状、为获得技术效果而需有的商品形状或者使商品具有实质性价值的形状，不得注册。

需要注意的是，商标法规定三维标志是可以作为商标注册，只是上述功能性的三维标志不得注册。

(二)以不正当手段取得的商标注册

以欺骗手段或者其他不正当手段取得商标注册的，可以宣告该注册商标无效。具体包括两种情形：第一，以欺骗手段取得商标注册的。所谓欺骗手段，是指申请人采取虚构、隐瞒事实真相，或者伪造申请书及有关文件等方式，取得商标注册。第二，以其他不正当手段取得商标注册。所谓以其他不正当手段，是指申请人采取欺骗方式以外的其他不正当方法，如通过给经办人好处等方式，取得商标注册。

(三)损害了他人的合法权益

损害他人的合法权益，也是导致注册商标被宣告无效的重要原因。我国商标法规定，申请商标注册不得损害他人现有的在先权利，也不得以不正当手段抢先注册他人已经使用并有一定影响的商标。这一法律规定包含两种情形：一是对他人在先权利的损害；二是对他人已经使用但未注册的商标权益的损害。

1. 损害他人的在先权利

关于他人的在先权利，一般是指商标注册前，他人已有的知识产权和民事权利。根据《最高人民法院关于审理商标授权确权行政案件若干问题的意见》（法发〔2010〕12号）的规定：对于商标法已有特别规定的在先权利，按照商标法的特别规定予以保护；商标法虽无特别规定，但根据民法通则和其他法律的规定属于应予保护的合法权益的，应当根据该概括性规定给予保护。因此，对于他人的在先权利范围包括但不仅限于著作权、外观设计专利权、商号权、原产地名称权，以及姓名权、肖像权等其他私法中规定的权益。

2. 损害他人已经使用但未注册的商标权益

他人已经使用但未注册的商标,包含他人先使用的商标和有一定影响力的商标。例如,知名商标、驰名商标和地理标志等。根据《商标法》第13条、第15条、第16条、第30条的规定,禁止他人以下列形式对未注册商标使用人的权益进行损害:

(1)复制、摹仿或者翻译他人未在中国注册的驰名商标在相同或者类似商品上注册,容易导致混淆的;

(2)就不相同或者不相类似商品申请注册的商标是复制、摹仿或者翻译他人已经在中国注册的驰名商标,误导公众,致使该驰名商标注册人的利益可能受到损害的;

(3)未经授权,代理人或者代表人以自己的名义将被代理人或者被代表人的商标进行注册的;

(4)申请人与该他人具有合同、业务往来关系或者其他关系而明知该他人商标存在,就同一种商品或者类似商品申请注册的商标与他人在先使用的未注册商标相同或者近似的;

(5)商标中有商品的地理标志,而该商品并非来源于该标志所标示的地区,误导公众的;但是,已经善意取得注册的继续有效;

(6)同他人在同一种商品或者类似商品上已经注册的或者初步审定的商标相同或者近似的。

三、注册商标宣告无效的程序

已经注册的商标,具备宣告无效的条件的,因启动主体的不同,宣告注册商标无效的程序,也有所区别。商标法规定了一种是商标局依职权宣告注册商标无效;另一种是其他单位或者个人,以及在先权利人或者利害关系人请求商评委宣告注册商标无效。其中,商标局和商评委是宣告注册商标无效的主体。

(一)商标局宣告注册商标无效的程序

1. 程序启动的依据

商标局宣告注册商标无效的范围限于违反法律规定的禁止性、限制性条款,具体是指《商标法》的第10条、第11条、第12条规定,或者是以欺骗手段或者其他不正当手段取得注册的商标。对于此类注册不当的商标,即使在无任何个人或者单位请求的情况下,商标局也可以依职权主动启动宣告该注册商标无效的程序。这一点不同于对注册商标发生争议而宣告无效:一是对于已经核准注册的商标,商标局不得以与先注册商标相混淆为由宣告核准的注册商标无效;二是即使是在争议期内,受理注册商标争议裁定的申请也是商评委,而不是商标局。

2. 宣告程序

商标局宣告注册商标无效的程序如下:(1)决定并通知。商标局做出宣告注册商标无效的决定并书面通知当事人;(2)复审。当事人对商标局的决定不服的,可以自收到通知之日起15日内向商评委申请复审;商评委应当自收到申请之日起9个月内做出决定,并书面通知当事人。如有特殊情况,需要延长复审期限的,经国务院工商行政管理部门批准,可以延长3个月;(3)行政诉讼。当事人对商评委的决定不服的,可以自收到通知之日起30日内向人民法院起诉。

法定期限届满,当事人对商标局宣告注册商标无效的决定不申请复审或者对商评委的复审决定不向人民法院起诉的,商标局的决定或者商评委的复审决定生效。

(二)商评委宣告注册商标无效的程序

1. 程序启动的依据

与商标局可以依职权主动启动注册商标的无效宣告程序不同,商评委只能是被动地启动宣告注册商标无效程序,即只有在个人或者单位向商评委提出请求时,才能启动宣告无效程序。

商评委宣告注册商标无效的范围既涉及违反一般禁止性、限制性条款或以不正当手段取得注册的注册商标,也包括损害他人合法权益的注册商标。具体的法律依据体现在《商标法》的第10条、第11条、第12条、第13条、第15条、第16条、第30条、第31条和第32条中。

2. 宣告程序

根据请求主体的不同,分为两种情况:

(1)其他单位或者个人请求商评委宣告注册商标无效的程序:其他单位或者个人应当向商评委提出申请;商评委收到申请后,应当书面通知有关当事人,并限期提出答辩;商评委应当自收到申请之日起9个月内做出维持注册商标或者宣告注册商标无效的裁定,并书面通知当事人。如有特殊情况需要延长期限的,经国务院工商行政管理部门批准,可以延长3个月;当事人对商评委的裁定不服的,可以自收到通知之日起30日内向人民法院起诉;人民法院在受理起诉后,应当通知商标裁定程序的对方当事人作为第三人参加诉讼。

(2)在先权利人或者利害关系人请求商评委宣告注册商标无效的程序:商评委收到宣告注册商标无效的申请后,应当书面通知有关当事人,并限期提出答辩。商评委应当自收到申请之日起12个月内做出维持注册商标或者宣告注册商标无效的裁定,并书面通知当事人。有特殊情况需要延长的,经国务院工商行政管理部门批准,可以延长6个月。当事人对商评委的裁定不服的,可以自收到通知之日起30日内向人民法院起诉。人民法院应当通知商标裁定程序的对方当事人作为第三人参加诉讼。

需要注意的是:在先权利人或者利害关系人请求商评委宣告注册商标无效,须自商标注册之日起5年内提出,超过5年已经核准的商标即具有不可争议性。但对恶意注册的,驰名商标所有人不受5年的时间限制。

法定期限届满,当事人对商评委的维持注册商标或者宣告注册商标无效的裁定不向人民法院起诉的,商评委的裁定生效。

四、注册商标宣告无效的后果

依照商标法规定宣告无效的注册商标,由商标局予以公告,并产生"该注册商标专用权视为自始即不存在"的法律后果。

所谓自始即不存在,是指从一开始就没有存在过。也就是说,注册商标被宣告无效后,其商标专用权在法律上被视为从来就不曾存在过。这是注册商标的宣告无效与被撤销之间的一个重要区别。被撤销的注册商标,其商标专用权自商标局公告之日起终止,在商标局公告之前,商标专用权是一直存在的。而注册商标宣告无效,其商标专用权在法律上被认为从来没有存在过。换言之,宣告注册商标无效,就是从开始注册时就无效,即在法律上不承认该注册商标专用权的存在或者曾经存在。

宣告注册商标无效的决定或者裁定,对宣告无效前人民法院做出并已执行的商标侵权案件的判决、裁定、调解书和工商行政管理部门做出并已执行的商标侵权案件的处理决定以及已经履行的商标转让或者使用许可合同不具有追溯力。但是,因商标注册人的恶意给他人造成的损失,应当给予赔偿。不返还商标侵权赔偿金、商标转让费、商标使用费,明显违反公平原则的,应当全部或者部分返还。

【案例1】联合利华有限公司与
商评委、刘某商标撤销复审行政纠纷案

【案情】1996年7月16日,刘某向商标局申请注册"鐵力士TINIT"商标(即复审商标),1997年9月7日,复审商标经商标局核准注册,注册号为第1092823号,核定使用商品为第3类消毒肥皂、洗面奶、浴液、抑菌洗手剂、化妆品、清洁制剂、厕所清洗剂、香料、工业用香料、化妆品用香料。有效期经续展至2017年9月6日止。

2007年4月13日,联合利华公司以连续三年停止使用为由向商标局提出撤销复审商标的申请。商标局于2009年11月4日作出撤200700762号《关于第1092823号"鐵力士TINIT"注册商标连续三年停止使用撤销申请的决定》,以刘某提供的商标使用证据无效为理由,决定撤销复审商标。刘某不服该决定,于2009年12月24日向国家工商行政管理总局商标评称商评委申请复审。

商评委经审查认为,刘某提交的2006年12月29日的《化妆品报》可以证

明复审商标在指定期间在洗发液等商品上进行了有效使用。鉴于复审商标核定使用的消毒肥皂、洗面奶、浴液、抑菌洗手剂、化妆品商品在功能、用途等方面相近,因此,复审商标在洗发液商品上的使用,可以视为在消毒肥皂、洗面奶、浴液、抑菌洗手剂、化妆品上的使用。复审商标在实际使用中虽略有改变,但其主要部分和显著特征并未发生变化,故复审商标在消毒肥皂、洗面奶、浴液、抑菌洗手剂、化妆品商品上的注册应予以维持。刘某未提供复审商标在清洁制剂等商品上在指定期间内使用的证据,因此复审商标在清洁制剂等商品上的注册予以撤销。

联合利华公司不服,向北京市第一中级人民法院提起行政诉讼,认为刘伟提交的证据不足以证明复审商标在消毒肥皂、洗面奶、浴液、抑菌洗手剂、化妆品商品上进行了使用。

一审法院认为,刘某在评审期间提交的2006年年12月29日的《化妆品报》可以证明复审商标在指定期间在"洗发液"等商品上进行了广告宣传,该广告宣传行为属于其对复审商标的使用。鉴于复审商标核定使用的"消毒肥皂、洗面奶、浴液、抑菌洗手剂、化妆品"商品在功能用途、生产销售渠道、消费对象等方面相近,并且在《类似商品和服务区分表》中被划分为同一群组或者类似群组,属于类似商品,因此复审商标在"洗发液"商品上的使用,可以视为在"消毒肥肥皂、洗面奶、浴液、抑菌洗手剂、化妆品"上的使用。原审法院遂判决维持被诉决定。

二审法院认为,仅凭刘某提交的2006年12月29日出版的《化妆品报》上刊登的广告中使用的商标标识为中文"鐵力士"和英文"LISHIX"印的组合。此种使用方式虽使用了复审商标中的中文部分,但复审商标中的"TINIT"英文部分亦为复审商标的显著识别部分。广告中使用"鐵力士"与其他英文字母组合形成的商标标识与复审商标形成较大差异,即使广告中标注了复审商标的注册号,亦不能视为复审商标的使用。此外,广告刊登主体为铁力士国际(中国)有限公司,刘某未提供证据证明该公司与复审商标前注册人深圳市法铁力贸易有限公司或刘某之间有许可关系,故不能证明复审商标系被合法使用。因此,刘伟提交的证据不能证明复审商标在指定期间进行了真实、合法、有效的

商业使用。二审法院遂判决撤销被诉决定和原审判决。❶

【评析】商标须经过使用，才能在商标与其标识的商品或服务之间建立联系，使相关公众识别商品或服务的来源。为了确保商标通过使用发挥其识别商品或服务的功能，我国商标法规定，注册商标没有正当理由连续三年不使用的，任何单位或者个人可以向商标局申请撤销该注册商标。商标的使用，有两方面的含义：一是通常意义上的使用，即按照商标注册证上的样式使用商标；二是商业上的实际使用，即按照商标法规定的商标注册人将商标用于商品、商品包装或者容器以及商品交易文书上，或者将商标用于广告宣传、展览以及其他商业活动中。在按照商标注册证上的样式使用时，当所使用的商标与商标注册证上的商标标识不同时，如果该不同未改变注册商标的显著特征，仍可视为对注册商标的使用，但如果缺少部分构成要素，导致实际使用的商标与注册商标存在显著差别的，特别是缺少商标中起识别作用的显著部分，不应认定为对注册商标的使用。因此，本案中二审法院审理理由合理、合法。

【案例2】广东华润顺峰药业有限公司诉商评委及 滇红药业集团股份有限公司商标异议复审行政纠纷

【案情】滇虹药业集团股份有限公司（下称滇虹公司）在第5类的中药、西药商品上拥有"康王"商标（下称引证商标一）、在第5类的消毒剂商品上拥有"金康王"商标（下称引证商标二）。广东华润顺峰药业有限公司（下称华润顺峰公司）申请在第5类针剂商品上注册"顺峰金康王"商标（下称被异议商标）。滇虹公司针对被异议商标提出异议申请。国家工商行政管理总局商标局（下称商标局）裁定：被异议商标予以核准注册后，滇虹公司向商评委申请复审。华润顺峰公司未答辩，也未向商评委提供证据。商评委经审查认为：被异议商标与引证商标一已构成我国现行商标法第二十八条所指的使用在同一种或类似商品上的近似商标，故裁定被异议商标不予核准注册。华润顺峰公司不服，向北京市第一中级人民法院提起行政诉讼。原审诉讼中，华润顺峰公司主张，其在评审程序中并未收到商评委邮寄送达的答辩通知书，导致其未答辩和提

---

❶ 北京市高级人民法院知识产权审判庭编：《北京市高级人民法院知识产权疑难案例要览》，中国法制出版社2015年版，第61页。

供证据。商评委没有提交其将答辩通知书交邮和华润顺峰公司收到的证据，因此不能证明其已经送达。华润顺峰公司向原审法院提交了4组15份证据，这些证据是因其未收到商评委的答辩通知而未在商标异议复审程序中向商评委提交的。

北京市第一中级人民法院经审理判决维持商评委所作裁定。华润顺峰公司不服，向北京市高级人民法院上诉。2013年5月北京市高级人民法院经审理判决：撤销原审判决，撤销商评委所作裁定，并要求商评委重新作出异议复审裁定。

【评析】根据我国《商标法实施条例》相关规定，并参照《商标评审规则》的规定，商评委向行政相对人邮寄的各种评审案件材料，包括商标评审案件受理通知书、举证通知书、答辩通知书、证据交换通知书和证据等，均以行政相对人收到为准，没有收到的，即没有送达。在诉讼中，若行政相对人提出其没有收到商评委邮寄的上述评审案件材料，因此商标评审程序违法，要求撤销商评委裁决的，应当以《最高人民法院关于充分发挥知识产权审判职能作用推动社会主义文化大发展大繁荣和促进经济自主协调发展若干问题的意见》第23条的指导原则进行处理，该条认为："程序既有其独立的法律价值，又必须以实体问题的解决和实体公正的实现为取向和终极目标。实体公正既是程序运行的目标和指向，又需要以程序公正为支撑和保障。既要高度重视程序公正，防止忽视程序公正片面追求实体公正，又要以实体公正为依归，防止机械司法。当事人因行使程序权利的瑕疵而可能影响其重大实体权益，甚至可能导致其丧失救济机会且没有其他救济途径的，可以根据案件具体情况给予补救机会。要注重商标授权确权争议的实质性解决，避免陷入不必要的程序重复，搁置实体问题和回避矛盾。"因此，对于是否因商评委的送达程序违法而撤销行政裁决，也应当结合其送达程序是否影响当事人的实体权利予以考虑，既要纠正商评委的程序错误，也要避免无谓的程序浪费。

商评委能够提供当事人是否收到其邮寄案件相关材料的证据，但因其自身原因未提供，致使该证据灭失或之后无法取得的，应承担举证不能的后果，其送达程序应被认定为违法。但其所作裁决是否据此被撤销，则还要看裁决的结论是否影响或损害到当事人的实体权益。如果商评委无法提供当事人收到案件相关材料的证据,但其裁决理由和结论均无不当,行政相对人向法院提起诉讼时,除主张商评委的送达程序违法外,未提出实体上的主张或证据,或者其主张或证明明显不能成立,或者不属于案件审理范围的,则可以在认定商评委送达程序不当的基础上,判决驳回行政相对人的诉讼请求。行政相对人起诉主张其未收到案件相关材料致使其主张或证据未能在评审程序中提出,商评委无法提供其将案件相关材料交邮的证据,而当事人在诉讼中提出的主张或证据可能影响商评委裁决结论且当事人再无其他救济途径的,则可以认定商评委的送达程序违法,判决撤销商评委所作裁决并由商评委重新作出裁决。

就该案而言,商评委未能提供证据证明华润顺峰公司已经收到其答辩通知书,华润顺峰公司在原审诉讼中提交的上述证据又可能影响商评委裁定的结论,如不予采纳可能对华润顺峰公司的权益产生影响并使其丧失救济机会,考虑到该案具体情况并同时考虑行政诉讼救济价值,应认定商评委的送达程序违法,原审法院对此未予评述且未采纳上述证据的做法亦违法,对此应一并加以纠正。据此,二审法院判决撤销了原审判决和商评委的裁定。

思考与讨论

1. 商标权的取得方式有哪些?各有什么优缺点?
2. 简述商标先申请原则的内容。
3. 如何确定商标申请的优先权?
4. 商标注册申请文件有哪些?
5. 简述商标注册申请的审查。
6. 注册商标续展有些什么要求?
7. 注册商标被撤销的事由有哪些?
8. 注册商标无效的原因有哪些?
9. 简述商标局宣告注册商标无效的程序。

延伸阅读

1. 刘文远:"从"移植"到"内生"的演变:近代中国商标权取得原则的确

定及调整",《知识产权》2015年第4期。

2.周寺强、辛同军:"论商标注册申请中"审查意见书"制度的设置",《法学杂志》2011年第8期。

3.郭修申:"以"实际使用"为核心构建商标保护制度",《中华商标》2009年第10期。

4.徐红妮、朱仕宏:"商标注册申请权应得到司法保护",《人民司法》2008年第12期。

5.耿建:"对注册商标无效和可撤销制度的重新厘定",《中华商标》2008年第4期。

第二十章　商标的利用

> 商标的利用实质是商标权的利用，形式上体现为对注册商标的使用，是权利人行使商标权的方式。商标权的利用既是商标权人利用自己的注册商标获得经济利益回报的重要手段，也是商标法律制度中的一项重要制度，是民事权利的体现。权利人除了可以在自己的商品或服务上使用注册商标，也可以将注册商标许可他人使用，或者将商标权转让给他人，还可以将商标权进行质押。商标的利用是商标法律实务的重要内容。本章主要介绍了商标权人实际使用商标，通过商标的许可、转让与移转和质押等方式对商标的利用。

第一节　商标的使用

一、商标使用的含义

商标的使用，是指为彰显商标功能而将商标用于实际的商业活动中的行为。

商标的使用方式多种多样，既可以附着在商品、商品包装或者容器上直接使用，也可以在产品说明书、广告宣传、展览以及其他商业活动中间接使用；既可以自己使用，也可以许可他人使用。

商标法律制度的立法目的在于对商标附着的商誉的保护，商誉能为生产经营者带来利益，而商誉只有通过商标的实际使用发挥其识别功能才能得以积累。如果一个注册商标从不投入使用，就无法起到识别商品的生产经营者的作用,消费者也就不可能将商品与相应的生产经营者联系起来,商誉的凝集也就无从谈起。在生产经营活动中,他人往往会为了利用商标所凝集的商誉而要获得商标权人的商标的使用许可,商标权人也能通过行使商标许可权而获得相关利益。在他人对商标实施侵权行为时,也是因为看到了商标所凝集的商誉而为之,商标权人也会以商标所附着的商誉利益而积极地主张自己的权利。可见,实际上商标权来源于对商标的使用,离开了商标的实际使用,商标注册也将失去实际意义。这也是商标法律制度保护商标权的意义所在。国际上商标权立法,也通行将注册商标的使用情况与对其保护的强度相关联,通常都规定在注册人不使用注册商标达到一定期限后,该注册商标将可能被撤销。

二、法律意义上的商标使用行为

商标的使用必须符合法律上的要求,商标法要求对商标使用是实际使用,即要求使用到具体的商业活动中。但是在商标实务中,对于在商标维权和商标维持两种情形下,对于商标使用又有不同的判断要求。

(一)商标维权方面的商标使用

法律上对他人未经商标注册人的许可,在同一种或者类似商品上使用与商标注册人注册商标相同或近似的商标,容易导致混淆的使用行为明确为构成对商标专用权的侵犯。只有被控侵权行为是法律意义上的商标使用行为时,才构成侵犯商标权的行为。我国商标法明确规定:"本法所称商标的使用,是指将商标用于商品、商品包装或者容器以及商品交易文书上,或者将商标用于广告宣传、展览以及其他商业活动中,用于识别商品来源的行为。"具体包含了三个方面:①使用行为能够表明商品或服务的来源;②使用方式能够使消费者对商品或服务的提供者做出区分;③商标必须是商业性的实际使用。因此,符合上述使用的行为才属于商标性的使用,判断侵权行为必须是属于上述法律意义上的商标使用。

(二)商标维持注册的商标使用

为了确保商标通过使用发挥其识别商品或服务的功能,我国商标法规定,注册商标没有正当理由连续三年不使用的,任何单位或者个人可以向商标局申请撤销该注册商标。因此,要维持商标注册的持续状态,商标注册人必须要按照法律规定使用商标。维持商标注册"使用"也应是商业性的使用,但与构成商标侵权的"使用"在范围上是有区别的。维持商标注册的"使用",应当是公开的、真实的、合法的和具有一定商业规模的使用商标来标示商品的来源,以便使消费者能够据此区分提供商品的不同市场主体。仅仅在企业内部使用商标,或者为了应付使用的义务而进行的象征性使用都不能满足法律的要求。在德国、法国和英国等许多国家的判例中,在判断是否进行商标真实"使用"时,不仅着重考虑使用是否为了创设或维持相关商品或市场的份额,而且,还考虑是否能够发挥商标识别来源的作用,对于仅仅在报纸、广播电视或互联网上做广告而没有实际销售商品的,一般不构成"使用"。❶我国在司法实践中,最高人民法院《关于审理商标授权确权行政案件若干问题的意见》(法发<2010>12号)中也有相似的规定:没有实际使用注册商标,仅有转让或许可行为,或者仅有商标注册信息的公布或者对其注册商标享有专有权的声明等的,不宜认定为商标使用。商标局在对于"撤销连续三年停止使用注册商标"的实质审查中,也明确将在《商标公告》、法律文书、注册信息发布等上使用商标不视为商业活动中的使用;商标的变更、转让和续展注册以及其他不具有商业意义上的使用都不能视为实际意义上的商标使用。❷

第二节　商标使用许可

一、商标使用许可的含义

商标的使用许可,是指注册商标的使用许可,即商标注册人或其授权人通过签订商标使用许可合同,将其注册商标在一定的范围、期限内,以约

---

❶ 王迁:《知识产权法教程》,中国人民大学出版社2014年版,第446页。
❷ 国家工商行政管理总局编著:《商标注册与管理》,中国工商出版社2012年版,第239页。

定的支付报酬和使用方式许可他人使用的行为。其中商标注册人是许可人，获得商标使用权的人为被许可人。注册商标的使用许可是商标权人并不丧失注册商标专用权，被许可人获得的只是注册商标的使用权。

商标的使用许可是国际上通行的制度。商标权人能够通过商标许可获取利益。一方面可以通过商标许可获取资金收益；另一方面还可以通过商标许可扩大商标知晓度、忠诚度等品牌价值。对企业来说，商标许可他人使用不仅能够发挥商标的资产价值，还能实现资源的优化配置。另外，对于被许可方也极为有利，可以通过使用许可的方式减少市场投资风险，在较短的时间里用较少投资获得较高收益。

二、商标使用许可的形式和种类

(一)商标使用许可的形式

现行商标法规定："商标注册人可以通过签订商标使用许可合同，许可他人使用其注册商标。许可人应当将其商标使用许可报商标局备案，由商标局公告。商标使用许可未经备案不得对抗善意第三人。""商标使用许可备案"说明对商标许可使用并非一定是以书面许可合同的方式进行，在商标局备案也无须提交商标使用许可合同，而是提交商标使用许可备案申请。此乃登记对抗主义，即商标注册人许可他人使用其注册商标，须向商标局申请备案，备案产生公示的法律效果，未经备案的，不影响许可行为的效力，但不足以对抗善意的第三人。

(二)商标使用许可的种类

我国商标法和《商标法实施条例》没有明确规定商标使用许可的类型，只是《商标案件解释》对商标使用许可的类型以及在发生侵权时不同类型商标使用许可中被许可人的诉权问题作了规定。根据被许可人享有的使用权的排他程度，商标的使用许可可以分为独占使用许可、排他使用许可和普通使用许可。

1. 独占使用许可

独占使用许可,是指商标注册人仅许可一个被许可人在约定的时间和地域范围内使用其注册商标,同时商标注册人承诺自己及其他人均不得使用该注册商标。独占使用许可使得被许可人在约定的时间和地域范围内取代商标注册人的法律地位,对注册商标进行垄断使用,他人不能以相同的方式使用该注册商标,此时被许可人相当于"准商标权人",可以对侵权人单独起诉或申请法院采取诉前措施。

2. 排他使用许可

排他使用许可,是指商标注册人在约定的时间和地域范围内,仅许可一个被许可人以约定的方式使用其注册商标,商标注册人自己可以在该地域使用该注册商标,但是不得另行许可任何第三人在该地域使用该注册商标。排他使用许可的特点是商标注册人和被许可人都拥有对许可使用商标的使用权,仅仅排除的是商标注册人和被许可人以外的第三人对该注册商标的使用。因此,当第三人侵权时,被许可人须和商标注册人一起共同起诉或申请法院采取诉前措施。

3. 普通使用许可

普通使用许可,是指商标注册人允许被许可人在约定的时间、地域范围内以约定的方式使用其注册商标,同时,商标注册人自己可以使用该注册商标,也可以再许可他人在同意的范围内使用注册商标。普通使用许可中,商标注册人允许多个被许可人使用注册商标,各个被许可人之间的注册商标使用权并不具有排他性。如果遇到其他人未被许可使用而擅自使用的侵权行为时,被许可人在没有商标注册人授权的情况下是不能单独起诉,而只能由许可人对侵权行为起诉或申请法院采取诉前措施。

从以上三种商标的使用许可方式特点上看被许可人获得的使用权的排他程度,独占使用许可最强,其次是排他使用许可,再次是普通使用许可。排他程度的强弱决定了被许可人所获得的竞争优势的大小。在三种许可类型中,独占使用许可中被许可人获得的竞争优势相对较大,普通使用许可中被许可人获得的竞争优势相对较小。因此,独占使用许可的被许可人通常需要支付较高的商标使用费,普通使用许可的被许可人支付的商标使用费也最少。在被许可人选择商标使用许可类型时,应当充分考虑自身的经济实力,以及许可的注册商标的潜在市场价值和许可人使用该注册商标的商品经营状况,来确定对自己较为有利的商标使用许可类型。

需强调的是,与专利权、著作权的许可类型上不同,商标权的许可使用没有法律强制使用的情形。这是因为商标一方面是用来识别出处、区分来源的标志,使用的商标差异越明显,区别效果越好;另一方面商标往往与生产经营者的商誉联系在一起,体现了社会对商品或服务评价的美誉度,特别是与消费者的利益有密切联系。如果强制性地让某个商标被他人使用,反而可能有损相关的公共利益。

三、商标使用许可双方的权利和义务

(一)保证许可使用商标的商品质量

商标的价值在于附着其上的商誉。商誉的形成是商标所有人经过长期的资金投入和经营管理,并基于市场消费者的认可的结果。许可他人使用商标意味着把商标声誉寄附于被许可人的行为及其提供的商品之上,并与消费者的利益密切相关。《商标法》第43条第一款规定:"许可人应当监督被许可人使用其注册商标的商品质量。被许可人应当保证使用该注册商标的商品质量。"可见,在商标使用许可过程中,对商品质量的监督和保证是一项法定义务。这就要求许可人与被许可人在商标使用许可时,应明确约定商品质量保证的内容,在使用许可合同中制定质量控制条款;同时,许可人还应在商标使用过程中实际监督被许可人生产的产品质量,以防被许可人的商品质量低劣,损害消费者的利益,造成许可人商誉的降低。

(二)在商品上标明被许可人名称及产品产地

《商标法》第43条第二款规定:"经许可使用他人注册商标的,必须在使用该注册商标的商品上标明被许可人的名称和商品产地。"这项规定是被许可人的强制性法律义务。主要是基于对商品质量保证的考虑,一方面维

护消费者的权益,使其了解所购商品的真实产地和生产者,保障消费者的知情权;另一方面便于工商行政管理机关对市场上商标使用许可进行监督和管理。对于违反商标法此项规定的,《商标法实施条例》还规定工商行政管理机关可以予以处罚,责令限期改正;逾期不改正的,责令停止销售,拒不停止销售的,处10万元以下的罚款。

(三)对商标使用许可进行备案

根据《商标法》第43条第三款的规定,许可人应当将其商标使用许可报商标局备案。这是商标注册人在进行商标使用许可时,法律要求的一项强制性义务。

商标使用许可备案的目的,对于当事人无论是从主动还是被动两方面都有积极的作用。主动方面的作用:一是便于及时发现并由许可双方纠正许可行为中存在的瑕疵,例如超出商标有效期限和核准注册范围,则该商标不能被许可使用;二是通过公示商标许可的信息,包括许可范围及被许可人信息,从而赋予被许可人对抗第三人的效力,同时也有助于被许可人避免因商标注册人随意处分注册商标或重复许可他人使用而带来的损失。被动方面的作用在于工商行政管理部门可以方便地监督被许可人的商标使用行为,对侵权假冒行为及时查处,以保护商标注册人、被许可人利益。

第三节 商标的转让和移转

一、商标的转让

(一)商标转让的概念

商标的转让,是指商标注册人将其所有的注册商标依照法定程序转让给他人所有,其实质是商标专用权的转让。商标转让以后,受让人成为新的商标权人,原商标权人不再拥有注册商标所有权。

商标的转让是要式行为,即转让人和受让人之间必须签订书面商标转让合同。对此,《商标法》第42条有明确的规定:"转让注册商标的,转让人和受让人应当签订转让协议,……"

商标的转让与变更商标注册人的名义是不同的:(1)变更商标注册人的名义是单方法律行为,只需商标注册人向商标局提出申请变更名称;商标的转让是双方法律行为,即由商标注册人和受让人经过协商,达成一致,并共同向商标局提出申请。(2)变更商标注册人的名义仅是注册人的名称发生改变,注册人的权利主体地位保持不变;商标的转让则使商标权主体发生了更替,受让人取代商标注册人成为新的商标权人。

商标的转让一般有两种方式:一种是与商标注册人的企业或商誉一起转让;一种是商标脱离企业和商誉而单独转让。

目前商标权的交易已经成为产权交易的组成部分。商标注册人通过商标转让可以获得利益已是市场交易的普遍现象,企业通过商标转让获得生产经营所需的资金,个人转让商标也是一种投资的方式。

(二)商标转让的限制

为防止市场混淆,保护消费者的利益,商标法对商标的转让做了一些限制性的规定:

(1)在同一种商品上注册的近似的商标,或者在类似商品上注册的相同或者近似的商标,不得分割转让,应当一并转让。未一并转让的,由商标局通知限期改正;期满未改正的,视为放弃转让该注册商标的申请。强制性规定注册商标一并转让,是考虑到分割转让会出现同一商标在相同或类似商品上有两个主体在使用的情况,这样势必造成不同出处产品的混淆,无法实现区别商品或服务来源的目的。

(2)禁止转让容易导致混淆或者有其他不良影响的商标。对容易导致混淆或者有其他不良影响的商标转让,商标局不予核准。容易导致混淆的商标转让,易造成损害消费者权益和破坏市场经济秩序;禁止具有不良影响的商标转让,是符合民法的公序良俗原则要求。

(3)受让人应当保证使用受让注册商标的商品质量。立法上的规定是出于保障消费者合法权益。

（三）商标转让的核准

注册商标转让的实质是商标专用权发生变动,在实行注册取得商标权的国家,对注册商标转让要求与商标申请注册一样,需履行法定手续,按照程序进行。根据法律规定,转让注册商标的,转让人和受让人应当签订转让协议,并共同向商标局提交申请书,办理申请手续。转让注册商标经核准后,予以公告。受让人自公告之日起享有商标专用权。

二、商标的移转

商标的移转,是指注册商标因转让以外的其他事由引起的商标权主体的变更。

与商标的转让基于当事人意思表示不同,商标的移转主要是基于法律的直接规定。主要有两种情形:一是自然人的继承行为发生。作为商标权人的自然人死亡,其继承人依据继承法的有关规定继承其商标权。二是公司、企业间发生的合并、兼并行为。公司、企业进行合并、兼并的,根据相关法律规定包括商标权在内的所有财产及债权债务统统由合并后的公司企业承受。

注册商标的移转也受到一并移转的限制。《商标法实施条例》第32条规定:"注册商标专用权移转的,注册商标专用权人在同一种或者类似商品上注册的相同或者近似的商标,应当一并移转;未一并移转的,由商标局通知其限期改正;期满未改正的,视为放弃该移转注册商标的申请,商标局应当书面通知申请人。"

商标的移转也需要办理法定手续。当引起商标移转的事由发生后,接受注册商标专用权的当事人应当凭有关证明文件或者法律文书到商标局提交申请书,并办理注册商标专用权移转手续。商标移转申请经核准的,予以公告。接受该注册商标专用权移转的当事人自公告之日起享有商标专用权。

第四节　商标权的质押

一、商标权质押的含义

商标权质押,是商标注册人将自己的商标专用权作为债务履行的担保,当债务人不履行债务时,债权人有权依据法律规定,以该商标权折价或以拍卖、变卖该商标权的价款优先受偿。

商标专用权是一种财产权,可以像其他财产一样作为出质的标的。《物权法》第 123 条:"债务人或者第三人有权处分的下列权利可以出质:……(五)可以转让的注册商标专用权、专利权、著作权等知识产权中的财产权;……"我国《担保法》和《物权法》都将商标专用权列为可以质押的权利范围,商标专用权质权是法律在依法可以转让的注册商标权上设立的一种担保物权。企业将商标专用权进行质押,可以发挥商标权的财产功能,以获得更多的生产经营资金。

二、商标权质押的条件

并非所有的商标权都可以质押。《担保法》规定的商标权质押前提条件是"依法可以转让的商标专用权";《物权法》对可以出质的注册商标专用权要求是"债务人或者第三人有权处分"。因此,在商标权质押时应注意如下一些问题:

(1)应当以有效的注册商标上的商标专用权进行质押。如果注册商标已经被注销、被撤销,则商标注册人丧失了商标专用权,该商标权不能予以出质。

(2)没有"限制转让"的情形存在。对于尚在人民法院依法查封期内的商标,人民法院限制该商标转让、许可使用或质押,不能办理质押。

(3)商标注册人在出质商标权时,对符合"一并转让"条件的商标应当一并办理质押。《商标法》第 42 条第二款规定:"转让注册商标的,商标注册人对其在同一种商品上注册的近似的商标,或者在类似商品上注册的相同或者近似的商标,应当一并转让。"因此,商标注册人在办理质押登记申请时,应当将与质押商标相同或类似商品或服务上注册的相同或近似商标一并办理质押登记,以保证质押商标可以依法转让,从而使质权人在债务人不履行债务时可以将质押权利及时、顺利的变现。

三、商标权质押的程序

(一)质押合同

以商标专用权质押的,出质人和质权人应当签订书面合同。《担保法》和《物权法》对此均作出了明确规定,因此商标权质押合同是法定的要式行为,也是办理商标权质押登记的前提条件。

商标专用权质押合同一般包括以下主要内容:①出质人、质权人的名称(姓名)、地址;②被担保的债权种类、数额;③债务人履行债务的期限;④出质注册商标的清单(列明注册商标的注册号、类别及专用期);⑤担保的范围;⑥当事人约定的与该质押商标有关的其他事项。

根据《担保法》的规定,商标专用权质押合同自登记之日起生效。

(二)质押登记的申请和受理

1. 申请方式

根据国家工商行政管理总局2009年公布的《注册商标专用权质权登记程序规定》的规定,以注册商标专用权出质的,质权登记申请应由质权人和出质人共同提出。质权人和出质人可以直接向商标局申请,也可以委托国家认可的具备商标代理资格的组织代理办理。但在中国没有经常居所或营业所的外国人或外国企业应当委托代理组织代理办理,不能直接办理。由于质押申请是需由双方办理的,因此委托代理时双方可以各自委托代理组织,也可以委托同一代理组织。但质押登记申请必须由质权人和出质人共同提出、共同办理。

2. 申请的受理

申请注册商标专用权质权登记,当事人应提交下列文件:①申请人签字或者盖章的《商标专用权质权登记申请书》;②出质人、质权人的主体资格证明或者自然人身份证明复印件;③主合同和注册商标专用权质权合同;④直接办理的,应当提交授权委托书以及被委托人的身份证明;委托商标代理机构办理的,应当提交商标代理委托书;⑤出质注册商标的注册证复印件;⑥出质商标专用权的价值评估报告。如果质权人和出质人双方已就出质商标专用权的价值达成一致意见并提交了相关书面认可文件,申请人可不再提交;⑦其他需要提供的材料。

上述文件为外文的,应当同时提交其中文译文。中文译文应当由翻译单位和翻译人员签字盖章确认。

商标局收到申请人的注册商标专用权质权登记申请书后,主要围绕提交的上述文件,对以下内容进行审查:①申请登记书件是否齐备;②质押合同条款是否齐备;③出质人在相同或类似商品或服务上注册的相同或者近似商标是否一并申请办理质权登记;④是否存在不予登记的情形。

对于有下列情形之一的,商标局不予登记:①出质人名称与商标局档案所记载的名称不一致,且不能提供相关证明证实其为注册商标权利人的;②合同的签订违反法律法规强制性规定的;③商标专用权已经被撤销、被注销或者有效期满未续展的;④商标专用权已被人民法院查封、冻结的;⑤其他不符合出质条件的。

质权登记申请不符合要求的,商标局应当通知申请人,并允许其在30日内补正。逾期不补正或者补正不符合要求的,视为其放弃该质权登记申请,商标局应书面通知申请人。申请登记书件齐备、符合规定的,商标局予以受理。受理日期即为登记日期。商标局自登记之日起5个工作日内向双方当事人发放《商标专用权质权登记证》。

(三)质押登记的撤销

质权登记后,商标局依职权或经任何人举报,发现有下列情形之一的,商标局应当撤销登记:①发现有属于不予登记所列情形之一的;②质权合同无效或者被撤销；③出质的注册商标因法定程序丧失专用权的；④提交虚假证明文件或者以其他欺骗手段取得商标专用权质权登记的。

（四）质押登记的变更、延期和注销

在商标专用权质押期间，质押登记事项，如质权人或出质人的名称（姓名）等发生更改的，以及质权合同担保的主债权数额变更的，当事人应当到商标局申请办理变更登记、补充登记或重新登记。申请变更登记或补充登记，应当提交变更的证明和登记机关发给的《商标专用权质押登记证》。

因被担保的主合同履行期限延长、主债权未能按期实现等原因需要延长质权登记期限的，质权人和出质人双方应当在质权登记期限到期前，持相关文件到商标局申请办理延期登记：

办理质权登记事项变更申请或者质权登记期限延期申请后，由商标局在原《商标专用权质权登记证》上加注发还，或者重新核发《商标专用权质权登记证》。

如果被担保的债务已经履行完毕，出质人应及时督促质权人共同到商标局办理质权登记注销手续。质权登记期限届满后，该质权登记自动失效。

【案例1】天津市SY建筑装饰工程有限公司与王某某商标许可使用合同纠纷一案

【案情】本案诉争的"LONGFOR 朗孚"文字商标的持有人原为案外人天津TLY建筑艺术制品有限公司，商标注册号为第841369号，核定使用的商品为第19类：石膏板、石膏线。2006年6月15日，案外人天津TLY建筑艺术制品有限公司委托天津市天金商标事务所有限公司办理上述商标的转让手续。2007年6月21日，原告SY公司受让取得该商标。2006年12月15日，原告（甲方）与被告王某某（系津市XFL建筑材料厂业主）经营的天津市XFL建筑材料厂（乙方）签订《商标使用委托书》，其中约定，因"朗孚"商标已转让给原告，故原告将其委托给被告经营的天津市XFL建筑材料厂使用，使用期限为2007年2月1日至2008年1月31日。2007年6月25日，原告与被告经营的天津市XFL建筑材料厂再次签订《商标使用委托书》,除使用期限变更为自2008年1月1日至2008年12月31日外,其他内容与前份《商标使用委托书》相同。在委托书第二条中,双方约定:乙方不能破坏该商标的市场形象和产品名誉,严禁任何违法经营行为。如有发生,甲方有权终止委托使用。造成的一切损失应由乙方负责。《商标使用委托书》中并未载明商标许可使用费的内容。

2007年9月,原告取得标明由天津市产品质量监督检验所出具、加盖有天津市XFL建筑材料厂印章、编号为TS103-C0339-2007的《检验报告》,该报告载明天津市XFL建筑材料厂生产的石膏工艺品各项检测指标合格。2007年10月11日,天津市产品质量监督检测技术研究院针对上述《检验报告》出具《证明》,证明:"一、该报告封面与我院现行报告的封皮及格式不一致;二、该报告编号非我院现行报告编号格式;三、该报告非我院出具。"庭审中,被告提交其2007年10月10日在《每日新报》上刊登公章遗失声明的发票及报纸原件,用以证实其公章曾经遗失。原告发现被告使用虚假的朗孚石膏线质检报告,向客户出示宣传。被告伪造虚假的质检报告,损害原告的权益,使原告蒙受各方面的损失,同时也是一种违法经营行为。为维护原告合法权益、保护商标的声誉,原告起诉请求终止被告对朗孚商标的使用权。

天津市第一中级人民法院经审理认为,被告刊登公章遗失声明的时间晚于原告获取涉诉《检验报告》的时间,故被告称其印章丢失,虚假的《检验报告》与被告无关的辩解理由,依据不足。依照《中华人民共和国商标法》第四十条第一款、《中华人民共和国合同法》第九十三条第二款的规定,判决被告王某某立即停止使用注册号为第841369号的"LONGFOR朗孚"文字商标。❶

【评析】原告与被告签订《商标使用委托书》、原告将其所有的"LONGFOR朗孚"注册商标许可被告使用是双方真实的意思表示,该许可使用合同合法有效。根据我国商标法的相关规定,原告作为商标许可人应当监督被许可人使用其注册商标的商品质量。被告作为被许可人应当保证使用该注册商标的商品质量。

同时,原告与被告在所签订的《商标使用委托书》中亦有被告不能破坏该商标的市场形象和产品名誉,严禁任何违法经营行为,如有发生,原告有权终

---

❶ 天津市第一中级人民法院民事判决书(2007)一中民三初字第116号。

止委托使用的约定。现被告在生产、销售标有被许可使用的商标的商品时使用了不真实的《检验报告》，该行为是不符合工商行政管理规定的行为，导致原告对被告生产销售的使用原告商标的商品质量产生合理怀疑。因此，原告为了履行其作为商标许可人的法定监督义务及维护其商标的相关权益，提出终止许可合同的履行的诉讼主张，于法有据。

【案例2】北京JNT商业管理有限公司诉
北京市JNT酒店管理有限责任公司等商标权转让合同纠纷案

【案情】被告北京市JNT酒店管理有限责任公司（以下简称酒店公司）于1997年5月取得"JNT"文字及图形商标专用权，注册号为1007544，核定项目为第42类。2004年3月22日，被告酒店公司（甲方）与原告北京JNT商业管理有限公司（以下简称商业公司）（乙方）签订了《发展合作协议书》，主要内容包括："JNT"商标、商号及其经营管理制度、规范为甲方所有，甲方授权乙方在其授权区域内独家全权使用"JNT"商标（仅限餐饮业），拓展"JNT"品牌餐厅特许加盟业务，地域为除北京市海淀区、西城区、东城区、朝阳区、崇文区、宣武区、丰台区、石景山区以外的中国大陆地区的任何地点。甲方有权在对乙方授权的区域内开设直营或控股"JNT"品牌餐厅，在协议有效期内，甲方无权在对乙方授权的区域内开展"JNT"品牌餐厅特许加盟连锁店业务，甲方不得授权除乙方外其他主体在对乙方授权的区域内使用该品牌经营"JNT"品牌餐厅特许加盟业务。乙方有权使用甲方授权的注册商标……如因甲方注销、破产、被吊销执照、商标有瑕疵等情况，并造成乙方及加盟商蒙受损失，乙方有权追究甲方的经济赔偿责任及法律责任，并解除协议书。双方合作期为6年，即2004年3月15日至2010年3月15日。双方于同日签订的《商标许可使用合同》约定：甲方许可乙方使用"JNT"商标，使用期限为6年，在此期间乙方有权在特定地域内自己使用和许可他人使用（地域同上），甲方保证"JNT"商标的合法性和有效性，如因被许可使用的商标发生权属纠纷致使乙方受到损害，甲方应承担赔偿责任。合同签订后，双方即按约定开始履行。

2004年11月18日，酒店公司与周某（本案另一被告）签订《商标权转让合同》，主要内容包括：甲方保证是上述商标的注册所有人，在本合同签订前，该商标曾与加盟商和商业公司签订过一定区域内独占的商标使用许可合同,本商标转让合同生效之日起,原签订的商标使用许可合同的当事人不变,原合同规定的全部权利和义务亦不变。但乙方应保证给予甲方充分的授权,以保证各加盟商和商业公司合法使用商标,转让费5万元。2005年8月21日,工商行政管理总局商标局出具《核准商标转让证明》,核准了"JNT"商标的转让,2005年第31期商标公告进行了公告。

2005年8月30日,周某(甲方)与酒店公司(乙方)签订了《知识产权使用许可合同》,约定甲方以排他的方式授权乙方在中华人民共和国领域内使用"JNT"商标和户外广告及店面形象设计,并同意乙方在上述区域内再许可任何其认为合适的第三方使用;乙方与各加盟商签署的《特许经营合同》、《知识产权许可合同》以及和商业公司签署的《发展合作协议书》主体不变。乙方拥有各加盟商使用"JNT"知识产权的充分授权,同时也具有以整体授权加专项确认方式与商业公司合作的知识产权方面的充分授权。2005年11月18日,酒店公司股东会议作出决议,其中包括同意将商标及相关财产权利转让给周某。

2005年11月30日,酒店公司与周某向商业公司发出解除《发展合作协议》通知书,以商业公司违反《发展合作协议》规定为由,解除与商业公司签署的《发展合作协议》。北京市东城区公证处对酒店公司邮寄送达上述通知书情况进行了公证。2005年12月2日,酒店公司在《法制日报》上发布公告,声明于2005年11月30日解除了与商业公司签署的《发展合作协议》。周某曾向北京市第二中级人民法院提出申请,指控案外人侵犯其所享有的注册商标专用权,申请诉前停止侵犯商标专用权行为,该院以(2006)二中保字第5999号民事裁定书予以驳回。

2005年12月6日,周某与北京JNT管理咨询有限责任公司签订了《知识产权使用许可合同》,内容与周某与酒店公司签订的合同基本一致。

北京市海淀区人民法院审理认为,商业公司以酒店公司、周某恶意串通,损害其利益为由,要求本院确认上述商标转让协议无效。恶意串通的合同是指双方当事人非法串通在一起,共同订立合同,造成国家、集体或第三者利益的损害,应包括两方面内容,合同当事人出于恶意互相串通,希望实施某种损害他人利益的行为;当事人互相配合或共同实施了损害他人利益的行为。故酒店公司与周某之间的转让行为是否损害他人利益,是确认该行为是否无效的关键。本院认为,酒店公司与周某的转让协议未损害商业公司的利益,难以认定双方恶意串通,并不符合合同无效的要件,故对商业公司的主张,本院不予支持,依据《中华人民共和国合同法》第五十二条第(二)项之规定,判决:驳回原告北京JNT商业管理有限公司要求确认北京市JNT酒店管理有限责任公司与周某之间的商标转让合同无效的诉讼请求。此后,原告北京JNT商业管理有限公司不服一审判决,上诉至北京市第一中级人民法院。北京市第一中级人民法院认为上诉人商业公司的上诉理由均不能成立,对其上诉请求本院不予支持。一审判决认定事实清楚,适用法律正确,应予维持。判决:驳回上述,维持原判。❶

【评析】首先,根据商业公司与酒店公司在《发展协议书》、《商标许可合同》等合同约定的条款,商业公司在开展"JNT"特许加盟餐厅业务时,享有在授权区域内独家全权使用"JNT"商标的权利,包括自己使用和许可他人使用。合同条款中虽然有"独家全权"字样,但结合合同的其他条款,酒店公司可以在约定区域内开设直营或控股"JNT"品牌餐厅,相关餐厅当然可以使用"JNT"商标,商业公司许可的加盟餐厅也可以使用"JNT"商标,故除商业公司、酒店公司外,其他当事人经过适当的程序也可以使用"JNT"商标,故商业公司享有商标许可应属于非独占许可,周某取得商标专用权后,可许可他人使用商标。

其次,在酒店公司与周某签订的转让协议及相关协议中,明确约定酒店公司与商业公司签订的合同有效,周某保证给予酒店公司充分授权,以保证包括商业公司合法使用商标,周某从酒店公司取得"JNT"商标权后,为保证原合同的履行,许可酒店公司使用商标,与保证商业公司合法使用商标目的相符,并不侵犯商业公司利益。

再次,商业公司主张酒店公司、周某均拒绝向其发展的加盟商签署授权书,未在举证期限内提交充足有效证据,且即使酒店公司、周某存在上述行为,由于商业公司与酒店公司之间的转让协议已约定了补救措施,商业公司可根据合同主张违约之诉,其利益可以得到保障。

---

❶ 北京市海淀区人民法院民事判决书(2006)海民初字第1220号;北京市第一中级人民法院民事判决书(2006)一中民终字第12285号。

最后,"JNT"商标转让后,商业公司主张酒店公司、周某向有关工商管理机构投诉,侵犯了其合法权益,由于商业公司、周某曾向商业公司提出解除协议,对双方之间的协议是否解除以及解除后果的处理,双方可另行解决。

商标权人对其注册商标享有使用、许可、转让等权利,酒店公司享有"JNT"商标专用权,有权对商标进行处分。依法成立的合同,除非在内容和形式上违反了法律、行政法规的强制性规定和社会公共利益,自成立时生效。酒店公司与周某签订了商标转让协议,且已经商标局核准并予以公告,除非转让协议无效,周某自公告之日起享有"JNT"商标专有权。

思考与讨论

1. 简述商标权使用的含义。
2. 商标权许可使用的类型有哪些?
3. 商标权转让的限制内容是什么?
4. 简述商标权质押的概念与办理程序。

延伸阅读

1. 何怀文:"'商标性使用'的法律效力",《浙江大学学报》(人文社会科学版)2014年第2期。

2. 王莲峰:"商标许可合同使用者利益之保护——王老吉与加多宝商标利益纷争之思考",《社会科学》2013年第4期。

3. 黄汇、谢申文:"论被许可人增值商标的法益保护路径——以'王老吉'商标争议案为研究对象",《政治与法律》2013年第10期。

4. 陈明陶:"商标连续不使用撤销制度中的'商标使用'分析",《法商研究》2013年第1期。

5. 尚清峰:"商标权质押设定制度探析",《知识产权》2010年第5期。

第二十一章　商标权的法律保护

商标权保护制度是整个商标法律制度的核心。商标法的功能能否在市场经济秩序当中充分地发挥，关键在于对商标权的有效保护。本章以商标法规定的侵犯商标权行为和驰名商标的专门保护为中心展开，对商标侵权行为的判断和法律责任进行了说明解释，并对商标实务中涉及到要解决的诉讼主体、诉讼时效、财产保全和证据保全程序等问题进行了程序方面的介绍。

第一节　侵害商标权的行为

一、商标专用权的范围和商标权的保护范围

商标专用权由注册产生。注册商标专用权的范围以核准注册的商标和核定使用的商品为限。也就是说，商标专用权的权利人只能在核定使用的商品或服务上使用核准注册的商标。

由于我国商标法的立法目的不仅在于保护商标专用权，而且还要维护商标信誉，以保障消费者和生产、经营者的利益。因此，为了防止对消费者的欺骗和对商标权人商业利益与信誉的损害，商标法规定商标权人有权禁止他人以可能导致混淆的方式，在相同商品上使用近似商标、在类似商品上使用相同商标和在类似商品上使用近似商标。由此可见，商标权的保护范围与商标专用权的范围是不同的，商标权的保护范围超出了商标专用权的行使范围，将对商标权的保护扩大到了类似商品或近似商标。即并非只

有未经权利人许可在与核定使用商品相同的商品上,使用与核准注册的商标相同的商标才构成直接侵权。他人以可能导致混淆的方式,在相同商品上使用近似商标、在类似商品上使用相同商标和在类似商品上使用近似商标的还构成间接侵权。立法上的这样规定,也是国际上的通行做法。

二、侵害商标权行为的界定

侵害商标权行为,是指违反法律的规定,在相同或者类似商品或者服务上未经商标权人的同意擅自使用与注册商标相同或者近似的标志,引起消费者产生混淆,损害商标权人合法权益的行为。

根据我国《商标法》第57条和《商标法实施条例》75条、76条以及相关司法解释的规定,具体的商标侵权行为有以下几种:

（一）未经商标注册人的许可,在同一种商品或类似商品上使用与其注册商标相同或者近似的商标的行为

这类行为也称使用侵权,其本质是在市场交易中产生商标混淆,法理上也称商标混淆行为。该行为是市场上数量最多、最常见的商标侵权行为,其利用他人的注册商标或者与他人注册商标相近似的商标混淆视听牟取非法利益,损害消费者及商标权人利益。也属于一种不正当竞争行为。具体包括四种情况:①未经许可,在同一种商品上使用与注册商标相同的商标;②未经许可,在类似商品上使用与注册商标相同的商标;③未经许可,在同一种商品使用与注册商标近似的商标;④未经许可,在类似商品上使用与注册商标近似的商标。

1. 相关术语的含义

根据《商标案件解释》第9条和第11条规定,所谓商标相同,是指被控侵权的商标与原告的注册商标相比较,二者在视觉上基本无差别。可见不要求两个商标完全相同。

所谓商标近似,是指被控侵权的商标与原告的注册商标相比较,其文字的字形、读音、含义或者图形的构图及颜色,或者其各要素组合后的整体结构相似,或者其立体形状、颜色组合近似,易使相关公众对商品的来源产

生误认或者认为其来源与原告注册商标的商品有特定的联系。

所谓类似商品,是指在功能、用途、生产部门、销售渠道、消费对象等方面相同,或者相关公众一般认为其存在特定联系、容易造成混淆的商品。

所谓类似服务,是指在服务的目的、内容、方式、对象等方面相同,或者相关公众一般认为存在特定联系、容易造成混淆的服务。

所谓商品与服务类似,是指商品和服务之间存在特定联系,容易使相关公众混淆。

2. 商标相同或近似的认定原则

根据《商标案件解释》第10条规定,认定商标相同或者近似按照以下原则进行:

(1)以相关公众的一般注意力为标准;

(2)既要进行对商标的整体比对,又要进行对商标主要部分的比对,比对应当在比对对象隔离的状态下分别进行;

(3)判断商标是否近似,应当考虑请求保护注册商标的显著性和知名度。

3. 商品或者服务类似的认定

根据《商标案件解释》的第12条规定,在认定商品或者服务是否类似时,应当以相关公众对商品或者服务的一般认识综合判断;《商标注册用商品和服务国际分类表》、《类似商品和服务区分表》可以作为判断类似商品或者服务的参考。

(二)销售侵犯他人注册商标专用权的商品的行为

该种侵权行为常常发生于流通领域,亦称销售侵权。对于此种行为的责任归属上,各国立法上通行采取无过错责任原则。也就是说,法律上并不强调侵权人的主观动机,即不要求销售者明知其销售的商品为侵权商品,只要销售侵犯商标专用权商品的行为成立,都应当以侵权行为加以禁止和处罚。但考虑到现实中确有部分销售者并不知道其销售的商品为侵权商品,并且能够提供商品的来源,这样就可以找到侵权商品的提供者承担责任,免除善意销售者的赔偿责任是合理的。因此,我国《商标法》第64

条第2款又规定，"销售不知道是侵犯注册商标专用权的商品，能证明该商品是自己合法取得并说明提供者的，不承担赔偿责任。"但这种规定只是免除销售者的赔偿责任，不否定销售行为本身的违法性。

（三）伪造、擅自制造他人注册商标标识或者销售伪造、擅自制造的注册商标标识的行为

该行为属于商标标识侵权。商标标识，是附着于商品之上的物质载体，用于识别区分的标识，其形式多种多样。在商标管理实践中，市场商标侵权和假冒的主要源头是商标印制。商标印制的范围很广，凡依法登记从事印刷、印染、制版、刻字、织字、晒蚀、印铁、铸模、冲压、烫花、贴花、电脑制版、激光照排、塑料薄膜印制、印制铁罐、织唛、铭牌制作等制作商标标识的行为，都属于商标印制的范畴。由于使用包装的商品越来越多，将商标使用在商品标签、包装等商标示标识的情况也越来越普遍，非法印制注册商标的情况也日益猖獗，严重的损害了市场商标管理秩序和商标权人权益。为此，国务院2001年8月2日制定的《印刷业管理条例》增加了对注册商标标识印刷的管理规定，相应的加大了对违法行为的处理力度。

"伪造他人注册商标标识"，是指未经商标专用权人许可，直接采用种种手段制造其注册商标标识，而用于自己生产的相同商品或类似商品上的假冒行为。

"擅自制造他人注册商标标识"，是指虽有商标权人的授权或委托，但印制人超出授权或委托的范围，私自印制商标权人的注册商标标识数量较大的。

"销售伪造、擅自制造的注册商标标识"，是指将属于伪造、擅自制造的他人注册商标标识，投入流通领域销售，进行交易。

（四）未经商标注册人同意，更换其注册商标并将该更换商标的商品又投入市场的行为

这种行为是商标更换侵权，侵权人是在商标注册人未同意的情况下，将其注册商标更换成他人的商标并将该更换商标的商品又投入市场的行为。该行为又被称为"反向假冒"。一般假冒商标行为是未经商标注册人许可，在自己的商品上使用他人的注册商标，往往是知名商标，借以达到推

销自己商品的目的。即所谓的"傍名牌"。"反向假冒"则与之相反,是未经商标注册人许可,将他人的商品上的商标替换成自己的商标。通常这种情况,往往是他人的商品有较高的质量品质,而商标知名度不高。"反向假冒"行为是借他人商品的优良品质树立自己的品牌,阻却他人的商品和他人注册商标的联系,影响消费者对他人商品和注册商标之间的联系,从而影响他人注册商标在市场中的价值和竞争地位。更换他人商标行为的实质是妨碍商标识别功能的实现。

此行为构成侵权的要件为:一是行为人未经商标权人同意而擅自更换其商品上的商标;二是更换商标的行为发生在商品流通环节,商品还未到达消费者手中。三是行为人更换商标的目的是使更换商标后的商品再进入市场流通。

(五)故意为侵犯他人商标专用权行为提供便利条件,帮助他人实施侵犯商标专用权行为的行为

这种行为属于对注册商标的间接侵权。商标侵权往往不是孤立进行的,市场上的制假售假活动随着经济的发展也发展成专业分工,形成产、供、销一条龙的网络。其中仓储、运输、邮寄、印制等就是为整个侵权活动服务的重要环节。权利人在追究直接侵权者责任的时候,有时会遇到无法查清楚,即使查清楚也费时、费力,而且很难得到及时、充分的补偿。而这些为制假售假提供便利条件的行为,也造成了侵害商标权人利益的后果,因而应该与直接侵害商标权的行为共同承担侵权责任。为了加强对商标权的保护,许多国家的商标法规定:引诱他人实施直接侵权行为,或在知晓他人准备或正在实施直接侵权行为时提供实质性帮助,构成间接侵权。❶

提供便利条件",《商标法实施条例》第75条将其明确为:为侵犯他人商标专用权提供仓储、运输、邮寄、印制、隐匿、经营场所、网络商品交易平台等条件。

(六)将他人注册商标、未注册的驰名商标作为企业名称中的字号使用,误导公众的行为

对于这类行为,由于我国《反不正当竞争法》早已明确作为不正当竞争

---

❶ 王迁:《知识产权法教程》(第四版),中国人民大学出版社2014年版,第490页。

行为来加以规制,所以,为了与之衔接,2013年修改商标法时,增加了这一条,作为第58条:"将他人注册商标、未注册的驰名商标作为企业名称中的字号使用,误导公众,构成不正当竞争行为的,依照《中华人民共和国反不正当竞争法》处理。"

在市场经济中,许多企业出于扩大商誉,提升品牌价值方面的考虑,常常将企业字号和自己的注册商标名称取相同字义,使得公众见到其商标就会马上与其企业和生产的产品联系起来。由于企业名称登记制度和商标登记制度法律性质和登记要求的不同,特别是两者的登记备案机关不同,商标的登记备案机关是国家商标局,企业名称的登记备案机关是各级工商行政部门,因此不可避免的会出现商标和企业名称、字号相同或近似。如果将与他人注册商标或未注册的驰名商标作为自己企业名称中的字号来使用,易使公众误认为该企业就是商标注册人的企业,也是该商标标识产品的生产者。一些不法企业就是以这种方式欺骗公众,损害消费者利益的。因此,这种行为是法律要进行规制的行为。

（七）给他人的注册商标专用权造成其他损害的行为

其他损害行为,是指在上述行为之外给商标注册人造成损害的行为。我国《商标法》对商标侵权行为采取列举式的方法,但随着市场经济的不断发展,会不断出现新的商标侵权形式,无法准确加以预测,需要在今后通过行政法规或司法解释的形式加以补充,所以商标法作出上述规定,属于兜底条款。根据现行的《商标法实施条例》和《商标案件解释》的相关规定,目前给注册商标专用权造成其他损害的行为有:

1. 将他人的注册商标作为非商标标识使用

《商标法实施条例》第76条规定,在同一种商品或者类似商品上将与他人注册商标相同或者近似的标志作为商品名称或者商品装潢使用,误导公众的,属于侵犯他人注册商标专用权的行为。当消费者对某个商标及其标识的商品熟悉后,如果该商标标识被侵权人当作商品装潢使用,则会使消费者误认为该装潢所包装的商品即为自己熟悉的商品;如果将他人注册商标相同的文字当作商品名称使用,久而久之也会使消费者将该商标当作商品名称而加以称呼,而逐渐淡化他人的注册商标,例如优盘被当作一种电子数据存储器的名称,Jeep被当作越野小汽车的名称等等,都是商标淡化的先例。上述行为无论是造成消费者的混淆还是他人注册商标的淡化,实质都是行为人想利用他人注册商标的声誉进行不正当竞争,从而使商标权人的利益受到损害。

2. 将他人注册商标注册为域名

互联网时代,随着电子商务的发展,将注册商标中的文字作为域名注册使用是商标权人常见的经营策略。但将他人的注册商标注册成自己的域名,则很容易造成相关公众误认为该域名网站是注册商标权人的网站,而点击进入进行交易活动,从而受骗。此类行为既损害消费者的利益,也会损害商标注册人的商誉和商标专用权。为此,《商标案件解释》第1条第(三)项作出规定,将与他人注册商标相同或者相近似的文字注册为域名,并且通过该域名进行相关商品交易的电子商务,容易使相关公众产生误认的属于给他人注册商标专用权造成其他损害的行为。

第二节　驰名商标的法律保护

一、驰名商标的含义及特点

驰名商标是指在某一个国家或地区之内,商标所有人经过长期的投入使用,在市场上享有较高声誉并为相关领域公众所熟知的商标。

与普通商标相比,驰名商标有如下特点:

(1)驰名商标在市场上长期投入使用。一个商标之所以驰名与其在市场上的长期使用是分不开的。将商标投入使用是使相关公众建立商标和其标识的商品之间联系和评价的前提,持续一定时间的使用商标,才能为公众所知晓,这是商标达到驰名的先决条件。商标的驰名往往要经过一个较长的时间使用才能达到众所周知、闻名一定区域的程度。对商标的财力投入则是商标驰名的决定因素,财力上的投入,一方面使商标所标识的商品或服务的质量达到优良、稳定和高尚的品味。另一方面,增加广告宣传的投入,通过广告宣传的效应,才能使商标和其标识的商品或服务影响力达到较为广泛知晓的程度。

(2)驰名商标须为相关领域公众所熟知。为相关领域公众所熟知是商标驰名的广度标准。如果某商标只是被少数人知晓,则不能称其为驰名商标。相关领域公众,一般指行业内有关人员和消费者,包括与使用商标所标示的某类商品或者服务有关的消费者,生产前述商品或者提供服务的其他经营者以及经销渠道中所涉及的销售者和相关人员等。只有上述人员才对驰名商标有信息方面的需求或者利益上的联系,被这类人群所熟知足以。所以不包括领域外的人。

(3)驰名商标在市场上享有较高的声誉。"驰名"即好名声在外,驰名商标意味着可靠的商品质量和良好的企业声誉。商标的驰名虽然与广告的宣传助推有很大的关系,但更主要的应该还是由于驰名商标所标识的商品或服务的质量优良、稳定或高尚的品味赢得了公众的赞誉,久而久之该驰名商标就成了所标识商品的质量或品味的标志物,使用其标识商标的消费者往往还籍此表明和彰显自己的身份和地位,从而使得驰名商标为所有人凝聚了很高的商誉。这种凝集很高商誉的驰名商标,在商标交易活动中,例如商标许可、商标转让时也能给商标所有人带来丰厚的回报。

(4)驰名商标是在一国或地区内驰名。商品的流通都是先从一个小范围的市场开始,逐渐扩大到一个地区或国家,甚至跨国走向全球市场,商标的影响力也是伴随着商品的流通而扩展的。但是由于受商标权地域性特点的影响,在一国通过注册或在先使用取得的商标权不能当然地在其他国家受到承认和保护。商标即使在其他国家的相关公众中已经非常驰名,但只要其没有在该国进行使用或注册,就无法受到该国商标法的保护,这就可能导致在该国发生对未注册和使用的外国驰名商标进行擅自使用和抢注的情况。全球贸易的发展,促使必须对他国商标权予以尊重和保护,《巴黎公约》率先规定要求各成员国对未在该国注册的驰名商标在相同或类似商品上提供保护。TRIPS 协议中又对驰名商标国际保护推进了一步,将已注册驰名商标适用于服务,保护范围有条件地扩大到非类似商品或服务。

驰名商标并非特定的商标种类,而是在商品经济发展过程中,随市场活动而形成的一种事实状态。在一国的商标制度建立前,一些长期使用的商标就已经驰名,商标的驰名与商标是否注册是没有直接关系的,只要未注册的商标经过实际使用,一样可以达到驰名的程度。但是,在实行商标注册制的国家,按照注册的基本原理,商标获得商标法保护的前提是进行注册。因此,即使经过长期使用已经驰名的商标,但只要没有进行注册,那么驰名商标的所有者就无权通过商标法阻止他人在相同或类似商品或服务上使用自己的商标。一旦他人将驰名商标抢先注册,抢注者不劳而获地使用已经凝集了丰厚价值的商标,已经为驰名商标投入大量人力财力的人反而无法继续使用驰名商标。这是极为不公平的,也会助长违背诚实信用的恶意抢注行为,扰乱市场秩序。2001年前,我国每年都发生多起恶意抢注未注册驰名商标进行高价兜售的案件,当时商标法中未有保护驰名商标的规定。2001年和2013年我国对商标法进行修订时,增加并完善了对驰名商标保护规定,2014年7月3日国家工商行政管理总局发布《驰名商标认定和保护规定》(第66号令)进一步细化了对驰名商标的保护措施。

二、驰名商标的认定

(一)驰名商标的认定机关及认定方式

1. 认定机关

具有法律效力的商标认定,是需经过法定的专门机关按照法定程序和标准进行认定。按照《巴黎公约》的规定,关于一个商标是否在某一国家驰名这一问题,由该国主管行政机关或司法机关决定。根据国际上的通行做法,在我国,商标法规定有权认定驰名商标的机关是商标局或商评委以及人民法院。

2. 认定方式

认定机关主要是通过商标异议案件、商标在使用过程中的侵权纠纷案件、商标争议案件以及商标侵权诉讼案件的受理,在审理案件过程中对驰名商标进行认定。我国《商标法》第14条明确了由商标局、商评委和人民法院三个机关在各自的案件中认定驰名商标。主要是根据当事人的请求,作为处理涉及商标案件需要认定的事实进行认定,即个案认定。但是不管哪个机关认定,都须有当事人的请求为前提,当事人未主张的,商标主管机关和人民法院不予主动认定,即被动保护。"个案认定,被动保护"是已经被国际上普遍采用的驰名商标保护方式。

个案中认定的结果只对本案有效,此后再发生商标侵权纠纷时,曾作为驰名商标受保护的记录可作为重新认定的参考,执法机关应根据该商标当时的状况和案件的具体情况作出判断。❶并且,个案中作出的驰名商标认定结论不能用于商业活动中,不能作为市场宣传、促销的手段,也不能将行政机关和司法机关作出认定的材料作为市场竞争的工具。为此,《商标法》第53条有明确的规定,生产、经营者不得将"驰名商标"字样用于商品、商品包装或者容器上,或者用于广告宣传、展览以及其他商业活动中。违反规定的,由地方工商行政管理部门责令改正,处十万元罚款。

(二)驰名商标的认定的标准

认定驰名商标,应当考虑下列因素:①相关公众对该商标的知晓程度;②该商标使用的持续时间;③该商标的任何宣传工作的持续时间、程度和地理范围;④该商标作为驰名商标受保护的记录;⑤该商标驰名的其他因素。

以下材料可以作为证明商标驰名的证据材料:①证明相关公众对该商标知晓程度的材料;②证明该商标使用持续时间的材料,如该商标使用、注册的历史和范围的材料。该商标为未注册商标的,应当提供证明其使用持续时间不少于五年的材料。该商标为注册商标的,应当提供证明其注册时间不少于三年或者持续使用时间不少于五年的材料;③证明该商标的任何宣传工作的持续时间、程度和地理范围的材料,如近三年广告宣传和促销活动的方式、地域范围、宣传媒体的种类以及广告投放量等材料;④证明该商标曾在中国或者其他国家和地区作为驰名商标受保护的材料;⑤证明该

---

❶ 吴汉东主编:《知识产权法学》,北京大学出版社2014年版,第277页。

商标驰名的其他证据材料,如使用该商标的主要商品在近三年的销售收入、市场占有率、净利润、纳税额、销售区域等材料。

所称"三年""五年",是指被提出异议的商标注册申请日期、被提出无效宣告请求的商标注册申请日期之前的三年、五年,以及在查处商标违法案件中提出驰名商标保护请求日期之前的三年、五年。

但是,上述因素只是用来帮助主管机关确定商标是否为驰名商标的指导方针,在认定驰名商标时,应当综合考虑上述各项因素,但不以该商标必须满足该条规定的全部因素为前提。在每一个案件中,还必须考虑其具体的特殊的情况。

三、驰名商标的特殊保护

驰名商标保护制度的价值在于特殊保护,即超越注册原则给予扩大保护。有关国际公约和经济发达国家立法都对驰名商标提供了超过普通商标的特殊保护。将驰名商标的保护范围扩大到驰名的服务商标以及将禁止权扩大到了不类似的商品或服务上。我国商标法也明确地规定了对驰名商标提供特殊保护。

(一)放宽了驰名商标注册的显著性条件

缺乏显著特征的标志,依法不能注册为商标,但经过使用取得显著特征,并便于识别的,可以作为商标注册,缺乏固有显著特征的驰名商标可以注册。

(二)对未注册的驰名商标予以保护

《商标法》第13条第二款规定:"就相同或者类似商品申请注册的商标是复制、摹仿或者翻译他人未在中国注册的驰名商标,容易导致混淆的,不予注册并禁止使用。"这一规定明确了未在中国注册的商标只要已经在中国驰名,而他人对该驰名商标进行复制、摹仿或者翻译,并在相同或类似商品或服务上进行使用,可能导致消费者对商品来源产生混淆的,也能受到商标法的保护,即该驰名商标所有者有权阻止他人使用,商标局对他人在相同或类似商品或服务上的注册申请不予核准。最高人民法院的《商标案件若干解释》第2条进一步将"复制、摹仿、翻译他人未在中国注册的驰名商标的主要部分在相同或者类似商品上作为商标使用,容易导致混淆的"行为界定为对驰名商标的侵权行为。这意味着驰名商标虽然没注册,但是可以依靠"驰名"来获得保护,而不同于普通商标。

此外,驰名商标还可依《商标法》第32条规定:"申请商标注册不得损害他人现有的在先权利,也不得以不正当手段抢先注册他人已经使用并有一定影响的商标"禁止他人抢注。

(三)扩大了驰名商标的保护范围

《商标法》第13条第三款规定:"就不相同或者不相类似商品申请注册的商标是复制、摹仿或者翻译他人已经在中国注册的驰名商标,误导公众,致使该驰名商标注册人的利益可能受到损害的,不予注册并禁止使用。"结合最高人民法院《商标案件若干解释》第1条将"复制、摹仿、翻译他人注册的驰名商标的主要部分在不相同或者不相类似商品上作为商标使用,误导公众,致使该驰名商标注册人的利益可能受到损害的"行为界定为对驰名商标的侵权行为的规定。这样,已注册驰名商标权利人就有权阻止他人在不相同或不相类似商品上使用相同或近似的驰名商标,以免导致消费者发生混淆的可能。这就超出了一般禁止"同类混淆"的保护范围,而扩大到了"跨类混淆"。

(四)特别期限的排他权

对恶意注册驰名商标的行为请求撤销不受争议期限限制。根据《商标法》第45条规定,对于已经注册的商标,违反本法第13条第二款和第三款、第15条、第16条第一款、第30条、第31条、第32条规定的,自商标注册之日起五年内,在先权利人或者利害关系人可以请求商评委宣告该注册商标无效。对恶意注册的,驰名商标所有人不受五年的时间限制。该规定使恶意抢注人无法依靠争议期限的限制而将他人驰名商标纳为己有,赋予了驰名商标比普通商标更强的保护。

第三节　侵犯商标权的法律责任

一、商标侵权案件的处理机关

商标权属于民事权利,具有私权性质。一般发生侵权纠纷时,当事人可以自行通过协商解决,不愿协商或者协商不成的,商标权人或者利害关系人可以向人民法院起诉。但是,在我国的商标权法律保护机制中,设立了不同于一般的私权保护,法律对商标权保护做出了特别规定,除了人民法院外,当事人也可以请求工商行政管理部门处理,工商行政管理部门还可以依职权直接查处。这是我国知识产权保护的特色。

因此,对于商标侵权行为,我国采取双规制处理,即通过司法与行政两条途径均可以处理。从而增加了商标纠纷的解决途径和方法,扩大了当事人的选择空间,增强了商标侵权行为的惩处力度。

二、侵权行为的法律责任

法律责任是侵权行为人对于违反法律的行为应当承担的法律后果。法律责任具有确定性和强制性的特点。根据我国《商标法》第57条侵犯商标专用权的行为的规定,第60条和61条就规定了行为人应承担的法律后果,这些法律责任的内容涵盖了民事责任、行政责任和刑事责任。

（一）民事责任

根据《民法通则》第134条以及商标法的相关规定,侵犯注册商标专用权行为的民事责任主要有:停止侵害、排除妨碍、赔偿损失、消除影响。在实践中,停止侵害、赔偿损失和消除影响是侵权人应承担的主要责任类型。

1. 停止侵害

此项请求权基于商标专用权的排他性而产生,只要有侵权行为存在,无论是否造成商标权人的实际损失,商标权人均有权直接要求侵权人或诉请法院或请求工商行政管理部门责令侵权人立即停止侵权行为。

直接要求侵权人停止侵害,是主动行使权利的表现,通常是采用当面递交或邮寄侵权警告函的形式进行。这也是更为常用、便捷的方式。但是权利人不得滥用权利,滥发侵权警告函。

通过法院请求侵权人停止侵害,是商标权人在起诉侵权人前或诉讼过程中,请求法院裁定或判令被告停止侵害。法院做出的决定具有司法强制性。

商标权人通过工商行政管理机关要求侵权人停止侵害,是商标权人向工商行政管理机关进行投诉,由工商行政管理机关发出禁止令,责令侵权人停止侵害。通常要伴随着相应的行政措施才能保证停止侵害商标权的行为奏效,商标法赋予工商行政管理部门有权采取的行政措施主要有:①没收、销毁侵权商品和用于侵权行为的工具;②罚款;③停止销售。

2. 赔偿损失

侵权行为与赔偿损失之间具有因果性,如果侵权行为给商标权人造成了财产损失,权利人可以请求依法给予赔偿。这是侵权人承担民事责任的主要方式。

《商标法》第63条对赔偿数额的认定作出了具体的规定:侵犯商标专用权的赔偿数额,按照权利人因被侵权所受到的实际损失确定;实际损失难以确定的,可以按照侵权人因侵权所获得的利益确定;权利人的损失或者侵权人获得的利益难以确定的,参照该商标许可使用费的倍数合理确定。对恶意侵犯商标专用权,情节严重的,可以在按照上述方法确定数额的一倍以上三倍以下确定赔偿数额。赔偿数额应当包括权利人为制止侵权行为所支付的合理开支。权利人因被侵权所受到的实际损失、侵权人因侵权所获得的利益、注册商标许可使用费难以确定的,由人民法院根据侵权行为的情节判决给予三百万元以下的赔偿。

另外,该条规定还对于由侵权人掌握,权利人举证困难的证据,作出了减轻权利人举证责任,而分配给侵权人举证责任的规定:人民法院为确定赔偿数额,在权利人已经尽力举证,而与侵权行为相关的账簿、资料主要由侵权人掌握的情况下,可以责令侵权人提供与侵权行为相关的账簿、资料;侵权人不提供或者提供虚假的账簿、资料的,人民法院可以参考权利人的主张和提供的证据判定赔偿数额。从而避免了权利人因无法获取相关证据导致难以确定赔偿数额的情况。

人民法院在确定赔偿数额时,一般考虑侵权行为的性质、期间、后果,商标的声誉,商标使用许可费的数额,商标使用许可的种类、时间、范围及制止侵权行为的合理开支等因素综合确定。制止侵权行为所支付的合理开支,包括权利人或者委托代理人对侵权行为进行调查、取证的合理费用。同时,符合国家有关部门规定的律师费用也可计算在赔偿范围内。法院适用法定赔偿额时可以依权利人的请求或依职权进行。

3. 消除影响

如果侵权人的行为给商标权造成了商誉下降等非财产损失,商标权人还可以通过法院判令侵权人采取一定的措施和方式消除该不良影响。主要是在侵权行为影响的范围内,以公开的方式,在影响力较大的媒体上发布声明,并公开道歉以消除不良影响。如果侵权人拒不执行,法院可采取将判决主要内容和有关情况,通过登报等方式公之于众,费用由侵权人承担。

(二)行政责任

在我国,根据商标法的规定,对于侵犯商标专用权的行为,地方各级工商行政管理部门有权依法查处,商标权人或其他利害关系人也可以请求县级以上的工商行政管理部门处理。根据《商标法》第60条规定,工商行政管理部门处理商标侵权案件时,认定侵权行为成立的,责令立即停止侵权行为,没收、销毁侵权商品和主要用于制造侵权商品、伪造注册商标标识的工具,违法经营额五万元以上的,可以处违法经营额五倍以下的罚款,没有违法经营额或者违法经营额不足五万元的,可以处二十五万元以下的罚款。对五年内实施两次以上商标侵权行为或者有其他严重情节的,应当从重处罚。销售不知道是侵犯注册商标专用权的商品,能证明该商品是自己合法取得并说明提供者的,由工商行政管理部门责令停止销售。

(三)刑事责任

为了加强打击侵害商标权行为的力度,保护商标权人的合法利益,我国商标法和刑法中都规定了侵权行为人应当承担的刑事责任,形成了民事责任与刑事处罚相辅相成的救济制度。

《商标法》第67条规定:"未经商标注册人许可,在同一种商品上使用与其注册商标相同的商标,构成犯罪的,除赔偿被侵权人的损失外,依法追究刑事责任。伪造、擅自制造他人注册商标标识或者销售伪造、擅自制造的注册商标标识,构成犯罪的,除赔偿被侵权人的损失外,依法追究刑事责任。销售明知是假冒注册商标的商品,构成犯罪的,除赔偿被侵权人的损失外,依法追究刑事责任。"该条明确了侵犯商标权构成犯罪的类型。

与之相对应,《刑法》第213条、214条和215条规定了三种侵犯商标权的犯罪及其刑事责任:

1. 假冒注册商标罪

未经注册商标所有人许可,在同一种商品上使用与其注册商标相同的商标,情节严重的,处三年以下有期徒刑或者拘役,并处或者单处罚金;情节特别严重的,处三年以上七年以下有期徒刑,并处罚金。

2. 销售假冒注册商标的商品罪

销售明知是假冒注册商标的商品,销售金额数额较大的,处三年以下有期徒刑或者拘役,并处或者单处罚金;销售金额数额巨大的,处三年以上七年以下有期徒刑,并处罚金。

3. 非法制造、销售非法制造的注册商标标识罪

伪造、擅自制造他人注册商标标识或者销售伪造、擅自制造的注册商标标识,情节严重的,处三年以下有期徒刑、拘役或者管制,并处或者是单处罚金;情节特别严重的,处三年以上七年以下有期徒刑,并处罚金。

侵犯他人商标权,有大量的案件都是单位是侵权人,对于这种情况,我国刑法实行的双罚制,即既对单位进行处罚,也对相关责任人予以处罚。对于单位犯上述三种罪行的,对单位判处罚金,并对直接负责的主管人员和其他直接责任人员依照三条罪的规定追究刑事责任。

第四节　侵权纠纷的解决及诉讼实务

一、侵权纠纷的解决途径

解决纠纷的途径有和解、调解、仲裁和诉讼。和解是当事人自行协商解决之间的争议。这里所说的调解是指诉讼、仲裁程序以外的由第三人主持的调解。协商和调解都是当事人以自治的方式解决争议的方法，这两种方法成本比较低。

仲裁，是仲裁机构根据当事人的申请，通过仲裁程序依法作出裁决，以解决当事人纠纷的活动。当事人将争议提交仲裁，必须根据仲裁协议。仲裁协议是仲裁机构受理的依据，也是排除诉讼管辖的依据。有了仲裁协议，当事人不能到法院提起诉讼。裁决实行一裁终局，一方不履行仲裁裁决的，对方当事人可以请求法院根据仲裁裁决强制执行。仲裁裁决尽管不是国家裁判行为，但同法院的终审判决一样有效。与司法和行政保护相比，仲裁具有一裁终局、快捷便利、无地域性和管辖权限制等优势，可以提高纠纷解决效率，打破地方保护主义。

目前，我国现行法律规定知识产权争议仅涉及知识产权合同纠纷可以仲裁，对知识产权侵权纠纷及涉及知识产权效力的纠纷是否具有可仲裁性既没有明确肯定，也没有明确否定。[1]实务中，对涉及著作权侵权纠纷可以约定仲裁，但对于专利权和商标权的侵权纠纷案则不适用仲裁审理。这也是许囿于商标权和专利权的取得是需要通过行政机关的特别授予程序。

根据《商标法》第60条的规定，因侵犯商标专用权引起纠纷的，由当事人协商解决；不愿协商或者协商不成的，商标注册人或者利害关系人可以向人民法院起诉，也可以请求工商行政管理部门处理。对侵犯商标专用权的赔偿数额的争议，当事人可以请求进行处理的工商行政管理部门调解。可见，商标法对商标权纠纷的解决方式明确了协商、调解和诉讼三种途径。

---

[1] 王兵等编著：《知识产权基础教程》，清华大学出版社2010年版，第263页。

二、侵犯商标权诉讼

（一）诉讼主体

一般民事诉讼的主体，是指因民事权利义务发生争议，以自己的名义进行诉讼，要求法院行使民事裁决而参与诉讼的当事人。一般仅指原告和被告。

1. 原告

根据商标法的规定，在侵犯商标专用权诉讼中的原告包括商标注册人或者利害关系人。在我国，由于商标权的取得是通过行政注册程序而授予的，所以商标注册人即商标专用权人，在自己的商标专用权受到侵害时，可以作为原告提出诉讼。根据商标专用权原始取得和继受取得的原理，商标注册人还包括商标受让人和商标继承人。对于共有商标，共有人应作为共同原告提起诉讼；商标受让人，在转让注册商标公告之日起可以作为原告起诉。

利害关系人，主要是指注册商标使用许可合同中的被许可人。根据最高人民法院《商标案件解释》的规定，独占使用的被许可人可以单独对使用许可期限和地域内的商标侵权行为提起诉讼，无须商标注册人同意。排他使用许可合同的被许可人可以和商标注册人共同起诉，也可以在商标注册人不起诉的情况下，自行提起诉讼。普通使用许可合同的被许可人经商标注册人书面明确授权，也可以就许可使用期限和地域内的商标侵权行为作为原告提起诉讼。

2. 被告

原告提起民事诉讼必须有明确的被告。如果被告不明确，法院将不予受理。实践中，因涉及商标侵权的行为方不止一个，商标侵权案件的被告可能为多个。例如：侵权产品的生产厂家，侵权产品的销售商等。诉讼实践中通常列为共同被告，要求被告承担连带责任。另外，实践中可能涉及共同被告的情况还有联合出品方、监制方、母公司和子公司等。

（二）诉讼管辖

1. 管辖级别

一般商标民事纠纷案件的一审法院，由中级以上人民法院及最高人民法院指定的基层人民法院管辖，实践中，按照案件标的额确定管辖法院。

涉及对驰名商标保护的民事案件，由省、自治区人民政府所在地市、计划单列市、直辖市辖区中级人民法院及最高人民法院指定的其他中级人民法院管辖。

2. 管辖地域

商标侵权民事诉讼的管辖地域，包括被告住所地、侵权行为实施地、侵权商品的储藏地和查封扣押地。上述地域内的人民法院为商标侵权案件的管辖法院。

根据《商标案件解释》第6条和第7条规定，因侵犯注册商标专用权行为提起的民事诉讼，由侵权行为的实施地、侵权商品的储藏地或者查封扣押地、被告住所地人民法院管辖。其中侵权商品的储藏地，是指大量或者经常性储存、隐匿侵权商品所在地；查封扣押地，是指海关、工商等行政机关依法查封、扣押侵权商品所在地。

对涉及不同侵权行为实施地的多个被告提起的共同诉讼，可以选择其中一个被告的侵权行为实施地人民法院管辖；仅对其中某一被告提起的诉讼，该被告侵权行为实施地的人民法院有管辖权。

（三）诉讼时效

根据《商标案件若干解释》第18条规定，侵犯注册商标专用权的诉讼时效为二年，自商标注册人或者利害权利人知道或者应当知道侵权行为之日起计算。商标注册人或者利害关系人超过二年起诉的，如果侵权行为在起诉时仍在持续，在该注册商标专用权有效期限内，人民法院应当判决被告停止侵权行为，侵权损害赔偿数额应当自权利人向人民法院起诉之日起向前推算二年计算。

（四）诉前财产保全

1.注册商标财产保全的依据

根据《商标法》第65条的规定，商标注册人或者利害关系人有证据证明他人正在实施或者即将实施侵犯其注册商标专用权的行为,如不及时制止,将会使其合法权益受到难以弥补的损害的,可以依法在起诉前向人民法院申请采取责令停止有关行为和财产保全的措施。

根据《民事诉讼法》的规定,申请人提起诉前财产保全的申请,必须提供与被保全财产相应的担保。申请人不提供担保的,人民法院应当裁定驳回申请。

2. 财产保全的管辖

诉前财产保全的申请应当向被保全财产所在地的人民法院提出。被保全财产所在地的人民法院,与对此案有管辖权的法院可能是同一个法院,也可能不是同一个法院。在采取诉前财产保全措施后,商标注册人或者利害关系人既可以向有管辖权的人民法院起诉,也可以向实施诉前财产保全的人民法院起诉。

3. 财产保全的内容

注册商标专用权属于无形财产,因此对其采取保全措施的内容要相对复杂于有形财产的保全。根据最高人民法院《关于人民法院对注册商标权进行财产保全的解释》,注册商标权财产保全的内容主要包括:商标转让、变更、注销、质押等事项。即限制权利人不能行使商标转让、变更、注销、质押等权利,但商标权人仍然可以在核准的范围内使用。

4. 保全的方式

法院根据民事诉讼法的有关规定采取财产保全措施时,需要对注册商标权进行保全的,应当向国家商标局发出协助执行通知书,载明要求商标局协助保全的注册商标名称、注册人、注册证号码、保全期限以及协助执行保全的内容,包括禁止转让、注销商标、变更注册事项和办理商标权质押登记等事项。

人民法院对已经进行保全的注册商标权,不得重复进行保全。法院在向商标局发出协助执行通知中应明确具体地提出要求保全的商标相关信息,以便于判断不同法院对同一注册商标进行保全是否属于重复查封。

5. 保全的期限

对注册商标的保全期限一次不得超过6个月,自商标局收到协助执行通知之日起计算。如果仍然需要对该商标继续采取保全措施的,法院应当在保全期限届满前向商标局重新发出协助执行通知书,要求继续保全。否则,视为自动解除对该商标的财产保全。

6. 财产保全措施的解除

根据《民事诉讼法》的规定,申请人在法院采取诉前财产保全措施后30日内不起诉的,人民法院应当解除保全。被申请人提供了担保,人民法院应当解除保全。

(五)侵权证据的保全

1. 适用情形

根据《商标法》第66条的规定,为制止侵权行为,在证据可能灭失或者以后难以取得的情况下,商标注册人或者利害关系人可以在起诉前向人民法院申请保全证据。

2. 申请人

诉前证据保全的申请人有:商标注册人和利害关系人。利害关系人,包括商标使用许可合同的被许可人、注册商标财产权的合法继承人,其中注册商标使用许可合同被许可人中,独占使用许可合同的被许可人可以单独向人民法院提出申请;排他使用许可合同的被许可人在商标注册人不申请的情况下。可以提出申请。

3. 管辖法院

诉前保全证据的申请,应当向侵权行为地或者被申请人住所地有管辖权的人民法院提出。侵权行为地包括:侵权商品生产地;侵权商品销售地;侵权商品展览、展销地;侵权商品广告发布地。

4. 申请的受理

当事人提出的复议申请必须符合法定的要求。人民法院对当事人提出的复议申请应当从以下方面进行审查:(1)被申请人正在实施或者即将实施的行为是否侵犯注册商标专用权;(2)不采取有关措施,是否会给申请人合法权益造成难以弥补的损害;(3)申请人提供担保的情况;(4)责令被申请人停止有关行为是否损害社会公共利益。对符合上述条件的,法院予以受理,不符合条件的不予受理。

人民法院接到商标注册人或者利害关系人的诉前证据保全申请后,必须在48小时内进行审查,并以裁定的方式作出。人民法院一旦作出裁定进行保全,立即开始执行。

4. 证据保全措施的解除

申请人在人民法院采取保全措施后30日内不起诉的,人民法院应当解除保全措施。申请人不起诉或者申请错误造成被申请人损失的,被申请人可以向有管辖权的人民法院起诉请求申请人赔偿,也可以在商标注册人或者利害关系人提起的侵犯注册商标专用权的诉讼中提出损害赔偿请求,人民法院可以一并处理。

【案例1】诺基亚公司与无锡金悦科技有限公司 侵犯商标专用权纠纷案

【案情】2010年6月12日,上海洋山海关查验发现无锡金悦科技有限公司以一般贸易方式向海关申报出口埃及液晶电视壳及其组件若干套,该批液晶电视壳的前壳下端中间部位以印刷方式标有一个"NOKIA EGYPT"标识。上海海关认为上述商品涉嫌侵犯诺基亚公司在海关总署备案的知识产权,向诺基亚公司发出《确认知识产权侵权状况通知书》。诺基亚公司遂向上海海关提交《扣留侵权嫌疑货物申请书》,认为上述货物均为假冒产品,侵犯了其对第1541929号"NOKIA"注册商标享有的专用权。经诺基亚公司申请,上海海关于扣留了上述货物。2010年9月28日,上海海关作出《侵权嫌疑货物知识产权状况认定通知书》,认为不能认定上述货物是否侵犯诺基亚公司的"NOKIA"商标专用权。诺基亚公司遂诉至上海市浦东新区人民法院,请求判定无锡金悦科技有限公司构成侵害其注册商标专用权。法院经审理认为:原告对第357902号"NOKIA"注册商标享有的专用权受法律保护。被告生产并申报出口的液晶电视壳与原告商标核定使用的商品系相同商品,被告使用的"NOKIA EGYPT"商标的主要部分与原告商标的主要部分相同,两者属于近似商标,易使相关公众对被告商品的来源产生误认,构成侵害原告注册商标专用权,应当依法承担停止侵权、赔偿损失等民事责任。

【评析】商标近似的认定是商标侵权判定的核心问题,其中组合商标的近似认定是商标近似认定的焦点与难点。因组合商标由几部分组成,故对组合商标的近似判定需进行要部比对。要部比对又称为商标主要部分的观察比较,是指将商标中发挥主要识别作用的部分抽出来进行重点比较和对照,是对商标整体比对的补充。要部比对中"要部"的选择一般需重点关注组合商标中面积较大部分、位置显著部分、文字部分、臆造部分、具有知名度部分等,并从该各个部分或其组合产生的识别性出发,进行近似性判定。本案较好诠释了"要部"选择的角度和规则,具有较好的示例作用。本案中,原告使用在手机等通讯工具上的"NOKIA"商标被认定为中国驰名商标,具有较高的知名度,故就原告、被告组合商标或标识而言,其中的"NOKIA"给相关公众的印象更为深刻,应当作为要部进行比对。当然,在组合商标的近似认定中,关于"要部"的选择应当结合个案而定,可以但不限于适用以上四种规则,该四种规则之间也不具有排他适用的关系。如图文组合商标中的要部选择,通常以文字作为商标近似比对的要部,但绝不排除将图形作为要部,在图形系较大面积部分或者处于比较显著位置或者具有知名度等情形下,无疑应当将图形作为要部进行比对。

【案例2】黛尔吉奥品牌有限公司与肖某等侵犯商标专用权纠纷

【案情】2009年,原告黛尔吉奥品牌有限公司发现被告常州碧爽生物科技有限公司、无锡永如生物美容品有限公司在其共同生产、销售的"汉之韵润肤橄榄油"等产品上,未经授权使用了"JOHNNTE WALKER"文字及与"行走的绅士(右)"商标图形极为近似的"向左的绅士"图形。被告肖某在其经营的杂货店销售了"汉之韵润肤橄榄油"。原告认为其商标在中国境内是为相关公众广为知晓的驰名商标。被告的上述行为侵犯了其驰名商标享有的合法权利,遂向法院提起诉讼。法院认为被告碧爽公司、永如公司在其生产、销售的涉案商品上使用"JOHNNTE WALKER"文字的行为,属于商标法第13条第二款规定的侵权行为。被告碧爽公司、永如公司应当就此承担停止侵害、赔偿损失的民事责任。此外,被告肖某作为零售行业的经营者,其也应当知道"JOHNNTE WALKER"商标具有较高的知名度,但其没有尽到合理的注意义务,对外销售侵权商品,故应当承担赔偿原告经济损失的民事责任。

【评析】本案中涉案商品与原告商标核定使用商品之间属于不相同或不相

类似商品,因此被告是否构成侵权,首先要判断原告商标是否属于驰名商标。如果认定驰名商标成立,且被告行为属于误导公众,致使该驰名商标注册人的利益可能受到损害的,则被告的行为构成商标侵权。根据《商标法》第14条、《驰名商标司法解释》第4条、第5条的规定,本案中应当根据使用商标的商品的市场份额、销售区域、利税等、商标的持续使用时间、宣传或者促销活动的方式、持续时间、程度、资金投入和地域范围、商标曾被作为驰名商标受保护的记录、享有的市场声誉以及可以证明该商标已属驰名的其他事实。

思考与讨论

1. 简述商标侵权行为的表现形式。

2. 如何认定驰名商标?

3. 对驰名商标有哪些特殊保护措施?

4. 侵犯商标权行为应承担哪些法律责任?

延伸阅读

1. 王晓青:"商标通用名称化及相关侵权问题研究——以'金丝肉松饼'商标侵权纠纷案为考察对象",《政法论丛》2015年3期。

2. 李杨:"商标侵权诉讼中的懈怠抗辩——美国法的评析及其启示",《清华法学》2015年第2期。

3. 汪泽:"论驰名商标保护要件的适用顺序",《知识产权》2015年第6期。

4. 王太平:"商标侵权的判断标准:相似性与混淆可能性之关系",《法学研究》2014年第6期。

5. 张锐主编:《商标实务指南》,法律出版社2015年版。

第五编 其他知识产权理论与实务

　　广义的知识产权除了著作权(含邻接权)、专利权和商标权这几种典型的知识产权以外,还包括集成电路布图设计权、植物新品种权、商业秘密权、商号权和地理标志权等其他权利。TRIPS 协议等诸多国际公约都通过列举知识产权保护对象的方式对广义知识产权的范围予以了认可。我国《民法通则》中规定的知识产权就包括著作权、专利权、商标权、发现权、发明权和其他科技成果权。随着人类创造性智力成果的不断发展,集成电路布图设计权等其他知识产权越来越受到人们的关注,相关纠纷也越来越多,对这些知识产权的基本概念、权利内容、利用与法律保护问题的研究,逐渐成为知识产权理论与实务研究必不可少的内容。

第二十二章　集成电路布图设计权

我国的《集成电路布图设计保护条例》明确了对集成电路布图设计权的保护,集成电路布图设计权的主体是指依法对集成电路布图设计享有专有权的自然人、法人或者其他组织;其客体是符合法定保护条件的集成电路布图设计,而非集成电路。集成电路布图设计专有权主要包括复制权和商业利用权两项。同时,我国也规定了对集成电路布图设计权的限制,如合理使用、反向工程、权利穷竭、强制许可和善意买主。本章的理论知识是正确行使集成电路布图设计权和对集成电路布图设计权进行有效保护的前提。

第一节　集成电路布图设计概述

一、集成电路布图设计的概念

1947年2月23日,在美国的贝尔实验室,巴丁、布拉顿和肖克莱发明了世界上第一只晶体管。五十年代,人们发明了平面工艺,很快制出了集成电路。在此后三十多年的时间里,集成电路以令人瞠目的速度迅猛发展。

集成电路是指半导体集成电路,即以半导体材料为基片,将至少有一个是有源元件的两个以上元件和部分或者全部互连线路集成在基片之中或者基片之上,以执行某种电子功能的中间产品或者最终产品。通俗的说,集成电路是一种电子电路,在这个电路中,所有元器件都集中在一块基片上,而不再是由各个分立元件构成。集成电路是微电子技术的核心,是现代电子信息技术的基础,具备体积小、速度快、能耗低的特点,因此,其应用范围极其广泛。

集成电路是一种综合技术成果,它包括布图设计和工艺技术。所谓布图设计又称掩模作品或拓扑图,是附着于各种载体上的电子元件和连接这些元件的连线的有关布局设计。我国自2001年10月1日起施行的《集成电路布图设计保护条例》将集成电路布图设计定义为"指集成电路中至少有一个是有源元件的两个以上元件和部分或者全部互连线路的三维配置,或者为制造集成电路而准备的上述三维配置。"

二、集成电路布图设计的立法

集成电路作为一种工业产品,应当受到专利法的保护。但是,由于现有专利法、著作权法对集成电路布图设计无法给予有效的保护,世界许多国家就通过单行立法,确认布图设计的专有权,即给予其他知识产权保护。

美国于1984年颁布了历史上第一个保护集成电路的法律——《半导体芯片保护法》,开创了以专门法律保护集成电路布图设计的先河。随后,日本于1985年颁布了《半导体集成电路的线路布局法》。瑞典、英国、德国、法国、意大利、俄罗斯、韩国等也相继制定了自己的集成电路布图设计保护法。

世界知识产权组织曾多次召集专家会议和政府间外交会议研究集成电路保护问题,逐渐形成了以保护布图设计方式实现对集成电路保护的一致观点,终于在1989年缔结了《关于集成电路的知识产权条约》。该条约对布图设计的客体条件、保护的法律形式、专有权保护范围、手续程序及保护期限等进行了具体规定。例如,《关于集成电路的知识产权条约》第4条规定:"每一缔约方可自由通过布图设计(拓扑图)的专门法律或者通过其关于版权、专利、实用新型、工业品外观设计、不正当竞争的法律,或者通过任何其他法律或者任何上述法律的结合来履行其按照本条约应负的义务。"即对布图设计保护的法律形式作了明确规定。

我国的集成电路布图设计保护相对较晚。2001年3月28日国务院通过了《集成电路布图设计保护条例》以下简称《布图条例》），共6章36条，于2001年10月1日生效。这是目前我国保护集成电路布图设计知识产权的一部重要法规，它初步建立了我国集成电路布图设计的知识产权保护的理论体系。后来，国务院又制定了《集成电路布图设计保护条例实施细则》和《集成电路布图设计行政执法办法》。

第二节 集成电路布图设计权的法律保护

一、集成电路布图设计权的主体和客体

（一）集体电路布图设计权的主体

集成电路布图设计权的主体，是指依法对集成电路布图设计享有专有权的自然人、法人或者其他组织。

按照我国《布图条例》的规定："中国自然人、法人或者其他组织创作的布图设计，依照本条例享有布图设计专有权；外国人创作的布图设计首先在中国境内投入商业利用的，依照本条例享有布图设计专有权；外国人创作的布图设计，其创作者所属国同中国签订有关布图设计保护协议或者与中国共同参加有关布图设计保护国际条约的，依照本条例享有布图设计专有权。"据此可知，我国集体电路布图设计权的主体包括中国的自然人、法人或者其他组织以及外国人。

（二）集体电路布图设计权的客体

集体电路布图设计权的客体，是指符合法定保护条件的集成电路布图设计。其客体是布图设计，而不是集成电路。

根据《布图条例》的相关规定，"受保护的布图设计应当具有独创性，即该布图设计是创作者自己的智力劳动成果，并且在其创作时该布图设计在

布图设计创作者和集成电路制造者中不是公认的常规设计。""受保护的由常规设计组成的布图设计,其组合作为整体应当符合前款规定的条件。"由此可见,集成电路布图设计权的合格客体必须是具有独创性的布图设计。

对于布图设计的"独创性",我们可以从以下两方面进行理解:其一,该布图设计必须是创作者自己智力劳动的成果,而非简单复制他人的布图设计。其二,该布图设计在创作完成时不能是当时集成电路行业中常用的,显而易见的或为人所熟知的,也就是说,该布图设计应当具备一定的先进性。

同时,《布图条例》中也明确确定,我国对布图设计的保护,不延及思想、处理过程、操作方法或者数学概念等。这也对集成电路布图设计权的客体作了进一步的确定。

二、集成电路布图设计权的取得

从目前世界各国的立法情况来看,集成电路布图设计权的取得方式,主要有三种:自然取得、登记取得、使用与登记取得。大多数国家采取登记取得制。我国也采取登记制度。

根据《布图条例》的规定,我国的集成电路布图设计权的取得程序主要包括:

(1)申请。国务院知识产权行政部门负责受理布图设计登记申请。申请时需要提交的文件有:布图设计登记申请表;布图设计的复制件或者图样;布图设计已投入商业利用的,提交含有该布图设计的集成电路样品以及国务院知识产权行政部门规定的其他材料。

(2)初审。国务院知识产权行政部门在收到申请人的申请后,对布图设计登记申请进行初步审查。

(3)登记并公告。"布图设计登记申请经初步审查,未发现驳回理由的,由国务院知识产权行政部门予以登记,发给登记证明文件,并予以公告。"这是《布图条例》对布图设计登记与公告的具体规定。

同时,《布图条例》也规定,布图设计自其在世界任何地方首次商业利用之日起2年内,未向国务院知识产权行政部门提出登记申请的,国务院知识产权行政部门不再予以登记。

(4)对驳回申请的复审。布图设计登记申请人对国务院知识产权行政部门驳回其登记申请的决定不服的,可以自收到通知之日起3个月内,向国务院知识产权行政部门请求复审。国务院知识产权行政部门复审后,作出决定,并通知布图设计登记申请人。布图设计登记申请人对国务院知识产权行政部门的复审决定仍不服的,可以自收到通知之日起3个月内向人民法院起诉。

(5)登记的撤销。布图设计获准登记后,国务院知识产权行政部门发现该登记不符合本条例规定的,应当予以撤销,通知布图设计权利人,并予以公告。布图设计权利人对国务院知识产权行政部门撤销布图设计登记的决定不服的,可以自收到通知之日起3个月内向人民法院起诉。

三、集成电路布图设计权的内容及其行使

(一)集成电路布图设计专有权的内容

根据《布图条例》的规定,集成电路布图设计专有权主要包括复制权和商业利用权两项。

1. 复制权

《布图条例》对复制权的规定为,对受保护的布图设计的全部或者其中任何具有独创性的部分进行复制的权利。复制权,是指权利人有权通过光学的、电子学的方式或其他方式来复制其受保护的布图设计。●我国《布图条例》对复制的定义为"重复制作布图设计或者含有该布图设计的集成电路的行为。"这种复制与版权法中的复制的含义是不同的,它必须通过特殊的方法实现,实际上是一种重新制作。

2. 商业利用权

《布图条例》对商业利用权的规定为,将受保护的布图设计、含有该布

● 吴汉东主编:《知识产权法学》,北京大学出版社2014年版,第286页。

图设计的集成电路或者含有该集成电路的物品投入商业利用的权利。虽然各国立法对此权利内容的规定不完全相同,但一般都包括出售权、出租权、展览权、陈列权以及为商业目的或其他方式的利用而进口的权利等。我国《布图条例》对商业利用的定义为"为商业目的进口、销售或者以其他方式提供受保护的布图设计、含有该布图设计的集成电路或者含有该集成电路的物品的行为。"

值得注意的是,从各国现有的关于集成电路的立法规定来看,布图设计权均不包括任何精神权利,且布图设计权不影响权利人根据其他法律而对布图设计所享有的权利。

(二)集成电路布图设计权的行使

1. 集成电路布图设计权的转让

根据我国《布图条例》及其实施细则的规定,布图设计权利人可以转让其专有权。集成电路布图设计权的转让,就是指权利人将其全部权利转让给受让人所有。其转让的法律后果为布图设计权的主体发生了变化,即原权利人丧失了对集成电路布图设计的专有权,受让人成为该布图设计的权利主体,享有该布图设计的全部权利。

同时,也对集成电路布图设计权的转让作了相关规定,即"转让布图设计专有权的,当事人应当订立书面合同,并向国务院知识产权行政部门登记,由国务院知识产权行政部门予以公告。布图设计专有权的转让自登记之日起生效。"

2. 集成电路布图设计权的许可

集成电路布图设计权的许可,是指布图设计权利人通过许可合同,将其权利的全部或一部分许可他人行使。此时,布图设计权的主体并不会发生变化,权利人不会丧失对集成电路布图设计的专有权。

需要注意的是,布图设计权利人在许可他人使用其布图设计时,当事人之间应当订立书面的许可使用合同。

四、集成电路布图设计权的限制

(一)合理使用

根据我国《布图条例》的规定,为个人目的或者单纯为评价、分析、研究、教学等目的而复制受保护的布图设计的,可以不经布图设计权利人许可,不向其支付报酬。由此可见,构成合理使用存在两种情形:一是为个人目的,二是单纯为评价、分析、研究、教学等目的。当存在合理使用情形之时,行为人对该布图设计进行复制时,可不经布图设计权利人许可,不向其支付报酬。

(二)反向工程

根据我国《布图条例》的规定,可以将反向工程定义为,在对他人受保护的布图设计进行评价、分析的基础上,创作出具有独创性的布图设计。此时,行为人可以不经布图设计权利人许可,不向其支付报酬。

由于许多先进的布图设计就是在分析他人已有的布图设计的基础上而创作出来的,有利于新产品的开发和促进技术的进步,所以并未将此种行为视为侵权。

(三)权利穷竭

"受保护的布图设计、含有该布图设计的集成电路或者含有该集成电路的物品,由布图设计权利人或者经其许可投放市场后,他人再次商业利用的,可以不经布图设计权利人许可,并不向其支付报酬。"这是《布图条例》对布图设计权之权利穷竭的相关规定。也就是说,当受保护的布图设计、含有该布图设计的集成电路或者含有该集成电路的物品,由布图设计权利人或者经其许可投放市场后,布图设计权利人就不能再对他人的进口、分销等商业行为加以限制,是商业利用的权利"穷竭"。

(四)强制许可

强制许可,也称为非自愿许可,是指在不经权利人同意的情况下,由有关主管部门直接发放的对布图设计的使用许可。

在以下三种情况下国务院知识产权行政部门可以给予使用其布图设计的非自愿许可：①国家出现紧急状态或者非常情况；②为了公共利益的目的；③人民法院、不正当竞争行为监督检查部门依法认定布图设计权利人有不正当竞争行为而需要给予补救时。

（五）善意买主

根据《布图条例》的相关规定："在获得含有受保护的布图设计的集成电路或者含有该集成电路的物品时，不知道也没有合理理由应当知道其中含有非法复制的布图设计，而将其投入商业利用的，不视为侵权。前款行为人得到其中含有非法复制的布图设计的明确通知后，可以继续将现有的存货或者此前的订货投入商业利用，但应当向布图设计权利人支付合理的报酬。"在此种情况下，第三人不知道或不应知道其购买的集成电路产品上含有非法复制的受保护的布图设计，其对该产品的其他商业利用行为，不视为侵权，不承担侵权责任。

五、集成电路布图设计权的保护

（一）保护期限

布图设计专有权的保护期为10年，自布图设计登记申请之日或者在世界任何地方首次投入商业利用之日起计算，以较前日期为准。

需要注意的是，无论是否登记或者投入商业利用，布图设计自创作完成之日起15年后，将不再受到保护。

（二）侵犯集成电路布图设计权的行为

侵犯布图设计权的行为，我们可以将其分为两类：其一是未经布图设计权利人许可，复制受保护的布图设计的全部或者其中任何具有独创性的部分的；其二是未经布图设计权利人许可，为商业目的进口、销售或者以其他方式提供受保护的布图设计、含有该布图设计的集成电路或者含有该集成电路的物品的。

（三）侵犯集成电路布图设计权的法律责任

我国对侵犯集成电路布图设计专有权的行为做了民事责任和行政责任两种规定。根据《布图条例》规定，行为人必须立即停止侵权行为，并承担赔偿责任。这是侵犯集成电路布图设计专有权的民事责任的体现。同时，《布图条例》也规定"国务院知识产权行政部门处理时，认定侵权行为成立的，可以责令侵权人立即停止侵权行为，没收、销毁侵权产品或者物品。这是侵犯集成电路布图设计专有权的行政责任的体现。

【案例】X科技（上海）有限公司诉
南京Y科技有限公司侵犯集成电路布图设计专有权案

【案情】原告X科技（上海）有限公司享有PT4115集成电路布图设计专有权。被告南京Y科技有限公司与H公司订立协议开发1360集成电路。被告对原告销售的PT4115芯片进行了反向剖析，获取其具体电路参数、元器件结构、尺寸和内部构造等数据，形成1360集成电路的布图设计，提供给H公司，获得设计费若干。H公司委托第三方生产1360管芯并优先销售给被告67407只，被告将管芯封装后，编码成6808、6807等系列集成电路向市场销售获利五万多元。

江苏省南京市中级人民法院经审理认为，被告接受委托制作的布图设计及其销售的集成电路含有的布图设计均与原告享有专有权的涉案布图设计相同。因此，被告依其与H公司的协议开发1360集成电路，通过反向剖析的手段，复制了原告涉案PT4115布图设计的全部，并提供给H公司进行商业利用，未经原告许可，其行为构成对原告PT4115布图设计专有权的侵害；同时，被告为商业目的，销售了含有其非法复制的布图设计的集成电路，也构成对原告PT4115布图设计专有权的侵害。2010年8月25日，法院判决：被告立即停止侵犯原告PT4115集成电路布图设计专有权的行为并赔偿原告经济损失若干。❶

【评析】布图设计专有权的保护范围应当以布图设计授权文件所确定的三维配置为准。相同的布图设计应当是执行相同电子功能集成电路的电子元件

---

❶江苏省南京市中级人民法院民事判决书(2009)宁民三初字第435号。

与连线的三维配置相同。实践中,我们在对以下各种情形比较后均认为相同时,可以认定布图设计相同:一是比较功能,如果功能不同,则布图设计不同;二是比较性能,如基片的材料、集成规模、元件数量等等;三是比较布局、元件、连线在基片上的分布,包括各层分布及本层分布;四是比较连接状态、元件的连接,元件与连线的连接、输入输出连接等等。

《布图条例》第30条规定了侵权责任,即:立即停止侵权行为,并承担赔偿责任。针对本案,复制布图设计的行为仍在继续的应立即停止。侵犯布图设计专有权的赔偿数额,为侵权人所获得的利益或者被侵权人所受到的损失,包括被侵权人为制止侵权行为所支付的合理开支。

此案为全国首例涉及集成电路布图设计专有权的案件。该案的裁判,在证据固定、权利内容的理解、权利保护范围的确定、侵权判定的原则、方法以及侵权责任的确定等方面进行了深入有益的探索,为此类案审理提供了宝贵的经验与样本。

思考与讨论

1. 集成电路布图设计权的权利内容有哪些?

2. 集成电路布图设计权的权利限制有哪些?

3. 如何理解集成电路布图设计权的保护模式?

延伸阅读

1. 李莉、徐静文:"浅析集成电路布图设计撤销程序",《中国发明与专利》2015年第3期。

2. 曾志超:"集成电路布图设计独立保护制度存废之辩——以海峡两岸相关法律制度为例",《科技与法律》2012年第5期。

3. 祝建军:"集成电路布图设计专有权的保护",《人民司法》2011年第4期。

4. 郭禾:"中国集成电路布图设计权保护评述",《知识产权》2005年第1期。

第二十三章　植物新品种权

　　植物新品种权属于知识产权的范畴,对其进行保护有利于促进农、林业生产的不断发展。植物新品种的权利人享有生产权、销售权、使用权、许可权、转让权、名称标记权和追偿权。职务育种的植物新品种的申请权属于其单位,而非职务育种的植物新品种的申请权应属于完成育种的个人。植物新品种权的期限、终止、无效以及侵犯植物新品种权的法律责任都是植物新品种权法律保护的有机构成。本章的理论知识是对侵犯植物新品种权的行为进行认定,并追究其法律责任的前提。

第一节　植物新品种概述

一、植物新品种的概念

　　《国际植物新品种保护公约》第1条将"品种"定义为"已知植物最低分类单元中单一的植物群,不论授予育种者的权利的条件是否充分满足,该植物群可以是:以某一特定基因型或基因型组合表达的特征来确定;至少表现出上述的一种特性,以区别于任何其他植物群,并且作为一个分类单元其适用性经过繁殖不发生变化。"

　　我国《植物新品种保护条例》第2条将植物新品种定义为:经过人工培育的或者对发现的野生植物加以开发,具备新颖性、特异性、一致性和稳定性并有适当命名的植物品种。

优良的植物新品种,即可以提高农业和林业的质量和生产能力,减少因病虫灾害而产生的经济损失,又能降低对环境的压力,具有巨大的社会效益和经济效益。我国作为农业和人口大国,加强植物新品种的知识产权保护对于我国有着重要的战略意义。

二、植物新品种的保护制度

20世纪50年代,是植物新品种保护制度在西方发达国家形成雏形的时期。法国在1957年,组织召开了第一次植物新品种保护外交大会,形成了会议决议。在此基础上,于1961年在巴黎签订并讨论通过了《国际植物新品种保护公约》(以下简称《公约》),1968年8月10日正式生效,也标志着国际保护植物新品种联盟(UPOV)这个政府间国际组织的正式成立。《公约》旨在确认各成员国保护植物新品种育种者的权利,其核心内容是授予育种者对其育成的品种有排他的独占权,他人未经品种权人的许可,不得生产和销售植物新品种,或须向育种者交纳一定的费用。

随着世界经济的不断发展,1972年、1978年又分别对《公约》作了两次小的修订,1991年对公约进行了较大的修改。因此,《公约》拥有两个文本,1991年的文本比1978年的文本提高了植物新品种的保护水平,更严格地保护育种者的权利。我国于1999年加入了《公约》的1978年文本,成为其成员国之一。

此外,TRIPS协议第27条第3款规定了:"缔约方应以专利方式或者一种有效的特殊体系或两者的结合对植物新品种给予保护。"

目前,各国对植物新品种的保护主要有三种模式:第一种是以专利制度来保护植物新品种;第二种是制定特别法来保护植物新品种,如英国、澳大利亚;第三种是以专利制度保护和特别法保护相结合的方式来保护植物新品种,如美国、丹麦、日本。

我国采用制定特别法保护的模式保护植物新品种。我国《专利法》第25条规定,植物品种不授予专利权。明确了植物品种不属于专利法保护的对象。为了加强对植物新品种的保护,促进我国农、林业的发展,1997年国务院颁布了《植物新品种保护条例》,此后国务院农业部和国家林业局又于1999年分别颁布实施了《植物新品种保护条例实施细则(农业部分)》和《植物新品种保护条例实施细则(林业部分)》。2013年,国务院对《植物新品种保护条例》作了局部修改,自2013年3月1日起施行。

第二节　植物新品种权的法律保护

一、植物新品种权保护的条件

根据我国《植物新品种保护条例》及其实施细则的规定,植物新品种权受到法律保护须具备以下条件:①在农业或林业植物新品种保护名录范围内。②具有新颖性,即申请品种权的植物新品种在申请日前,其繁殖材料未被销售,或者经育种者许可,在中国境内销售其繁殖材料未超过1年,在中国境外销售藤本植物、林木、果树和观赏树木品种繁殖材料未超过6年,销售其他品种繁殖材料未超过4年。③具有适当的名称,即授予品种权的植物新品种应当具备适当的名称,并与相同或相近的植物的属或者种的名称相区别。该名称经注册登记后即为该植物新品种的通用名称。但是,仅以数字组成的、违反社会公德的和对植物新品种的特征、特性或者育种者的身份等容易引起误解的名称不得用于品种命名。④具有特异性,即申请品种权的植物新品种应当明显区别于在递交申请日以前已知的植物品种。⑤具有一致性,即申请品种权的植物经过繁殖,除可以预见的变异外,其相关的特征或者特性一致。⑥具有稳定性,即申请品种权的植物经过反复繁殖后,或者在特定繁殖周期结束时,其相关的特征或者特性保持不变。另,《植物新品种保护条例实施细则(农业部分)》第4条规定:"对危害公共利益、生态环境的植物新品种不授予品种权。"

二、植物新品种权的内容、归属及限制

(一)植物新品种权的内容

植物新品种的权利人享有以下权利:

(1)生产权。该项权利是指,品种权人有权禁止没有经过自己许可的其他人,基于商业目的生产该授权品种的繁殖材料。

(2)销售权。该项权利是指,任何授权品种的繁殖材料的销售行为都需要经过品种权人的许可。

(3)使用权,该项权利是指,品种权人有权禁止他人未经许可,将该授权品种的繁殖材料为商业目的,重复用于生产另一品种的繁殖材料的行为。

(4)许可权,即品种权人可以许可他人在一定范围内实施其品种权的权利。许可他人实施的,当事人双方应订立书面合同,明确双方的权利和义务。

(5)转让权,即品种权人对自己拥有的品种申请权和品种权的处分权。转让品种申请权或者品种权的,当事人双方应当订立书面合同,并由审批机关登记和公告。

(6)名称标记权,即品种权人有权在自己的授权品种包装上标明品种权标记的权利。

(7)追偿权,即品种权被授予后,在自初步审查合格公告之日起至被授予品种权之日止的期间,对未经申请人许可,为商业目的的生产或者销售该授权品种的繁殖材料的单位和个人,品种权人享有追偿的权利。

(二)植物新品种权的归属

执行本单位的任务或者是主要是利用本单位的物质条件,包括资金、设备、场地、繁殖材料及技术资料等所完成的育种属于职务育种,植物新品种的申请权属于其单位。而非职务育种的植物新品种的申请权应属于完成育种的个人。申请被批准后,品种权属于申请人。委托育种或合作育种的,品种权的归属由当事人在合同中约定;没有合同约定的,品种权属于受

委托完成或者共同完成育种的单位或者个人。

(三)植物新品种权的限制

为了平衡权利人与社会公众之间的利益,确保社会公众接触和利用知识产权的机会,在某些特定情况下会对权利人的专有权行使进行适当的限制。其包括以下两部分:

1. 合理使用

主要包括利用授权品种进行育种及其他科研活动以及农民自繁自用授权品种的繁殖材料两种情况。此时,使用授权品种的,可以不经品种权人的许可,不向其支付使用费,但不得侵犯品种权人的其他权利。

2. 强制许可

为了国家利益或公共利益,在某些情况下,审批机关可以依职权,或依当事人的请求强制品种权人许可他人实施植物新品种,并由审批机关予以登记和公告。根据《植物新品种保护条例》第11条的规定:取得实施强制许可的单位或者个人应当付给品种权人合理的使用费,其数额由双方商定;双方不能达成协议的,由审批机关裁决。品种权人对强制许可决定或者强制许可使用费的裁决不服的,可以自收到通知之日起3个月内向人民法院提起诉讼。

三、植物新品种权的期限、终止和无效

(一)植物新品种权的期限

我国《植物新品种保护条例》第34条规定:"品种权的保护期限,自授权之日起,藤本植物、林木、果树和观赏树木为20年,其他植物为15年。"

品种权人应当自被授予品种权的当年开始缴纳年费,并且按照审批机关的要求提供用于检测的该授权品种的繁殖材料。

(二)植物新品种权的终止

有下列情形之一的,品种权在其保护期限届满前终止:

(1)品种权人以书面声明放弃品种权的;

（2）品种权人未按照规定缴纳年费的；

（3）品种权人未按照审批机关的要求提供检测所需的该授权品种的繁殖材料的；

（4）经检测该授权品种不再符合被授予品种权时的特征和特性的。

品种权的终止，由审批机关登记和公告。

（三）植物新品种权的无效

根据《植物新品种保护条例》的相关规定，自审批机关公告授予品种权之日起，植物新品种复审委员会可以依据职权或者依据任何单位或者个人的书面请求，对不符合新颖性、特异性、一致性和稳定性规定的，宣告品种权无效；对不符合名称规定的，予以更名。宣告品种权无效或者更名的决定，由审批机关登记和公告，并通知当事人。对植物新品种复审委员会的决定不服的，可以自收到通知之日起3个月内向人民法院提起诉讼。

被宣告无效的品种权视为自始不存在。宣告品种权无效的决定，对在宣告前人民法院作出并已执行的植物新品种侵权的判决、裁定，省级以上人民政府农业、林业行政部门作出并已执行的植物新品种侵权处理决定，以及已经履行的植物新品种实施许可合同和植物新品种权转让合同，不具有追溯力；但是，因品种权人的恶意给他人造成损失的，应当给予合理赔偿。依照前款规定，品种权人或者品种权转让人不向被许可实施人或者受让人返还使用费或者转让费，明显违反公平原则的，品种权人或者品种权转让人应当向被许可实施人或者受让人返还全部或者部分使用费或者转让费。

四、侵犯植物新品种权的法律责任

《植物新品种保护条例》第39条规定："未经品种权人许可，以商业目的生产或者销售授权品种的繁殖材料的，品种权人或者利害关系人可以请求省级以上人民政府农业、林业行政部门依据各自的职权进行处理，也可以直接向人民法院提起诉讼。

省级以上人民政府农业、林业行政部门依据各自的职权,根据当事人自愿的原则,对侵权所造成的损害赔偿可以进行调解。调解达成协议的,当事人应当履行;调解未达成协议的,品种权人或者利害关系人可以依照民事诉讼程序向人民法院提起诉讼。

省级以上人民政府农业、林业行政部门依据各自的职权处理品种权侵权案件时,为维护社会公共利益,可以责令侵权人停止侵权行为,没收违法所得和植物品种繁殖材料;货值金额5万元以上的,可处货值金额1倍以上5倍以下的罚款;没有货值金额或者货值金额5万元以下的,根据情节轻重,可处25万元以下的罚款。"

《植物新品种保护条例》第40条规定:"假冒授权品种的,由县级以上人民政府农业、林业行政部门依据各自的职权责令停止假冒行为,没收违法所得和植物品种繁殖材料;货值金额5万元以上的,处货值金额1倍以上5倍以下的罚款;没有货值金额或者货值金额5万元以下的,根据情节轻重,处25万元以下的罚款;情节严重,构成犯罪的,依法追究刑事责任。"

此外,省级以上人民政府农业、林业行政部门依据各自的职权在查处品种权侵权案件和县级以上人民政府农业、林业行政部门依据各自的职权在查处假冒授权品种案件时,根据需要,可以封存或者扣押与案件有关的植物品种的繁殖材料,查阅、复制或者封存与案件有关的合同、帐册及有关文件。

销售授权品种未使用其注册登记的名称的,由县级以上人民政府农业、林业行政部门依据各自的职权责令限期改正,可以处1000元以下的罚款。

综上,对于侵犯植物新品种权的行为,我国《植物新品种保护条例》分别规定了应承担的民事责任、行政责任和刑事责任。

【案例】四川LK农业有限责任公司与绵阳市Y种业有限责任公司植物新品种侵权纠纷案

【案情】原告四川LK农业有限责任公司诉称,2001年12月4日,四川L大学将其享有品种权的水稻新品种蜀恢527向原告授权,授予原告享有对蜀恢527及其配制的D优527、冈优527等独占生产、经营的权利。2003年1月1日,原告获得了D优527《植物新品种权证书》。被告绵阳市Y种业有限责任公司未经授权在2003年度生产D优527、冈优527稻种。故请求判令被告停止侵权、消除影响,公开致歉,销毁库存的D优527、冈优527稻种和赔偿损失。

四川省成都市中级人民法院认为,被告不是蜀恢527和D优527出资人、共有人,不享有品种权。被告于2002年10月31日向原告支付了品种权使用费,应当知晓原告系蜀恢527品种权的独占生产被许可人。后原告于2003年1月1日经授权成为D优527的品种权人。被告在2003年度未经权利人许可生产冈优527、D优527水稻种子的行为,系以商业目的生产授权品种D优527的繁殖材料,以商业目的将授权品种蜀恢527的繁殖材料重复使用于生产另一品种冈优527的繁殖材料,侵犯了原告享有的蜀恢527独占生产权和D优527品种权。依照《民事诉讼法》第134条第一款、第二款、第三款,《民法通则》第134条第一款第七项、第九项,《植物新品种保护条例》第6条之规定,判决绵阳市Y种业有限责任公司立即停止侵犯四川LK农业有限责任公司享有的蜀恢527独占生产权和D优527品种权的行为并全部销毁库存的D优527、冈优527稻种,赔偿被告经济损失若干,在《四川农村日报》上刊登公开声明,消除侵权影响。后绵阳市Y种业有限责任公司提出上诉,2004年12月15日四川省高级人民法院终审判决驳回上诉,维持原判。❶

【评析】本案系植物新品种权保护的一起典型案件,涉及对品种权人和被许可人权利范围以及侵权行为性质的认定。品种权包括有生产、销售、使用、许可、转让、名称标记和追偿等权利,《植物新品种保护条例实施细则(农业部分)》第9条规定:"完成新品种培育的人员(以下简称培育人)是指对新品种培育作出创造性贡献的人。仅负责组织管理工作、为物质条件的利用提供方便或者从事其他辅助工作的人不能被视为培育人。"而被告无证据证明其对已由农业部授予植物新品种权的蜀恢527、D优527的培育作出了创造性贡献(其中蜀恢527是冈优527、D优527的亲本),也无证据证实其对培育冈优527作出了创造性贡献。

---

❶ 参见四川省高级人民法院民事判决书(2004)川民终字第469号。

根据《植物新品种保护条例》第6条规定："完成育种的单位或者个人对其授权品种,享有排他的独占权。任何单位或者个人未经品种权所有人许可,不得为商业目的生产或者销售该授权品种的繁殖材料,不得为商业目的将该授权品种的繁殖材料重复使用于生产另一品种的繁殖材料;但是,本条例另有规定的除外。"因此,被告在2003年度生产冈优527、D优527水稻种子的行为侵犯了原告享有的蜀恢527独占生产权和D优527品种权。

思考与讨论

1. 植物新品种权的保护模式有哪些?

2. 植物新品种的权利人享有哪些权利?

3. 侵犯植物新品种权的法律责任有哪些?

延伸阅读

1. 侯仰坤:《植物新品种权纠纷案件类型及法律解析》,中国法制出版社2012年版。

2. 周宏:"亚非拉部分国家植物新品种保护制度比较研究",《知识产权》2007年第6期。

3. 董新忠:"美国植物新品种的专利保护——基于Pioneer Hibred案看美国植物新品种的可专利性",《知识产权》2006年第1期。

第二十四章 商业秘密权

> 商业秘密是指不为公众所知悉、能为权利人带来经济利益、具有实用性并经权利人采取保密措施的技术信息和经营信息。商业秘密的构成需要具备秘密性、价值性和保密性。而商业秘密权是指商业秘密的权利人依法对其商业秘密享有的权利。其权利内容包含占有权、使用权、收益权和处分权。对于商业秘密权的法律保护,需要我们从商业秘密权的限制、侵犯商业秘密的行为和侵犯商业秘密行为的法律责任三个方面进行全面理解。本章的理论知识是正确认定商业秘密的基础,同时也常被用于解决侵犯商业秘密权相关纠纷。

第一节 商业秘密与商业秘密权概述

一、商业秘密的概念

按照我国《反不正当竞争法》的规定,商业秘密是指不为公众所知悉、能为权利人带来经济利益、具有实用性并经权利人采取保密措施的技术信息和经营信息。商业秘密是国际上通用的法律术语,法国、德国等国家称之为工商秘密。TRIPS 协议使用的是"未披露信息"(undisclosed information),它主要就是指商业秘密,而不是指个人的"隐私权"等有关的秘密信息。❶

从商业秘密的定义中,我们可以看出,它包括技术信息和经营信息两部分。技术信息,又称技术秘密,是指未公开过,与产品生产和制造有关的技术诀窍或秘密技术,如生产配方、工艺流程、技术诀窍、设计图纸等。经

---

❶ 郑成思主编:《知识产权法》,法律出版社2003年版,第396页。

营信息,又称经营秘密,是指能够为经营者带来经济利益的保密信息,[1] 如管理方法、产销策略、进货渠道、客户名单、标底及标书内容等。

二、商业秘密的构成要件

TRIPS 协议第 39 条规定:"自然人和法人应有可能防止其合法控制的信息在未经其同意的情况下以违反诚实商业行为的方式向他人披露,或被他人取得或使用,只要此类信息:(a)属秘密,即作为一个整体或就其各部分的精确排列和组合而言,该信息尚不为通常处理所涉信息范围内的人所普遍知道,或不易被他们获得;(b)因属秘密而具有商业价值;并且(c)由该信息的合法控制人,在此种情况下采取合理的步骤以保持其秘密性质。"由此可见未披露信息受保护需要具备三个条件:第一,未披露信息是秘密的;第二,由于其属于保密状态而具有了商业价值;第三,信息的合法控制人根据情况采取了合理的步骤以保持其秘密状态。从该协定及世界上多数国家的立法实践来看,商业秘密的构成要件包括:

(一)秘密性

要构成商业秘密,必须首先具有秘密性,即"不为公众所知悉",也就是指该信息具有秘密的一般特性,不特定人不可能从公开的渠道所获悉。反之,如果某些信息已经被公众所知悉或者能够从公开渠道直接获取,则不构成商业秘密。这是构成商业秘密的核心条件,是商业秘密区别于其他知识产权客体的最显著特征。

需要注意的是,商业秘密的秘密性不是绝对的,而是相对的,是相对于不特定的多数人而言的。比如,单位职工因业务需要而掌握的秘密就不能认为是向社会公开。

(二)价值性

商业秘密必须是能为人们带来经济利益、具有实用性的信息,包括现实的实用性和潜在的实用性。也就是说,商业秘密必须是一种现在或者将

---

[1] 李正华主编:《知识产权法学》,知识产权出版社 2012 年版,第 297 页。

来能够应用于生产经营或者对生产经营有用的具体的技术方案和经营策略。这一要件包括两方面的要求：一是能为权利人带来经济利益；二是具有实用性。没有价值的信息，既然不能为权利人带来经济利益，也就不具有保护价值。

（三）保密性

商业秘密的保密性要求该商业秘密的合法控制人不仅要在主观上有将商业秘密加以保护的意识，还应当在客观上采取保密措施对其加以管理。

保密性与秘密性是不同的含义，前者是指权利人在主观上采取了保密措施防止公众知悉，后者是指有关信息在客观上没有被公众知悉。如果某些信息客观上没有被公众知悉即具有秘密性，但权利人没有采取有关保密措施对其加以管理，也不构成商业秘密。

三、商业秘密权的概念与特征

商业秘密权，是指商业秘密的权利人依法对其商业秘密享有的权利。

我国《反不正当竞争法》确认了商业秘密的财产属性，并规定侵权人负有赔偿责任。这说明，商业秘密权是一种财产权。

根据多数国家法律的规定，商业秘密权归属于知识产权领域。因此，商业秘密权具有知识产权的本质特征，是对创造性成果给予保护的权利形态，但商业秘密权不同于一般的知识产权，具有以下的独有特征：

（1）商业秘密权的效力具有相对性。商业秘密权不具有绝对的排他性，任何人均可以以正当的方式获得并利用该商业秘密。同样的商业秘密可能既为甲所掌控，也为乙所掌控，并且二者均采取了保密措施，同一商业秘密的多个权利主体都可以对商业秘密进行占有、使用、处分和收益。

（2）商业秘密权的保护期限具有不确定性。商业秘密权的保护期限在法律上没有规定，期限的长短取决于权利人的保密措施是否得力及商业秘密是否被公开，只要商业秘密不被泄露出去，其就一直受到法律的保护。

（3）商业秘密权在权利的取得上无须国家授权，只要其符合法律的规定，便可自动受到法律的保护。与此不同的是，专利权、集成电路布图设计权、植物新品种权等创造性成果权的取得，往往需要经过国家机关的审批，具有国家授予的特点。之所以出现这样的差异，主要因为商业秘密具有秘密性，不可能由国家来审批。

（4）商业秘密权的客体本身也具有其个性特征。在商业秘密中，技术秘密的创造性有高有低，经营信息通常无明显的创造性，在确定一项信息是否属于商业秘密时，其秘密性和价值性成为关键。

四、商业秘密权的内容

（一）占有权

占有权，是指权利人对商业秘密进行控制与管理，从而防止他人采取不正当手段获取与使用等的权利。权利人对商业秘密实际上的控制与管理，是商业秘密带来竞争优势的前提。这种控制与管理包括采取合理的保密措施，防止他人采取不正当手段获取、泄露与使用。

（二）使用权

使用权，是指权利人依法使用自己的商业秘密，而不受他人干涉的权利。权利人有权依法使用自己的商业秘密，只要不违反法律、不妨碍他人的合法利益或者社会公共利益，他人不得干涉。在法定或者当事人约定的情况下，非权利人也可以使用该商业秘密。

（三）收益权

收益权，指权利人从商业秘密的占有、使用、处分中，获得经济利益的权利。权利人有权通过自己使用或者许可他人使用获得相应的经济利益，也可以通过转让商业秘密，从受让人那里获得经济利益。权利人还可以将商业秘密作为投资，在生产经营中获得经济利益。

(四)处分权

处分权,是指权利人处分自己的商业秘密,包括放弃、无偿公开、赠与或转让等的权利。

第二节 商业秘密权的法律保护

一、商业秘密权的限制

商业秘密权的限制是从权利限制角度进行定义,同时也被称为商业秘密侵权行为的例外情形。其主要表现在以下几个方面:

(一)反向工程

根据《最高人民法院关于审理不正当竞争民事案件应用法律若干问题的解释》第十二条规定,反向工程是指通过技术手段对从公开渠道取得的产品进行拆卸、测绘、分析等而获得该产品的有关技术信息。

商业秘密权利人投放到市场上流通的产品中所蕴涵的技术信息,一旦被竞争对手通过反向工程的方式分析、研究而获知,此时,商业秘密权利人不得将通过反向工程获得商业秘密的行为指控为侵权行为,即权利人无权禁止他人以反向工程的手段获取其商业秘密。

(二)独立开发

由于商业秘密权的效力具有相对性,并且法律也并不排除在同一商业秘密之上有两个或者两个以上的权利人。因此,独立开发就是指商业秘密权利人以外的人通过自己创造性的智力劳动获得与权利人商业秘密相同的信息的行为。此时,商业秘密权利人不能禁止他人自行研究出相同的商业秘密,也不能禁止他人对自行研制出来的商业秘密因采取保密措施而成为商业秘密权利人。

(三)公权限制

国家机关根据法律的规定在执行公务过程中获取当事人的商业秘密,不视为侵犯商业秘密。在认定因属于公权限制,而不构成侵犯商业秘密权的行为时,要注意三个方面:其一,必须要根据法律的明确规定;其二,以执行职务为限;其三,国家机关及其工作人员对因依法执行职务而获得商业秘密,仍然负有保密义务。

(四)强制披露

基于维护公共利益的需要,强制披露是适用于上市公司的一种侵犯商业秘密的抗辩事由。对于未上市公司可以保持其商业秘密,但是对于上市公司必须按照《公司法》、《证券法》的规定进行信息披露,如财务状况、经营情况、重组计划、人事变动等等。信息一旦披露,即进入公众领域而不再是商业秘密了。

二、侵犯商业秘密的行为

商业秘密是企业的财产权利,它关乎企业的竞争力,对企业的发展至关重要,有的甚至直接影响到企业的生存。因此,杜绝侵犯商业秘密的行为,加强对商业秘密的法律保护就显得尤为重要。

侵犯商业秘密是指行为人未经权利人(合法控制人)的许可,以非法手段获取、披露、使用或者允许他人使用权利人商业秘密的行为。

根据我国《反不正当竞争法》第10条的规定,侵犯商业秘密的行为具体表现为以下四类:

(1)以盗窃、利诱、胁迫或者其他不正当手段获取权利人的商业秘密,即非法获取商业秘密的行为。盗窃,即秘密窃取他人的商业秘密的行为;利诱,即以给付物质利益或其他好处等手段使他人告知其商业秘密的行为;胁迫,即行为人采取威胁、强迫的手段,是他人在受强制的情况下,违反其真实意愿而提供商业秘密的行为;其他不正当手段,即指上述行为以外的其他非法手段。

（2）披露、使用或者允许他人使用以前项手段获取的权利人的商业秘密，即非法披露、使用非法取得的商业秘密的行为。"非法披露"是指获取人将非法手段得到的商业秘密向第三人透露或向不特定的人公开。"非法使用"是指行为人自己或许可他人将不正当获取的商业秘密非法运用于生产经营活动中。

（3）违反约定或者违反权利人有关保守商业秘密的要求，披露、使用或者允许他人使用其所掌握的商业秘密。这种侵权行为以当事人间存在有关保守商业秘密的权利义务为前提，以行为人已合法掌握商业秘密为条件，以实施了非法披露和使用行为为事实。

（4）第三人明知或者应知上述违法行为，获取、使用或者披露他人的商业秘密，视为侵犯商业秘密。这是一种间接侵权行为。第三人虽然并非为非法手段的直接实施人，也不负有法律上的保密义务，但因为其明知此商业秘密为采取非法手段所获得而仍予以获取、使用或者披露，所以法律将这种行为也作为侵犯商业秘密的行为来对待。

三、侵犯商业秘密行为的法律责任

（一）民事责任

根据民法通则的基本原理，结合侵犯商业秘密案件自身的特性，侵犯商业秘密的行为人一般应承担的民事责任主要有停止侵害和赔偿损失。

1. 停止侵害

对侵害商业秘密的行为，人民法院可以经权利人申请，责令侵权行为人停止侵权行为。根据最高人民法院《关于贯彻执行〈中华人民共和国民法通则〉若干问题的意见（试行）》第162条的规定，对于商业秘密侵权案件，如果商业秘密的权利人能够证明以下几点，法院也可以应权利人的申请在诉讼前诉讼中先行作出停止侵害的裁定：原告初步证明被告侵犯了其商业秘密；如不停止侵权行为，将对权利人造成难以弥补的损失；停止侵害不会给被告造成不合理的损害。要求法院先行裁定停止侵害的权利人应当提供担保。

2. 赔偿损失

根据我国《反不正当竞争法》第20条的规定："经营者违反本法规定,给被侵害的经营者造成损害的,应当承担损害赔偿责任,被侵害的经营者的损失难以计算的,赔偿额为侵权人在侵权期间因侵权所获得的利润;并应当承担被侵害的经营者因调查该经营者侵害其合法权益的不正当竞争行为所支付的合理费用。"

(二)行政责任

根据我国《反不正当竞争法》第25条的规定："违反本法第十条规定侵犯商业秘密的,监督检查部门应当责令停止违法行为,可以根据情节处以一万元以上二十万元以下的罚款。"

因此,对侵害商业秘密的行为,监督检查部门可以实施的行政处罚有责令停止违法行为和罚款。

(三)刑事责任

根据我国《刑法》第219条对侵犯商业秘密罪的规定:有下列侵犯商业秘密行为之一,给商业秘密的权利人造成重大损失的,处三年以下有期徒刑或者拘役,并处或者单处罚金;造成特别严重后果的,处三年以上七年以下有期徒刑,并处罚金:

(1)以盗窃、利诱、胁迫或者其他不正当手段获取权利人的商业秘密的;

(2)披露、使用或者允许他人使用以前项手段获取的权利人的商业秘密的;

(3)违反约定或者违反权利人有关保守商业秘密的要求,披露、使用或者允许他人使用其所掌握的商业秘密的。

明知或者应知前款所列行为,获取、使用或者披露他人的商业秘密的,以侵犯商业秘密论。

【案例】王某骏等三人侵犯深圳市H技术有限公司商业秘密案

【案情】深圳市H技术有限公司(以下简称H公司)于1995年开始研发高科技项目光网络技术,截至2001年10月已投入研发经费人民币2亿多元、科研力量每年1500多人,开发完成并生产出光网络系列设备。据该公司报称,国内销售额已达人民币150亿元。

被告人王某骏等曾是H公司光网络的研发人员,在职时分别与H公司签有《员工保密合同书》《保密承诺书》,承诺除履行职务需要外,未经公司同意,不得以任何方式向第三方泄露公司的商业秘密,也不在履行职务之外使用这些秘密信息。

2001年8月至11月间,上述人员各自编造理由,先后辞职离开H公司,并与H公司签订《离职员工承诺书》,承诺不带走从公司获取的任何保密资料、未经公司书面同意不向任何单位和个人透露公司的商业秘密、不擅自使用公司商业秘密或利用公司商业秘密从事经营活动。但被告人秦某某却在离开H公司时,用光盘秘密记载了H公司光网络产品时钟模块核心器件选型与组合设计、主控模块核心器件选型与组合设计等技术信息,私自带走。

广东省深圳市南山区人民法院认为,三被告人均违反了其与H公司签订的保密协议;被告人王某骏、刘某明知是他人违法获取的H公司商业秘密并加以使用、允许他人使用及披露;被告人秦某某以盗窃的手段获取H公司的部分商业秘密,共同给H公司造成重大经济损失,三被告人的行为均已构成侵犯商业秘密罪。南山区法院作出一审判决后,3名被告人不服,提起上诉。深圳市中级法院经审理认为原审判决认定的事实清楚,证据充分、确实,定罪准确,量刑适当,程序合法,决定维持原判。❶

【评析】法院的判决是依据我国《刑法》第219条第1款的规定,以盗窃、利诱、胁迫或者其他不正当手段获取权利人的商业秘密的;或者披露、使用或者允许他人使用以前项手段获取的权利人的商业秘密的;或者违反约定或违反权利人有关保守商业秘密的要求,披露、使用或者允许他人使用其所掌握的商业秘密的,均构成侵犯商业秘密的行为。

给商业秘密的权利人造成重大损失的,处三年以下有期徒刑或者拘役,并

---

❶ 参见广东省深圳市中级人民法院刑事裁定书(2005)深中法刑二终字第79号。

处或者单处罚金;造成特别严重后果的,处三年以上七年以下有期徒刑,并处罚金。

对企业来说,必须认识到,某个信息要得到商业秘密的保护,首先必须是权利人自己认为其为"商业秘密"并且采取积极的足够合理的措施以保护之,否则,法律是不保护它的,这一点在对商业秘密的保护中至关重要。

思考与讨论

1. 商业秘密的构成要件有哪些?

2. 我国相关法律所规定的侵犯商业秘密权的具体表现形式有哪些?

3. 商业秘密权与其他传统知识产权有何异同点?

4. 对商业秘密权的限制有哪些?

延伸阅读

1. 孙山:"无根的'商业秘密权'——从制定法看'商业秘密权'的虚妄",《河北法学》2011年第3期。

2. 胡良荣:"商业秘密的侵权救济与竞业禁止合同的规制",《法律适用》2007年第10期。

3. 韩中杰:"商业秘密侵权案件的几点思考",《法律适用》2007年第6期。

4. 朱谢群:"商业秘密法中'不可避免披露'原则的规范性分析",《科技与法律》2003年第4期。

第二十五章　商号权

商号权是企业的一项重要的知识产权。商号又称厂商名称、企业名称，是指用于识别在一定地域内和一定行业中的不同经营者的称谓。商号权则是指企业依法对其使用的商号所享有的专用权，是兼具有人格性与财产性的复合性权利。我国立法对商号权的取得采取登记生效主义，其内容主要包括使用权、转让权、使用许可权和变更权。目前，我国对商号权的保护并无统一立法，对其的保护散见于其他法律法规中，没有形成独立、完整的法律保护体系。本章的理论知识是明确商号这一术语适用的基础，也是解决商号权侵权纠纷的前提。

第一节　商号与商号权概述

一、商号的概念

商号，是代表商人的文字符号，是一个商人与其他商人相区别的标志。其又称厂商名称、企业名称，是指用于识别在一定地域内和一定行业中的不同经营者的称谓。商号作为企业特定化的标志，是企业具有法律人格的表现，体现着特定的企业的商业信誉和服务质量。商号作为企业参与市场竞争的一面旗帜，已经越来越受到人们的关心和企业家的重视。

二、商号与相关概念的比较

(一)商号与企业名称

我国《企业名称登记管理规定》明确了企业名称的内涵,即企业名称是由字号(或商号)、行业或者经营特点、组织形式组成。因此,规范的企业名称由行政区划、商号、行业和组织形式四部分组成。例如,"四川长虹电器股份有限公司"这一企业名称中,"四川"是行政区划,"长虹"是公司的商号,"电器"是指公司所属的行业,"股份有限公司"是指公司的组织形式。

由此可以看出,商号是企业名称的组成部分。它是经营者特定化、人格化的标志,是企业名称中具有区别性的部分,没有商号的企业名称是无法将同一注册地内同行业的不同企业区别开来的。

(二)商号与商标

商号与商标的关系极为密切,经常一起出现在同一商品上,商号有的情况下可以成为商标的一个组成部分或同一内容,但有时又不是。商号和商标在作用和性质上是有区别的,主要表现为:(1)商标是用来区别商品生产经营者提供的商品或服务的,代表着商品或服务的信誉、质量和特色,商标一般与某种特定的商品或服务相联系而存在;而商号是用来区别生产经营者的,代表着厂商的信誉,一般与商品的生产者或经营者相联系而存在。(2)我国商标权在全国都有法律的效力,按照商标法的规定,有效期十年,但可以无限次地续展。而商号权的效力一般都限定在省、市、县等一定行政区划之内,但其时空效力却是一次申请,终身有效,只要主体存在,商号权就伴随着企业名称权永远存在。(3)同一个商事主体只能拥有一个商号,但是可以拥有无数个商标。

三、商号权的概念与特征

商号权,是指企业依法对其使用的商号所享有的专用权。

商号权是私权的一种,属于无形财产,其具有知识产权的一般性特征,但同时又体现了其自身的独特性。其法律特征主要表现在以下两个方面：

（1）永久性。商号权的使用一般不受期限的限制，只要经营者依法使用，原则上可终生享有，即只要企业存在，其商号权就得以无期限地存在。

（2）区域性。相对商标权与专利权受到全国范围保护而言，商号权的效力范围只限定在一定的区域范围，商号权只在登记范围内受到保护，即只有在其所在的登记机关的管辖范围内具有效力。

第二节　商号权的法律保护

一、商号权的取得

商号权的取得，依各国立法的不同通常有以下三种方式：使用取得主义、登记对抗主义和登记生效主义。

（一）使用取得主义

使用取得主义是指商号一经使用，使用者即可取得该商号的专用权而无须履行法定登记手续，如法国。

（二）登记对抗主义

登记对抗主义是指商号权的取得无须登记，但是未经登记则不足以产生对抗第三人的效力，如韩国、日本。

（三）登记生效主义

登记生效主义是指商号只有经过登记才可使用，才具有排他性专用权，如德国。

我国立法对商号权的取得采取的是登记生效主义。例如，《民法通则》第33条规定："个人合伙可以起字号，依法经核准登记，在核准登记的经营范围内从事经营。"《企业名称登记管理规定》第3条规定："企业名称在企业申请登记时,由企业名称的登记主管机关核定。企业名称经核准登记注册后方可使用,在规定的范围内享有专用权。"

二、商号权的内容

商号权的内容主要包括以下几个方面:

(一)使用权

商号权人对其商号享有独占使用的权利,其他任何人不得干涉和非法使用。企业在核准登记的区域内对其商号享有排他性的使用权,有权禁止其他企业使用与自己的商号相同或相近似的商号。例如,根据《企业名称登记管理规定》第6条的规定:"企业只准使用一个名称,在登记主管机关辖区内不得与已登记注册的同行业企业名称相同或者近似。"

(二)转让权

商号权人有权依法将其商号转让给他人使用。对于商号的转让,各国立法有不同的规定,但大致分为两类:一是绝对转让主义,此种观点认为商号不得与使用此商号的企业分离而转让,即商号权的转让应当连同企业一并转让。二是相对转让主义,即商号可以单独与其企业相分离而转让,商主体可以单独转让商号而不转让企业,而且可以由多个企业同时使用这一个商号。

(三)许可使用权

商号权人允许他人在特定范围内使用其商号权,而自己收取一定的许可使用费。双方当事人可通过协议方式来确定商号权的许可使用,使用许可关系建立以后,商号权人并不丧失商号的所有权。

(四)变更权

商号权人有权变更自己的商号。但商号权人对商号实施变更权并不是无限制的,其不能够擅自变更商号。如果在商主体因为生产经营的需要时,则可以依法申请变更商号。这是因为,企业若频繁地变更自己的商号,不利于其自身树立稳定的企业形象,因此我国对企业变更商号作了限制性的规定。

三、商号权的法律保护

我国对商号权的保护并无统一立法,保护规定散见于诸多法律法规中,没有形成独立、完整的法律保护体系。①民法通则对商号权的保护。例如,《民法通则》第99条第二款规定:"法人、个体工商户、个人合伙享有名称权。企业法人、个体工商户、个人合伙有权使用、依法转让自己的名称。"②专门法对商号权的保护。这在我国《反不正当竞争法》、《公司法》、《产品质量法》、《消费者权益保护法》等中均有规定。例如,《反不正当竞争法》第5条中,将擅自使用他人的企业名称或者姓名,引人误认为是他人的商品的行为认定为经营者采用不正当手段从事市场交易,损害竞争对手。③部分法规对商号权的保护。例如《企业名称登记管理规定》第27条第一款规定:"擅自使用他人已经登记注册的企业名称或者有其他侵犯他人企业名称专用权行为的,被侵权人可以向侵权人所在地登记主管机关要求处理。登记主管机关有权责令侵权人停止侵权行为,赔偿被侵权人因该侵权行为所遭受的损失,没收非法所得并处以五千元以上、五万元以下罚款。"

【案例】HL超市股份有限公司与金湖世纪HL超市连锁有限公司上海松江第一分公司等公司企业名称纠纷案

【案情】原告HL超市股份有限公司于1992年成立,被告金湖世纪HL超市连锁有限公司于2005年6月15日成立。张某某曾于2004年12月与上海HL超市杭州有限公司签订劳动合同,担任管理岗位工作。2005年6月,张某某提出辞职,双方因此解除劳动关系。被告金湖世纪HL超市连锁有限公司上海松江第一分公司于2005年11月成立。被告金湖世纪HL超市管理有限公司上海第一分公司于2005年12月成立。

根据公证保全时所拍照片显示,包括被告金湖世纪HL松江分公司等11家"世纪HL"超市门店均悬挂"世纪HL"或"世纪HL超市"的招牌,其中有8家超市的招牌采用绿底白字或绿底白字外加黄色线框的装潢。超市的购物袋、标价签、吊旗、超市营业员所穿工衣上均印有"世纪HL"字样。此外,包括被告金湖世纪HL松江分公司等5家超市还对外销售原告的定牌产品,产品上均标有原告的企业名称及"HL超市"的标识。

根据被告提供的证据,自1993年12月至2007年,北京、天津等地亦有以"HL"为字号的超市、商厦等企业成立,如北京HL集团投资控股有限公司等。

2008年6月27日上海市第一中级人民法院判决被告金湖世纪HL超市连锁有限公司上海松江第一分公司等立即停止在其企业名称、门店店招、门店内部装饰及商品标识中使用"HL"文字并赔偿原告经济损失若干。后金湖世纪HL超市连锁有限公司提出上诉,2008年12月15日上海市高级人民法院终审判决驳回上诉,维持原判。❶

【评析】本案的争议焦点为三被告在企业名称中使用"HL"文字是否侵犯了原告的企业名称权。根据原、被告的诉辩主张,法院认为:首先,原告对"HL"文字使用在先。原告成立于1992年,其企业名称以"HL"为字号,原告对"HL"文字的使用自成立之日起已有十几年的历史。三被告成立于2005年,其对"HL"文字的使用晚于原告。其次,原告的"HL"字号具有一定知名度。原告经过十几年的发展已具有一定的经营规模,截止2007年6月底,其在全国范围内拥有1,947家直营或加盟超市门店,在超市行业拥有一定的市场占有率。在被告企业名称登记之前,原告及其"HL"品牌就已经获得了较多的荣誉。最后,被告对企业名称的登记具有主观恶意。其一,被告的企业字号与原告的企业字号构成近似。其二,被告在成立时应该知晓原告及其"HL"字号。其三,被告在企业名称中使用"HL"文字无合法依据。其四,被告企业名称的使用已经造成了相关公众的混淆或误认。被告在经营活动中,在其店招、营业员工衣、购物袋、标价签、吊旗等处将"世纪HL"或"世纪HL超市"作为其企业名称的简称使用,由于被告的企业字号与原告的企业字号构成近似,且原、被告都从事超市连锁经营,具有同业竞争关系,这在客观上会使相关公众对"世纪HL超市"与原告的"HL超市"产生混淆或误认为原、被告之间存在某种关联关系。结合原告提供的几篇新闻报道及对相关公众所作的问卷调查,足以认定被告的行为

❶ 参见上海市高级人民法院民事判决书(2008)沪高民三(知)终字第111号。

已经造成了消费者的混淆或误认。

综上所述,原告对"HL"字号使用在先,且原告的"HL"字号已具有一定的知名度,根据《最高人民法院关于审理不正当竞争民事案件应用法律若干问题的解释》第六条的规定,具有一定市场知名度、为相关公众所知悉的企业名称中的字号,可以认定为反不正当竞争法第五条第(三)项规定的企业名称。被告未经许可,擅自使用与原告"HL"字号相近似的"世纪HL"字号,已经造成了相关公众的混淆或误认,被告的行为违反了公平竞争和诚实信用原则,侵犯了原告的企业名称权,对原告构成不正当竞争。

思考与讨论

1. 商号与企业名称的关系是什么?

2. 商号与商标之间的相互关系是什么?

3. 商号权有哪些特征?

4. 商号权的内容有哪些?

延伸阅读

1. 梁上上、李国毫:《商号法律制度研究》,法律出版社2014年版。

2. 朱冬:"商号权效力地域限制质疑",《知识产权》2012年第2期。

3. 刘宁:"商标权与商号权冲突的类型化分析与解决对策",《科技与法律》2011年第2期。

4. 黄武双:"书名、商标与商号三者功能之辨析",《法学杂志》2007年第6期。

第二十六章 地理标志权

地理标志是指标示某商品来源于某地区,该商品的特定质量、信誉或者其他特征,主要由该地区的自然因素或者人文因素所决定的标志。地理标志权则是指法人或者其他组织依法对地理标志所享有的权利,其具有永久性、集体性和不可转让性三个法律特征。地理标志可以带来无法比拟的经济利益,因此,我国从地理标志的商标法保护、地理标志的专门立法保护和地理标志的其他法律保护三个方面对其进行了全面保护。本章的理论知识是对地理标志进行正确认定的前提,同时也能有效解决地理标志侵权纠纷。

第一节 地理标志与地理标志权概述

一、地理标志的概念与特征

TRIPS 协议将地理标志定义为"识别一种原产于一成员方境内或境内某一区域或某一地区的商品的标志,而该商品特定的质量、声誉或其他特性基本上可归因于它的地理来源。"也就是说,地理标志是特定产品来源的标志。它可以是国家名称以及不会引起误认的行政区划名称或地区、地域名称。

根据我国商标法的规定,地理标志,是指标示某商品来源于某地区,该商品的特定质量、信誉或者其他特征,主要由该地区的自然因素或者人文因素所决定的标志。因此,地理标志主要用于鉴别某一产品的产地,即是该产品的产地标志。地理标志也是知识产权的一种。

地理标志具有如下特征:

第一,地理标志的地理名称具有真实性。该地理名称可以是一国国名,也可以是该国某一领域的名称。地理名称必须是真实存在的,不是臆造或虚构的地名。

第二,地理标志是一种指示性标记。地理标志所标示的产品的生产者应该位于该地理名称所指示的特定区域。即:如果是天然产品,则该产品必须产自该特定区域内;如果是加工产品,其加工生产过程应在指定区域内。

第三,地理标志所标示的商品为驰名的地方特产,该商品由于受到当地特殊自然条件或人文条件的影响而具有独特的品质、信誉或其他特征。

第四,地理标志的价值在于它与商品特定的质量、信誉或者其他特征相关联。地理标志的经济意义就在于它指向一定的产品,即地理标志上凝聚着某种或者某些商品特定的质量、信誉或者其他特征。

第五,地理标志的使用人是该产地利用相同的自然条件、采用相同传统工艺的生产经营者。[1]

二、地理标志与相关概念的比较

(一)原产地名称

根据《保护工业产权巴黎公约》、《保护原产地名称及其国际注册里斯本协定》对原产地名称的规定,原产地名称定义如下:"原产地名称是指一个国家、地区或特定地方的地理名称,用于标示产于该地的产品,这些产品的特定的质量或特征完全或主要是由该地理环境所致,包括自然的和人为的因素。"

原产地名称是一种特殊的地理标志,它更着重于强调产源的独特性,往往是这种独特性决定了原产地产品的特定品质。

实际上,TRIPS协议所定义的地理标志是比照《巴黎公约》的原产地名称来定义的。因此,地理标志和原产地名称是属于同一概念的,如果要把原产地名称和地理标记的定义做比较,则可以看到下面的情形,地理标志的定义比原产地名称的定义要宽。换句话说,所有的原产地名称都是地理标志,但一些地理标志不是原产地名称。

---

[1] 吴汉东主编:《知识产权法学》,北京大学出版社2014年版,第297-298页。

(二)货源标记

货源标记,在《巴黎公约》中被译为"产地标记",它是指用名称、标记或符号组成表明一种商品来源于某个国家、地区或地方的标记。

地理标志和货源标记都是用来表明商品来源的标记,都使用在商品的容器和包装上,都有识别商品来源的功能。虽然二者含义相近,但又有明显的区别。货源标记作为产品来源识别标志,目的在于说明某类商品来源的统一性,如"MADE IN CHINA"。地理标志除证明产源地外,实际上成为一种商品质量的证明标志,只有产地赋予其出产产品突出的质量和信誉,地理名称才能成为一种地理标志。此外,货源标记涉及的区域较大,往往泛指一个国家或地区;但地理标志往往指某一较小而具体的地区或是某一确切地域。

(三)商标

地理标志与商标都属于知识产权保护的对象,二者都具有区别商品来源的功能,都是表示商品来源的专用标记,以便于消费者识别。但二者也有明显不同,主要表现在:①两者构成要素不同,仅直接表示商品的产地、原料、功能、用途等特点的标志,不能作为商标注册;而地理标志恰恰相反,其构成要素是直接以地理名称来说明产品的地理来源,以表示该商品的特定质量、信誉或者其他特征。②功能不同。商标表示商品或服务来源于"人",即生产经营者或服务提供者;而地理标志表明来源于"地",即商品的来源地。③权利内容不同。商标可以许可他人使用,也可以转让;而地理标志不能转让,也不可以许可特定区域之外的其他经营者使用。④权利的保护期限不同。商标有特定的保护期限,期限届满之后,如果不再续展就会被终止商标权;而地理标志则没有保护期限,只要生产于该地的某商品的特定品质存在,地理标志就可以一直使用下去。

三、地理标志权的概念与法律特征

地理标志权,是指法人或者其他组织依法对地理标志所享有的权利。

地理标志权作为一种新型知识产权,具有知识产权的一般性特征,但同时又体现了其自身的独特性特点。其法律特征主要表现在以下几方面：

（1）永久性。地理标志权不受时间限制，是一种永久性的财产权。这一特征与一般的知识产权的时间性特点不同，在知识产权领域里是非常特殊的。

（2）集体性。地理标志权是归产地内的经营者集体共有的一种权利。只要是该地理区域内符合条件的生产经营者，都应有权使用该地理标志，也就是说，该地理标志的使用权主要针对产地内所有符合该产品特质的企业和个人，而禁止使用的对象为产地外的企业、个人，以及虽在产地内但其产品不符合特定质量要求的企业和个人。同时，在盗用、假冒地理标志或侵权行为发生时，任一权利人均可提起诉讼。

（3）不可转让性。使用地理标志的产品都与自然因素或人文因素密切相关，这一属性决定了使用这一标记的任何生产经营者都不得转让或许可使用该地理标志，否则会引起商品来源的混淆，进而损害消费者利益、扰乱市场经济秩序、破坏地理标志原本的功能和作用，也就丧失了地理标志保护应有的意义。

第二节　地理标志的法律保护

作为一种无形财产，地理标志可以带来无法比拟的经济利益。加强地理标志的保护，不仅是我国遵守 TRIPS 协议、履行世界贸易组织成员义务的要求，更是维护我国国家利益的需要。

在法律层面上对地理标志予以保护不仅仅是对地理标志的一种技术上的鉴别和判断，更主要的是注重对地理标识进行法律保护的终极目标，明确附着在地理标志上的权利特点和权利内容，从而最终指导立法的方向。

一、地理标志的商标法保护

我国通过商标法及实施条例以及《集体商标、证明商标注册和管理办法》等法律文件初步建立了对地理标志保护的商标法体系。

国家工商行政管理局于1994年12月30日发布了《集体商标、证明商标注册和管理办法》,其第2条规定:"证明商标是指由对某种商品或者服务具有检测和监督能力的组织所控制,而由其以外的人使用在商品或服务上,用以证明该商品或服务的原产地、原料、制造方法、质量、精确度或其他特定品质的商品商标或服务商标。"据此,地理标志可注册为证明商标而受到保护。

2001年10月27日,我国对商标法进行了第二次修正,修正后的商标法明确了对地理标志的保护,规定了地理标志的概念和保护内容。其第16条规定:"商标中有商品的地理标志,而该商品并非来源于该标志所标示的地区,误导公众的,不予注册并禁止使用;但是,已经善意取得注册的继续有效。前款所称地理标志,是指标示某商品来源于某地区,该商品的特定质量、信誉或者其他特征,主要由该地区的自然因素或者人文因素所决定的标志。"

2002年9月15日,结合商标法的修改施行了新的《商标法实施条例》,该条例第6条规定,商标法第十六条规定的地理标志,可以依照商标法和本条例的规定,作为证明商标或者集体商标申请注册。而2003年4月17日,国家工商行政管理局颁布的新的《集体商标、证明商标注册和管理办法》中,也对地理标志申请证明商标和集体商标的条件、申请部门、使用管理等作出了详尽的规定。

二、地理标志的专门立法保护

国家质量监督检验检疫总局于1999年8月17日发布了《原产地域产品保护规定》。其中第2条规定:"本规定所称原产地域产品,是指利用产自特定地域的原材料,按照传统工艺在特定地域内所生产的,质量、特色或者声誉在本质上取决于其原产地域地理特征并依照本规定经审核批准以原产地域进行命名的产品。"第16条规定:"生产者申请经保护办注册登记后,即可以在其产品上使用原产地域产品专用标志,获得原产地域产品保护。"《原产地域产品保护规定》首次界定了原产地域产品的概念,规定了原产地域产品的注册登记制度。

国家出入境检验检疫局于2001年3月5日发布了《原产地标记管理规定》和《原产地标记管理规定实施办法》,对原产地标记的申请、评审注册等原产地标记的认证和管理工作作了规定。

三、地理标志的其他法律保护

我国《反不正当竞争法》第5条规定,经营者伪造产地,对商品质量作引人误解的虚假表示构成一种不正当竞争行为;《消费者权益保护法》第56条第4款规定,经营者不得伪造商品的产地,伪造或者冒用他人的厂名、厂址,伪造或者冒用认证标志等质量标志;《产品质量法》第30条规定:"生产者不得伪造产地,不得伪造和冒用他人的厂名、厂址。"因此,地理标志的保护呈现多样化的特征。

【案例】ZJ省食品公司诉上海TK食品公司、浙江永康S火腿一厂侵犯商标权纠纷案

【案情】提起火腿,人们总是会将它和浙江金华联系在一起。作为金华地区的传统名产,"金华火腿"始于唐而盛于宋,有着1200多年的历史。虽然"金华火腿"名声显赫,但是直到1979年,位于金华地区的PJ县食品公司才将其作为商标进行了申请注册。当时的注册证记载为"商标金华牌",并附有一张用于火腿外包装的标识纸片。1983年,ZJ省食品公司以"三统一"(即统一经营、统一调拨、统一核算)的行政关系为由,将PJ县食品公司注册的"金华火腿"注册商标无偿转移到了自己的名下,并获国家工商局商标局核准,从此以后,位于杭州的ZJ省食品公司成了"金华火腿"的商标权人。

为了保护这一具有典型地域特征的产品,2002年8月,国家质量监督检验检疫总局经过认真审查,宣布对以原金华府辖区为准的现东阳、永康等15个县、市(区)行政区域范围内生产的"金华火腿",实施国家原产地域产品保护,之后有55家企业经批准取得了使用"金华火腿"原产地域产品名称的资格。

2003年7月,ZJ省食品公司在上海南京东路的TK食品公司门店内,发现一批标有"金华火腿"字样的火腿,但未得到过该公司的商标授权。同年11月,

ZJ省食品公司将上海TK食品公司告到了法院。在得知这批产品出自浙江永康S火腿一厂之后，又追加了该厂作为被告。法庭上，原被告双方围绕着两个焦点问题展开了激烈的交锋。焦点之一，如何界定原告注册商标的专用权保护范围。焦点之二，上海TK食品公司和浙江永康S火腿一厂两名被告的行为是否侵犯了原告的注册商标专用权。法院最终判决，对原告指控两被告侵犯其注册商标专用权的诉讼请求不予支持。判决之后，原被告双方都没有提出上诉。❶

【评析】本案中，"金华火腿"是金华这一特定地域的生产者，采用特定的当地原材料，经过特殊、严格的传统加工工艺而制作的火腿产品，而且在全国甚至世界范围内享有盛誉，完全符合地理标志的保护要求，因此，只要该地理标志的有权使用人正当使用该地理标志，而不是意图与"金华火腿"的商标权人相混淆，则此种正当使用方式就是符合"诚实信用"的民事法律原则的，因此，也是应予法律认可和保护的。也正是基于此原则，法院驳回了原告的诉讼请求。

思考与讨论

1. 地理标志与原产地名称的关系是什么？

2. 地理标志权的法律特征有哪些？

3. 我国对地理标志的保护措施有哪些？

延伸阅读

1. 张玉敏："地理标志的性质和保护模式选择"，《法学杂志》2007年第6期。

2. 王笑冰：《论地理标志的法律保护》，中国人民大学出版社2006年版。

3. 曾德国：《地理标志理论与实务》，知识产权出版社2014年版。

4. 董炳和：《地理标志知识产权制度研究》，中国政法大学出版社2005年版。

---

❶ 参见上海市第二中级人民法院民事判决书(2003)沪二中民五(知)初字第239号。

附录:相关法律法规、司法解释与国际公约

1.《反不正当竞争法》(1993 年 9 月 2 日颁布)

2.《著作权法》(1990 年 9 月颁布,2001 年 10 月第一次修正,2010 年 2 月第二次修正)

3.《专利法》(1984 年 3 月颁布,1992 年 9 月第一次修正,2000 年 8 月第二次修正,2008 年 12 月第三次修正)

4.《商标法》(1982 年 8 月颁布,1993 年 2 月第一次修正,2001 年 10 月第二次修正,2013 年 8 月第三次修正)

5.《著作权法实施条例》(2002 年 8 月公布,2011 年 1 月第一次修订,2013 年 1 月第二次修订)

6.《专利法实施细则》(2001 年 6 公布,2002 年 12 月第一次修订,2010 年 1 月第二次修订)

7.《商标法实施条例》(2002 年 8 月公布,2014 年 4 月修订)

8.《计算机软件保护条例》(2001 年 12 月公布,2011 年 1 月第一次修订,2013 年 1 月第二次修订)

9.《音像制品管理条例》(2001 年 12 月公布,2011 年 3 月修订)

10.《著作权集体管理条例》(2005 年 1 月公布)

11.《信息网络传播权保护条例》(2006 年 5 月公布,2013 年 1 月修订)

12.《广播电台电视台播放录音制品支付报酬暂行办法》(中华人民共和国国务院令第 566 号,2009 年 11 月 10 日公布)

13.《集成电路布图设计保护条例》(2001 年 3 月公布)

14.《原产地域产品保护规定》(1999 年 8 月公布)

15.《企业名称登记管理规定》(1991 年 7 月公布,2012 年 11 月修订)

16.《植物新品种保护条例》(1997 年 3 月公布,2013 年 1 月修订)

17.《最高人民法院关于审理不正当竞争民事案件应用法律若干问题的解释》（法释〔2007〕2号,2007年1月12日公布）

18.《最高人民法院关于审理著作权民事纠纷案件适用法律若干问题的解释》（法释〔2002〕31号,2002年10月12日公布）

19.《最高人民法院关于审理侵害信息网络传播权民事纠纷案件适用法律若干问题的规定》（法释〔2012〕20号,2012年12月17日公布）

20.《最高人民法院关于审理专利纠纷案件适用法律问题的若干规定》（法释〔2015〕4号,2001年6月制订,2013年2月第一次修正,2015年1月第二次修正）

21.《最高人民法院关于审理侵犯专利权纠纷案件应用法律若干问题的解释（二）》（法释〔2016〕1号,2016年3月21日公布）

22.《最高人民法院关于审理商标民事纠纷案件适用法律若干问题的解释》（法释〔2002〕32号,2002年10月12日公布）

23.《最高人民法院关于审理商标授权确权行政案件若干问题的意见》（法发〔2010〕12号,2010年4月20日公布）

24.《驰名商标认定和保护规定》（国家工商行政管理总局令第5号,2003年4月发布）

25.《最高人民法院关于审理涉及驰名商标保护的民事纠纷案件应用法律若干问题的解释》（法释〔2009〕3号,2009年4月22日公布）

26.《最高人民法院、最高人民检察院关于办理侵犯知识产权刑事案件具体应用法律若干问题的解释》（法释〔2004〕19号,2004年12月8日公布）

27.《最高人民法院、最高人民检察院关于办理侵犯知识产权刑事案件具体应用法律若干问题的解释（二）》（法释〔2007〕6号,2007年4月5日公布）

28.《保护工业产权巴黎公约》（Paris　Convention For the Protection of Industry Property）,简称《巴黎公约》（1883年在法国巴黎订立,现行文本是1967年的斯德哥尔摩文本）

29.《保护文学艺术作品伯尔尼公约》（Berne Convention for the Protection of Literary and Artistic Works）,简称《伯尔尼公约》（1886年9月9日缔

结,1887年12月5日生效,现版本为1971年的巴黎修订本)

30.《与贸易有关的知识产权协议》(Agreement on Trade-Related Aspects of Intellectual Property),简称TRIPS协议(1994年4月15日由关贸总协定成员缔结,1995年1月1日与世界贸易组织同时生效)

31.《世界知识产权组织版权条约》(World Intellectual Property Organization Copyright Treaty),简称WCT(1996年12月20日在瑞士日内瓦签订)

32.《世界知识产权组织表演和录音制品条约》(World Intellectual Property Organization Performances and Phonograms Treaty),简称WPPT(1996年12月20日在瑞士日内瓦签订,2002年3月6日生效)

33.《视听表演北京条约》(Beijing Treaty on Audiovisual Performances),简称《北京条约》(2012年6月26日在中国北京缔结)